春盡不逢

元稹的唐風舊夢

心想夜閒唯足夢
眼看春盡不相逢

吳俁陽 著

如果李白是寫浪漫的大師，杜甫是寫憂國的牛耳，
那麼元稹就是寫深情的極致！
從科場爭鋒到官場沉浮，從紅顏傾心到摯愛長辭，
重構元稹起伏跌宕的一生，也照見唐代士人最動人的風骨與柔情

目錄

楔子	……………………………………………………………	005
第一本	旭日初升：少年元稹 ……………………………………	033
第二本	初戀情感：管兒 …………………………………………	069
第三本	一世痴心：鶯鶯 …………………………………………	107
第四本	詩壇知交：李紳與白居易 ………………………………	133
第五本	豔影浮光：薛濤與秋娘 …………………………………	157
第六本	摯情至痛：韋叢 …………………………………………	195
第七本	宮牆怨曲：安仙嬪與楊瓊 ………………………………	227
第八本	仕途沉浮：裴淑 …………………………………………	259
第九本	紅顏流年：商玲瓏與劉采春 ……………………………	317
第十本	落輝暮色：晚年元稹 ……………………………………	355
尾聲	……………………………………………………………	391

目錄

楔子

第一折　白居易

西元831年。唐文宗大和五年初秋。

洛陽。芙蓉罩巷，紫薇飄香。

一個白衣白髮的男人步履矯健地穿行於官署廊外的紫薇花樹下，目光堅定而矍鑠。這又是多少年過去了？他抬頭望著湛藍的天空，輕輕嘆息著，心頭卻先飄起一股淡淡的、甜甜的紫薇清香，一種久違了的熟悉的感動迅即噴湧而出。

他倚在紫薇樹下，佝僂著身子，輕輕打開手裡緊緊攢著的詩箋，迫不及待地捧讀起來。四周一片靜謐，他眼裡卻湧出晶瑩的淚珠，滴滴嗒嗒落在詩箋上，迅速洇溼雋秀的字跡，卻不忍伸手拂拭。

沒人知道他心裡在想什麼，但他憂鬱的眼眸中卻掠過絲絲的悵然和隱隱的失落。是逃避、躲藏、退縮，還是隱逸、傲岸、高潔？他不知道，風中飄香的紫薇也不知道，或許唯有被歲月遺忘的塵埃才能將一切說得清楚明瞭。

我們無法揣測他的心思，卻可以隔著歷史的長河，溫潤他那顆淒楚的垂老之心。他是白居易，祖籍山西太谷，出生於河南新鄭，是中唐時期寫詩寫得最好的才子之一，也是大唐最出色的文學家，一首〈長恨歌〉讓他名揚天下，一首〈琵琶行〉更讓他流芳千古，人們總是習慣將他和中唐另

楔子

一位大才子元稹並稱為「元白」，究竟誰更勝一籌卻是伯仲難分，但他從未在意過外人對他們優劣的評判，是第一還是第二永遠都不重要，重要的是他們長達三十年的友情從未更改，哪怕歷經了一重又一重磨難，隨著時間的推移，這份情卻更加歷久彌堅。

和許多大文豪大詩人一樣，白居易是性情中人。他也自負，十六歲時就寫出了韻味無窮、風靡一時的〈賦得古草原送別〉，不僅為他贏得才子稱號，被後人尊稱為「詩王」，而且還為他擄獲美人芳心。其中「離離原上草，一歲一枯榮。野火燒不盡，春風吹又生」四句，至今還為人所喜聞樂道。他二十九歲中進士科，三十一歲舉書判拔萃科，獲授校書郎職務，而就在那時，他讀到了一篇文辭雋美，被文人雅士所爭相追捧的傳奇《鶯鶯傳》，追問之下才知道它的作者便是小自己七歲的同榜舉子兼同僚元稹。

不知道是嫉妒還是欣賞，對自己才情頗為自得的白居易開始關注起那個看上去不苟言笑卻才華橫溢的元稹，興許是惺惺相惜，這兩個大才子很快便成了無話不談的摯友。他們時常在一起研究學問，切磋詩藝，互相取長補短，創作了很多膾炙人口、流傳巷間的壯麗詩篇，但無論何時何地，白居易對元稹的敬佩之情總是油然而生，甚至自嘆弗如，三十年過去了，儘管不說，他心裡卻始終認為，那個第一永遠都是屬於對方的。

詩箋的內容，是寫給一位令元稹終身難忘的女子的：

鳳有高梧鶴有松，偶來江外寄行蹤。
花枝滿院空啼鳥，塵榻無人憶臥龍。
心想夜閒唯足夢，眼看春盡不相逢。
何時最是思君處？月入斜窗曉寺鐘。

—— 元稹〈鄂州寓館嚴澗宅〉

或許，這首〈鄂州寓館嚴澗宅〉並不是元稹最為著名的詩篇，但卻是

第一折　白居易

他生命裡最美妙的華章。「何時最是思君處，月入斜窗曉寺鐘。」他連去友人嚴潤家中拜訪，心裡念念不忘的也都還是三十年前那個斜倚窗下的女子，這樣深摯熱烈的感情，怎能不讓遠在千里之外的白居易感動落淚呢？

元稹和他一樣，也是一個性情中人，生命中的女子多如過江之鯽，儘管有著與自己在長安一起「密攜長上樂，偷宿靜坊姬」的風流韻事，但元稹始終對那個白衣女子情有獨鍾，將她想了又想，念了又念，一年又一年，花落花又開，縱是夏雨雪、冬雷陣陣，也不願與她相決絕，可這份痴心，歷經了風雨滄桑，到最後又如何了呢？

他和她終究隔著一條無法踰越的銀河，就像自己和湘靈——那個小自己四歲的鄰家女子，他也愛了她一生一世，為了她，他直到三十七歲才在母親陳氏的逼迫下，違心娶了同僚楊汝士的妹妹為妻，但他心裡一直想著湘靈，為她，他只能把自己關在屋裡不停地做詩，為她寫下一首又一首悽婉的詩，寫下〈寄遠〉，寫下〈長相思〉：

欲忘忘未得，欲去去無由。
兩腋不生翅，二毛空滿頭。
坐看新落葉，行上最高樓。
暝色無邊際，茫茫盡眼愁。

—— 白居易〈寄遠〉

九月西風興，月冷霜華凝。
思君秋夜長，一夜魂九升。
二月東風來，草坼花心開。
思君春日遲，一日腸九回。
妾住洛橋北，君住洛橋南。
十五即相識，今年二十三。

楔子

> 有如女蘿草，生在松之側。
> 蔓短枝苦高，縈迴上不得。
> 人言人有願，願至天必成。
> 願作遠方獸，步步比肩行。
> 願作深山木，枝枝連理生。

—— 白居易〈長相思〉

如果沒有這首〈長相思〉，也就沒有後來讓洛陽紙貴的〈長恨歌〉。究竟，又有誰說得清，他那首〈長恨歌〉到底是在寫楊貴妃，還是在悲愴自己和湘靈無法相愛無法聚首的悽絕？

元和十年，蒙冤被貶江州的白居易在途中遇見了漂泊江湖經年的湘靈父女，其時白居易已經四十四歲，而矢志終生不嫁的湘靈也有四十歲了。湘靈還是那麼美貌，無奈眼神裡卻多了一份永遠消逝不去的感傷，白居易看在眼裡，痛在心裡。久別重逢的舊日戀人乍然相逢，卻因為地位的懸殊和親人的阻撓，只能隔著船頭遠遠相望，任悲傷的淚水沾溼衣襟。他想將她接回任所讓她過上好日子，但有楊夫人在側，又不想委屈她做小，痛定思痛，最後還是決定與她分道揚鑣，但在她轉身離去的那一瞬間，他還是忍不住為她揮毫寫下了一首〈逢舊〉詩：

我梳白髮添新恨，
君掃青蛾減舊容。
應被傍人怪惆悵，
少年離別老相逢。

—— 白居易〈逢舊〉

在這首詩裡，白居易再次運用了「恨」字。恨不能與相愛的女子長相廝守，恨不能給她幸福，恨自己辜負了她大好年華，恨自己無法給她相應

的名分，恨自己又要眼看她輾轉流落江湖⋯⋯那麼元稹與那個斜倚西窗下的女子呢？他們的感情又會比自己與湘靈的痴纏遜色嗎？都是有愛不能愛，同是天涯淪落人，為何自己與微之都要愛得這麼辛苦這麼絕望？

「心想夜閒唯足夢，眼看春盡不相逢。」人生苦短，微之的心情或許只有他才能理解。睜開眼，閉上眼，想的夢的眷的戀的都是她，醒來後卻又早失佳人所在，又豈止是春盡不相逢？微之和他都有著太多太多的惆悵，太多太多的不得已，太多太多的不情願，然，當往事已成清風吹過，依然站在原地等待的人又將奈之若何？

翻滾的塵埃，不停地在疲憊的眼前輕舞飛揚，眨眼的工夫，春去夏逝，彈指之間，便又捻來一個沉甸甸的秋。七月，花落，花又開，耿耿星河，照亮那雙依舊迷離的眼，有些惆悵還是避脫不開，有些傷痕還是清晰如昨。總是在嘆息，總是在憂傷，思念的日子裡，是不是，天的盡頭，又會落下一朵哭泣的流雲，只在他緊蹙的眉頭，默默淌成一滴淚的記憶，瞬間傾覆所有的忍耐與隱痛？

曾經的山盟海誓，都早已匍匐在當初的承諾之後，短暫的聚首，換來的多是刻骨銘心的痛。如果人生只若初見，那麼這世間所有的有情人，都會在轉身之後，還能譜出天下最為動聽最為纏綿的曲調。然而，世事無常，當月亮在烏雲之中隱去所有的光芒之際，再美的螢火蟲，也不能累積起一懷的暖意。痴心的人兒，只能屏住呼吸，躲在牆角，偷偷看在水一方的佳人，看她一個人，孤孤單單地望向虛空，心死如灰地拋灑下嘴角最後一個冰涼的微笑，任它迅速冷落青了的枝頭。他還能為她做些什麼？他什麼也不能做，所以只好忍住眼淚，繼續看她執霜凌霄，在風中舞盡芳華。

「花枝滿院空啼鳥，塵榻無人憶臥龍。」憶臥龍？其實微之心裡真正憶念的還是那個斜倚西窗，總是用微笑與真情一起撥動琴弦的女子。只是，放眼望去，花枝滿院，鳥兒啼鳴，風景正當時，凝眸間卻不能再見到那個

楔子

身著一襲白裳的女子，長髮披肩，款款而來，怎不惹人心生遺憾？

又想起她體態娉婷地倚在書案邊，一手托腮，一手研墨的情景，那凝神的一笑，嬌若天仙，冷不妨便驚落了他手裡那枝撰詞於輕塵之中的筆。總是在不經意的時候想起她來，這是怎樣的一種煎熬？或許，這種沉醉於萬般相思之中刻骨銘心、不能自拔的感情，唯有深愛著湘靈的白居易才能體會。

此時此刻，他彷彿看得到遠在武昌的元稹，正穿著一襲白衣白裳，一個人，孤單寂寞地站在江畔，默默思慕著他的鶯鶯，任斜陽落下的最後一抹光暉，染著些許詩意，在他沾了憂愁的臉上，寫下一個淺淺淡淡的笑靨。只是，笑過之後，那苦中作樂的人，當他揮起思念的衣袖時，是否還會記得，要把殘留在風中的那一份詩的優雅，寄予他共醉？

白居易輕輕地嘆息著，卻不意，轉身時，目光所及之處已是落英繽紛，心底的千頭萬緒，亦都紛紛綴上了手中那張色澤淺淡的詩箋。元稹也望著他長長久久地嘆息著，臉上的愁容卻在瞬間冰消瓦解。難道，難道他又在江水的流波中看到了鶯鶯的倒影？鶯鶯是否還穿著初見他時的白衣裳，是否還懷抱綺琴，任十指纖纖，在風中為他撥動起一曲〈鳳求凰〉？

清風拂面，夾著紫薇的芬芳，頓時醉了白居易的眉眼。回首間，一場淅瀝的秋雨不期而至，他手持著詩箋，穿過紫薇花叢，默默朝廊下走去。花影中，他看到，屹立於江畔的元稹，突地背轉過身，不緊不慢地，朝著夕陽的盡頭走去，便是那一個轉身，頓時就醉了歲月的眉眼，從此後，不僅他永遠地記住了微之白衣入畫的風采，唐王朝也記住了微之玉樹臨風的傾城一笑。

微之，白居易在心裡輕輕念著元稹的字，想著他亦已模糊的面容，惆悵叢起。他老了，已是花甲之年，此去經年，不知道這一世還能否再與他灞橋相會，於曲江邊把盞盡歡，惹得秋娘一臉紅雲？往事如斷了線的珍

珠，在他蒼白的手掌心起伏跌宕，廊外落雨瀟瀟，卻看不見微之掉落漢水之中的淚滴，他的心突地生出一種撕裂的疼。

是啊，這世上，只有他才能體會元稹的痛，也唯有他才知道微之是一個傷心的人。那與自己同樣孤獨的人，從遠方寄來的每一篇詩文，總會讓他沒來由地站在窗前，與風一起憑弔，心底湧起的每一份隱痛，而眼前這首充滿惆悵憂鬱之調的〈鄂州寓館嚴澗宅〉，同樣惹起自己的悲憫之情，只是，這字裡行間後，究竟又隱藏了微之多少的血淚悲歡？

白居易的心陡地一沉，立即摺好詩箋，將它小心翼翼地收好，強迫著不讓自己再去深究那些文字背後的傷與痛。然而，嘀嗒的雨聲，終是牽引著他陷入一場又一場的回憶，剎那間，他彷彿聽到元稹喚他的聲音，就在那清晰而又模糊的聲線中，他驚詫著探過頭，一次又一次地仰望廊外的雨簾，卻看到心底隱藏了許久的傷，正被秋雨一塊一塊地凌割成血肉模糊的迷霧。

淚眼朦朧中，惦記與牽掛迅速繞醉了白居易的心傷，一種前所未有的不祥的預感，突如其來地撞擊著他的心扉，那一瞬，整個身子都不由自主地顫抖起來。無盡的擔憂中，他忽然看見一個面目俊朗的少年，騎著高頭大馬，穿過漢江，逾過雨幕，英姿颯爽地朝廊下奔來，掛著一臉淺淺淡淡的笑。只是一個回眸，少年便又勒轉馬頭，朝著西方飛奔而去，帶著他從容淡定的灑脫，奔向了「水邊多麗人」的長安秋月之中。

第二折　劉禹錫

長安。濃濃的月色中，刮躁了一整天的蟬聲忽地滑過樹梢，戛然停止了，就連花落的聲音也開始變得漫不經心。思夢幽幽，冷不妨，挑起一簾落花的醉，風過處，卻似繞著吟哦的淚語，剎那之間，便悽婉了整個靜謐的天空。

楔子

　　一個花甲之年的男人，固執地躑躅在深夜的院落，望著那一樹繁華後的寂寞，久久不忍離去。一份相思輕蹈在晚風裡，於是，那一抹淡淡的憂傷便凝在了他的心間。不知道過了多久，抬首間，卻發現兩片無味的花瓣正搖曳著遍地的晨曦，輕輕落在他的額頭，糾纏著他鎖上眉頭的愁緒，溫暖著他眼角處那抹隱隱的惆悵。

　　他居然在後院的竹榻上躺了一夜，只為思慕那遠方的友人。他們都老了，往昔的歡聚，皆已塵封於歲月的長河中，今生今世，他還能再與遠方的友人流連於長安城朦朧的月色之下，吟誦起那一首首婦孺皆知的詩篇嗎？他將落在額上的花瓣輕輕置於掌心，卻籠了一身的憂愁。

　　花，始終美得讓人欣羨，但終究還是要接受凋零，當最後一抹思念在心底沉默了，人們還能繼續紀念那些紀念不了的紀念嗎？到最後，那豐腴的牽掛裡，剩下的是否只是一聲聲冗長的嘆息？

　　他從竹榻上坐起身，慢慢踱到木槿花樹下，忽地憶起友人白居易的那首〈花非花〉來：

花非花，霧非霧。

夜半來，天明去。

來如春夢幾多時？

去似朝雲無覓處。

── 白居易〈花非花〉

　　花非花，霧非霧。世間事，總是捉摸不定。就連他──劉禹錫，這位中唐時期最傑出的文學家，被後人稱為「詩豪」的大才子也無法揣透其中的奧祕。自古劍不傷人情傷人，白居易如是，元稹如是，那「夜半來，天明去」的佳人，不正是微之筆下那個風情萬種的女子嗎？

　　劉禹錫搖搖頭，捧著元稹從鄂州寄來的詩箋，將那句「何時最是思君

處？月入斜窗曉寺鐘」唸了又唸，只是不知道，遠方的他正思慕的到底是東都李著作家的琵琶歌女管兒，還是《鶯鶯傳》裡那位多情的小姐鶯鶯？

「來如春夢幾多時？去似朝雲無覓處。」元稹借白居易的詩，明白無誤地表達了他對那個女子的相思之情，只是，他們那段情，終宛如一場短促的春夢，她去了之後，便如同清晨的雲，消散得無影無蹤，卻讓那個癡情的男人為之痛苦了一生，煎熬了一生。他知道，元稹無時不刻把她想起，哪怕是閒來拜訪友人，觸景生情，看到的也只是她的回眸，聽到的也只是她的嬌嗔，然而，這樣一份雋永的深情，到底值還是不值？

微之是為情而生的男子，這一點，劉禹錫早就把他讀了個通透。他總在替元稹心痛，如果微之不再那樣癡癡地眷戀著那個女子，那麼他貶謫荒蠻之地的清苦生活是不是會過得從容愜意一些呢？

望著眼前繁盛如蔭的木槿花，他又想起孟郊提到木槿花的一首〈審交〉詩：

種樹須擇地，惡土變木根。結交若失人，中道生謗言。
君子芳桂性，春榮冬更繁。小人槿花心，朝在夕不存。
莫躡冬冰堅，中有潛浪翻。唯當金石交，可以賢達論。

—— 孟郊〈審交〉

「小人槿花心，朝在夕不存。」孟郊在詩裡把朝不保夕的槿花心比喻作首尾兩端的小人，其實，愛不能與共的愛情又何嘗不是？晨光裡，它們開得嬌豔欲滴，可到了晚上，便即凋謝，再美的風光也不能挽留一二，這不正是元稹與那個女子悽婉愛情的寫照嗎？只是念念不忘時，他似乎卻遺忘了，那種建立在浮冰之上的戀情無論怎樣美好，都如幽夢一般輕盈，來得容易，去得也容易。世上永遠沒有什麼永恆，人活著每天都在接受新事物，他只希望微之有一天能夠豁然開朗，不再癡纏於一段無果的戀情無法自拔，獲得最終的解脫。

楔子

　　自相識以來，劉禹錫就像兄長般始終如一地關心愛護著元稹，可以說，元稹「抑制藩鎮勢力」的政治思想也是受了劉禹錫等「永貞革新」派成員的影響。當年，劉禹錫作為「永貞革新」核心成員，因為打擊排擠強藩奸宦，侵害了舊官僚集團的利益，最終與柳宗元等人同時被貶至邊鄙之地，而時任校書郎、身分卑微的元稹，卻始終沒有疏離正遭受政治迫害的他們，反而與革新派的諸多成員成為親密無間的朋友，這也是元稹後來數次被貶蠻荒之地的根症所在。

　　劉禹錫還記得，元和十年，剛從江陵貶地被召還京師的元稹，途經藍橋驛時，聽聞他和柳宗元、李景儉等永貞革新派成員也被召還京城，已在返京途中的消息後，興奮得不能自已，立即在藍橋驛牆壁上揮毫題詩〈留呈夢得子厚致用〉，留呈即將歸京的朋輩們，詩云：

　　泉溜才通疑夜磬，燒煙餘暖有春泥。
　　千層玉帳鋪松蓋，五出銀區印虎蹄。
　　暗落金烏山漸黑，深埋粉堠路渾迷。
　　心知魏闕無多地，十二瓊樓百里西。

── 元稹〈留呈夢得子厚致用〉

　　這首詩，字裡行間，無不流露出元稹對與自己同受苦難同遭不幸的朋輩的無限情意，以至柳宗元、李景儉都棄世後，出鎮武昌的元稹再次途經藍橋驛時，看到自己當年題於牆壁上的感友詩，回首往事之際，仍忍不住潸然淚下，並再次揮毫題詩，藉以表達內心對他們的追思緬懷之情。

　　劉禹錫蹣跚著穿梭於木槿花下，仔細回想著那都是什麼年歲的事。人老了，記性越發不好，微之去武昌才剛剛過去一年有餘，他卻總是錯記成好多年前發生的事，甚至連微之那首新題的藍橋驛詩他也無法背出，但幸好還能記住自己追和的那首〈微之鎮武昌中路見寄藍橋懷舊之作悽然繼和

兼寄安平〉詩：

> 今日油幢引，他年黃紙追。
> 同為三楚客，獨有九霄期。
> 宿草恨長在，傷禽飛尚遲。
> 武昌應已到，新柳映紅旗。

——劉禹錫〈微之鎮武昌中路見寄藍橋懷舊之作悽然繼和兼寄安平〉

詩題中的安平是永貞革新成員韓泰的字。彈指一揮間，三十年過去了，當年血氣方剛的革新派成員被殺的被殺，老死的老死，就剩下自己和韓泰這幾個老傢伙仍然活在世上，卻也只能駐足花間默默悲秋，不能再為國盡點點綿薄之力。

曾幾何時，他和柳宗元一直把振興大唐的希望寄託在微之身上，叵耐他仕途坎坷，雖然出將入相，卻因為身就一副錚錚鐵骨而無法見容於同儕之中，多次出貶外任，心頭的那股銳氣卻始終未見衰減。是啊，元稹在劉禹錫眼裡始終都是大唐的好男兒，他之所以欣賞對方，並不僅僅因為元稹是永貞革新的同情者，還因為他與生俱來的傲骨，無論政治對手如何打壓排擠，他都像青松一樣頑強挺立，高貴的節操猶如雪裡的梅花，於凜冽的嚴寒中獨自芬芳吐豔。

說來元稹的脾氣稟性，都像極了年輕時候的自己。劉禹錫記得，永貞革新過去很多年後，他被唐憲宗召還京師任職，但他並不打算向朝中的黑暗勢力低頭，於是在重遊玄都觀時，寫下了著名的詩歌〈玄都觀桃花〉，以表達內心的不滿與憤懣：

> 紫陌紅塵拂面來，
> 無人不道看花回。

楔子

玄都觀裡桃千樹，

盡是劉郎去後栽。

——劉禹錫〈玄都觀桃花〉

因為這首詩，剛剛回到京城的劉禹錫再度被貶為連州刺史，後又被任命為江州刺史，但他仍沒放棄與權貴們的抗爭，依然故我，在那裡創作了大量反映百姓疾苦心聲的〈竹枝詞〉，沉重鞭撻了當權者的醜惡嘴臉。

與此同時，被貶通州的元稹也寫下了大量反映勞動人民生活艱辛和統治者期壓盤剝百姓的詩作，如〈織婦詞〉、〈蟲豸詩〉二十一首。共同的政治理想和相近的人格魅力，都讓劉禹錫與元稹的心越貼越近，雖然元稹不是永貞革新的成員，但在劉禹錫心裡，早就把他當成革新的一分子了。

這些年來，劉禹錫聽說了很多關於元稹的風言風語，有人說他在永貞革新失敗之際，曾經上〈論教本書〉抨擊革新派，也有人說元稹在長慶年間出任宰相，是因為巴結宦官取巧得來，甚至還有人冒充白居易的手筆討伐其為奸臣，但他明白，其實這都是政敵強加在元稹身上莫須有的罪名。

〈論教本書〉自己早就一睹而快，微之所指責的「疾廢眊瞶不任事者」、「休戎罷帥不知書者」、「疏冗散賤不適用者」以及「沉滯僻老之儒」又怎會是被時人讚為「信為奇才」、「任氣自許」的革新領袖王叔文，抑或是「聰警絕眾，尤精西漢《詩》、《騷》，下筆構思，與古為侔，精裁密緻，璨若珠貝，當時流輩咸推之」的柳宗元？而且呂溫其時年僅三十五，柳宗元也才三十四歲，其資歷年齡與〈論教本書〉搏擊的年老昏庸之輩也大不相同，說微之是在抨擊永貞革新派，豈非司馬昭之心？說微之巴結宦官更是無稽之談，其五起五落，幾乎無一例外，都與宦官集團的打壓排擠有關，這樣的人又豈會與宦官為伍，豈不是荒天下之大不謬？

他非但不相信外界的流言蜚語，更不理會，與元稹的交往日益密切，

深厚不替,且對其讚揚備至。這在他的〈酬元九侍御贈壁州鞭長句〉詩中即可一窺端倪:

> 碧玉孤根生在林,美人相贈比雙金。
> 初開郢客緘封後,想見巴山冰雪深。
> 多節本懷端直性,露青猶有歲寒心。
> 何時策馬同歸去?關樹扶疏敲鐙吟。
>
> ——劉禹錫〈酬元九侍御贈壁州鞭長句〉

他在詩裡將元稹比作碧玉、美人、郢客,就連一根普通的壁州鞭,也因是友人從千里之外捎來,而被愛人及鞭的他,將之與元稹一起看作雙金。此後,他還把元稹喻作「臥龍」,稱之為「同心友」,往來唱合甚多。由此可見,元稹在他心目中的地位自是不容小覷。不提了。往事已矣。劉禹錫望著那張色澤淡雅的詩箋深深地嘆。只是,他不明白,仕途幾番沉淪的元稹始終可以在艱難困苦中保持一顆崇高聖潔的心靈,卻為什麼到老也無法忘記那個夢中的女子?

「何時最是思君處?」他踱著步伐,來回吟誦著這句詩,仰望藍得清澈的天穹,無力地搖了搖頭。原來很多事情還是他無法理解的,雖然年已花甲,但劉禹錫對元稹那段刻骨銘心的初戀之情還是看不太明白,總覺得霧裡看花、水中望月,終是隔了一層什麼,朦朦朧朧的,遠遠望去似乎能夠體會,但走近一瞧,卻又不得要領。

或許,在元稹心底,過去已經過不去了;或許,終點的終點也不再是永恆;或許,又或許已經沒有那麼多或許了。春盡了,人卻不相逢,元稹的世界被重重的暗沉密密包裹著,沒有一點罅隙,回首間便已瀰散了一地的落寞。到底,是因為寂寞才寂寞,還是因為曾經不寂寞才寂寞,劉禹錫還是沒弄明白。

楔子

　　他躑躅在如月色般氤氳的木槿花前，任嘴角劃開一個淺淺的弧，笑看一滴晶瑩的露珠在胭脂色的花瓣上來回滾動，於最深的寂靜中，品味著無聲的絕唱，冷不防，卻瞥見一個騎著高頭大馬的英俊少年揮鞭而來，穿過朱雀大街，跨過百牢關，一路呼嘯著朝西南方向逶迤而去。他要去哪裡？劉禹錫定定地望著那滴潤澤的露珠，朗聲吟起白居易的「花非花，霧非霧」，一個人，於花前，笑出了寂寞，也醉痛了人生。

　　是啊，微之所愛，非花，非霧，似花，似霧。他抬頭仰望蒼穹，陡然發現，頭頂上卻是一片如水的夜色。他又在花前站了一整天，那寂寂的夜色，依然靜靜淌過墨崖，趟過歲月，卻染不去宿命裡一份比花更紅的凋謝。只是，微之現在又在做些什麼，也和他一樣在花下悲憫這悲喜交織的人生嗎？

第三折　薛濤

　　桂花開了，開在望江樓畔寂靜的夜裡。她和往常一樣，慵懶地蜷在西窗下的雕花椅上，一邊翻看著手裡那張泛黃的詩箋，一邊聆聽著窗外飄然而至的一曲婉轉的樂調。琴音在月光瀰漫的夜幕下緩緩流淌，輕輕觸動著心弦，宛若隔世之音，穿越了靜謐的時空，直抵內心深處的柔軟，任一陣輕微的顫慄在心海蕩起片片漣漪。想他，念他，不能再聚，人生若只如初見，該有多好！

　　她和他初見，就注定了一場悲劇的開始，而她始終心甘情願，奮不顧身。淪陷在他編織的柔情蜜意裡，她始終遙望著燈火闌珊的角落，瞻仰幸福，做著飄緲的迷夢，哪怕如飛蛾撲火，也是在所不惜。

　　曲終，人散，所有的眷戀和不捨，都消逝在時光的碎片中。也許，有些東西是可以堅持、可以守候的，而有些人和事，卻只是自己的一廂情願。

第三折　薛濤

如果時間可以倒流，生命可以重來，那麼，他會不會成為她今生永恆的傳奇，會不會在花前替她許下一世的愛戀，會不會在人生的終點處陪她落幕？

那年春天，她從西川成都府遠赴東川梓州與他相見，一個短促的回眸，便注定了一場邂逅的美麗。風輕月寒，逆著月光的微笑，她輕輕貼近了他羞澀的顏，頓時，春風撲面，在彼此深情凝望的眼裡，漾起一圈圈傾醉的柔媚。那時，他是不是已經知道她在他的生命裡已等待了多年盼望了多年？

走近，卻又惶恐，害怕有一天，他終會慢慢退出她的世界，如同落日的餘暉在地平線上漸漸隱沒。也許，他一生的風景，她都無法停留，可這段情感的交集，卻是誰都無法輕易抹去的痕跡。時光總是匆匆飛逝，記憶終會沉澱擱淺，那些點滴的瑣碎的經歷，到最後，也都會深深掩埋在心底，成為永恆的念想。

煙波浩渺，再也觸碰不到他的溫暖；錦江春潮，卻席捲了她柔弱的靈魂。遙遙無期的幸福，自欺欺人的浪漫，在故事的結尾處無聲破碎，終於明白，所有的等待與守望，一如他們曾經忽略的距離，縱是窮極一生，也無法拼湊出完整的希冀。

曾問，要怎樣的幸運，才可以共他笑語今生？曾問，要怎樣的付出，才能得到深愛的今生？她知道，自己並不是那個幸運的人，否則，兜兜轉轉、牽牽絆絆之後，又怎麼還會錯過他在她生命裡如初的身影……

眼睜睜地看著他離開，一切都無能為力，縱使當初糾纏不清，她亦無法挽留他逝去的背影。時光交錯，彷彿過了千年，望江樓下，已不見他們牽手的歡悅，麴院風荷，空留殘荷聽雨。紅塵深處，他變了另一副笑容，青春的激情，在還沒來得及回眸展望的過隙之間，早已悄然隱匿，頹然失去了愛的色彩，而那些年少的輕狂，那些肆意的歡笑，一剎那，都成天涯，轉身後，她和他，也都化作了昨日的風景。

楔子

　　手裡泛黃的詩箋,是他多年前從遠方特地寄給她的讚詩。她將它珍藏了多年,想他時,就捧在手裡默默吟誦,笑一笑,哭一哭,然後再枕著它進入夢鄉。記不清這個習慣已經保持多少年了,在愛他的同時,她甚至忘了自己是誰,忘了自己便是那個八歲便能賦詩的女才子薛濤。她捧著泛黃的詩箋輕輕唸著,那是她心心繫念著的情郎元稹寫給她的〈寄贈薛濤〉詩:

錦江滑膩蛾眉秀,幻出文君與薛濤。

言語巧偷鸚鵡舌,文章分得鳳凰毛。

紛紛辭客多停筆,個個公卿欲夢刀。

別後相思隔煙水,菖蒲花發五雲高。

—— 元稹〈寄贈薛濤〉

　　唸著唸著,眼裡便又湧出了傷感的淚珠。他不在的日子裡,她只能落寞地沉醉於文字中,任一個人孤單的轉身,悄悄染上浸了淚水的詩詞歌賦。每個寂靜的夜裡,她都似曾聽出了一些蕩入心懷的情話,像一首娓娓動聽的歌,總是令她沉醉,令她甘願為之沉淪,而那個引醉之人卻始終沉在夢的那頭無語又無言,哪怕她盼迷了雙眼,盼白了青絲,仍是隱沒不歸。等啊盼啊,為相思寫了太多莫名其妙的文字,一年又一年,但她並不打算就此作罷,所以便又偎著書案,賦詩〈贈遠〉二首,再一次,默默祈盼著他的歸期:

擾弱新蒲葉又齊,

春深花發塞前溪。

知君未轉秦關騎,

月照千門掩袖啼。

芙蓉新落蜀山秋,

錦字開緘到是愁。

第三折　薛濤

閨閣不知戎馬事，

月高還上望夫樓。

——薛濤〈贈遠二首〉

但他終究還是沒來。到如今，離他們初見的日子，怕不是已過去二十個年頭了吧？說是初見，其實從來都不曾再見，她對他的記憶永遠都停留在當年那短促的聚首之間。

她還記得他初登翰林之際，為了給遠在長安的他驚喜，她特地發明了「浣花箋」，並題詩其上，喜不自勝地寄至長安。所謂「浣花箋」，是由其取生長在浣花溪畔的木芙蓉皮作原料，再加入芙蓉花汁，經過特殊工藝研製而成的深紅色精美小彩箋，專門用於寫詩酬和。因為浣花溪水清質滑，所造紙箋光潔可愛，為別處所不及，彩箋因之被譽為「浣花箋」，一時間名滿天下。

而收到其浣花箋題詩的元稹，也當即賦離體詩回贈，其中有句云：「長教碧玉藏深處，總向紅箋寫自隨」。字裡行間，帶了幾份歉意，雖然表示不能給她名分，但也承諾她寄來的紅箋總還是要隨身攜帶的。

她為這句話著實高興過好一陣子。儘管他說無法給其名分，但她還是一廂情願地在心底編織著綺麗的美夢，相信他會踐守多年前的誓言，會來成都看她，並不惜以全部身心去等待與心上人的再度相逢。於是，她又賦詩〈詠牡丹〉一首：

去年零落暮春時，

淚溼紅箋怨別離；

常恐便同巫峽散，

因何重有武陵期。

傳情每問馨香得，

楔子

不語還應彼此知；

只欲欄邊安枕蓆，

夜深同花說相思。

——薛濤〈詠牡丹〉

以表達自己的相思之苦。然而，日日夜夜的相思、期盼，換來的卻是「過盡千帆皆不是，斜暉脈脈水悠悠」的孤獨背影，人影不見，音訊渺茫，怎不「腸斷白蘋洲」？滿懷的熱切期盼，漸漸變成「衣帶漸寬終不悔，為伊消得人憔悴」的幽怨，她亦終於明白，自己只不過是他生命裡的一個小插曲。為此，痛定思痛後的她決定退隱浣花溪，不再參與任何詩酒花韻之事，只是一門心思地，在溪水邊製作精緻的紅箋，無欲無求地過了十多年清淡的生活，直到孤獨地老去。

一張薄薄的桃色紙箋，終究留不住情場中的是是非非。窗外琴音裊然，寂寞一如既往地，伴她漂盪在九曲迴腸的浣花溪上。唉，她輕輕嘆息著，自己比微之整整大了九歲，他又怎會真的在意於她？是啊，她攬鏡自照，卻看到一頭白髮蒼蒼，這一年她都六十二歲了，早已是年逾花甲的老婦人了，花容不再，青春不再，還能拿什麼去打動他那顆依舊年輕冶艷的心？

都說少年不識愁滋味，而今識盡愁滋味又如何呢？在暗夜與黎明交替的邊緣，去追尋一場遙不可及的遙遠？她搖頭，其實他從來未曾真正屬於過她，她和他也永遠不會是一個世界裡的人。那麼，她又真心地愛過他嗎？答案是肯定的，然而她並不知道，如果以後的夢裡不再有他，她是否還可以這樣去把他一直的張望。

物是人非後，她仍然憑弔著那一份遺憾的美麗。輾轉過後，他的笑容在回憶裡搖搖晃晃，依舊是她命途中最美的點綴。也許，未來的某一天，他還會出現，帶著紫色的夢，伴著心香的花瓣，踏著春雨而來……只是，到那時，她的耳畔還會突地響起另一個心音：「何時最是思君處？月入斜

窗曉寺鐘」來嗎？那是劉禹錫寄給她的，微之新寫的詩句，她不知道劉夢得為什麼要把微之這首詩寄給自己，難道他老眼昏花，把微之詩裡相思的那個女子錯當作了自己嗎？

她淺淺淡淡地笑，無可奈何地笑。怎麼會？誰都知道，他心裡丟不開放不下的，是那個叫做鶯鶯的女子，還有那個遠在東都的琵琶歌女管兒，與她們相比，年老珠黃的自己又算得了什麼？難道他真的從沒愛過自己？她望著手中泛黃的詩箋，一遍又一遍地問著遠方的微之，難道，我們真的沒有為彼此動過心，沒有在流年淌過的縫隙裡深深地相愛過嗎？如果愛過，那麼，是誰在黑夜裡，用嘆息，一次一次地拷問著自己滄桑脆弱的靈魂，又是誰在如水的月色中，訴盡思念，苦苦追尋，苦苦掙扎？

她笑出了淚花，笑出了悲哀，卻只能於紅塵之外，繼續捧著薄薄的桃花紙箋，回憶著那份遲來的情思。蘭指劃落，詩韻迭起，任思念不停地在那口屬於他的井水中打撈，卻撈起了鏡花水月一場空。想他，舊了的心語，次第流離在風中；念他，獨立小窗，欄杆憑斷，誰才是值得她鍾愛一生一世的情郎？

遠遠的，猜想著，此時此刻，那個未曾在梓州許其一生為卿畫眉的他，正打馬踏塵歸來，要給她一份值得銘記住一世的歡喜。然，當她為他書盡了眉間事，眼睜睜看著手邊的紙箋一一褪去新墨的痕跡時，儘管思念愈來愈濃，他的清顏亦已悄然隨風漫過她守候的堤，卻還是未能將他盼歸。

她相思成災的時候，他也許就站在鄂州的古橋上，白衣長袍，藉著一把明月光，在風中把他的溫情次第湮散，而這對她來說，卻是千金難買的福祉，因為總有一天，他會在不朽的情思中找尋到她被掩埋了許久的身影。燈火闌珊處的等待，是一種幸福，也是一種悲哀，等天荒，等地老，等世人將〈上邪〉遺忘，等轉身而去的人再度出發，然，她真的還會等到他乘風歸來，只為她撐開一片鳥語花香的豔陽天嗎？

楔子

> 花開不同賞，花落不同悲。
> 欲問相思處，花開花落時。
> 攬草結同心，將以遺知音。
> 春愁正斷絕，春鳥復哀吟。
> 風花日將老，佳期猶渺渺。
> 不結同心人，空結同心草。
> 那堪花滿枝，翻作兩相思。
> 玉箸垂朝鏡，春風知不知。
>
> ——薛濤〈春望四首〉

紙鳶，折了希望的翅膀；時光，剝離了屬於她的韶華。花紅雖好卻易謝，總是悄然枯萎在最繁華後；煙雨相思卻荒蕪，到最後還是了無痕跡。這，世間，有些事物可以轉瞬即逝，然而，有些情愫卻可以地老天荒，成為永恆的印記，隔世之後，依舊可以生香如昔，鮮活如故。只是不知，遠方的微之可否相信？

梨花的轉角處，誰在樹下無怨地等候，卻把柳浪聞鶯的歡喜吟成了一曲心傷？凝眸，看花落春殘，曾經青春的容顏早已被憔悴剝離得蒼老又蒼白，又能怪誰不打一聲招呼便即走開？離開，不是一種意外，只是，思念到極點的時候，那絲絲的傷痛和點點的惆悵，仍會不時地浮上心頭，纏上眼角，到最後，都細緻成唇角悲傷的紋路，轉瞬便凝滯了過往的一切恩怨情愁，讓人不得不覺得，就連憂傷與哽咽都是牽強附會的。

花謝花落花紛飛，她落筆寫下染著絕望的〈春望四首〉。寂如煙雲的心事謄寫在桃花松影上，如果不說，花箋上傳唱的愛情又有誰知？君若與卿無緣，又何須花事年年開，更何必相牽念？他不在，她只得把孑然獨立的孤影，留給那一汪悠悠空自流的花溪水，不再言傷。

終是曲終人散，燭火搖紅裡，又想起倚在雨簷下的他，薛濤的心裡泛起陣陣酸楚。淡淡的月光，籠罩著芳草萋萋的庭院，月如鉤，似拉滿的弓，不知要射向何方，冷不防，又看到月光中自己清瘦的影，竟是一抹怎麼抹也抹不掉的愁。回眸，麴院風荷，再無他展眉的翩翩，唯有一輪舊時的月，和她一樣的孤單冷寂！

　　月色昏，夜深沉，輾轉人難寐。究竟，今生裡，她和他，誰是誰的彼岸，誰是誰的宿命，誰又是誰誓言中的永遠？思念作舊，她將所有的絕望都付與筆墨，任他的眉眼、他的神情，一一翻飛在指間，躍到了箋上，然後，讓飄零了幾度春秋的思念盈滿懷抱，在黎明的曙光中，以黯然的神態，迎接著一個又一個雨季的到來。

　　夢在江南，如今，他又在哪裡？她彷彿看到一個騎著高頭大馬的翩翩少年，微微翹起的嘴角，溢著沉著的笑容，正跨過三峽，渡過揚子江，一路東去，帶著她痴痴的幻想，綻放在柳色青青的枝頭，更彈落了她緊扣了數十載的心弦。

第四折　　李紳

　　江南。壽州刺史府後院。

　　夕陽西下，湛藍的天空瞬息被染出一道胭脂霞痕，溫柔地籠罩著芳草萋萋的水鄉世界，一切都像極了一幅氤氳的水墨圖畫，寫意而溫潤。

　　殘陽的餘輝中，一個面容清瘦、白鬚飄飄的男子，靜靜駐立在碧波萬頃的荷塘邊，微鎖著眉頭，放眼望著剛剛被他驚飛的鷗鷺，表情冷毅決絕，彷彿對什麼都不關注，但那微微揚起的嘴角，卻洩露了他對眼前發生的一切都甚不滿意，那難以言表的神態，彷彿只有在丹青高手生花的妙筆

楔子

下才能被描摹出來。

　　秋天到了。他始終相信，蒼涼的北風，會帶走所有的悲傷。悲傷會延伸嗎？他低頭望著塘裡枯敗的殘荷，心裡湧起一股淡淡的惆悵。他就那樣一直站在荷塘邊，直到太陽落下，月亮升起。說不清自己這些日子到底是怎麼了，總是莫名地感傷，卻少了年少時的激進與銳氣。難道自己真的老了？他久久凝視著水中自己的倒影，望著亦已花白的鬢髮，不由得輕輕嘆息起來。

　　是啊，六十歲的人了，為前程奔走了大半輩子，仕途起起落落，到頭來又得到了什麼？回首往事，他默默地嘆，微微地笑，那麼，這輩子還有遺憾嗎？有的，遺憾很多，但更多的卻是難以言述的驕傲與自豪。他學富五車，少年揚名，年紀輕輕就以同情和憤慨的心情寫出了千古傳誦的〈憫農〉詩二首：

春種一粒粟，

秋收萬顆子。

四海無閒田，

農夫猶餓死。

鋤禾日當午，

汗滴禾下土。

誰知盤中飧，

粒粒皆辛苦！

—— 李紳〈憫農二首〉

　　但他敗也敗在「激憤」二字上。他總是以己度人，不僅嚴於律己，且嚴於律人，所以步入仕途不久，他的名字 —— 李紳，就被權貴們列入黑名單，因此還差點命喪謀叛的鎮海節度使李錡之手。之後的仕途也不平

坦，元和十五年與李德裕、元稹同時返京任翰林學士，被時人譽為「三俊」，正想大展宏圖之際，卻又無辜捲入朋黨之爭，遭權臣排擠，一貶再貶，歷任端州、江州、滁州、壽州刺史，宏偉的政治抱負始終無法施展，痛苦一日甚於一日。

他不知道有生之年還有沒有機會重返京師，但歲月催人老，年屆花甲之人，縱是胸中抱負萬千，又如何能夠大展拳腳？唉，人老了就得服老！李紳不無惆悵地嘆息著，倒是微之還有機會，他才五十三歲，要是能稍挫鋒芒，重返相位只是時間問題，但他真的能藏拙抑芒嗎？李紳搖搖頭，他太了解元稹了，要他迎合當權者，做一個奴顏婢膝之人，恐怕比讓他死還要難吧？

李紳望著殘荷微微點著頭。認識微之也有三十年了吧？這輩子最值得留戀的光陰就是和微之在長安初相識的那段時日了。那時他們都還青春，充滿朝氣與活力，又都是才華橫溢的後進文士，每天不是流連於曲江之畔吟詩作賦，就是窩在元稹位於靖安坊的老宅中切磋學問，要多快活有多快活，要多愜意有多愜意，只是，那樣的日子過去得是那樣的匆匆，甚至讓他在回憶時都理不清頭緒，要是人生永遠都停留在那如花的時刻該有多好！

總是在孤寂中，情不自禁地想起元稹，想起元和十年，他被貶通州途中寫給自己的那首〈長灘夢李紳〉詩：

孤吟獨寢意千般，
闔眼逢君一夜歡。
慚愧夢魂無遠近，
不辭風雨到長灘。

—— 元稹〈長灘夢李紳〉

微之一直把他和白居易當作最親密的友人。曾經的曾經，他們有過許

楔子

多共同的記憶，或美好，或憂傷，或欣喜，或悲慟，歷經塵世悲歡離合，這份友情卻從未曾黯淡絲毫。李紳還記得，元稹那篇早已家喻戶曉的《鶯鶯傳》就是在那時候寫下的。那會元稹剛剛在蒲州普救寺和一個叫鶯鶯的女孩經歷了一段刻骨銘心的戀情，卻因為家人的阻撓而無法結合，每天都以酒澆愁、以淚洗面。

元稹在醉酒後，把自己和鶯鶯的戀情告訴了李紳，他為之動容，為之神傷，並鼓勵元稹把這段戀情用傳奇的方式記錄下來，不為別的，就為緬懷那段不得已而放棄的情。元稹在《鶯鶯傳》裡寫下了一段「忍情」之說，把鶯鶯描寫成禍國殃民的「妖孽」，其實只有他才明白微之當時的心境，他之所以要把鶯鶯寫成「妖孽」，是因為自己實在無法找到一個棄之而去的宣洩口，只能找出那樣看似刻毒的理由，才能緩解他內心深沉的痛與不得已的苦衷。是的，他知道，微之不想那麼做的，可母親的命令迫使他不得不忍心放棄那段深入骨髓的戀情，只是別人難以體會他的心情罷了。

他也曾深深戀過一個女子，亦如微之自始至終都深深眷戀著鶯鶯。只是，他愛的不是別人，卻是朝廷重臣韋夏卿的女兒韋叢。那時的韋叢和鶯鶯年紀相仿，作為才子的李紳得以在江南為官的韋夏卿府中出沒，久而久之便與待嫁的韋叢熟識。幾乎是一眼，他就無可救藥地愛上了那個溫柔嫻淑的千金小姐，無奈落花有意、流水無情，韋叢始終對他的愛慕視而不見，只是將一廂情願的他當作自己的兄長般敬禮有加。

後來，韋叢隨遷官京師的韋夏卿回到長安，準備參加進士試的李紳也隨同韋府的船隻一同進京。為幫助微之排遣相思之苦，李紳帶著他一起遊曲江賞牡丹，卻陰差陽錯地讓他邂逅了韋叢。韋叢也是痴情之人，一眼便痴痴戀上了因為《鶯鶯傳》而名震京師的微之，發誓有生之年非他不嫁，從此，他們三人便糾葛在各自的糾葛裡，痛著各自的痛，疼著各自的疼，不能自拔。

第四折　李紳

　　到底該如何是好？他和韋叢，終是相遇，放手，擦肩而過後便分道揚鑣，中間歷經坎坷無數。還記得那年月下，所有的過往都在他心底匯成一條疼痛的暗流，無時不刻不在沖刷著記憶的堤岸。當相思轉瞬變成二人的相對無言，又有誰會知道，最痛的傷口是任何別人都無法看到的想像？所以他理解微之，也理解韋叢，既然微之能那麼用心地愛著一個無法廝守終身的女子，那麼假以時日，他也一定可以用全部的熱情來愛韋叢的，於是李紳決定用愛心成全他們，用自己一人的痛來換取所有人的歡聲笑語。

　　再後來，韋叢以千金之軀，如願以償地嫁作了人微職卑的元氏婦。儘管過著貧苦的日子，但他仍然可以從她臉上溢出的微笑看出她的滿足與欣慰。他也望著她笑。這樣就好了，他終於可以放心地將她交給微之了。可是，生命無常，韋叢過早的棄世，終成為他和微之心頭永遠的痛，微之為她寫下一篇又一篇感情真摯的悼亡詩，情之切，愛之真，著實讓他挑不出任何毛病，但他心裡一直明白，微之內心深處從來都沒將那個叫做鶯鶯的女子忘懷，那樣摯烈的感情，甚至隨著時間的推移愈加強烈，這從薛濤自成都抄寄給他的那首〈鄂州寓館嚴澗宅〉就可以明白無誤的洞悉。

　　「心想夜開唯足夢，眼看春盡不相逢。何時最是思君處？月入斜窗曉寺鐘。」他顫抖著手掏出那張紅色浣花箋，輕輕唸著上面的詩句，何時最是思君處？微之最思念的人不是韋叢！是的，不是！他用生命珍愛著的那個女子時時刻刻都縈繞在他的心頭，那麼，自己當初的決定是錯了嗎？

　　他不知道。他聽著水波掠過荷葉的嘶嚓聲，輕輕搖了搖頭。有什麼理由可以指斥微之？當初他之所以決定成全他和韋叢，不就是看中微之對鶯鶯的深情嗎？只是他還是錯了，他還是對微之了解得不夠，其實微之的心早就隨著鶯鶯的離去枯萎了，就像這荷塘裡凋敗的荷葉，不可能再為任何人復活、綻放，亦如自己這麼多年也無法將韋叢從心頭抹去一樣，他們都是愛得深愛得真的性情男子，可這並不是他們的過錯啊！

楔子

「月入斜窗曉寺鐘。」李紳顛來覆去地唸著這一句，這世間，微之的痛苦或許只有自己才是最能理解的。要是當初他鼓勵微之勇敢地追求自己所愛，是不是就可以避免這一幕幕悲劇的發生了？

一陣冷風侵襲而來，他不由得打了個冷顫，聽著衰敗的荷葉發出的響動，不由得莫名地恐懼起來。突然想找一個地方藏起來，不再面對世間所有的愁與煩、悲與喜，也許，只是想找一個可以讓心靈停靠的港灣。同僚們都說，他太過憂傷，事實上，他只是太過絕望。他不知道這絕望從何而來，從眼角落下來的淚滴告訴他，他的希望，始終都藏匿在陽光下的那片陰影裡，只是輕易無法翻轉。

或許，這憂傷是因為蕙叢。是的，蕙叢，那是韋叢的小字，他喜歡這樣在心裡念著她的字，自她離世，他的愛情就被浸泡在思慕的淚水中，沉陷為凝眸的傳說。他和她，亦如微之與鶯鶯，相遇是那一場花開，結局卻是殘紅落地滿淒涼！漠然轉身的那一刻，心裡的春天早已不在，可他知道，放手了，並不代表已經放下，不愛了，也不代表已經忘卻，莫非離開了，就代表心死了嗎？他忍住哀傷，轉身，淚水在眼眶裡不停打轉，想忍住，卻灑在撕裂的傷口，他，終未能來得及和她笑道別離。

時光從指縫悄悄地溜走，他想對自己說，就這樣，算了吧，從此後，不再張揚，也不再那樣固執地堅持著去尋找所謂的夢想，或許，它們根本不曾存在。他想對自己殘忍一點，不再縱容自己的脆弱和悲傷，可刻骨的思念卻從不曾打算將他丟開。月色朦朧，想著蕙叢的容顏，他輕輕推開，推開已葳蕤多年的心房，守著滿地經年的青苔，讓燈影在風中一一瘦盡。

歲月無痕，花開花落。少年時的駐足，而今早已更替為老年的頹唐沮喪，歷經磨練，亦成就了一份淡然的生活態度，不會再因為一點點瑣事便攪得徹夜不眠。或許，世間的種種，最終必定成空，只須雲淡風輕地面對，便好。

第四折　李紳

憶著往事，他不自覺地抬起衣袖，拭著眼角的淚水，突地想起當年在靖安坊元氏老宅，配合微之的《鶯鶯傳》寫下的長詩〈鶯鶯歌〉。時間隔得太過久遠，記憶都蒙上了塵，他只能吟出一些殘章斷句，而就是這些殘句，卻讓他感動了許久許久：

……

伯勞飛遲燕飛疾，垂楊綻金花笑日。

綠窗嬌女字鶯鶯，金雀婭鬟年十七。

黃姑上天阿母在，寂寞霜姿素蓮質。

門掩重關蕭寺中，芳草花時不曾出。

……

—— 李紳〈鶯鶯歌〉

鶯鶯。那究竟是個怎樣的女子，為何能讓微之為之神魂牽繞了半生？李紳抬頭望著頭頂宛如蒙了一層輕紗的月色，越發覺得那女子的面上也蒙了一層迷幻的輕紗，不由得嘆息起來。此時此刻，他的心不再輕盈，變得沉寂，往事或喜或悲，都已化作煙雲，儘管一些人，一些事，會如輕風襲上心頭，攪動起一圈圈漣漪，縭縭縴縴，卻也能淡定自若，坦然面對。或許，遠在鄂州的微之，也有著和他一樣的心境吧？

他點點頭，又搖搖頭。徘徊在心靈的街角，黑暗與光明的交會處，他開始顯得無所適從。時光在指尖飛速旋轉，樹木多了一圈圈的年輪，當初銀鈴般的笑聲，飄忽遠逝，卻不知究竟是鶯鶯還是蕙從，而心底留下的，唯有恍如昨日的青澀記憶。或許，眼前的秋只是一個磨合期，而那即將刮來的北風終將吹散世間一切的陰霾，包括他和微之半生落盡的悲傷……

楔子

第一本
旭日初升：少年元稹

第一折　傾沒的大廈

　　從洛陽回長安半個月了，五歲的小元稹仍沉浸在東都的繁華綺盛中不能自拔，一閉上眼睛，龍門石窟那一座座大大小小的佛像便在他眼前跳來跳去，就連做夢夢到的也都是煙霧繚繞的香火和川流不息的善男信女。那到底是個什麼地方？他心裡有著太多的疑問，為什麼爹娘會帶著全家人，千里迢迢地從長安趕往那裡跪拜？為什麼會有那麼多的人出現在那裡閉目上香祈禱，口裡唸唸有詞？為什麼他們說的話他都聽不懂？為什麼……他還太小，還不知道佛是什麼，也搞不明白什麼是唸經，只能從早到晚都趴在窗口，用雙手托起雙腮，望著院裡的辛夷樹愣著神默默揣測著。

　　那是個神聖的地方。父親盯著他慈祥地說。神聖的地方？小元稹抬頭望著湛藍的天空，還是搞不明白。是啊，那是個神聖的地方。年逾五旬的父親元寬拉著他稚嫩的小手，語重心長地告訴他說，你現在還小，不過等你長大了就會知道的。小元稹噘起嘴，不服氣地盯著父親說，我已經五歲了，是個小男子漢了，我現在就想知道嘛！

　　元寬望著自己最為疼愛的小兒子，想起自己半生蹉跎，不由得嘆口氣說：「忘了爹在洛陽時跟你講起的故事嗎？」

　　「您是說我們元氏家族祖先的故事？」小元稹不置可否地盯著元寬認真地問。

第一本　旭日初升：少年元積

元寬點著頭：「那你為爹講講我們祖先的故事。」

「爹是想考我？」小元積不無得意地說，「我們元氏的祖先可是非常了不起的人物！他們為了建功立業，騎著駿馬，揮舞著皮鞭，從遙遠的漠北塞外來到中原，不僅很快就融入漢人的社交圈子，還開拓了一番大大的事業，百姓們見了他們都得下跪，好不威風！」

「不錯。」元寬微微笑著說，「還記得你當時問了爹一句什麼話嗎？」

「我問爹為什麼百姓見了元氏祖先都要下跪，可現在卻沒人對爹和叔父下跪。」小元積伸手摸了摸腦袋，不解地盯著元寬問，「為什麼啊？爹，您還沒回答我的問題呢！」

「那是因為……」元寬放眼望著遠處老槐樹上幾隻嘰喳鳴叫的雀鳥，不無落寞地說，「算了，你還是趕緊到書房跟哥哥們一塊溫習功課去吧。」

「不嘛！您答應了九兒的，您不能講了一半又不說了。」小元積拽著父親的衣襟，撒著嬌說。

「你真想知道？」元寬繼續嘆口氣，「那好，爹問你，知道宮裡都住著些什麼人嗎？」

「皇帝啊！」小元積脫口而出，「還有皇后、老太后，還有……還有妃嬪，嗯，還有宦官和宮女！」

「我們的祖先從前也住在那裡。」元寬緊緊盯著兒子的眼睛，生怕剛才說出的話驚嚇了他，一把將他緊緊摟入懷中，心生愛憐地輕輕撫著他的背。

「爹！您是說我們的祖先是——是皇——」

小元積太聰明了。元寬眼裡露出一絲驚慌，連忙伸手捂著他的嘴，不讓他說出那個「帝」字來，「今天的話你都得爛到肚子裡，對誰也不能提起，否則咱家就要大禍臨頭了！」

「嗯。」小元積認真地點著頭，「九兒明白，我們的祖先早就不住在宮

裡了，可是，他們現在又去哪了呢？」

「他們在洛陽，還有大同。那裡都是我們元氏祖先建功立業的地方。」

「那龍門石窟呢？」小元積瞪大眼睛，似懂非懂地問，「那咱家的祖先都住在龍門石窟嗎？」

元寬點點頭，又搖搖頭。這孩子太聰明了，有時候太過聰明並不是件好事，他開始後悔給元積說起祖先的事，連忙含糊其詞地把他搪塞了過去。

父親走後，小元積仍然趴在窗口冥思苦想，爹說祖先是住在皇宮裡的，為什麼現在又不在裡面住了呢？他聽娘說，現在的天子都是住在長安城的宮殿裡的，可爹為什麼說元氏祖先住在洛陽，難道洛陽的宮殿裡住著的還是元氏家族的親戚嗎？還有，龍門石窟裡那些佛像又是怎麼回事？他百思不得其解，既然爹不想說，那就去問二哥好了！

小元積立刻跑出屋子，朝書房的方向跑了過去。二哥元矩不在，只有三哥，六歲的元積正端坐在案前捧著書本「之乎者也」地唸著。小元積仔細打量著三哥，心想問他也是白問，索性撒開腿又往外跑了出去。

「九兒！」元積丟開書本，回過頭怔怔盯著他大聲叫著，「你剛來，怎麼又要出去？」

「三哥！」元積轉過身，望著元積嬉皮笑臉地說，「我找爹去！」

「爹剛出去辦公了。你還不快過來好好念書？」

小元積噘著嘴，極不情願地踱至書案前，翻開元積遞過來的書本，胡亂翻了幾頁，又無精打采地丟開，託著腮，抬頭望著頭頂的房梁重重嘆了口氣。

「怎麼了？」元積擺出小大人的模樣望著他問，「小小年紀，嘆什麼氣？」

「還不是龍門石窟鬧的！」元積盯著元積又重重嘆了口氣。

第一本　旭日初升：少年元稹

「你還想著龍門石窟？」元稹嗤之以鼻地睃了他一眼，「好好念書，長大了才有出息。成天就知道惦記著玩，一會二哥回來，我告訴他，讓他好好修理修理你。」

「修理我？」元稹不服氣地瞪著他，「誰敢修理我，我就跑去洛陽告誰的狀！」

「洛陽？告狀？」元稹瞪大眼睛好奇地覷著元稹，忍不住笑出聲來，伸手在他額上摸了一把，「你沒生病吧？」

「你還不知道吧？」元稹沾沾自喜地說，「我們的祖先可是住在洛陽宮殿裡的。知道他們是什麼人嗎？說出來得嚇死你！」

「什麼人？」

「住在宮裡還能有什麼人？」元稹咂巴著嘴，得意洋洋地說，「皇帝唄！」

「啊？」元稹怔怔盯著他，「你晚上又做噩夢了吧？」

「沒有啊。」元稹把頭搖得跟撥浪鼓一樣，「是爹告訴我的。爹說元氏先祖就住在宮裡邊，可住在宮裡的男人除了宦官就是皇帝啊，要是我們的祖先是宦官，那也不可能有我們啊，所以，我們的祖先就只可能是皇帝了！可是，我還是沒弄明白，為什麼皇帝住在長安城裡，而我們的祖先卻住在洛陽的宮殿裡？還有，如果我們的祖先是皇帝，那我們不就都是皇子皇孫了嘛，為什麼我們從來都沒有進過宮看看那些親戚？為什麼爹在外邊總要受別人的氣呢？」

「呆子！」元稹使勁推了推他的身子，「我們的祖先早就死了，都埋在洛陽城外呢！哪裡會住在洛陽的宮殿裡？」

「死了？」

「不死了，我們會去洛陽祭拜祖先嗎？」元稹自信滿滿地說，「上次去洛陽就是去祭祀祖先的，我看你真是魔怔了。」

第一折　傾沒的大廈

「可是……」元積不服氣地瞪著元積，剛想反駁他幾句，一襲長衫的二哥元矩已經從外邊踱了進來。

二哥元矩比他們年長二十餘歲，學問、見識都是第一流的，元積和元積都很崇拜他，有什麼悄悄話都願意跟他說。

「誰魔怔了？」

「九兒！」

「九兒？」元矩踱到元積身邊，伸出點了點他的額頭，「小哥倆又爭執上了？」

「懶得跟他爭執！」元積嘟囔著嘴望著元矩說，「二哥，爹說我們的祖先是住在宮裡的，三哥不信，非說我魔怔了。您快告訴我們，我們的祖先到底是不是住在宮裡的？是不是啊？」

「啊？」元矩嘆口氣，正色盯著元積問，「真是爹跟你說的？」

元積使勁點點頭：「您快說啊！」

「真想知道？好，不過二哥說了，你們千萬不能到外邊胡亂說去。要不然，會有殺頭之禍的，明白嗎？」

元積和元積忙不迭地點著頭，他們都瞪大眼睛盯著元矩，迫不及待地等他釋疑。

「其實也沒什麼，咱家的祖先的確是住在宮裡的。」元矩清了清嗓子說，「我們是皇族。知道嗎，皇族？就是皇帝的子孫。以前，我們元氏的先祖在大唐帝國之前一直統治著整個北方，那時候，現在住在大明宮裡的皇帝的祖先們都還沒出世呢！」

「那我們的祖先和現在皇帝的祖先不是一個人嗎？」

「當然不是。我們姓元，當今天子姓李，怎麼會是同一個祖先呢？」

「我明白了，在長安城裡住著的是姓李的皇帝，在洛陽城裡住著的是

姓元的皇帝！可為什麼我們這回去洛陽根本就沒見到姓元的皇帝呢？」

「因為天下早就不是我們元氏家族的天下，元氏家族的皇帝早就被旁姓皇帝給取代了。」

這下，小元稹更不明白了。自己的祖先好端端地當著皇帝，怎麼突然就被別人取代了？

「那都是好幾百年前的事了。我們祖先當皇帝那會，天下還不叫大唐帝國，叫大魏國。大魏國定都平城，後來孝文帝將都城遷至洛陽。我們的姓氏也是從遷都洛陽後才出現的。」

「我知道，爹說過，元氏本姓拓跋，是祖先進入中原後，為了與漢人更好地融合，才改成的元姓。」

元矩點點頭：「小九真聰明！元氏祖先統治中原近三百年後，遭遇了不可逆轉的內憂外患，從那以後，朝代更迭，江山幾經易手，到現在又歷經了北齊、北周、隋、唐，元氏家族也早就從天皇貴胄淪為普通布衣了。」

「那就是說，我們元氏先人早就不是什麼皇帝了，對嗎？」元稹歪著脖子，不無失落地問。

「對。」元矩拉了拉他的手，又拉了拉元稹的手，語重心長地囑咐他們說，「都是過去的事了，不過讓你們知道也不是壞事。只是……」

「只是千萬不能跟外人提及，要不然就是對當今皇室的大不敬，對不對？」

「還是九兒聰明！」

「那龍門石窟呢？為什麼爹娘要帶我們去那裡上香？」元稹一想起龍門石窟，心底就湧起無限波瀾，「為什麼會有那麼多人跪在那些石像前念些我聽不懂的話呢？」

「什麼石像？跟你說過幾百回了，那是佛像！」元稹糾正元稹說，「還

第一折　傾沒的大廈

有，那些人是在祈禱，他們說的話，你當然聽不懂。」

「好了，你們兩個不要爭了。」元矩自豪地說，「知道爹娘為什麼帶我們去龍門石窟？因為那是我們元氏家族的驕傲！」

「元氏家族的驕傲？」

「當然了。那些佛像都是在我們篤信佛教的祖先帶領下才被雕鑿在伊河兩岸，要沒有元氏先祖，就不會有龍門石窟這樣的藝術寶庫，明白嗎？」

小元積點點頭，又搖搖頭。他還是不太明白，直到多年後，當他再次站在伊河兩岸，駐足於一座座面部清秀、雙肩瘦削的北魏雕像前，回想幾百年前虔誠的佛教徒們用自己虔誠的心，用自己巧奪天工的雙手，將自己心目中佛的形象，一刀一刀雕刻在石崖上的時候，才明白他們當初的一言一行都是種人與佛的對話，也才在心靈遭遇強烈的震撼時體會到元氏祖先是多麼偉大英明。但現在，年僅五歲的他還不能理解世間的所有，抬頭望著頭頂年久失修的簷角，他不由得詫異起來，為什麼祖先們可以在金碧輝煌的宮殿裡過著歌舞昇平的日子，他和哥哥們卻始終都住在一幢破敗不堪的舊房子裡呢？

為什麼？他心裡有著太多太多的疑問。二哥說他們都是大魏朝天子的子孫，可為什麼他們過的日子卻比普通老百姓好不到哪去呢？就在二哥講完元氏祖先輝煌的歷史後不久，父親就開始變得沉默寡言起來，每次辦完公事回家後，就一聲不吭地把自己鎖在東院那間獨立的書房裡，再也不講故事給他聽，不陪他玩遊戲，往日裡和藹的笑容更是消逝不見，取而代之的則是緊蹙的眉頭和緊閉的雙眼。

父親總在愣神，不管是在書房還是在飯桌上，彷彿憂鬱和煩惱已成為他生活中最主要的功課。難道父親知道了他和二哥之間的祕密，是在生他的氣？小元積忐忑不安地踱到父親緊閉的書房窗下，踮起腳尖，伸手在窗戶紙上捅了一個小小的窟窿，瞪大眼睛偷窺著坐在案前發呆的父親，心撲

第一本　旭日初升：少年元稹

通撲通跳著。父親是怎麼了？他手裡明明捧著一本書，可卻緊閉著雙眼，耷拉著腦袋，一臉痛苦不堪的樣子，難道他是生病了嗎？

母親從背後抱起他，把他輕輕拽了開去。

「娘！爹這是怎麼了？」小元稹害怕地盯著母親同樣憂鬱的眼眸，小心翼翼地說，「我看到爹……他是不是生病了？」

母親搖了搖頭：「你爹被降職了。」

「啊？」

「你爹從比部郎中的位置上被遷為舒王府長史……」母親的聲音有些沙啞，很顯然，她剛剛躲在房裡悄悄哭過。

「娘，您哭了？」

「沒。」母親緊緊摟著他說，「你爹降職了，俸祿也降了，一大家子人就指著你爹和二哥的俸祿過活，這下，咱家以後的日子會比從前更加艱難，你和積兒都要乖乖的，不要惹你爹生氣，明白了嗎？」

小元稹並不明白，父親降職和俸祿降低對他們的家庭意味著什麼。他只知道，打那天以後，他想吃糖葫蘆時，母親再也不像從前那樣每次都會買給他了，為此他還鬧了好幾次，直到十歲的二姐把他領到母親的臥房，偷偷打開母親的首飾盒時，他才明白這個家裡到底發生了些什麼。

「跟著我一塊祈禱吧！」懂事的二姐緊緊盯著他的眼睛，口裡振振有詞地唸著「阿彌陀佛」。阿彌陀佛？這不是那些善男信女們在龍門石窟的佛像前跪拜時，嘴裡唸的那些他聽不懂的話嗎？怎麼二姐也會唸上這個了？

「快跟著我唸。」二姐輕輕閉上雙眼，「唸了，我們家就會慢慢好起來，小九也就會有糖葫蘆吃了。」

「真的？唸了就有糖葫蘆吃？」

二姐點著頭：「唸吧！阿彌陀佛！」

「阿彌陀佛！」小元積學著二姐的樣子，微微閉上眼睛，雙手合十放在胸前，把「阿彌陀佛」唸了一遍又一遍，可是糖葫蘆真的會從天上掉下來嗎？恍惚中，他彷彿看見一個騎著高頭大馬的英俊少年從高高的山崗下疾馳而來，手裡舉著一串紅彤彤的冰糖葫蘆，嘴裡不禁湧出一股甜滋滋的味道。那是辛夷花的味道，芬芳而香冽，輕輕一個念頭，便沉醉了他所有的希冀。

第二折　辛夷花

　　輕雨初歇，目光所及之處，一徑煙柳萬絲垂，滿院辛夷百般羞。雨後的辛夷花，借得芳魂三分嬌，猶覺清幽瀲灩，滿樹滿樹傲然地綻放著，彷彿要把藏匿了一整個冬季的嫵媚心情都和盤托出。

　　煙霧瀰漫的元氏老宅，滿院子都氤氳著辛夷的香氣，那滿枝的粉白，單純地映著一樹花朵的呼喊，美麗得讓人不敢呼吸。於是，一個季節，便在辛夷花爛漫舒展的指尖上，緩緩漫過天空，靠近雲霄，宛如一曲優美的旋律，與世界擁抱。

　　春天，似乎真的近了。只有在辛夷花開得如火如荼的時候，小元積才確信，自己和春天已漸漸互相接納，而那些在冬季裡捂得太久的心情，也都會在辛夷花明亮的注視裡抖落下灰塵，換作輕舞的笑意。

　　小元積就這樣呆呆地想著，靜靜地望著那些古老而冶豔的辛夷花，卻不知眼下過了多長時間，也許是一天，也許是一年，也許是一個世紀，也許是今世前生。整整一個冬天，他始終坐在窗下，望著院裡的兩株辛夷花愣神，默默思念著身在遠方的父親。父親元寬在冬天裡第一場雪後，被貶為虢州別駕，孤身一人淒零上路，偌大的宅院因為少了父親的身影變得更加淒清，就連平時一慣和藹可親的二叔元宵也變得嚴肅起來，整天不是皺

第一本　旭日初升：少年元積

著眉頭就是緊繃著臉，所有的歡聲笑語都在一夜之間次第消失了。

可是辛夷花開了，開得爛漫而恣意。父親臨走前告訴自己，辛夷花開的季節他便會回來，所以他每天都守在窗下，默默守候著辛夷花期，而今，父親是不是就快回來了呢？

辛夷花開了，母親緊蹙的眉頭卻絲毫沒有舒展開。小元積不明白，為什麼父親就快回家了，母親臉上卻沒有一點點高興的神色？他只知道院裡那兩株辛夷花開得很美很絢爛，那種嫵媚的姿態好像只在二哥的詩裡畫裡見過，抑或是在自己的夢裡出現過，有檀香裊裊，古韻聲聲，月落烏啼霜滿天的唯美神韻，只要凝神看著它們就宛若置身仙境，心裡有種說不出的快活。如果讓母親也看看這滿院的辛夷花，她便不會再那般鬱鬱寡歡了吧？父親被貶出京城後，家裡大大小小的事務都落到母親身上，每天一睜眼，他便看到母親忙忙碌碌的樣子，一刻也不得清閒，又哪有工夫好好坐下來欣賞這美麗的辛夷花呢？

「娘！」他硬是把母親鄭氏從廚房拽到辛夷花樹前，仰起頭指著樹上的花對鄭氏說，「娘，您快看，看辛夷花開得多美！」

「九兒！」鄭氏板著臉孔，「你拉我出來，就是來看辛夷花的？」

「嗯。」小元積鄭重地點著頭，「娘不喜歡辛夷花嗎？」

「喜歡。可娘哪有閒空陪你在這看花？廚房裡的活還沒幹完呢。」鄭氏說著，轉身便要離去。

「娘！」小元積連忙拽著她的衣袖，「您就陪九兒多待一會，好嗎？」

「九兒，娘真的有很多事要忙。要不，娘叫你二姐來陪你看花，好不好？」

「不嘛，我就要娘陪九兒看花。」小元積撒著嬌，忽地彎下腰，忙不迭地從地上揀起一朵掉落的辛夷花遞到她手裡，充滿期待地盯著鄭氏說，

第二折　辛夷花

「娘，您戴這個。」

「九兒⋯⋯」

「娘，您不喜歡九兒，不喜歡辛夷花了嗎？」小元稹的眼裡噙了淚，潸然淚下地盯著一臉疲憊的鄭氏低聲嗚咽了起來。

「這是怎麼了？」鄭氏連忙伸手拭去他眼角的淚水，「娘最喜歡九兒了，可是⋯⋯」

「可是娘就是不肯陪九兒看辛夷花。」

「娘喜歡，娘怎麼會不喜歡呢？只是這辛夷花娘都看了半輩子了，早就看厭了⋯⋯」

「您騙人。去年這個時候，爹給您髮髻上插上辛夷花的時候，您還說這輩子都看不厭呢。」小元稹噘起嘴盯著鄭氏，「您只喜歡爹給您戴花，不喜歡九兒給您戴。」

「你這孩子！人小鬼大！」鄭氏伸出指尖在他額上點了點，嘆口氣說，「好吧，就依你，給娘戴上。」邊說邊蹲下身，任由元稹在她髮間簪上辛夷花。

「好了。」小元稹望著鄭氏髮間的辛夷花，興奮得手舞足蹈，「娘戴上辛夷花更漂亮了！」

「戴好了，娘可要忙去了。」

「娘！」小元稹拽著鄭氏的衣襟，依依不捨地望著她說，「辛夷花開得這麼美，娘就多看一會嘛！」

「家裡還有一堆事等著娘處理呢，娘真的沒空閒在這看花的。」鄭氏無奈地說，「等你爹回來了，娘保證，每天都陪九兒在院裡看辛夷花，好不好？」

「您騙人！您們都騙人！」

第一本　旭日初升：少年元稹

「娘什麼時候騙過你？」

「爹騙人！」小元稹瞪大眼睛說，「爹說辛夷花開的時候，他就會回家，可辛夷花都開了快一個月了，爹還是沒回來，他不是騙人是什麼？」

「九兒，你爹沒有騙你，可是⋯⋯」

「可是什麼？」

鄭氏怔怔盯著兒子清澈純真的眸子，強忍著不讓眼裡的淚水掉下來，「你爹本來是要在辛夷花開的時候回來的，可是皇上⋯⋯」

「皇上怎麼了？他不讓爹回來嗎？」

鄭氏點點頭，又搖搖頭：「你還小，不明白的。」

「我不小了，我都六歲了！」

「總之，你爹沒有騙你。」

「那他什麼時候回來？」

「這⋯⋯」鄭氏一時啞口無言。

「爹是不是不回來了？他再也不要小九了嗎？」

「傻孩子，你爹在虢州，心裡最惦記的就是你，每次寫信回來，第一句話就是問九兒怎麼樣了，他怎麼會不要你了呢？」

「那他到底什麼時候回來嗎？」

鄭氏抬頭望了望那兩株由元寬五代祖元巖親手栽下的辛夷花，內心不禁裹滿了惆悵。是啊，丈夫什麼時候才能回來？也許馬上，也許半年，也許一年，也許三年，也許⋯⋯她不敢想像，元寬已經年近六旬，要不是丟不下家裡幾個孩子，說什麼她也要跟著去虢州的。元寬是因為得罪了朝廷重臣才被貶出京師，萬一他們心頭之恨難消，一輩子不放元寬回來，那豈不是⋯⋯

第二折　辛夷花

　　鄭氏的眼裡噙了淚水，她輕輕安撫著元稹：「九兒乖。你看，辛夷花的花期不是還沒過嗎？只要辛夷花還開著，爹就會回來的。」

　　「您沒騙我？」

　　「娘要騙你，等你爹回來了，你可以告娘一狀。到時候你讓娘做什麼娘就做什麼。」

　　「那我要您給我買很多很多的冰糖葫蘆！」元稹踮起腳，不無興奮地說著，「要買一籮，一筐！」

　　「好！買一籮！買一筐！」鄭氏憐愛地望著小兒子，淚水終於沒能忍住，如噴湧而出的泉水溢了出來。她痛恨自己，就連兒子要吃冰糖葫蘆的心願都不能隨時隨地滿足他，她這個娘也當得太窩囊了，可她沒辦法，家裡上上下下幾十口人，全指著元寬、元宵兄弟和元矩微薄的俸祿過活，現在，丈夫又外貶虢州，俸祿比之從前更是少得可憐，加上連年的春旱、秋蝗、冬寒，導致物價飛漲、斗米千錢，要不把緊著花錢，這日子早就過不下去了，哪還有閒錢天天給九兒買糖葫蘆吃？

　　「娘，您別哭了。」小元稹伸出小手替鄭氏擦去臉上的淚花，懂事地望著她說，「九兒不要糖葫蘆了，九兒再也不纏著讓娘買糖葫蘆了。」

　　「九兒……」鄭氏將兒子緊緊摟在懷裡，「娘不好，娘一次又一次地讓九兒失望，娘不是個好娘。」

　　「不，娘是好娘！」小元稹哽咽著說，「二姐已經給我看過娘的首飾盒了。九兒知道，娘為了撐起我們這個家，連外婆留給您的那支白玉鳳凰釵都給典當了，娘平日最珍愛的就是那支鳳凰釵了，可您還是把它……」

　　「九兒！」

　　元稹伸手撫著鄭氏髮間的辛夷花：「九兒沒錢，不能替娘贖回鳳凰釵，所以只能送娘辛夷花。不過等九兒長大了，一定要當上大官，賺很多很多

的俸祿來孝敬娘，給您買成千上百支白玉鳳凰釵，讓您每天輪流換著戴。」

「九兒，我的好九兒！」鄭氏淚眼潸然地瞧著小兒子，聽著他這麼懂事貼心的話語，心頓時碎成了一塊一塊。「九兒真是長大了，懂得替娘分憂了，可是九兒若要真想當上大官，現在就必須好好跟著哥哥們一起讀書，知不知道？」

「嗯。」元稹點著頭，「九兒一定會用功讀書，長大了當比大哥二哥更大的官！」

「好，九兒有志氣，娘相信九兒長大了一定會比爹和哥哥們更有出息。」鄭氏緊緊捏著他的手，「不過你得答應娘一樁事，從今天起，不許再整天在院子裡閒逛，要按時跟你三哥一塊到書房溫習功課，知道嗎？」

「知道。不過娘也得答應九兒一個要求。」元稹又噘起嘴巴說，「娘每天早上起來時，都得讓九兒替您戴上一朵漂亮的辛夷花，好不好？」

「好。」鄭氏破涕為笑，「沒有白玉鳳凰釵戴，戴九兒送的辛夷花，娘會更高興的。」

小元稹就這樣跟母親鄭氏說定了。以後每天的早晨，他起身做的第一樁事，就是跑到辛夷樹下，揀起落花，替鄭氏簪到髮間，一直持續到辛夷花期過後。說不清，到底是不是那段貧苦的童年生活令元稹刻骨銘心，長大後的他始終對辛夷花保持著一種超乎尋常的嗜愛之情，以至於每到一個地方任職，都要在院裡親手栽下辛夷花，而且還因為辛夷花，與當時的大文豪韓愈留下了一段傳遍文林的佳話。

那已經是很多很多年以後的事了。那時身為監察御史的元稹因個性耿直，觸犯了當權者的利益，遭到舊官僚集團的排擠，被從京師趕至洛陽，仍以監察御史的身分分務東臺。病中的妻子韋叢隨行，不久即喪身洛陽官邸，元稹痛失愛妻，悲痛欲絕，直到次年春天才從纏綿的痛苦中稍稍解脫

第二折　辛夷花

出來,也就在那時,他把對妻子濃濃的思念之情轉移到了夢中的辛夷花身上。

眼看辛夷花期將至,身在洛陽的元稹對元氏老宅那兩株陪伴自己長大的辛夷樹的思慕,也達到了難以排遣的地步。每夜守在空蕩蕩的房間裡,睜開眼,閉上眼,除了亡妻韋叢,他最想看到的就是那朵朵嬌豔的辛夷花,無奈洛陽人並不崇尚此花,想在洛陽一睹它的芳姿卻成為一種奢侈,於是,他踏遍洛陽城大大小小的里坊,尋找它的蹤跡,可惜終究都是徒勞,就像他和韋叢已經錯過一樣,所以只能在夢裡穿過千年的風霜雨雪,望向那幽然不驚的目光,任由凌亂的思緒攪亂心湖,滿眼滿眼全都是花人相伴的婀娜倩影。

記不清多少次是在夢中哭著醒過來的,就像孩提時代蹲在辛夷樹下守候父親的歸期,心裡染的唯有失卻蔚藍的灰。不過他始終記得韋叢如瀑的長髮,拂過老宅那兩株蒼老遒勁的辛夷樹枝的情景,那時的韋叢身著白色的長衫,一條粉紫相間的披肩更將她點綴得如同不食人間煙火的仙子。然而現在,他卻只能在夢裡將她單薄窈窕的身影望了又望,那背影始終宛若一株亭亭淨植的辛夷,在檀香般清澈透明的月色下顯得更加楚楚動人。

該怎樣才能讓她永遠為自己駐留?就在元稹為遍尋不見辛夷苦惱之際,同在洛陽為官的好友韓愈為他帶來了福音。早在長安就已與元稹相識相知的韓愈,那時正好以尚書都官員外郎的職銜奉職洛陽,從韋叢的墓誌銘是由韓愈親筆撰寫來看,便可窺見這兩位大文豪交情非淺。當韓愈得知元稹嗜好辛夷花,苦尋不見後,立即前往拜訪,提起自己官邸後院就有辛夷花一株。這消息對元稹來說,無疑是久旱逢甘霖,當即便興奮得手舞足蹈,向其索要三兩花枝,並為之賦詩一首:

問君辛夷花,君言已斑駁。

不畏辛夷不爛開,顧我筋骸冒束縛。

> 縛遣推囚名御史，狼藉囚徒滿田地。
> 明日不推緣國忌，依前不得花前醉。
> 韓員外家好辛夷，開時乞取三兩枝。
> 折枝為贈君莫惜，縱君不折風亦吹。
>
> ──〈辛夷花（問韓員外）〉

辛夷之豔自是美不勝收，韓愈也有〈感春五首〉回應元稹，極言辛夷花之盛：

> 辛夷花房忽全開，將衰正盛須頻來。
> 清晨輝輝燭霞日，薄暮耿耿和煙埃。
> 朝明夕暗已足嘆，況乃滿地成摧頹。
> 迎繁送謝別有意，誰肯留戀少環回。
>
> ──韓愈〈感春五首之五〉

辛夷花開了，辛夷花落了，一年又一年。以後的以後，無論天涯海角，無論貴賤浮沉，元稹從沒忘記伴他走過貧苦童年的那兩株古老的辛夷樹。它們任由時光流逝，在寂寞裡冷豔綻放，不分春夏，不分秋冬，始終默默守護著元稹的希冀與夢想，一生一世，無論美好，悲傷，抑或憂鬱。可是，那年手捧韓愈所贈辛夷花枝痴痴幻想的他，又可曾在以後的歲月流轉中，看到嬌妻映照在珠簾上的投影？這是個祕密。或許，只有那一樹樹掠著芬芳春意的辛夷花，才能照見他如水般澄潤的心思。

第三折　姐夫的書房

西元 786 年，又是一個辛夷花吐豔的季節，貶為虢州別駕的元寬終於被召回京師，任職舒王府長史。元寬的歸來，給這個多災多難的家帶來了

第三折　姐夫的書房

難得的歡欣與鼓舞，每個人臉上都溢著欣慰愉悅的笑容，尤其是八歲的小元積，盼了這麼多年才把父親盼回來，心裡的高興勁甭提有多高了，整天都跟在元寬身後形影不離，生怕一不留意，父親便又像幾年前那樣一去不回。

平靜的日子沒過多久，積蓄已久的陰霾便悄然降臨到已有百年歷史的靖安坊元氏老宅上空，還沒等這裡的主人享盡團聚的天倫之樂，災噩便一步步滑向宅裡的每一個角落，非要給他們本以拮据貧困的生活雪上加霜不可。叔父侍御史元宵就是這個時候突然患上不治之症撒手西去的，緊接著，元寬也因病臥床不起，整個人瘦得皮包骨頭，二姐更因為營養不良咳血不止，整個元家頓時亂成了一鍋粥，每個人都在提心吊膽中度日如年，鄭氏更是日夜衣不解帶地守在元寬和二女兒榻前，要將他們從死神手裡搶奪回來。叵耐上天弄人，年愈六旬的元寬最終還是撒手人寰，扔下一大家子男男女女，在又一個冰天雪地的冬天。

元寬的死，最過悲痛的莫過於年屆四十的夫人鄭氏。二十年前，她承父母之命嫁給比自己年長近二十歲的元寬為續絃，幫扶丈夫兢兢業業地操持家務，撫育元寬亡妻留下的僅比自己小數歲的長子元沂和次子元矩，數十年如一日，任勞任怨，從來沒跟家人紅過一次臉，所以也贏得了元府上上下下一致的稱讚和愛戴。前些年京師不是鬧旱災就是鬧蝗災，導致物價飛漲，元寬、元宵兄弟那點微薄的俸祿對有幾十口人等著吃飯的大家庭來說，根本入不敷出，為貼補家用，鄭氏帶頭省吃儉用，把娘家賠嫁時帶過來的金銀首飾通通典當了出去，才僅僅得以保全溫飽，可現在，支撐起整座元氏老宅的經濟支柱元宵、元寬相繼去世，元矩等子姪也因為服喪停了俸祿，家裡能賣能典的東西亦已所剩無幾，本就緊巴的日子變得愈加難熬，加上幾個月前替元宵治喪花去了大筆積蓄，現在帳上僅存的財物別說無法長久維持全家人的溫飽，便是眼下為元寬治喪也成了問題。一切難題

都擺在了鄭氏面前，於她而言，這些變故簡直比天塌下來了還要嚴重，可作為元府的主母，她必須鼓足勇氣來承受這一切，儘管她只是個女流之輩。

怎麼辦？望著屍骨未寒的丈夫，鄭氏悲痛欲絕。可她知道，她不能像丈夫那樣垮下去，元寬死了，可孩子們還都活得好好的，無論眼下的日子過得有多困難多巴緊，她也得將嗷嗷待哺的嬌子弱女撫養成人，才對得起元寬這幾十年來對自己的眷顧之情啊！眼下最緊要的是想辦法湊足錢替元寬發喪，可她翻箱倒櫃也沒翻出一件值錢的寶貝，最後她把目光落在了二女兒仰娟的玉鐲上。仰娟很懂事，那玉鐲本是父親留給她唯一的信物，但為了讓父親早日入土為安，臥病在床的她還是脫下玉鐲交給了母親。

可一副玉鐲換來的錢還是無法為元寬風光地出殯。鄭氏想破了腦袋，終於把主意打到了自己的貼身侍女身上。賣了侍女不僅可以得到替元寬治喪的費用，還可以省下一個人的口糧，一舉兩得，可侍女畢竟服侍了她多年，要狠下心來把她賣掉還是於心不忍，但除此之外，她一個婦道人家還能有什麼好法子來解決眼下的燃眉之急？次子元矩知道鄭氏的心意後，立刻說服妻子崔氏賣了自己的貼身侍婢，又多方籌措借貸，才勉強湊齊了替元寬治喪的費用。

回首前程往事，鄭氏悲不自勝。她本是堂堂睦州刺史鄭濟的愛女，是母親盧氏的掌上明珠，元寬更是北魏皇族後裔，都是名門貴冑，為什麼他們的生活卻過得如此拮据，非但食不飽、穿不暖，就連治喪的錢都掏不出來？她不知道該去埋怨誰，連年的戰亂已經讓她變得麻木，或許這就是命中注定吧？

亂世之中，一切皆無定數，能活著已是萬幸，最起碼要比陷於亂兵之中不知所終的長子元沂強了許多。想起時任蔡州汝陽尉的元沂，鄭氏心裡更是惆悵萬分，儘管元沂只比她小了幾歲，但對其卻是禮敬有加，現如今

第三折　姐夫的書房

他生死未卜，連父親的喪禮都無法回來參加，又怎能叫她不心痛不悲慟？

汝陽隸屬淮西，幾年前，淮西節度使李希烈公然發兵反叛朝廷，僭號稱王，淮西全地陷入戰火，元氏一族從此便與遠在異鄉的元沂斷了音訊，活不見人，死不見屍，元寬兄弟多次派人前往淮西打聽，也未能帶回有關元沂的任何消息。想必元沂早已死在亂兵之中，元寬彌留之際一直念著元沂的名字，說自己看到元沂滿身血汙地回來了，從那個時候起，鄭氏便覺得元沂多半是凶多吉少了。望著跪在身邊的元積、元穑，悲痛莫名的鄭氏又覺得些許欣慰，不管怎樣，兩個幼子都還守在自己身邊，只要他們還健康茁壯地成長著，哪怕每天都吃野菜睡草窩也是好的啊！

艱難的生活，一步一步把鄭氏和元氏老宅的男男女女們，逼向一個又一個絕境。在替元寬守喪的二十七個月中，鄭氏凡事親歷親為，帶著弟媳婦以及兒媳崔氏、病中的二女兒仰娟，日以繼夜地紡紗織布，釘鞋繡花，再由家中的老僕拿到集市上去兜售，這樣才得以勉強支撐起全家的開銷。喪服除後，元矩又重新獲得了差事，但那點微薄的俸祿還是無法養活一大家子人，眼看著元積、元穑一天天長高，鄭氏明白，他們正是長身體的時候，要讓他們跟著自己繼續過這種吃不飽穿不暖的日子，實在是於心不忍，萬一哪天他們出個好歹，自己又如何對得起死去的元寬和元家列祖列宗？

就在鄭氏傷心難過的時候，她收到了居住在鳳翔的娘家兄弟姐妹以及大女兒采薇的家信，勸她及早準備，帶元積和元穑到鳳翔跟他們一起生活。鄭氏捧著信箋讀了一遍又一遍，眼淚一次又一次地沾溼衣襟，娘家兄弟和大女兒嫁過去的陸家家底殷實，到鳳翔投奔親戚倒不失為權宜之計，可她畢竟是元氏的主母，一向以孝名著稱的元矩又能讓她帶著兩個幼子千里迢迢出門投親嗎？

懷著忐忑的心情，鄭氏敲開了元矩的書房門。果不出其所料，她剛剛開口，元矩就披散下頭髮跪倒地上，哽咽著乞求她不要投奔外族，令元氏

051

第一本　旭日初升：少年元稹

蒙羞，自己就是賣兒賣女、出門乞討，也得孝養鄭氏，撫養兩個年幼的弟弟長大成人。元矩是個孝子，這點鄭氏心裡非常明白，可眼瞅著崔氏即將生產，府上又要添丁進口，家裡除了眼前這幢有著百年歷史的老宅院，再也找不出第二樣值錢的東西，與其一家人守在宅子裡一起等死，還不如拚了她這張老臉，給大家都留下餘地，於是她橫了橫心，把病中的女兒仰娟託付給元矩夫婦，硬是安排老僕準備好馬車，於一個天和日麗的早晨辭別長安，帶著元積、元稹兄弟，千里迢迢地趕赴鳳翔，開始了他們新的生活。這一年，元稹年僅十歲。

鳳翔的一切，對元稹來說都是新鮮的。在這裡，他結識了姨兄胡靈之，還有從姨兄吳士矩、吳士則。吳士矩、吳士則是一對堂兄弟，他們的父親吳湊、吳溆，則是唐肅宗章敬皇后吳氏的親弟弟，吳氏兄弟跟著博學多才的父輩身後學得滿腹經綸，說起文章典故來頭頭是道，令年幼的元稹佩服萬分。

跟眾多表兄姨兄比起來，元稹跟姐夫陸翰的感情更為深厚。姐夫陸翰本為吳郡士族，是唐高宗時期宰相陸敦信的後代，後因家道中落，到他這一代只混了個小小的主簿。雖然官職卑微，但家底總是殷實的，所以，在得知岳母和幾個小舅子在長安忍飢挨餓後，便立即敦促妻子寫信催促他們到鳳翔來一起居住。

鄭氏帶著元積、元稹，到鳳翔投奔舅族後，仍是自立門戶，溫飽問題雖然解決了，但生活還是過得異常艱辛，陸翰夫婦看不過去，多次提出要接鄭氏母子到自家過活，但為了不給女婿家增添麻煩，鄭氏斷然拒絕了陸翰的好意。不得已，陸翰只好時常讓妻子拿著錢物接濟他們，為了不讓岳母心生愧意，陸翰甚至在大雪天，冒著嚴寒親自幫他們買米買炭送上門去，因此，幼小的元積和元稹都對這個姐夫心存感激，以至於數十年過去後，已經位極人臣的元稹仍然對其當年的救助之恩念念不忘。

第三折　姐夫的書房

　　陸翰的為人令元稹佩服得五體投地，但更讓他心儀嚮往的是陸翰家豐富的藏書。早在長安時，元寬和元矩就已經開始教導元稹念書，但念的不外乎是一些淺顯易懂的書籍，到鳳翔後，母親鄭氏更是把對兒子的教育看得比天都大，親執詩書，誨而不倦，所以九歲的元稹便能賦詩，小小年紀就顯出了超出常人的聰穎天姿。

　　鄭氏雖然來自豪門望族，又兼知書達理，但畢竟只是個婦道人家，胸中的學識自然無法滿足求知欲愈來愈強的元稹，這個時候，小元稹便把目光投向了姐夫陸翰家中的書房，時不時就溜到姐夫家中，鑽進滿屋的故紙堆裡，饒有興致地捧起一本本經史子集，專心致志地讀起來。

　　小元稹常常在黃昏時分，坐在姐夫的書房裡，享受夕照穿窗而入的熱情帶來的那一種異樣的神奇和光照過後的安靜。他喜歡那樣的氛圍，只有在那樣的情境下，讀書的興致才會被激發到最大程度。在他眼裡，暮時的陽光，已經失去了白日裡的咄咄逼人，它變得柔和、嫵媚，彷彿橘色的燈光，不管什麼東西被它一照，全都顯得分外豔麗。

　　首先是窗臺上那盆開得如火如荼的菊花，在夕照下，像鍍了金一般，更顯妖嬈多姿；跟著便是書案上的青銅燈罩，亮閃閃的，彷彿已經點了燭般璀璨；然後，這一大片橙色的夕照，則會帶著窗櫺和窗外的辛夷樹樹影，斑斑駁駁地都投射在西牆那邊一排大書架上，總惹人目眩神迷。那一瞬間，書房陡地暗下來。一切喧囂都歸於平靜，整齊的書整齊擺放在書架上，書案上堆放的文房四寶以及紙鎮，都重重疊疊地隱沒在陰影裡，褪去了夕陽透窗前的熱鬧。有陰影的地方書皆顯得晦暗，有光照的地方連書脊上的文字也能看得異常分明，而那本書名用金粉書寫的《楚辭》就靜靜地站在書架上，金燦燦放著光芒，好像在驕傲地向他宣示著它經久不衰的輝煌與燦爛。

　　姐夫的藏書怎麼會有這麼多？當夕陽移到姐夫的書案上，每件擺放在

第一本　旭日初升：少年元稹

案頭的物品都變得妙不可言。放在《詩經》上的玉獅子紙鎮，隱沒在昏暗的光線後，一束細細的光芒，從一叢筆筒筆桿的縫隙中穿過，彷彿是見到了孔子，停在他的嘴唇之間，似乎想要撬開他的嘴巴，聽一聽這位春秋時期的哲人，對如今這個混濁而紛亂的世界的醒世之言，但他卻口含夕陽，緊閉著嘴巴，始終一聲不吭。「關關雎鳩，在河之洲。窈窕淑女，君子好逑。」這句《詩經》裡的名言經母親鄭氏解讀，已經在他心裡留下了深刻的印象，可他卻想不明白，文聖人孔子在蒐集這些民歌之際，是否也曾遇到過在河之洲的窈窕淑女呢？

雖然年紀尚幼，但在鄭氏持之以恆的教導下，小元稹早就把《詩經》背得滾瓜爛熟，並已經粗略地理解了每一篇章的意思。姐夫案頭的《詩經》絲毫激不起小元稹的任何興致，他把目光定定落在了那本被姐夫放置在書架最上層的《楚辭》上。可它被放在那麼高的地方，他要怎麼才能把它取下來呢？

小元稹默默站在書架前，咬著嘴唇，踮起腳尖，伸長手臂，可還是沒法將它拿下來。對了，有主意了！他立刻搬來一張凳子爬上去，可還是不能如願以償。天哪，它怎麼會有那麼高？小元稹的神情一下子變得沮喪起來，在試了一次又一次後，最終還是不得不放棄，耷拉著腦袋跳下了凳子。

「你在做什麼？」姐夫陸翰從府衙回來，盯著被他翻得一片狼籍的書架，「案上的書還不夠你讀嗎？」

「姐夫！」小元稹盯了陸翰一眼，低著嗓門說，「我想要，想要那本……」

「什麼？」陸翰走上前，伸出手撫著他的腦袋，和藹地說，「不是囑咐過你，要讀什麼書就讓姐姐幫你挑嘛，怎麼自己就搬上凳子了？要是摔下來，母親大人那邊，教姐夫如何交待？」

「姐夫……」

第三折　姐夫的書房

「好了,告訴姐夫,你想讀哪本書?」

「就是那本,那本上面有金字的書。」元稹抬頭指著束之高閣的《楚辭》說。

「你想讀《楚辭》?」陸翰微微笑著,「可你還小,沒有累積豐厚的知識是看不懂《楚辭》的。」

「那我也要看。」

陸翰無奈,只好抬手取下《楚辭》,輕輕遞到他手裡。這真是本裝幀精美的書啊!小元稹接過《楚辭》,便趴伏在書案上,如痴似醉地讀了起來。從這以後,小元稹每次來姐夫家,第一樁事便是衝進書房,迫不及待地捧讀起《楚辭》。雖然他還看不太明白上面的內容,但卻是由衷的喜歡,每次來都要趴在書案上,一邊看一邊冥思苦想。姐夫陸翰總是不厭其煩地為他耐心講解裡面的每一個篇章,以及每一個篇章背後所掩藏的歷史典故。

小元稹尤其喜歡那篇〈離騷〉,喜歡它奔放的感情,奇特的想像,還有字裡行間闡發出的濃郁的楚國地方特色和奇瑰的神話色彩。在他眼裡,《楚辭》與母親鄭氏給他講解的《詩經》裡那些古樸的四言體詩相比起來,句式更顯活潑,因為使用了楚國方言,在節奏和韻律上獨具特色,也更適合表現豐富複雜的思想感情。

「製芰荷以為衣兮,集芙蓉以為裳。不吾知其亦已兮,苟餘情其信芳。」小元稹尤其喜歡這句話,每每看到這裡,他都會幻想著自己採來荷葉和芙蓉花,做成衣裳穿在身上的樣子,常常都會忍俊不住地笑出聲來。

「看了這麼久了,現在知道這是本什麼書嗎?」陸翰輕輕問著元稹。

「嗯?」小元稹抬起頭,不明白地盯著姐夫,這不就是一本詩書嘛,姐夫幹嘛要這麼問他?

第一本　旭日初升：少年元稹

陸翰笑笑：「這可不是一本普通的詩書，它是繼《詩經》之後，對後代影響最大的一部詩歌總集。還有你最愛的那首〈離騷〉，更是詩歌史上最長的一首浪漫主義政治抒情詩。」

什麼是政治抒情詩？小元稹並不明白。他正想開口請教姐夫時，陸翰卻又盯著他問：「知道這本書為什麼叫《楚辭》嗎？」

小元稹點點頭：「因為它是用楚地的文學樣式和方言聲韻，敘寫楚地的山川人物、歷史風情，具有濃厚的地方特色，所以就叫《楚辭》。」

「不錯。楚辭又稱楚詞，是戰國時代的偉大詩人屈原，在楚國民歌基礎上創造的一種新詩體。漢代時，劉向把屈原和他的弟子宋玉的詩歌，以及漢代文學家賈誼、淮南小山、嚴忌、東方朔、王褒等人承襲屈賦的作品編輯成集，並命名為《楚辭》，所以才有了我們今天所能看到的這本書。」

就這樣，在姐夫陸翰的指點下，小元稹對《楚辭》有了更加全面的認知，知道了〈離騷〉那樣文字優美的文章，字裡行間卻表現了詩人堅持「美政」的理想，以及作者抨擊黑暗現實，不與邪惡勢力同流合汙的鬥爭精神和至死不渝的愛國熱情。

從此之後，年幼的元稹對知識的渴求愈加強烈，在姐夫的幫助和支持下，他不再為讀書而讀書，而是在讀書的同時開始了自己的思考。讀著書本裡描寫的金碧輝煌的阿房宮和氣勢恢宏的未央宮，想著它們現今早已片瓦不存，而孔孟的學說和老莊的格言卻一字不誤地鐫刻在每個讀書人的心裡，小元稹開始意識到，世界上延綿最久的東西並不是物質，而是思想與精神，但能夠準確地記憶思想的，便只有文字，所以說，文字才是他們的生命，是他元稹的生命。

帶著這樣卓越不凡的見識，小元稹再讀書時，就不只是簡單翻翻，只圖一知半解罷了，而是開始有了自己獨到的見解，並把這些見解都一字一句地記錄下來，日夕參研。可以說，《楚辭》的適時出現，不僅激發了他

強烈的求知欲，也為他日後同情勞動階層的政治思想的形成，打下了最為堅實的基礎。

漸漸地，姐夫一屋子的藏書，已不能再滿足元稹日益增加的求知欲。為此，陸翰特地為他引見了藏書更為豐富的同僚齊倉曹。倉曹是地方低階官名，不過這個朋友的藏書卻是多得驚人，當聽說小小年紀的元稹便有如此強烈的求知欲，齊倉曹自然毫不吝惜家中藏書，只要元稹想讀的書，他都有求必應，第一時間便把書遞到元稹手裡。日子久了，元稹和齊倉曹成了忘年之交，但齊倉曹的家座落在幾十里地外的城外，隨著閱讀量的大大提升，元稹已不再滿足於齊倉曹每次為他選帶的書，為了更好地研讀學習，他開始不辭辛勞地步行往返於鳳翔城與城外的齊倉曹家，挑選自己想讀的書，遇有不懂的地方，再拿去請教姐夫。

這樣堅持了四年，年僅十四歲的元稹便已學得滿腹經綸，他開始幻想自己也能擁有一座像姐夫和齊倉曹那樣的書房，渴望有朝一日，自己也能像姐夫那樣，端坐於夕陽籠罩下的書案後，看殘陽在天邊一點點沉落下去，而它的光卻在他的書房裡漸漸升高。他知道，短暫的夕照大概也是清楚自己大限在即的，它最後拋給人間的光芒是最依戀也是最奪目的，那樣的景象該是多麼的美啊！

第四折　明經及第

由於連年戰亂，回紇、吐蕃等游牧民族的相繼侵擾，大唐邊境地域被一再蠶食。吐蕃甚至派兵數次擄掠京師長安，到元稹隨同母親鄭氏倚靠舅族，客居他鄉之際，往日繁華昌盛的鳳翔城，早已從中原腹地，蛻變成為大唐疆域名副其實的邊鄙荒涼之地，正如白居易在元和四年所作〈新樂府五十首〉中的〈西涼伎〉所描述的：

第一本　旭日初升：少年元稹

> 自從天寶兵戈起，犬戎日夜吞西鄙。
>
> 涼州陷來四十年，河隴侵將七千里。
>
> 平歸安西萬里疆，今日邊防在鳳翔。
>
> ——白居易〈西涼伎〉

在貧苦的環境中，年紀尚幼的元稹，早早便嘗遍了世間人情冷暖的滋味，所以在母親和姐夫的倦倦教導下，他發奮讀書，刻苦學習，十四歲便已學富五車，但這也並不妨礙他和眾多表兄弟忙裡偷閒，四處結伴出遊。

那段時日雖然過得非常清苦，但元稹心裡卻是快樂的。母親鄭氏一邊嚴厲督促他讀書，一邊卻又覺他年幼喪父，很是可憐，於是和其舅父、姨母等人都達成默識，刻意放鬆對其管束，隨其放蕩嬉鬧。母親既放鬆了管束，又處身於漢胡雜居的邊鄙這地，這對幼時的元稹來說，導致的直接結果，就是那種舊式官宦家族的禮教規範的約束要鬆得多，加上他本來就具有出自西北蠻荒之地的異族血統，一旦復歸其祖先居住的地域，那種沉埋於漢化教育之中的野性文化因子無疑會被激發出來，逐漸使其形成一種無拘無束的生性，而較長時期的放蕩生活，更對他一生的行為方式產生了重要的模鑄作用。

那是一段令他終身都念念不忘的好時光。姨表兄胡靈之和從姨表兄吳士矩、吳士則，都是他最好的玩伴，每當看到這個小表弟日夜守在窗下苦讀，表兄們的心便彷彿被一塊堅硬的石頭硌了一下，生疼生疼的。為了讓這個懂事的小表弟過得快樂一些，他們經常帶著小元稹外出野遊，帶他去看社戲，帶他去聽說書⋯⋯

這些快樂的日子，都被日後的元稹，在寄給表兄們的詩賦中一一記錄了下來，其中〈答姨兄胡靈之見寄五十韻〉詩序中說：「九歲解賦詩，飲酒至斗餘乃醉。時依倚舅族，舅憐，不以禮數檢，故得與姨兄胡靈之之輩十數人為晝夜遊。日月跳擲，於今餘二十年矣，其間悲歡合甚，可勝道哉！」

第四折　明經及第

其於元和十年，由貶地通州前往興元府治病，途經渠州之際，寫給時任渠州刺史的從姨兄吳士則的詩中，也提及了這段往事：

憶昔分襟童子郎，白頭拋擲又他鄉。
三千里外巴南恨，二十年前城裡狂。
寧氏舅甥俱寂寞，荀家兄弟半淪亡。
淚因生別兼懷舊，回首江山欲萬行。

——〈贈吳渠州從姨兄士則〉

從這些詩篇中，可以看出元稹與表兄們感情深篤，數十年後憶及當年的情境，在各種不同的場合，仍能描述得歷歷在目。但與表兄們之間建立起的深厚感情相比，這段生活本身為元稹留下的回憶顯然更為多姿多彩，以至於多年以後，當他憶及當時的情形，總是津津樂道，作長篇鋪述，盡情回味。其中〈答姨兄胡靈之見寄五十韻〉詩便寫道：

憶昔鳳翔城，齠年是事榮。理家煩伯舅，相宅盡吾兄。
詩律蒙親授，朋遊忝自迎。題頭筠管緛，教射角弓騂。
矮馬駝鬃鞴，犛牛獸面纓。對談依赳赳，送客步盈盈。
米碗諸賢讓，蠡杯大戶傾。一船席外語，三榼拍心精。
傳盞加分數，橫波擲目成。華奴歌漸漸，媚子舞卿卿。
斗設狂為好，誰憂飲敗名。屠過隱朱亥，樓夢古秦嬴。
環坐唯便草，投盤暫廢觥。春郊才爛熳，夕鼓已硿輷。
荏苒移灰琯，喧闐倦塞兵。糟漿聞漸足，書劍訝無成。
抵璧慚虛棄，彈珠覺用輕。遂籠雲際鶴，來狎谷中鶯。
學問攻方苦，篇章興太清。囊疏螢易透，錐鈍股多坑。
筆陣戈矛合，文房棟桷撐。豆萁才敏俊，羽獵正崢嶸。

059

第一本　旭日初升：少年元稹

岐下尋時別，京師觸處行。醉眠街北廟，閒繞宅南營。
柳愛凌寒軟，梅憐上番驚。觀松青黛笠，欄藥紫霞英。
盡日聽僧講，通宵詠月明。正耽幽趣樂，旋被宦途縈。
吏晉資材枉，留秦歲序更。我髯鬈數寸，君髮白千莖。
藝閣懷鉛暇，姑峰帶雪晴。何由身倚玉，空睹翰飛瓊。
世道難於劍，讒言巧似笙。但憎心可轉，不解跽如擎。
始效神羊觸，俄隨旅雁征。孤芳安可駐，五鼎幾時烹。
潦倒沉泥滓，欹危踐矯衡。登樓王粲望，落帽孟嘉情。
巫峽連天水，章臺塞路荊。雨摧漁火焰，風引竹枝聲。
分作屯之蹇，那知困亦亨。官曹三語掾，國器萬尋楨。
逸傑雄姿迥，皇王雅論評。蕙依潛可習，雲合定誰令。
原燎逢冰井，鴻流值木罌。智囊推有在，勇爵敢徒爭。
迅拔看鵬舉，高音侍鶴鳴。所期人抉目，焉肯自佯盲。
鉛鈍丁寧淬，蕪荒展轉耕。窮通須豹變，纓搏笑狼獰。
愧捧芝蘭贈，還披肺腑呈。此生如未死，未擬變平生。

——〈答姨兄胡靈之見寄五十韻〉

由此可見，元稹和胡靈之等十幾個同輩表兄弟，不僅在一起讀書習詩，而且還一起騎馬射獵，狂歌豪飲，玩得忘乎所以時，甚至晝夜不歸，聽歌觀舞。在這首詩的詩注中有云：「軍大夫張生好屬詞，多妓樂，歌者華奴，善歌〈淅淅鹽〉，又有舞者媚子，每觥令禁言，張生常令相撓。」歌姬華奴、舞姬媚子當年的風流冶豔，在數十年後的元稹眼裡仍顯得清晰如昨，足見當時玩賞陶醉之深。而這一切歡娛在其贈給吳士矩的〈寄吳士矩端公五十韻〉詩中也有提及：

第四折　明經及第

昔在鳳翔日，十歲即相識。未有好文章，逢人賞顏色。
可憐何郎面，二十才冠飾。短髮予近梳，羅衫紫蟬翼。
伯舅各驕縱，仁兄未摧抑。事業若杯盤，詩書甚徼繹。
西州戎馬地，賢豪事雄特。百萬時可贏，十千良易借。
寒食桐陰下，春風柳林側。藉草送遠遊，列筵酬博塞。
菶葟雲幕翠，燦爛紅茵䒷。膾縷輕似絲，香醅膩如織。
將軍頻下城，佳人盡傾國。媚語嬌不聞，纖腰軟無力。
歌辭妙宛轉，舞態能剡刻。箏弦玉指調，粉汗紅綃拭。
予時最年少，專務酒中職。未能解生獰，偏矜任狂直。
曲庇桃根盞，橫講捎雲式。亂布鬥分朋，唯新間讒慝。
恥作最先吐，羞言未朝食。醉眼漸紛紛，酒聲頻餩餩。
扣節參差亂，飛觥往來織。強起相維持，翻成兩匍匐。
邊霜颯然降，戰馬鳴不息。但喜秋光麗，誰憂塞雲黑。
常隨獵騎走，多在豪家匿。夜飲天既明，朝歌日還昃。
荒狂歲雲久，名利心潛逼。時輩多得途，親朋屢相敕。
閒因適農野，忽復愛稼穡。平生中聖人，翻然腐腸賊。
亦從酒仙去，便被書魔惑。脫跡壯士場，甘心豎儒域。
矜持翠筠管，敲斷黃金勒。屢益蘭膏燈，猶研兔枝墨。
崎嶇來掉蕩，矯枉事沉默。隱笑甚艱難，斂容還尩崱。
與君始分散，勉我勞修飾。岐路各營營，別離長惻惻。
行看二十載，萬事紛何極。相值或須臾，安能洞胸臆。
昨來陝郊會，悲歡兩難克。問我新相知，但報長相憶。
豈無新知者，不及小相得。亦有生歲遊，同年不同德。

第一本　旭日初升：少年元稹

為別詎幾時，伊予墜溝洫。大江鼓風浪，遠道參荊棘。

往事返無期，前途浩難測。一旦得自由，相求北山北。

此詩詳盡描述了那種狂歡達旦、狎妓歌舞的情形，而且反覆點明「西州戎馬地」的「邊霜」「塞雲」背景，足見正因邊鄙荒蠻之地少有中原禮教的束縛，才使元稹在貧苦的環境中，擁有了一份足以令其終身懷念的快樂。

因為表兄們的緣故，少年時代的元稹得以結識了軍大夫張生，也有緣與其中府中的歌舞姬華奴、媚子相識。華奴和媚子的出現，為小元稹的生活吹進了一絲清新的春風，從此，滿目荒涼的邊地，在他眼裡也變得冶豔嫋娜起來。她們是他見過的最美的女人，長安城裡那些貴婦人們，也不及她們風流，於是，小元稹開始成了張生家中的常客，和華奴、媚子也漸漸成了無話不談的知己。

元稹最愛聽華奴唱〈淅淅鹽〉，看媚子跳〈踏搖娘〉。華奴與媚子仗著自己比其年長幾歲，每次見他來，都要在他面前逗趣一番，直到他面紅耳赤才肯罷休，但元稹跟她們的關係反而變得更加親近，成天「姐姐姐姐」親親熱熱地叫著，叫得華奴和媚子也跟著面紅耳赤起來。

「元公子，你每回都空著兩隻手來聽我們姊妹唱歌，看我們姊妹跳舞，也總得回敬點什麼禮物給我們吧？」媚子搖擺著楊柳般纖弱的身子，嘴巴噘得高高地盯著元稹打趣說，「要不我和華奴以後再也不唱歌跳舞給你看了。」

「兩位姐姐……」元稹立即紅了臉，連忙解下身上的玉珮遞到媚子手裡，忐忑地盯著她問，「這個行嗎？」

媚子爬起玉珮看了又看，神色嚴肅地盯了他一眼，立刻把玉珮扔回他手裡，不屑一顧地說：「就這貨色，連一碗陽春麵的錢也換不來。」

「可我確實沒有值錢的物件。」元稹為難地說，「要不，要不我為兩位

姐姐表演騎射吧？」

「誰稀罕看你的騎射？」媚子嘆口氣說，「我們家老爺就是軍大夫，要看騎射還不容易？」

「那……」

「那什麼？沒錢以後就別來找我們姊妹。」媚子故意板下臉來說，「要不是看在你那幾個表兄的面上，姑娘我早就把你這窮小子轟出去了！」

「媚子姐姐……」元稹難過地低下頭，「我以後會有錢的，等我長大了，我一定……」

「好了，別再打趣元公子了。」華奴轉過身抱來一個琵琶，輕輕撥弄一下琴弦，一邊調著音色，一邊瞥一眼元稹，微微笑著說，「別理你媚子姐姐，她是故意跟你鬧著玩呢。」

「誰說我故意跟他鬧著玩？」媚子「噗嗤」笑出聲來，「沒錢，總可以做文章吧？元公子，我可是聽說你九歲便能賦詩，天生的才子，怎麼到了姐姐的地盤，卻不肯為姐姐賦詩一首？」

「賦詩？」

「是啊。」媚子點點頭，「以後我和華奴每唱一支曲，每跳一支舞，你就得給我們寫一首詩。」

「妳就別胡鬧了吧。」華奴抬眼瞟著媚子，抿嘴笑著說，「元公子是什麼身分，我們是什麼身分，元公子能來聽我們唱歌，就已經是我們三生有幸了，怎麼還好得隴望蜀？」

「不，我願意給兩位姐姐寫的。」元稹伸手摸摸腦袋，「只是，我怕寫不好，不能將兩位姐姐的神態描摹得當，反而給姐姐臉上抹黑。」

「寫不好算什麼才子？」媚子呵呵笑著，「是不是嫌棄我和你華奴姐姐身分卑微，所以不肯為我們寫？」

第一本　旭日初升：少年元稹

「怎麼會？」元稹天真地望著媚子說，「我是真怕寫不好，玷汙了姐姐們的豔名。」

「那就等能寫好時再寫。」華奴劃響琵琶弦，低頭問元稹說，「今天想聽姐姐彈哪首曲子？」

「〈淅淅鹽〉。」元稹不假思索地說。

「怎麼又是〈淅淅鹽〉？」媚子皺著眉頭，「元公子，這首曲子華奴已經唱了不下千遍，再聽耳朵都要生繭了，就不能換一首嗎？」

「可我真的想聽〈淅淅鹽〉。再過幾天我就要離開鳳翔了，我怕以後再也聽不到華奴姐姐的歌聲了。」

「什麼？」華奴不無傷感地盯著元稹，「好端端的，怎麼就要走了？是要回長安去嗎？」

「嗯。」元稹重重點著頭。

「好你個小沒良心的，要走了，到現在才來跟我們說？」媚子眸子裡滲出一絲不易察覺的淚水，卻故意裝作一副居高臨下的模樣，責備起他來。

「我也是昨天才剛剛決定的。」元稹不忍去看華奴和媚子憂鬱的眼神，只好低下頭輕聲囁嚅著說，「我要回長安參加明經試，要是考中了，我便可以在衙門裡找到一份差事做，到時候就不用再靠舅舅和姐夫接濟著生活了。」

「那是該走的。」華奴點點頭，「好男兒志在四方，求取功名才是立身的正事。」

「你才多大點小孩？這麼小就想求取功名？」媚子掉過頭不去看他，盡量掩飾著內心的失落。

「我會回來看望兩位姐姐的。」

「誰要你回來看？」媚子忽地掉轉過身，賭氣似地盯著元稹，「你就當

從沒見過我們，就當我們是早就死了的。反正，你今天出了這個門，以後就跟我們再也沒有半分瓜葛了。」

「媚子姐姐！」

「我不是你姐姐！」媚子毅然轉身逃進了內房，她實在不願意面對別離的惆悵，更不願意讓元稹看到她為他流下的淚水。這個孩子雖然還小，但自己也比他大不了幾歲，數年的朝夕相處中，她已經對元稹產生了一種特殊的感情，至於是愛情還是親情，她自己也搞不清楚，她只知道一日不見他來，心裡便會慌得厲害，乍然聽說他要走了，又怎能讓她不難過不傷心呢？

「別理她。」華奴善解人意地盯著他嘆口氣說，「姐姐為你彈〈淅淅鹽〉，只怕回了長安後便再也聽不著了。」邊說邊流著淚撥弄起絲絃，一首如泣如訴的曲子便流轉在整個屋子裡，聽得元稹如痴如醉、神魂顛倒。

是啊，他終究是該回到長安去的。可他著實捨不得這裡的親人，舅舅，姨母，表哥，姐夫，姐姐，齊倉曹，還有華奴和媚子。這麼多年，她們就像親姐姐一樣關心愛護著他，給他溫暖，給他歡聲笑語，可現在他卻要離開她們了，這一走不知猴年馬月才能回來，心底的失落自是無可言述。

〈淅淅鹽〉又名〈昔昔鹽〉，是隋朝詩人薛道衡所作。「昔昔」是「夜夜」之意，「鹽」則是曲的別名。整首曲子描繪了獨居的女子懷念出征的丈夫夜不能寐的悽婉情景，音聲傷感而動人，每次聽來都催人淚下，令人柔腸百結。在這樣離別的日子裡，彈唱起思夫的〈淅淅鹽〉，更是別有一番滋味在心頭。

琵琶聲，聲聲空曠而悠揚，在元稹耳畔清脆著，婉轉著。從華奴靈巧的指尖流瀉出的每一個音符，都會被他在心底最柔嫩的地方再輕觸一遍，恍惚間，彷彿已穿越了千年的滄桑，緩緩飄回到了花紅柳綠的長安城曲江堤畔。

第一本　旭日初升：少年元稹

　　曲江在他的記憶裡已經模糊了，他已經整整四年沒回去過了，思鄉的淚水在眼裡打轉，模糊了眼前的一切，但他明白，華奴淒美的歌聲，不僅讓他想起了那一汪碧波粼粼的湖水，還讓他更加地放不下，在鳳翔和她們共同擁有的那些點點滴滴的記憶。然而他又不得不走，所以，此時此刻，他只能拋開所有的所有，沉溺在悲悽的曲調中，黯然傷感。

　　窗外下起了連綿不斷的細雨。他仔細聆聽著華奴的歌聲，把一顆心，完完全全地，浸潤在古樂府的氤氳纏綿裡，讓所有的心事都淋漓著細雨，想要徹徹底底地，邂逅一次雨中的清純，忽略掉一切與煩惱相關的事情，然後，輕鬆上路，只記住路經的歡喜與逍遙，還有姑娘們的笑容與嬌嗔，一生，一世，除此之外，別無其他。

　　媚子終是揮舞著長袖，踩著細碎的步伐，裊裊婷婷地從內房搖擺出來，伴著華奴的歌聲，跳起一支美妙絕倫的舞來。此刻，在媚子眼裡，時光悠悠，天地悠悠，多少愛恨情仇事，都伴著，數不盡的風花雪月，和參不破的緣起緣滅，在雨中明明暗暗、跌宕起伏，再怎麼不捨，也無濟於事。

　　愛悠悠，恨悠悠，轉身之後，有多少人隨風而去，又有多少事付諸東流？媚子心裡比誰都明白，昔日芳華，終是一場笑談一場空，奢華笙歌也好，憤懣吶喊也罷，到頭來皆會化作史書裡灰黃的文字，化作城樓上厚重的風塵，任誰也無法再將之輕輕掂起。回望前塵，往日歡笑何處尋？歌無言，舞無言，慣看的春花秋月亦無言！朗朗日月，浩浩流水，人如螻蟻，歡笑為甚？草木尚能復活，而人去卻如塵飄。就算那些指點江山、君臨天下的皇帝，於歲月而言，也終將是擦肩而過的過客，如此，還有什麼會是她一個身世飄零的舞姬所放不下的呢？

　　在華奴婉轉的歌聲中，媚子嫋娜的舞姿中，在懷春的舞女那一泓默默無言的淚水中，十四歲的元稹在母親鄭氏和姐夫陸翰的默默鼓舞下，踏上

了回歸長安的路途,開始為在那年冬天舉行的科舉考試,做最後的準備。

唐代科舉名目甚多,而報考最多的科目則為進士和明經兩科。不過兩科相比也有難易之分,進士科難,「大抵千人得第者百一二」;明經科「倍之,得第者使一二」,故有「三十老明經,五十少進士」之說,而唐代文人也更為看重進士科。

元稹為盡快擺脫貧困,獲取功名,選擇投考了相對容易的明經科,並一戰告捷,於第二年春天發榜時,即以明兩經擢第。明經試錄取人數雖較進士多,但由於投考的人更多,想要一戰告捷仍屬不易,而元稹十四歲便一舉登科,也足見其才華之出眾。

由於唐人重進士而輕明經,所以、由明經登第者,頗被世人所輕賤。一個有趣的插曲是,縱使元稹滿腹才氣,因其明經出身,也曾遭到鬼才李賀的輕視。據康駢〈劇談錄〉記載:「元和中李賀善為歌篇,為韓愈深所知,重於縉紳。時元稹年少,以明經擢第,亦攻篇什。嘗交結於賀,日執贄造門。賀覽刺不答。遽入,僕者謂曰:明經及第,何事看李賀?稹慚恨而退。其後自左拾遺制策登科,日當要路,及為禮部郎中,因議賀祖諱晉,不合應舉;賀亦以輕薄為時輩所排,遂致轗軻。韓愈惜其才,為著〈諱辯〉錄明之,然竟不成名。」

〈劇談錄〉所紀多所疏誤,自不待論。據史料記載,元稹早年仕途坎坷,亦未曾任職禮部郎中,而在李賀去世的西元816年,即元和十一年之前,元稹一直被貶遠州,即使在李賀十八歲參加河南府試,獲取「鄉貢進士」資格,卻因為父諱而未能進京參加禮部試的元和二年,剛剛得罪宰相杜佑被貶職的元稹尚在家中丁母憂,未曾出仕,根本不可能也沒有機會參與排擠李賀,此說顯然不足為信。但據此故事在社會上的廣為流傳,仍可推見當時社會重進士輕明經的情狀,故以通性之真實言之,仍不失為珍貴的社會史料。

第一本　旭日初升：少年元積

第二本
初戀情感：管兒

第一折　感遇詩有感

　　春天總是令人陶醉。十五歲的元稹初次參加科舉考試，便以明兩經擢第，是一件足以令人揚眉吐氣的事，但他並沒因此感到驕傲，他想得更多的是趕緊找個差事來做，有了俸祿，就可以把母親接回長安過安穩日子了。但他也知道，明經及第的士子，並不能直接躋身於統治集團的官吏行列，還必須透過「揭褐入仕」的方式，亦即透過介紹，在基層衙門謀一份普通的差事作為過渡才行，可二哥和姐夫當的都是芝麻大的小官，他們根本沒能力幫得了元稹，於是，小小年紀的他想到了父親去世時曾經賙濟過元家的「外諸翁」鄭雲逵。

　　說到鄭雲逵，可是少年元稹第一欽佩仰慕的人。

　　〈舊唐書鄭雲逵傳〉云：

　　鄭雲逵，滎陽人。大曆初，舉進士。性果誕敢言。客遊兩河，以書干於朱泚，泚悅，乃表為節度掌書記、檢校祠部員外郎，仍以弟滔女妻之。泚將入覲，先令雲逵入奏；及泚至京，以事怒雲逵，奏貶莫州參軍。滔代泚後，請為判官。滔助田悅為逆，雲逵諭之不從，遂棄妻子馳歸長安，帝嘉其來，留於客省，超拜諫議大夫。奉天之難，雲逵奔赴行在，李晟以為行軍司馬，戎略多以諮之。歷秘書少監、給事中，尋拜大理卿，遷刑部、

第二本　初戀情感：管兒

兵部二侍郎、遷御史中丞，充順宗山陵橋道置頓使……雲逵元和元年拜右金吾衛大將軍，歲中改京兆尹。五年五月卒。

小時候，元稹就經常聽母親講起這位外諸翁的故事，深深佩服其為反對叛亂藩鎮，不惜拋妻棄子的精神。父親去世時，也多虧這位外諸翁及時伸出援手，才不致使其屍骨曝露，這幾年雖然客居鳳翔，但元稹卻時常掛念著這位身居長安的外諸翁，對他慷慨救助的恩情時刻銘記在心。

其時，鄭雲逵已在朝中任御史中丞，說話很有分量，元稹為了早日擺脫家貧的困境，隻身拿著名貼，興致勃勃地前往鄭府拜見，希望外諸翁能夠助其謀到一份差事。但鄭雲逵望著這位年幼的從外孫卻笑而不語，只是問他最近又讀了什麼書、累積了哪些學問，對他前來拜訪的目的卻隻字不提，留他用過餐後，便讓僕人交給他用綢緞裹好的一卷詩書，讓他回家好好研讀。

「外祖大人！」元稹舉著鄭雲逵給他的卷書，不無失望地低下頭囁嚅著嘴唇說，「外孫，外孫……」

「不必說了。」鄭雲逵和藹地望著他，又讓僕人取出銀兩塞到他手裡，語重心長地說，「你還小，讀書做學問才是眼下最緊要的事，可不能讓那些閒事分了心，毀了你一生的前途。」

「可是……」元稹抬起頭，戰戰兢兢地望著這位慈祥而又肅穆的外諸翁，「外孫……」

「你家裡的情況我都知道，最苦的日子都熬過來了，還怕再熬個三五年？」鄭雲逵起身，輕輕踱到他面前，伸手在他腦袋上撫摸了一下，愛憐地盯著他嘆口氣說，「明經及第對你來說已是不易，可你要知道，士人皆重進士而輕明經，要給自己博個好前程，最緊要的還是讀書做學問，難不成你希望自己一輩子都當個默默無聞的小吏嗎？」

第一折　感遇詩有感

　　鄭雲逵的話，在元稹幼小的心靈上一石激起千層浪。外諸翁說得對，可他真的需要一份差事賺錢貼補家用，已經明經及第的人，怎麼好繼續賴在家裡做寄生蟲拖累兄長呢？回到家中，元稹拖著疲憊的身子踱進書房，把鄭雲逵送他的卷書擱在書案上，一聲不吭地望著窗櫺發呆。看來鄭雲逵這條路是走不通了，可除了他，還有誰能幫他謀到一份差事呢？他重重地嘆息著，回想母親為了這個家付出了那麼多艱辛，他的心便覺得如刀錐般疼痛。

　　「回來了？」二哥元矩推門進來，瞥著垂頭喪氣的元稹問，「聽你嫂子說，你今天出門拜訪中丞大人去了？」

　　元稹無力地點點頭：「中丞大人叫我回來繼續讀書做學問。」

　　元矩笑著：「叫你別去你偏要去，中丞大人還會以為是我這個當哥哥的容不下你，趕緊著要把你掃地出門呢。」

　　「二哥！」

　　「中丞大人說得沒錯，你還小，正是做學問最好的年紀，這麼早出去找事做，只會耽誤了你的前程。」元矩邊說邊變戲法似地，從身後掏出一本厚厚的書籍，輕輕放到書案上說，「這是爹生前親自編撰的〈百葉書抄〉，是他老人家歷經數十年，粹取各種圖書的精華，嘔心瀝血才彙編完成的。」

　　「〈百葉書抄〉？」元稹早就從母親那裡聽說過這本書，瞪大眼睛好奇地瞥著案上那本厚厚的書，又瞥著元矩，不敢相信地問，「這真是爹親手編撰的那本〈百葉書抄〉嗎？」

　　元矩點著頭：「父親生前把這本書送給了我，說等你和積兒長大了，便讓你們在家好好研習，現在你已經考中明經，也該是靜下心好好研讀這部書的時候了。」

　　元稹輕輕撫摸著〈百葉書抄〉的封皮：「可是……」

　　「家裡的事你就不用擔心了，這些年二哥遣散了不少奴婢，你嫂子每

第二本　初戀情感：管兒

天都在家紡紗織布貼補家用,加上二哥的俸祿,養活你根本不是問題。」元矩望著他微微笑著,一眼瞥見案頭用綢布包裹著的卷書,連忙問他說,「這是什麼?」

「是中丞大人送給我的詩卷。」

「誰的詩卷?」

元稹搖著頭:「中丞大人沒說,只是讓九兒帶回家認真研讀。」

「打開看看。」元矩俐落地解開包裹在詩卷上的綢布,仔細翻檢著,忽地揚起眉頭瞟一眼元稹,不無感嘆地說,「這不是陳子昂的〈感遇詩三十八首〉嗎?看來中丞大人是想讓你學習陳子昂,做一個質樸無華的人啊!」

陳子昂?這個名字對十五歲的元稹來說,還顯得相當陌生,但這並不妨礙他仔細研讀〈感遇詩三十八首〉。這三十八首詩,風骨崢嶸,寓意深遠,蒼勁有力,元稹幾乎是讀了一遍之後便強烈地喜歡上了這些詩。因為喜歡〈感遇詩〉,元稹開始喜歡上陳子昂這個人。陳子昂究竟是誰呢?元稹打開史籍才了解到,原來陳子昂居然是本朝初期的大詩人,字伯玉,梓州射洪人。唐睿宗文明元年中進士,後升為右拾遺,而後隨武攸宜東征契丹,多次進諫,未被採納,卻被斥降職。

陳子昂在政治上曾針對時弊,提過一些改革的建議,在文學方面針對初唐沿襲六朝餘習、風格綺靡纖弱的浮豔詩風,力主恢復漢魏風骨,反對齊、梁以來的形式主義文風。他自己的創作,如〈登幽州臺歌〉、〈感遇詩三十八首〉等,風格樸質而明朗,格調蒼涼激越,象徵著初唐詩風的轉變,並以其進步、充實的思想內容,質樸、剛健的語言風格,對整個唐代詩歌產生了巨大影響。

原來陳子昂是這麼偉大的詩人!元稹感嘆之餘,更對陳子昂其人仰慕萬分。嘆只嘆,陳子昂比他早生了一百多年,要不他一定會想方設法與之結識,哪怕當他的跟班,哪怕只在遠處默默看他一眼,也是好的啊!

微月生西海，幽陽始代升。
圓光正東滿，陰魄已朝凝。
太極生天地，三元更廢興。
至精諒斯在，三五誰能徵？

　　　　——陳子昂〈感遇詩三十八首〉之一

蒼蒼丁零塞，今古緬荒途。
亭堠何摧兀，暴骨無全軀。
黃沙幕南起，白日隱西隅。
漢甲三十萬，曾以事匈奴。
但見沙場死，誰憐塞上孤？

　　　　——陳子昂〈感遇詩三十八首〉之三

樂羊為魏將，食子殉軍功。
骨肉且相薄，他人安得忠。
吾聞中山相，乃屬放麑翁。
孤獸猶不忍，況以奉君終。

　　　　——陳子昂〈感遇詩三十八首〉之四

朔風吹海樹，蕭條邊已秋。
亭上誰家子，哀哀明月樓。
自言幽燕客，結髮事遠遊。
赤丸殺公吏，白刃報私仇。
避仇至海上，被役此邊州。
故鄉三千里，遼水復悠悠。

第二本　初戀情感：管兒

每憤胡兵入，常為漢國羞。

何知七十戰，白首未封侯。

—— 陳子昂〈感遇詩三十八首〉之三十四

捧讀著〈感遇詩三十八首〉，元稹的心情激盪而澎湃。陳子昂這些現實主義詩篇，給了他巨大的震顫，詩篇裡的政治主張和對老百姓同情的態度，都深刻影響了元稹的思想，再聯想到外諸翁鄭雲達抵制藩鎮淫威的作為，以及昏暗的政治環境，元稹的創作衝動被瞬間激發了出來，於是他當即揮豪寫下了〈寄思玄子詩二十首〉。

因時代久遠，〈寄思玄子詩二十首〉早已佚失，今天我們已無法窺其真顏。但在元稹後來的〈敘詩寄樂天書〉中卻提到這些詩受到了鄭雲達的大力讚賞：

故鄭京兆於僕為外諸翁，深賜憐獎。因以所賦呈獻京兆，翁深相駭異。祕書少監王表在座，顧謂表曰：「使外經兒五十不死，其志義何如哉！惜吾輩不見其成就。」因召諸子訓責泣下。僕亦竊不自得，由是勇於為文。

雖然我們已不能看到〈寄思玄子詩二十首〉的內容，但從鄭雲達對元稹的極力讚揚，以及這二十首詩均是受陳子昂〈感遇詩三十八首〉的啟示而作來看，可以推測這些詩所表現的主題也應該與之相類。這是元稹詩歌創作的開始，也是其作為現實主義詩人創作道路的起點。

在鄭雲達和二哥的支持下，元稹在靖安坊元氏老宅一待便是一年，除了日夕捧讀陳子昂充滿激情的現實主義詩章，更多的時間都用在研習父親留下來的〈百葉書抄〉上。此時的他完全醉心於各種高深的學問之中，於寒窗下夙夜強讀，苦心為文，就連停落在辛夷樹上的鳥鳴聲也絲毫不能轉移他的注意力。

第二折　清都夜境

　　元稹的刻苦，二哥元矩看在眼裡，疼在心裡。這個同父異母的幼弟，打小就聰慧異常，可惜生不逢時，要是早生幾百年，最孬也是個皇親國戚，又豈會像現在這般，跟著自己過著一窮二白的清貧生活？元矩實在心疼元稹，便提出要帶他到開元觀去看牡丹。

　　看牡丹？元氏老宅後院就栽著一叢牡丹，每到春天就會開得格外嬌豔，不過他還是更喜歡那兩株有了百年歷史的辛夷樹，對看牡丹的興致也就淡了許多。

　　「開元觀的牡丹可是當今聖上下令從西河縣移栽過來的，別的牡丹都比不上它們的。」

　　元稹知道，西河是唐朝唯一的女皇帝武則天的故鄉，那裡不僅因為出了個女皇帝而知名，更因為盛產牡丹而聞名天下。由於武則天以及其他君主對牡丹的偏愛，這種原本出自西河的花卉，迅速在全國上下推廣開來，並成為大唐帝國的國花。劉禹錫在〈賞牡丹〉詩中吟道：

庭中芍藥妖無格，

池上芙蓉盡少情。

唯有牡丹真國色，

花開時節動京城。

——劉禹錫〈賞牡丹〉

白居易有〈買花〉詩也云：

帝城春欲暮，喧喧車馬度。

共道牡丹時，相隨買花去。

貴賤無常價，酬直看花數。

第二本　初戀情感：管兒

> 灼灼百朵紅，戔戔五束素。
> 上張幄幕庇，旁織笆籬護。
> 水灑復泥封，移來色如故。
> 家家習為俗，人人迷不悟。
> 有一田舍翁，偶來買花處。
> 低頭獨長嘆，此嘆無人喻。
> 一叢深色花，十戶中人賦！
>
> ——白居易〈買花〉

足見時人對牡丹鍾愛之情久矣甚矣，以致到了「人人迷不悟」的程度。聽說開元觀的牡丹是當今皇帝從西河縣移栽過來的，元稹倒生出了幾分興致。雖然身居長安城中，看慣了姿態萬千的各種牡丹，但來自西河縣的原種牡丹，他至今無緣一見，於是立刻丟開書本，跟著二哥去開元觀看牡丹去了。

人間四月，草長鶯飛，開元觀百花爛漫，卻唯有西河牡丹最為嫵媚動人。當元稹站到它們跟前時，才真正領會到什麼是沁人心脾，什麼是色彩的誘惑。靜靜地，在綠葉的映襯下，一朵朵花兒競相綻放，花瓣層層疊疊，白的、粉的、紅的、綠的、紫的、黑的……幾十種顏色，就像是一幅幅濃墨重彩的圖畫，無時不刻不吸引著香客的眼球，更有那些含苞待放的，悄悄偷窺著路邊的遊人，內斂含蓄卻不乏優雅，似小家碧玉，又似等待上轎的新娘，把嫵媚都隱藏在了內心深處。

看著眼前花團錦簇的西河牡丹，元稹彷彿又看見眉眼含笑的二姐，牽著他的手，穿梭於牡丹叢下戲蝶的景象，心頓時揪成一團一團。二姐是他心頭揮之不去的夢魘，在所有兄弟姐妹中，他和二姐最親，有什麼好吃的二姐總是讓給他，二姐還為他演皮影戲，為他唱古樂府，可他居然連二姐

第二折　清都夜境

最後一面也沒見上，甚至連她的死訊都不知道，這叫他如何對得起死去的二姐呢？

元稹的眼睛溼潤了，在他和三哥跟隨母親一起到鳳翔投親後，二姐的病變得愈發嚴重起來，二哥給她找遍城中名醫也沒能讓她停止咳血，為了不讓自己成為家人的負擔，瘦得皮包骨頭的二姐在一個清晨不辭而別，悄然來到城外的一座尼姑庵中，請求住持師太為她剃度。

二姐出家為尼的時候，元稹正在鳳翔跟著表哥們瘋玩嬉戲，那個時候的他，並不知道二姐已經有了一個「真一」的法號，等他得知二姐出家為尼的消息，已是他回到長安準備參加明經試的時候，但那時，母親和二哥為了不讓他分心，愣是硬著心腸把二姐的死訊繼續隱瞞了下去，直到他明兩經及第，二哥才在他一再追問下，吞吞吐吐了說出二姐早已不在的事實。

二姐已經走了，可活著的人還要好好活下去啊！二哥望著渾身僵了的元稹哽咽著說，二姐臨死前最大的心願就是希望她心愛的九兒能夠好好活著，快快活活、健健康康地活著。可是他不明白，二姐那麼年輕，又那麼美貌，老天爺怎麼忍心把如花似玉的她給強行帶走了呢？

為二姐的死，元稹著實消沉了好一陣子。牡丹是二姐生前最愛的花，她總喜歡穿梭在牡丹叢中撲蝶，一邊撲，一邊發出銀鈴般清脆的笑聲。出落得似出水芙蓉的二姐，雖素面不加妝飾，卻依然楚楚動人，站在牡丹叢中，宛若仙子下落凡塵，比牡丹還要靚麗。可是，現在，以後，以後的以後，他再也看不到二姐嘴角淺淺淡淡的微笑，再也聽不到她銀鈴般悅耳的笑聲，想到這，他失落的心陡地往下沉去，雙腳卻不由自主地朝供奉著彌勒佛的大殿走去。

都說彌勒佛有求必應，只要跪拜他的善男信女心誠，便會沐浴彌勒佛的恩賜，所以這裡的香火極為繁盛。雖然這時的元稹並不崇信佛教，但他

第二本　初戀情感：管兒

還是想在菩薩面前，替二姐的亡靈祈禱，祈禱她來世不再受苦，祈禱她下輩子還做他的姐姐。

他跪倒在地，閉目，雙手合十，在彌勒佛的金身像前，替凋謝在花樣年華的二姐的來世祈禱。如果二姐能活過來，他情願永遠都跪在這裡，縱使要他一輩子叩長頭，三叩九拜地去往西方佛陀的世界，他也心甘情願啊！

他聽說，在遙遠的西方，有一座神聖的宮殿，那是佛菩薩居住的世界，世上的善男信女，為了追尋佛的足跡，為了祈求佛的賜福，總是不懼千萬里路的迢遙，紛紛從山南海北湧向那個地方。他們在一個個大風呼嘯的清晨，背起一卷卷薄薄的鋪蓋，帶上些許聊以充飢的食物，出發，一路風餐露宿，即便流離失所，依然義無反顧地，踏上了那條漫漫無邊的祈禱之旅。

很多信徒都是那樣，一拜一叩首地去往那個聖地。有的是整個村子的男女老幼傾巢出動，一路扶老攜幼、埋鍋做飯，只為完成這樣一次漫漫朝聖之旅；有的則是獨自一人，用自己的身體，一步一步地，頑強丈量著從家鄉到聖地的每一寸土地。

這樣的漫漫朝聖之旅，雖然在飲食以及用度上都已經達到了最節儉的地步，但是往往也需要花掉他們一輩子的積蓄。完成這樣一次朝聖，往往需要走上五年，十年或更多的時間。甚至，有的朝聖者不經意間，便會在一個寒冷的夜晚，在一次孤獨的飢餓中，再也把持不住，永遠地離開了隊伍，孤寂地死在漫漫旅途之中，連屍骸都無法重返故里。

但這一切又算得了什麼？如果能讓自己的親人活過來，元積願意為之付出更大的代價。可是，那個聖地只存在於古老的傳說中，他根本不知道要怎麼才能到達那個地方。或許那只是個傳說罷了，儘管他很願意相信它是真實的，但理智卻提醒他逝者已矣，哪怕他付出再多的努力，早已化為

塵土的二姐也不可能再出現在他的世界。那麼，就讓二姐永遠沉醉在他的夢中吧！元積慢慢睜開眼睛，瞻仰著金光閃閃的彌勒佛像，在心底默默祈求著。

前來拜佛的人越來越多，信徒們口裡唸唸有詞，黑壓壓地跪了一地。元積輕輕起身，回眸間，卻瞥見一個穿著青布衣裳的女孩，緊挨著自己剛才跪著的地方匍匐於地，雙手合十，目光呆滯地注視著佛像，口中不住地喃喃唸叨著什麼。女孩一邊唸叨著，一邊默默流著淚，但除了「阿彌陀佛」，她說了些什麼，他一句也沒聽懂。

祈禱的人來了又走，走了又來，可小女孩卻始終如一地跪拜在佛前，不去理會別人的嘲笑，所有的喧囂也絲毫打擾不了她的安寧，她仍然專心致志地念叨著，祈禱著。她到底祈禱了些什麼？像她這樣年紀的女孩正該守在母親身邊承歡膝下，為什麼她的眉眼間，卻緊鎖著深深的惆悵與憂鬱？難道她也和自己一樣，有著外人難以體會的哀傷與無法企及的痛苦？

望著眼前這個面目清秀的小女孩，元積忽地對她產生了強烈的好奇心，居然鬼使神差地再次跪倒在佛像前默默祈禱起來，就連他自己也不知道這回是為了二姐，還是為了身邊緊挨著的那個小女孩。

一直到日暮西山，小女孩才從地上爬起身來。因為跪拜的時間太長，一時體力不支，一個趔趄，便朝元積身上倒了過來。元積連忙起身，伸手扶她一把，她這才驚異地發現，原來還有個少年和她一樣，居然也在這裡跪拜了大半天。

「多謝公子！」小女孩很快恢復了鎮靜，雙手拱起，畢恭畢敬地給他作了一揖，「請受小女一拜！」

「區區小事，何勞掛齒？」元積伸手揮著衣袖，目不轉睛地盯著小女孩明亮如水的眸子說，「妳在這跪一整天了，家裡人該擔心妳了。」

小女孩面色凝重地盯他一眼，咬著嘴唇搖了搖頭，欲言又止。

第二本　初戀情感：管兒

「我送妳回家吧！」

「我……」小女孩低下頭，囁嚅著嘴唇說，「多謝公子美意，只是小女，小女並無可歸的家。」

「什麼？」元稹瞪大眼睛盯著她，「妳是沒有家的孤兒？」

小女孩點點頭，又搖搖頭。「公子，太陽就快落山了，您該回家了。」

「那妳？」

「公子不用擔心小女。」

「可是……」元稹望著這個有著姣好容貌的女孩，突然生了惻隱之心，「妳要無家可歸，乾脆跟我一塊回家吧！」

「不！」小女孩把頭搖得跟撥浪鼓似的，隨即抬起腳，步履匆匆地往大殿外跑去。她跑得太快，一個鈴鐺掉在地上，發出一陣清脆的響聲。

「喂！妳的鈴鐺掉了！」元稹揀起她掉落的鈴鐺，飛快地追上去，「姑娘，妳的鈴鐺！」

小女孩聽到叫聲，果然停止了奔跑。路邊，火紅的牡丹開得如火如荼，蔥蘢的夕陽安然撒落在她的肩頭，於嬌豔欲滴中透著一絲傷感的美。小女孩伸過手，害羞地接過元稹遞來的鈴鐺，臉上陡地升起一片紅雲，雙腿也變得不聽使喚起來，任她怎樣驚惶，就是一步也挪動不得。

他開始大膽地定睛望向她，她也瞪大眼睛覷著他，兩人就這樣默默對視著，良久無語。這時的元稹才發現，眼前的女孩膚白如凝脂，眉目清如畫，唇紅如點絳，要把這身青布衣裳換成綾羅綢緞，再過一兩年，絕對會出落成長安城數一數二的大美人兒。

「我要走了。」小女孩咬了咬嘴唇，望著他低低地說。

「妳要去哪裡？」

「不知道。」她搖搖頭，顯得很傷心的樣子。

第二折　清都夜境

「妳爹娘呢？他們在哪裡？」

她仍然搖著頭。

「妳沒有爹娘？」

「我要走了。」她低下頭，掰弄著手指，重複著剛剛說過的話。

「可妳不是無家可歸嗎？」元稹伸手拉了她的手，「妳要不嫌棄，就跟我一塊回家吧！」

「我不跟你回去。」她抬起頭，望著他斬釘截鐵地說。

「那妳要去哪？」

「天下之大，不會沒有我的容身之地的。」

「妳是個流浪兒？」

她搖搖頭，又點點頭。「公子還是不要問了，你我萍水相逢，總之，你的好意我心領了就是。」她說著，便攥著鈴鐺一溜煙地跑了，只留下元稹一人，惆悵地站在牡丹花叢邊。然而沒多久，她又跑了回來，「這個，給你！」她把鈴鐺塞到他手裡，天真地望著他說，「以後看到這個，你就會想起我來了。」

元稹如獲至寶地攥著鈴鐺：「可我以後要到哪裡去找妳呢？」

「娘說過，有緣千里來相會。」她嘴角掠過一絲憂傷的微笑，「如果有緣，彌勒佛一定會保佑我們再次相遇的。」說著，便頭也不回地跑了。

「可是，我還不知道妳叫什麼名字呢！」元稹望著她遠去的背影，大聲問著。

「我叫管兒！」她回過頭，望著他淺淺淡淡地笑，還沒等他回過神來，便突然消逝在眼前。

「管兒！」他輕輕唸著她的名字，望著眼前絢爛的牡丹，才明白，原來美的是花，惆悵的卻是他孤獨的心。

第二本　初戀情感：管兒

　　空中突然飄起零星小雨，一滴一滴，緩緩落在牡丹嬌豔的花瓣間，那淅瀝的聲響，卻在他心底翻江倒海起來。管兒秀美的容顏，映著被風吹雨打的牡丹，浮現在眼前，讓他倍覺心驚。他知道，自己對這個素昧平生的小女孩，有了一種特殊的好感，這種好感有異於自己對華奴、媚子的感情，難道這就是表哥們常在自己面前炫耀的男女之情嗎？

　　自己喜歡上了管兒？他搖搖頭，他和她只是萍水相逢，僅僅說了幾句不要緊的話，怎麼就會就喜歡上她了呢？可他就是喜歡上了，而且是愛上了，一日不見，如隔三秋。那個晚上，他守在窗下，望著雨中的牡丹，於惆悵中寫下了〈牡丹二首〉，名為寫花，實則寫的卻是那個不知來歷的她：

簇蕊風頻壞，

裁紅雨更新。

眼看吹落地，

便別一年春。

繁綠陰全合，

衰紅展漸難。

風光一拋擧，

猶得暫時看。

——〈牡丹二首〉

　　因為管兒，他真正愛上了牡丹。為再見她一面，他丟開了書本，整日流連於開元觀中。他賞花，駐足在花叢間輕撫花瓣，穿過花香的心海卻浮動著層層漣漪，是情，是愛，是相思，誰也說不清，總之就是不捨。

　　可他再也沒有遇上管兒，舉起她送他的鈴鐺，他滿心滿心都被一種說不出的痛深深攪著。花謝花會再開，而管兒卻是一去不復返了。他開始後悔當初沒將她帶回家，沒有了家，她一個孤苦無依的弱女又將流落於何

第二折　清都夜境

方？可否像他小時候一樣穿不暖食不飽？他不敢想像，他只想再回到曾經的過去，讓他們在花香四溢的牡丹叢下再次相遇，讓他再聽她在花下一次次地低語，可這也只能是唯美的空想了。

他一次一次地出入開元觀，甚至暗中閱讀起金字經。他從來沒像現在這樣對佛經產生如此濃厚的興趣，每次捧讀卻又不求甚解，心裡不禁疑惑著，這到底是為了什麼？是想為夭折的二姐超度，還是年幼時在龍門石窟旁看到的那些虔誠的禮佛之人讓他心中有了某種神祕的期待？不，他搖搖頭，他明白，他做這些都是為那夢中的管兒。他希望她過得好，希望她不要再受哪怕是一點一滴的貧寒之苦，可是，遠在天涯海角的她，又能聽到他如泣如訴的心聲嗎？

放下手中一張芳濃香淡、桃紅柳綠的水墨花箋，拿起一闋月上中天、霜凝寒夜的流光飛彩，他舉頭望月，讓心底噴湧的釉色，迅速染上素錦年華的牽掛，更讓夢裡水鄉的流韻，伴著盛唐的石板小徑，伴著它曲曲折折、婀婀娜娜走向遠方的背影，倒映在春蘭秋菊夏荷冬梅的日子裡，用思念一展宿命裡的淡薄。只是，今夜，還會不會有春雨敲窗的清音，伴他幽幽清夢？

心底被潤溼的春意，忽地萌發出一種痴痴的幻念，總想在夢裡攬住初見她時的種種美好，卻又害怕這美好突然流逝，不由得他不深深嘆息。原來，他和她的邂逅，注定只是剎那，轉瞬即逝，而他卻在遙遙守望著一次無果的重逢，要陪她看江南的草色青青、杏花微雨，這難道不是一種愚蠢的奢望嗎？等待是辛苦的，而明知無果的等待更是痛苦的絕望的，所以，所有燦爛的期待，糾糾纏纏，牽牽絆絆後，亦只能化作筆端一首空靈的絕響：

夜久連觀靜，斜月何晶熒。寥天如碧玉，歷歷綴華星。

樓榭自陰映，雲牖深冥冥。纖埃悄不起，玉砌寒光清。

棲鶴露微影，枯松多怪形。南廂儼容衛，音響如可聆。

啟聖發空洞，朝真趨廣庭。閒開蕊珠殿，暗閱金字經。

屏氣動方息，凝神心自靈。悠悠車馬上，浩思安得寧。

——〈清都夜境〉

第三折　西河絕戀

　　心燈飄泊在心靈的港灣，所有的想念都放飛在思緒的空間。當最後一道斜陽沉入夜幕之際，漫步在西河縣護城河岸邊的元稹，卻未能像他想像中的樣子活得那麼瀟灑淡泊。

　　十六歲的他，在外諸翁鄭雲逵的推薦下，來西河縣當錄事已半年有餘，有了俸祿，雖然微薄，但養活自己卻綽綽有餘，每個月都還有贏餘寄給遠居鳳翔的母親，按理說他不應該再有任何煩憂了，可管兒無助的眼神卻不斷在他眼前閃現。時已至冬，管兒到底有沒有穿上足以禦寒的棉衣，有沒有吃上一口熱氣騰騰的飯食？

　　惆悵，才下眉頭，卻上心頭。他始終都在想著那個孤苦無依的女子，說不清，道不明，只能任由思緒隨風飄散。在長安，因為管兒的緣故，他開始關注民間百姓的疾苦，在一個大雪紛飛的日子裡，他又一次動身前往開元觀進香，不為別的，只為途中與她相見。

　　淒清的曲江畔，他遇上了和管兒一樣孤苦無依的「曲江老人」，雖然不知道他姓甚名誰，但老人眼神裡流露出的憂鬱絕望的神色，卻與管兒無助的眼神出奇的相似，莫非管兒便是他的孫女？他痴痴幻想著，即使不是，都是一樣的流浪人，興許老人能知道管兒的下落呢！於是立刻跑到老人面前，心急如焚地向他打聽起管兒來。

　　「管兒？」老人不解地望著他，無力地搖著頭。他已經三天三夜沒有

吃上一口東西，早已餓得面黃肌瘦，連說話的氣力都快沒了。

「管兒！她叫管兒！」元稹掏出袋裡僅有的銅板，去附近的店鋪買了幾顆包子送給「曲江老人」，一邊看著他吃，一邊急切地問他，「一個穿著青布衣裳的女孩，大概有十二三歲的模樣，她流淚的樣子很美很美……」

老人驚愕地盯著他。

「她身上還戴著一串鈴鐺。」元稹從懷裡掏出管兒送他的鈴鐺，舉到老人面前說，「您看！這就是她送給我的鈴鐺。那天她在開元觀整整跪拜了一天，她……」

老人仍然搖著頭：「我是個孤苦無依的老漢，每天只知道乞討要飯，哪裡知道什麼戴鈴鐺的姑娘？」

「您再想想！」元稹瞪大眼睛緊緊盯著他，「聽她的口音不像是本地人，可也不像是關中人，興許她是跟著家人逃荒逃到長安來的。老人家，您好好想想，到底有沒有聽說過一個叫管兒的流浪女？」

「沒有。」老人嘆口氣說，「戰亂連年，十年九旱，離家逃荒的人到處都是，今天到這裡，明天到那裡，大家都是顧了今天，就不知道還能否活到明天的人，又沒有交流，叫老漢我如何說起？」

「可是……」元稹徹底失望了，看來要從老人這裡打聽到管兒的下落，就是天方夜譚，而就在他起身想要離去之際，老人卻伸手拉了拉他的衣襟，拍著自己身邊的空地示意他坐下來。

「我？」

老人點點頭：「公子是個好心人，老漢我也不能白吃你的包子，既然你那麼關心我們這樣無家可歸的流浪人，不妨坐下來聽老漢跟你說說我們的故事。」

「你們的故事？」

第二本　初戀情感：管兒

「興許我們的故事能幫到你，」老人誠懇地盯著他，「難道公子不想知道管兒姑娘的悲劇是怎樣造成的嗎？」

元稹望著老人，猶豫著，還是走過去，在他身邊坐下。

「這都是造化弄人啊！」老人目不轉睛地盯著他，講起了自己的身世，以及像他這樣的一群流浪人的故事。

那是一段辛酸的往事。不，在元稹眼裡，老人的痛苦不僅纏綿於過去、現在，而且還會持續到未來。如果不是宮裡的宦官弄權，強開宮市，奪取百姓的衣食，老人也不會過著悽慘的乞討生活，長安城裡的流浪者也就不會像現在這樣多；如果不是藩鎮忤逆，視人命如草菅，只知斂財奪利，天下更不會陷入連年的戰火之中，像管兒那樣如花似玉的少女便不會流落市井，成為無家可歸的浪人⋯⋯

他恨，他恨自己無權無勢，恨自己不能幫助曲江老人和管兒擺脫困境，他只能將內心燃起的熊熊怒火積於筆尖，揮灑出一首蕩氣迴腸的〈代曲江老人百韻〉長詩，來發洩心中的憤懣與不平：

何事花前泣，曾逢舊日春。先皇初在鎬，賤子正遊秦。
撥亂干戈後，經文禮樂辰。徽章懸象魏，貔虎畫騏驎。
光武休言戰，唐堯念睦姻。琳瑯鋪柱礎，葛藟茂河濆。
尚齒惇耆艾，搜材拔積薪。裴王持藻鏡，姚宋斡陶鈞。
內史稱張敞，蒼生借寇恂。名卿唯講德，命士恥憂貧。
杞梓無遺用，蒭蕘不忘詢。懸金收逸驥，鼓瑟薦嘉賓。
羽翼皆隨鳳，圭璋肯雜珉。班行容濟濟，文質道彬彬。
百度依皇極，千門闢紫宸。措刑非苟簡，稽古蹈因循。
書謬偏求伏，詩亡遠聽申。雄推三虎賈，羣擢八龍荀。
海外恩方洽，寰中教不泯。儒林精闡奧，流品重清淳。

第三折　西河絕戀

天淨三光麗，時和四序均。卑官休力役，蠲賦免艱辛。
蠻貊同車軌，鄉原盡里仁。帝途高蕩蕩，風俗厚閻閻。
暇日耕耘足，豐年雨露頻。戍煙生不見，村豎老猶純。
耒耜勤千畝，牲牢奉六禋。南郊禮天地，東野闢原畇。
校獵求初吉，先農卜上寅。萬方來合雜，五色瑞輪囷。
池籞呈朱鴈，壇場得白麟。酹金光照耀，奠璧綵璘玢。
掉蕩雲門發，蹁躚鷺羽振。集靈撞玉磬，和鼓奏金錞。
建簴崇牙盛，銜鐘獸目嗔。總干形屹崒，戛敔背嶙峋。
文物千官會，夷音九部陳。魚龍華外戲，歌舞洛中嬪。
佳節修酺禮，非時宴侍臣。梨園明月夜，花萼豔陽晨。
李杜詩篇敵，蘇張筆力勻。樂章輕鮑照，碑板笑顏竣。
泰嶽陪封禪，汾陰頌鬼神。星移逐西顧，風暖助東巡。
浴德留湯谷，蒐畋過渭濱。沸天雷殷殷，匝地轂轔轔。
沃土心逾熾，豪家禮漸湮。老農羞荷鍤，貪賈學垂紳。
曲藝爭工巧，彫機變組紃。青粟朽不解，紅粟朽相因。
山澤長孳貨，梯航競獻珍。翠毛開越蔦，龍眼弊甌閩。
玉饌薪然蠟，椒房燭用銀。銅山供橫賜，金屋貯宜嚬。
班女恩移趙，思王賦感甄。輝光隨顧步，生死屬搖脣。
世族功勳久，王姬寵愛親。街衢連甲第，冠蓋擁朱輪。
大道垂珠箔，當壚踏錦茵。軒車隘南陌，鐘磬滿西鄰。
出入張公子，驕奢石季倫。雞場潛介羽，馬埒並揚塵。
韜袖誇狐腋，弓弦尚鹿脤。紫絛牽白犬，繡韂被花駰。
箭倒南山虎，鷹擒東郭䨲。翻身迎過鴈，劈肘取廻鶉。

第二本　初戀情感：管兒

竟蓄朱公產，爭藏邴氏緡。橋桃矜馬鷙，倚頓數牛犉。
齏闞冬中韭，羹憐遠處蓴。萬錢纔下筋，五酘未稱醇。
曲水閒銷日，倡樓醉度旬。探丸依郭解，投轄伴陳遵。
共謂長之泰，那知遽搆屯。姦心興桀黠，凶醜比頑嚚。
斗柄侵妖彗，天泉化逆鱗。背恩欺乃祖，連禍及吾民。
貐貐當前路，鯨鯢得要津。王師纔業業，暴卒已蟄蟄。
雜虜同謀夏，宗周蹙去豳。陵園深暮景，霜露下秋旻。
鳳闕悲巢鵬，鴟行亂野麏。華林荒茂草，寒竹碎貞筠。
村落空垣壞，城隍舊井堙。破船沉古渡，戰鬼聚陰燐。
振臂誰相應，攢眉獨不伸。毀容懷赤紱，混跡戴黃巾。
木梗隨波蕩，桃源斅隱淪。弟兄書信斷，鷗鷺往來馴。
忽遇山光澈，遙瞻海氣真。祕圖推廢主，後聖合經綸。
野杏渾休植，幽蘭不復紉。但驚心憒憒，誰戀水粼粼。
盡室離深洞，輕橈盪小舳。殷勤題白石，悵望出青蘋。
夢寐平生在，經過處所新。阮郎迷里巷，遼鶴記城闉。
虛過休明代，旋為朽病身。勞生常矻矻，語舊苦諄諄。
晚歲多衰柳，先秋愧大椿。眼前年少客，無復昔時人。

——〈代曲江老人百韻〉

可這又能如何？他還是無法幫助管兒，甚至連再見她一面的願望也愈顯渺茫。他本想一直就那樣流連於長安的街頭尋她，興許哪天就碰上了呢，但當二哥把流落於長安的乞丐紛紛湧至西河境內的消息告訴他時，立刻便改了主意，帶著自己的詩稿去中丞府拜見鄭雲逵。他告訴鄭雲逵，自己已經不小了，自從明經及第後，他又在家裡苦讀了一年有餘，思想見識都有了不小的提升，希望外諸翁能夠儘早幫他推薦一個差事做。

第三折　西河絕戀

　　鄭雲逵仔細捧閱他呈上的〈代曲江老人百韻〉，看罷瞪大眼睛盯著他，嘖嘖稱奇。幾個月沒見，他又比寫出〈寄思玄子詩二十首〉時更顯成熟更有見地了，眼前的少年不是神童又是什麼？

　　「好，你的事我會放在心上的。」鄭雲逵點點頭，「不過也不能荒廢了讀書，在外邊做幾年，再回來考吏部試。想要在朝廷站穩腳跟，當好官，為百姓做主，不走吏部試這條路還是行不通的。」

　　元稹重重點著頭：「孫兒還有個心願，不知大人可否把孫兒介紹到西河縣任差？」

　　「西河縣？」

　　「聽說天下的乞丐有一半都湧向了西河境內，孫兒想了解百姓疾苦，所以……」

　　「好，難得你有志氣，我就推薦你到西河縣當錄事好了！」

　　這樣，元稹便來到西河縣，謀到了錄事的差事。官不大，但卻有的是時間讀書學習，縣衙裡豐富的藏書為他提供了博覽群書的條件，在那裡，他得到詩聖杜甫的詩作數百首並悉心讀之，那些在安史之亂後揭露現實、批判社會、同情勞動人民的詩篇，則進一步激發了他的創作動力，引起了他思想的共鳴。當時杜甫早已謝世，但上天卻讓他邂逅了以能詩名重天下的河中府大詩人楊巨源。楊巨源比元稹年長二十四歲，曾以〈三刀夢〉詩聞名於世：

> 三刀夢益州，
> 一箭取遼城。
> 伊陟無聞祖，
> 韋賢不到孫。
>
> 　　　　—— 楊巨源〈三刀夢〉

二人義氣相投，相見恨晚，很快便結成忘年之交，日課為詩，寫下了大量「公私感憤」的詩篇。

　　他鄉遇知己，卻仍無法排解元稹內心的憂愁。礁石下的一棵小草，讓他懷想起開元觀的初見，陣陣的濤聲，讓他冥想起她擦身而過時身上響起的清脆鈴聲。他嘆口氣，原來並非所有的思念都是快樂的，但所有的思念卻又都是美麗的，即使有時思念是浸泡在濃濃的傷感裡，但也是他所喜歡的。

　　如煙往事渾忘卻，可是，刻骨銘心的想念又能夠隨風飄逝嗎？當年的懵懂無知，曇花一現的驚豔，早就在他心底鏤下深深的印痕，總是在最孤單時給他最傷魂的痛，千迴百轉後，便只剩下茫茫愁緒、浩浩劫難，殘留在指縫間，陪他難過陪他瘋。風煙俱淨，天山共色，思念如同瘋長的草，充盈在他疲憊的心田，有多長，就有多不捨，有多柔，就有多心疼，可這份不捨與疼痛，到底又有幾人能夠體會？

　　他把西河縣上上下下找了個遍，翻了個底朝天，也沒遇見他夢中的管兒。他只能在這樣月色如水的夜裡，悄然徘徊在水畔，將她姣美的容顏偷偷追憶，任淚水在眼裡打轉，繼續糾纏著撕心裂肺的疼與痛。

　　管兒，妳到底在哪？或許，在這寂寂的冬夜裡，她也只能憶得清，曾經有那麼一個春天，她枕著曲江的微風，涼涼地入夢，任由落花彈落她緊繃的心弦，隨柳絲輕輕地搖擺，想要把指尖能夠拈起的歡喜，都藏進被風吹開的髮絲裡，然而，終究還是睡不過一個夜，寒風席席，醒來的她，心頭盛過的唯有那或淺或深的嘆息。

　　忽地，遠處傳來一陣緊促的腳步聲。一個紅色的身影在她身後齊舉的火把中忽明忽暗，直接滑向他的影子裡。那是個穿著大紅襖大紅裙的女人，她跑得驚慌失措，跑得氣喘吁吁，彷彿一不留神，便會被身後尾隨而來的人當作一隻待宰的羔羊抓進牢籠。她不經意地瞥他一眼，眼裡蕩漾著絕望與悲慟，那是他在開元觀見過的神色，只是，跑過去的女人眼裡卻多

第三折　西河絕戀

了一種深邃而雋永的東西。他知道，那是恐懼。深深的恐懼。

「站住！別讓她跑了！」

他望著她匆匆跑去的身影漸漸消失在眼前，不禁詫異地抬頭望著後面舉著火把追上來的人。他們在做什麼？大晚上的，追一個女人做什麼？正想著，他便和第一個追上來的人撞了個滿懷。

「公子！你有沒有看過一個穿著大紅襖的女人跑過去？」撞上他的小夥子瞪大眼睛魯莽地問他。

跟在小夥子身後的人陸陸續續追了過來。從他們七嘴八舌的議論中，他才明白原來剛剛跑過去的女人是從江南流落到西河縣的逃荒者，因與她相依為命的父親得急症死了，無錢安葬，便在街市中賣身葬父，被陳員外花二十兩銀子買回家當女奴，替她葬了父親。年屆七旬的陳員外見色起異，要納女子為妾，女子死活不願意，所以便在成親當天頂著紅蓋頭逃婚跑了出來。

「追上她非打斷她一條腿不可！」一個中年男人惡狠狠地說著。

「你們是找剛才跑過去的那個女人？」元稹伸手往她跑去的相反方向指去，「她往那邊跑了！」

「追！」一群人在撞上他的青年男子的帶領下，呼喇一聲，順著元稹手指的方向追去，手裡高舉的火把如同一條火龍穿梭在空曠的原野之上，發出咻啦咻啦的聲響。

女人躲在不遠處一個廢棄的窯洞裡。當他找到她，伸手抹去她臉上的黑鍋灰時，才發現她居然長了一雙和管兒一樣明亮清澈見底的眼睛。是管兒！他驚訝得目瞪口呆，怎麼也沒想到朝思暮想的管兒居然會以這種方式出現在眼前。她也驚得呆了，瞪大眼睛瞅著他一句話也不說，直到他從懷裡掏出她送他的鈴鐺，淚水才從她深陷的眼窩裡宛若潮水般湧出。

第二本　初戀情感：管兒

　　他緊緊攥著她的手，沿著寂寂的河岸，飛也似地瘋跑。上游靠山腳的地方停泊著楊巨源的花舫，只要跑到那邊，管兒便得救了。他跑得上氣不接下氣，心裡卻比吃了蜜糖還要甜，不管怎樣，他還是找到了她，為她，哪怕放棄錄事的差事，他也不覺得可惜。

　　他把她帶到了楊巨源的花舫上。楊巨源聽到遠處的喧譁，又看看他們那副狼狽的模樣，心裡便明白了幾分，一邊吩咐家僮準備酒菜，一邊叮囑掌舵的僕役往更上游的地方開船。管兒終是從老色鬼的魔掌中逃了出來，當元稹把溫過的茶水遞到她手邊時，她卻仍然驚魂未定。沒事了的，他輕輕安慰著她，一切都會好起來的。他輕輕拉了她的手，想把體內的溫暖不留一點一滴地傳到她冰了的身體裡。

　　她渾身打著顫，感激的話還沒說，淚卻先流。

　　「我是為了找妳才到西河縣來的。」他望著她亂了的鬢髮，淺淺地笑著。

　　她咬了咬嘴唇，沒有說話。

　　「聽那些追妳的人說，妳爹他……」

　　想起苦命的爹，她又哽咽起來。她向他說起她的身世，從她斷斷續續的講述中，他知道，那年她是跟著爹娘一起從江南老家逃荒逃到長安的，半路上，娘被色迷心竅的叛兵抓走，因不甘受辱，於掙扎中被亂刀刺死，她和爹就躲在附近的草堆後，嚇得連大氣也不敢出一聲。他們把她娘的屍體扔到路邊餵了野狗，連骨頭渣都被那些瘋狗給舔得點滴不剩。後來，她便跟著受了驚嚇的爹一路乞討來到長安，那天去開元觀拜佛，便是為她橫死的娘祈禱，祈禱娘下輩子能託身到好人家，做個長命百歲的誥命夫人。

　　「妳……沒想到妳的身世這麼悽苦。」元稹潸然淚下地望著她，「要是早知道，說什麼我也不會讓妳再在外面流浪的。」

　　「都過去了，再苦再難的日子不也熬過來了嗎？」管兒勉強擠出一絲

微笑,「怕只怕陳員外花了二十兩銀子,不肯甘心,若是連累了公子和楊相公,奴家就……」

「怕什麼?」風流倜儻的楊巨源從外邊托著燙好的花雕酒踱進來,正色盯著管兒說,「有我在,就不會讓那幫恃強臨弱的人欺負到管兒姑娘頭上。」

「可是……」

「不就是二十兩銀子嗎?明天我派人送過去給他們便是!」

「他們要的不是銀子,他們……」管兒瞟著元稹,又嗚咽著哭了起來。

「不管他們要什麼,總之,管兒姑娘是我微之兄弟的朋友,楊某就不會看著他們胡作非為的。」

「是啊管兒,楊兄一向仗義疏財,方圓百里沒人不知道他是個好善樂施的大好人,陳員外要是不識抬舉,便會失了民心,妳就安心在楊兄的花舫上住著,不會再有人打擾到妳的。」

管兒認真盯了元稹一眼,不再吭聲。她知道他是好人,知道他的朋友也是好人,可她不想連累他們,一個無依無靠,以乞討為生,又是逃婚逃出來的女子,憑什麼接收他們的好意?從元稹溫柔的眼神裡,她看出他對自己的心思,然而她是個明白人,尤其現在,她比什麼時候都更明白,她和他不是一路人,永遠也不可能走到一起,即使暫時走到一起也不可能長久。

夜深人靜,她坐在窗下,一邊納著鞋底,一邊深深淺淺地嘆。像她這樣出身的女子怎配得上官宦人家的子弟?老天爺對她已是萬分眷顧,便是讓她這樣靜靜守著他三天三夜,讓她替他做完這雙布靴,她就心滿意足,要在菩薩面前把那「阿彌陀佛」一再唸起了。只是,也不知道自己做的靴子到底合不合他的腳?她生來手巧,不管粗活細活都能做得很好,娘活著時就是這樣誇她的,吃飯的時候她揹著人不住地拿眼偷偷去瞟元稹穿著的

靴子，對他的鞋碼大概也摸了個底，大點小點，差也不會差到哪兒去了。

她就這樣守了他三天三夜。白天，她陪著他和楊相公一起遊山玩水，聽他們吟詩作對，看他們蘸著濃墨，將她嬌俏的模樣和楚楚可憐的神態，一筆一劃地寫進宣紙；晚上，則關緊門窗，守著紅燭，飛針走線，麻利地納著鞋底。三天過後，一雙嶄新的布靴便做成了。她望著布靴落下最後一滴清淚，打開艙門，止步於他的門前，雙手舉起又放下。艙外薄霧濃雲，簾捲西風，星寒月冷，幾許悵惘，到這時，皆化作眼前深深的哀愁。多少次的徘徊，多少次的無奈，盡變成心底痴痴的懷想，一腔濃得化不開的柔情蜜意，兜兜轉轉後，竟完全融進了那茫無邊際的夜色裡……

她要走了。她把布靴整整齊齊地整齊擺放在元稹的門前，頭也不回地走了。外面寒風刺骨，搖曳著一岸垂柳，帶著老了的飛絮，在孤寂的夜裡飛舞。每走一步，心就會像被刀子錐了般疼痛，無邊的黑暗帶給她無限的遐思，卻又在刻骨的冰凍中被迅速沖淡，最後都化成了濃重的靜謐與惆悵，滯留在她緊蹙的眉間，沉到心底，一直沉到她再也看不見的地方。

第四折　花下鶯聲

相思惹動，一顆躁動的心，開始被孤寂的燈影撫得色彩斑斕。河畔青蕪堤上柳，為問新愁，何事年年有？霽月難逢，彩雲易散，幾聲紊亂的烏啼後，他坐成了一支默默流淚的紅燭，於波瀾不驚的水邊，僵了俊美的容顏。水仍在流淌，心卻在波光瀲灩中起伏跌宕，盈盈的落輝裡，炊煙、垂柳、手裡緊攥的紫色鈴鐺，都無一例外地，泛著思念的味道。

管兒將他遺忘在飄緲的夢之彼岸，卻也把他永遠留在了顛簸的旅程中，任他無時不刻，都沉陷在相思成災的劫難中。刻骨銘心的戀，讓他驚慌失措，偌大的天下，沒了他的照顧，她一個孤弱無依的女子又將流落何方？

第四折　花下鶯聲

　　暗戀的河流，在未諳世事的年輕歲月裡，需要魚的喧囂來釀造無聲的鬧。他站在水邊，聽魚兒嬉鬧，無法掩飾心底的失落。那悅耳的戲水聲，在他聽來，只是日暮西山時的最後絕響，動聽，卻襯托著無盡的蒼涼與絕望。

　　敞開衣衫，遙想最初的最初，他仍在記憶裡回望那個一襲青衣的女子，任世間最芬芳的夢沉入思念。卻不意，一縷風的低鳴，迅即便吹開了他的迷濛，回首，積鬱已久的悵惘再次從憂傷中醒來，放眼望去，周遭的一切，都被染上了撲朔迷離的色彩。而他亦終於明白，擦身而過後，無論春夏，他和她，到頭來，終不過是毫不相干的兩根草芥。

　　心，總是最痛在清醒之後，卻不知，初見的那一眼，牡丹花叢下拼湊起的那段姹紫嫣紅的善緣，轉瞬就擱淺成了滄桑荒蕪，這心底的曲曲折折，又能向誰訴起。拋落花箋，醉眼望紅塵，朦朧裡，他在相思中惆悵，原來，陷身戀愛中的男男女女，有的只是杏花微雨的宿命，驚豔過後，便是長長久久的落寞與惋惜。

　　他不甘心，他想在煙雨外潑墨他和她的命運，讓一切都由自己做主，卻可惜，即便他描畫了陽春白雪的高雅與安然，那一縷夕照，仍是在回望裡切割了所有期待，讓一切都變得支離破碎。凝眸處，馬蹄噠噠的沙塵，帶來的不是遠方的消息與希望，而是一份凌遲的痛，讓他徹底忽略了隱藏在心底的明亮與豁達。緊握住這份無休無止的傷痛，他唯一能做的，就是在揮之不去的無可奈何中，迅速搖曳下涼夢後漂染的一抹霜澀，任其蒙塵，哪怕早已是止不住淚雨千行。

　　為什麼，總是在希望升起的時候，便又遭遇希望的破滅？為什麼，總是讓他以為就要抓住光明的時候，便又要與絕望結伴同行？他自信並未做錯過什麼，一直以來，他不卑不亢的處世態度，為他贏得了交口稱讚的美譽，為什麼在遇見她後，自己卻不知道該如何自處了呢？難道，他和她的

第二本　初戀情感：管兒

　　這份際遇，真的都是上天早就安排好了的嗎？如果不是，憑著他的熱情，又怎會在和她遇見之後便漸行漸遠了呢？

　　陌上荒丘，淚波涔涔時，迅即映照了思念的深沉，怎麼也無法忘記初見時四目相對的心動，與周遭綻放的剎那芳華。側目紅塵，是否，最終的宿命，依舊會重蹈前人的覆轍，驚喜過後，便要各自分開，孤單上路，一個人，落寞地游弋天涯，然後，任由泛黃的思念，綴上蒼白的雪色，在潸然的眼角流連成一池的冰傷，縱是畫破眉梢，也不會心甘情願地，從自己編織的夢中醒來？

　　心思，隨塵飛舞，剎那間便瀰漫了眼前的整個天空。迷途時分，那份初見時的美好，再次湧上心頭，只是，企圖在夢境中尋找她的希望，最終也都落空，一切的一切，思念，或是不捨，通通被不期而至的西風裹挾而去，就連心底珍藏的最後的熱度，也化作了一塊暖不化的堅冰。

　　想她，他淺淺淡淡地笑，任淚水躑躅在冰冷的額角。堂堂七尺男兒，為何偏要這般柔情蜜意，偏要伸手去抓住那些怎麼也抓不住的心情與故事？往日的歡喜與心動，依舊執著地流連在他思念暗湧的心頭，儘管經歷的一切都已沉澱，但他對她的念想，終究還是，飛不過眼前黯然飄去的柳絮。

　　冬去春來，春去冬盡，冬盡春又來。蹙起的眉角，隱匿過的空寂，瞬時掩去了久積的心傷，埋沒了所有的沒落，只任相思寄宿夜的寂靜裡，隨花紛飛，投夢天涯。他舉臂迎風，在風中彈落指尖對天空的仰慕，讓思緒沉入眼前的風光，才發現，那年遇見時的芬芳，卻是永不入廊下重開的花色，重逢的亦只不過是滿懷期待罷了。

　　管兒走了有一年了，思慕的淚水總是濺在月黑風高裡，而他，只能一次次地，任由她輕倩的媚影，在他疲憊的轉身中，釋放著思念的苦與痛。然，冰涼的月色，又總是在頭頂訴說著流年裡無語的傷然，即便醉臥在歲

第四折　花下鶯聲

月的岸邊，不去想，不去問，也終是無法，在這滿眼堆積起的一方枯色中，隨了一疊霜色，與過去說再見，從此只在冥冥的渺茫中珍念。

他的心在痛，與楊巨源吟詩作賦，絲毫不能減輕心底點點滴滴的傷痛。二月的西窗下，他捧著東都李十一郎李建的來信，顯得心不在焉。李建，字杓直，是楊巨源的好朋友李遜的弟弟，半年前，三十一歲的李建來西河拜訪楊巨源，得以結識元稹，共同的脾氣稟性，讓他們一夕成為忘年之交。元稹曾經說過，有機會要再到留下元氏祖先輝煌足跡的洛陽城走走看看，於是，李建便在乍暖還寒的季節寄來信箋給他，邀他在煙花三月共遊洛陽賞花。

三月的洛陽，乍晴乍雨。瀟瀟灑灑、不期而至的雨，彷彿預言了一場浸透淚水的悲劇，隨著元稹的出現，即將於花紅柳綠中次第上演。第一次踏進李家兄弟位於仁風坊的花園，觸目所及的似錦繁花，叫得出名的，叫不出名的，都讓鬱鬱寡歡的元稹立刻變得心曠神怡起來。尤其是牡丹，開得那叫一個豔。

「你早該來走走看看了。」長元稹十五歲的李建，指著園內怒放的牡丹說，「都說西河牡丹好，其實最好的牡丹卻在洛陽。你看，這是姚黃，這是魏紫，這是趙粉，這是葛巾子，這是玉版白，這是……」

「葛巾子？玉版白？」元稹欣賞著李建兄弟精心栽培的各種變種牡丹，咀嚼著它們香豔的名字，緊蹙的眉頭輕輕舒展開來。他還是第一次聽到這麼些富有詩意的花名，禁不住在心底驚嘆起來，到底，是誰的奇思妙想，把眼前這些嬌豔的花兒點化成一個個美輪美奐的意境？

「看牡丹還是得到洛陽來。」一直走在眾人前頭的李著作郎，李建的兄長李十郎李遜，回頭望著目瞪口呆的元稹說，「洛陽牡丹不僅麗重天下，節氣更是花中之冠，想不美也不行啊！」

元稹知道李遜指的是「牡丹起解」的傳說。他很小的時候，二姐就把

第二本　初戀情感：管兒

他抱在膝上說有關牡丹節氣的故事。那還是女皇帝武則天當政的時代，一年冬天，深居內宮的武則天偶然興起，吩咐擺駕前往御花園賞花，這一下，下面的侍從宮婢可慌了神，恰逢隆冬，園子裡的花花草草早就凋謝殆盡，哪裡還有什麼花可賞？但所有人都不敢忤逆武則天的聖意，只好像往常一樣替她準備鑾駕。

武則天看到宮人們愁眉苦臉的樣子，也不是傻子，情知他們在想什麼，於是大筆一揮，寫下聖旨，令侍從速速趕赴上苑向百花宣旨云：「明朝遊上苑，火急報春知。花須連夜發，莫待曉風吹。」武則天便是那樣異想天開，居然對百花下了一道聖旨，讓它們迎冬綻放，但那些花彷彿也真通了靈，第二天，當武則天被眾侍衛宮婢簇擁到御花園時，但見苑內百花競放、群芳爭豔，不禁心花怒放，更覺得自己是前無古人、後無來者的千古一帝，立即下令賜群臣在上苑飲宴慶賀。

正歡飲之間，卻有宮女前來面奏說，御園中所有的花競相綻放，唯獨不見牡丹花開。武則天沒想到自己從故鄉西河移栽入宮的牡丹居然抗旨不遵，不禁勃然大怒，立即命宮人火炙其枝，以示懲戒。隨後，武則天又將牡丹從長安貶至洛陽。誰知，這些已燒成焦木的牡丹被貶至洛陽後，居然開出了豔麗的花朵，眾花仙佩服不已，便尊牡丹為百花之首。據說武則天將牡丹「下放」到洛陽是差董超、薛霸押送前去報到的。關於這段傳說，亦有古詩為證：

未到三春花發時，

世間何故怨春遲？

霸王風月競如此，

腸斷洛陽花炙枝。

「早就聽說洛陽的焦骨牡丹了，但卻從無機會得以見識。」元稹想起「牡丹起解」的故事，不無激動地盯著李遜問，「李著作，這滿園的牡丹，

第四折　花下鶯聲

究竟哪一種才是焦骨牡丹？」

「你看！」李遜指著前面不遠處的一叢牡丹說，「自從則天皇帝將牡丹貶至洛陽，焦骨牡丹便名重天下，不過它有個更好聽的名字，叫洛陽紅。」

「洛陽紅？」元稹仔細品味著這個香豔的名字，思緒又回到了「牡丹起解」的傳說中。其實，這只是個傳說罷了，不過這傳說附會在武則天身上卻又不無原因。晚年的武則天，專橫跋扈，倒行逆施，依靠周興、來俊臣等酷吏來維持自己獨裁統治的局面。孤家寡人，困守深宮，百無聊賴，只好親自來串演「牡丹起解」，享受一番「霸王風月」。

武則天尚能在日暮西山之際，享受好一番霸王風月，可年輕氣盛的他卻不能與自己心心相戀的女子朝夕相伴，想到這，元稹的神情頓時黯淡下來。恍惚中，遠處傳來一陣抑揚頓挫的琵琶聲，伴著一場沒有任何預兆的急雨，在他耳畔響徹，讓他無可救藥地沉入相思之災。春天又深了，她仍是那麼遠，她不來他的洛陽，他不去她的江南，今生今世，他們可否還有天賜的良緣重逢？

元稹呆呆坐在客房的書案邊，望著窗外於風中飄零的牡丹，向著花箋，含淚寫下濃濃的相思。沒有姓氏，沒有地址。風吹來的時候，詞句紛紛，恰似荒涼的舊曲，飄渺在渺然的思緒中。失語時，他把她隱藏在心底最深的角落，只是信手在信箋右下方扣上一枚泛黃的印鑑，狀若銅鏡。歸期未有，凝眸處，才知鴻雁青鳥都已老去，所有的問候也都成寂寞，風雲際會，只不過是一片亙古的荒蕪。

此時，他默然站在離城的廢墟裡，看昔年的舊樓臺，今日的葬花塢。手撫青磚白牆，不高亦不低，剛好遮住了她閨中的幽怨；手握紫色鈴鐺，不大亦不小，剛好藏住了此後的經年。管兒，妳到底在哪？琵琶聲陣陣，聲聲叩在他疲憊的心間，總是惹人難耐。都說相思本是無憑語，它卻輕釦著古老的門環，激起他心底層層漣漪。

第二本　初戀情感：管兒

有人在雨中唱起了〈淅淅鹽〉，悠揚的聲調響起，那時而婉轉低迴、時而高遠清澈的吟唱，飄忽來去，似有還無，訴說的卻是和他相似的無奈。他和管兒的情緣，也彷彿這漸隱漸沒的樂音，漸次消逝在浩渺無盡的時間和空間，到最後，只留下一聲長長短短的唏噓喟嘆。

他對她的情，沐浴著春雨的洛陽城可以作證，仁風坊裡李著作兄弟的花園可以作證，細雨中初初抽芽、曼妙隨風而舞的柳條可以作證，雨中越發輪廓清晰的天津橋可以作證，可是管兒，她可曾知曉，在這風雨之中，有個癡人正為她撰寫一封錦書，讓心底千迴百轉的言詞，都陷在了六朝煙水之中，又可曾知道，他想她時心頭泛起的漣漪，會比銀河的水還長？

> 垂柳覆金堤，蘼蕪葉復齊。
> 水溢芙蓉沼，花飛桃李蹊。
> 採桑秦氏女，織錦竇家妻。
> 關山別蕩子，風月守空閨。
> 恆斂千金笑，長垂雙玉啼。
> 盤龍隨鏡隱，綵鳳逐帷低。
> 飛魂同夜鵲，倦寢憶晨雞。
> 暗牖懸蛛網，空梁落燕泥。
> 前年過代北，今歲往遼西。
> 一去無消息，那能惜馬蹄。

——〈淅淅鹽〉隋薛道衡

夜幕降臨，哀傷的歌聲襲遍心頭，元稹沐著花雨，躑躅在泥濘的李著作園中，要去尋找那，沒有耳目卻能穿越時空，沒有口齒卻能彈出心靈的共鳴，沒有腿腳卻能踏遍萬水千山，沒有翅膀卻能飛越紅塵內外的——琵琶。

第四折　花下鶯聲

　　琵琶聲是從一間流光溢彩的亭子裡傳出來的。朦朧中，他看到一個嬝娜嬌弱的身影，背對著他，將那懷中的琵琶一再彈起。不，她彈的不是琵琶，而是憂傷。對，是憂傷，和他心底一樣的憂傷，可是，彈琵琶的人心裡到底裹了怎樣的悲痛呢？

　　他止步不前，遠遠望著她的背影，在漫溢的花香中，靜靜傾聽那曲淒美的裊裊音韻，讓疲憊的身心，隨著悠揚的曲調，將所有的憂傷與哀愁都在弦上舒解，在樂聲中散盡，繼而，又任其化作縷縷絲雨、幕幕煙雲，緩緩飄落在遙遠的天際，而他深不見底的思念，更恰似一顆顆露珠，悄然滑落在無人知曉的夜。

　　琵琶聲斷，他仍舊沉浸在古樂府的音韻裡，她卻撐著一把素色的油紙傘，在他身後，悄然替他遮住了一段悽風冷雨。

　　「公子，更深露重，被雨淋了會著涼的。」她輕啟朱唇，不卑不亢地勸他回房歇息。

　　他打了個激靈，回過頭，四目相對，才發現那個彈琵琶的女子正站在自己身後，替他撐起一把素色的油紙傘。

　　「姑娘……」輕輕一個回眸，卻讓他驀地驚詫起來，「妳是……」

　　「公子……」她囁嚅著嘴唇，不要敢相信地瞪著他，「你是，你是元公子？」

　　「管兒！」他驚喜連連，一把將她攬入懷中，「怎麼會是妳？怎麼會？管兒，妳讓我找得好苦哇！」

　　「公子……」管兒伏在元積肩頭輕輕哽咽著，「真的是你？真的是……」

　　元積重重點點頭，伸過手把她的手緊緊攥在手心裡：「怎麼一句話也沒說就不辭而別了？」

　　「我……」

第二本　初戀情感：管兒

「好了，什麼都別說了。天可憐見，終於讓我找到妳了。」元稹緊緊摟著管兒，「再也別扔下我一人一走了之，好嗎？」

管兒輕輕點點頭，他把她抱得更緊。

「妳怎麼到了李著作家的？」

「西河一別，奴家一路乞討，才來到洛陽，因天寒地凍，暈倒在段樂師門前。段樂師可憐我，好心收容了我，因奴家自幼曾隨母親習樂，尤為擅長琵琶，段樂師知道後，便把祖傳的琵琶技藝通通傳授給了奴家，好讓奴家日後可以賣藝為生。後來李著作兄弟聽了我彈奏的〈淅淅鹽〉，大是稱賞，一來二去便熟悉了，再後來西河的陳員外找上門來，要我賠償當年賣身葬父的二十兩銀子，利滾利，居然要到五百兩之多。奴家無法，更不想把段樂師牽連進來，所以便走上天津橋，想跳河一死了之，誰知陳員外又帶人追了過來……」

「後來呢？」

「後來，李大人正好從天津橋上經過，見他們倚仗人多勢重欺負我一個弱女子，便替奴家抱不平，給了陳員外五百兩銀子，我也就成了李著作府上的琵琶歌女。」

誰也不知道元稹是怎麼迷上琵琶的。他在李家花園一待便是數月，待到李十郎李遜回了西京，他仍然滯留在李著作園中，日日夜夜，沉湎於管兒十指顫顫的樂聲中。終日婉轉於管兒手邊的琵琶旋律，宛若一股涓涓溪流，以獨特的魅力，征服著他體內每個毛孔浮漾的情愫，總是任其在不經意中，如痴如醉地，隨著一聲劃破天際的的嘶鳴，騰飛在無邊無際的情海。那些情思，穿越過白雪皚皚的崇山峻嶺，橫跨了五彩斑斕的海市蜃樓，飄飄緲緲，朦朦朧朧，而他，亦是真真切切地享受著，這如夢亦如幻、似有也似無的人間仙境，好不歡暢。

他每天都盡情陶醉在她十指彈撥的美妙動人的輕快旋律之中，恣意穿

梭在春月籠罩下的牡丹花枝頭，用心傾聽著每個多情的音符，無憂，也無愁。那時那刻，就像明媚的陽光，總會浸透心底最深的角落，他對她的愛，縱是翻千百浪，捲起的也都是她流連花下時，夜鶯般的歡聲笑語。

朧明春月照花枝，

花下鶯聲是管兒。

卻笑西京李員外，

五更騎馬趁朝時。

——〈仁風李著作園醉後寄李十〉

樂聲悠悠，千迴百轉，似水輕柔，不斷在他心底，波起朵朵迷人的漣漪。

他欣喜，他若狂。望著眼前千嬌百媚的管兒，所有的煩惱和憂愁都在一瞬間煙消雲散。於是，他悄然撿起夢中的思念，迫不及待地寫下〈仁風李著作園醉後寄李十〉詩，伴隨著樂曲送來的駿馬，盡情飛馳，將它寄給遠在長安任職的李遜。他要讓他的喜悅，傳遍每個認識他的人心間。

可是，管兒還是走了。他只能惆悵地徘徊在花下，在李建關切的目光中，默默打撈起管兒帶給他的，點點滴滴的歡與痛。他在尋找，是的，他在尋找憂傷而玄美的琵琶音韻；他在眺望，是的，他在眺望他和管兒的未來，可管兒，為什麼總是把那不辭而別的摺子戲在生活裡演了又演？

他不明白。他明白的只是，他開始真真切切地，喜歡聆聽那些雲水禪心的悠悠琵琶音韻。他知道，那是管兒用心輕輕撥動起的音弦，宛如三月的清風，輕輕一捲，便能捲起美妙的音色，任其放飛所有的思緒，亦如靚麗的少女含羞的傾訴，總是在最不經意時惹動他刻骨的相思。

琵琶悠悠，隨風飄舞，踏遍萬水千山，掠過層層雲空，用默默無言的心語，書寫著音韻的曼妙，瞬間便飛越紅塵內外的萬里晴空，直抵思念的心扉。這樣的音韻，時而涓涓細流、輕柔軟膩，時而澎湃洶湧、鏗鏘激

第二本　初戀情感：管兒

昂，時而喧鬧奔放、輕鬆歡快；時而沉靜幽深、迂迴曲折，如同流淌中的清泉，吟唱中總是裹著綠色的音符，一回首，便會在天際流，漫捲起五彩斑斕的花香。

他記住了琵琶聲聲，也記住了管兒的淺笑與憂愁。只是此刻的他並不知曉，十六年後的元和五年春，當他再次在李著作園中，意外邂逅鬢已斑白的管兒，聽她把心底的柔情蜜意，伴著揉碎的絲絲心語，匯聚成相思的涓流，將那悠悠音弦再次撥起之際，他微蹙的眉頭，會在剎那之間，再一次為她，輕輕盪開朵朵深情的漣漪，於天地間，散發著經久不衰而又芬芳迷人的醉香。

那時那刻，管兒的相思之曲，一直傳向了遙遠的彼岸，聲音甜美猶如一朵待放的青蓮。而他卻滿裹著深愛，纏綿在輕輕柔柔、慢慢悠悠的韻律中，只任一首百轉千迴的〈琵琶歌〉，和著思念，一起徜徉在江陵城的青山綠水間，而那些年曾聽她唱過的歌，便又在他的心頭，悄然流淌，流淌，流淌：

琵琶宮調八十一，旋宮三調彈不出。玄宗偏許賀懷智，段師此藝還相匹。

自後流傳指撥衰，崑崙善才徒爾為。澒聲少得似雷吼，纏弦不敢彈羊皮。

人間奇事會相續，但下和無有玉。段師弟子數十人，李家管兒稱上足。

管兒不作供奉兒，拋在東都雙鬢絲。逢人便請送杯盞，著盡工夫人不知。

李家兄弟皆愛酒，我是酒徒為密友。著作曾邀連夜宿，中碾春溪華新綠。

平明船載管兒行，盡日聽彈無限曲。曲名無限知者鮮，霓裳羽衣偏

宛轉。

涼州大遍最豪嘈，六么散序多籠撚。我聞此曲深賞奇，賞著奇處驚管兒。

管兒為我雙淚垂，自彈此曲長自悲。淚垂捍撥朱弦溼，冰泉嗚咽流鶯澀。

因茲彈作雨霖鈴，風雨蕭條鬼神泣。一彈既罷又一彈，珠幢夜靜風珊珊。

低迴慢弄關山思，坐對燕然秋月寒。月寒一聲深殿磬，驟彈曲破音繁並。

百萬金鈴旋玉盤，醉客滿船皆暫醒。自茲聽後六七年，管兒在洛我朝天。

遊想慈恩杏園裡，夢寐仁風花樹前。去年御史留東臺，公私蹙促顏不開。

今春制獄正撩亂，晝夜推囚心似灰。暫輟歸時尋著作，著作南園花塢萼。

胭脂耀眼桃正紅，雪片滿溪梅已落。是夕青春值三五，花枝向月雲含吐。

著作施樽命管兒，管兒久別今方睹。管兒還為彈六么，六么依舊聲迢迢。

猿鳴雪岫來三峽，鶴唳晴空聞九霄。逡巡彈得六么徹，霜刀破竹無殘節。

幽關鴉軋胡雁悲，斷絃砉騞層冰裂。我為含悽歎奇絕，許作長歌始終說。

藝奇思寡塵事多，許來寒暑又經過。如今左降在閒處，始為管兒歌此歌。

第二本　初戀情感：管兒

　　歌此歌，寄管兒。

　　管兒管兒憂爾衰，爾衰之後繼者誰。繼之無乃在鐵山，鐵山已近曹穆間。

　　性靈甚好功猶淺，急處未得臻幽閒。努力鐵山勤學取，莫遣後來無所祖。

──〈琵琶歌〉

第三本
一世痴心：鶯鶯

第一折　白衣裳

　　想起她，最先映入眼簾的，卻是一襲隨風飄舞的白衣裳。

　　初次見她，是在蒲州城外的普救寺內。那一年，她十六歲，他二十一歲。

　　推開西窗，江陵城外縱橫交錯的阡陌之上，那一川風花，便又迅即闖入元稹的眼簾。於是，刻骨銘心的思念中，他又無可救藥地，想起了她曾經附在他耳邊，低語呢喃著的那些輕柔的話語。

　　她說，裁一段花錦，聽一曲月光，願這一生，只活在，和他相視一笑的甜蜜裡；她說，即便轉身，分道揚鑣，她也會隔著彼岸，為他守望，為他祈禱；她說，如果天地有知，白雲和流水，都會為她見證，只要心在，愛便在，哪怕是在夢中，也不會有一絲一毫的疏離；她說，她的一往情深，三月的煙雨最是懂得，所以，她要他在草長鶯飛的季節裡，陪她一起期待一場盛大的花事，在歡聲笑語中，攜手守候人間的清歡。

　　是啊，如果天地有知，便會曉得，若三月的煙雨，是她從不曾失約的承諾，那麼，這個飄雪的時節，便也是他從不曾忘懷的季節。無論是奼紫嫣紅開遍的春天，還是大雪紛飛滿目荒蕪的冬天，每一個靜謐的夜裡，他都會在心底輕輕呼喚她的名字——鶯鶯，從未停歇，也未曾有過絲毫的怠慢。鶯鶯，鶯鶯，他只想虔誠地為她許願，他只想踏著一地晶瑩的雪

第三本　一世痴心：鶯鶯

花，慢慢走近她，為她書一箋幽幽心語，為她寫滿紙繾綣情懷，只是，遠在天邊的她，又可曾記得要回贈她一抹燦若朝霞的笑？

這個季節，因為有她而變得更加飄逸素雅，因為有她而愈來愈顯溫暖清芬。遙望她駐足的方向，想著遠方的普救寺，定是為她而錦繡花開，為她而瑰麗靈動，而這樣美好的日子裡，是否也還會有片片晶瑩的雪花，落在簷角，落在枝頭，只為她漫舞，只為她鋪展開一個純淨潔白的琉璃世界？

想像中的時光，是那樣的溫婉靜好。其實他很想踏著，腳下那一方厚厚的沉靜的積雪，跨過山高水長的距離，走遍千里萬里去尋她覓她，從此，只和她相守在青蔥明媚的光陰裡，任歡喜與快樂永遠徜徉在眉間眼角，哪怕終日裡只為她彈一闋深情款款的琴箏，也是心甘情願。

穿越經年的守候，他依然立在她純淨如昔的世界裡，靜靜地聆聽她奏響的每一支心曲。很多時候，他不言，也不語，只是安靜地欣賞，聽她輕吟，看她折花，然後，用微笑，一點一點地，包裹著她的安然，她的輕盈，而每每此時，他都彷彿看見，她在潔白的陌上，綻放成一樹一樹的繁花，是那樣的明媚，那樣的美麗，那樣的出塵，只一眼，便醉了他前世今生的百轉柔腸。

相守的日子裡，她總是望著他低眉淺笑，亦不忘緊握著他的手告訴他，今生今世，他便是她永恆的依靠，如果有一天，他轉身將她丟棄，她便會成為沒有根蒂的浮萍，漂泊若陌上的塵埃，來去無蹤。天知道，他並不想將她丟棄，更不想讓她承受浮萍的漂泊之苦，所以總是緊緊擁著她，一次一次地向她許諾，只要他還活在這個世上，便不會將她辜負，而她，亦總是伸出指尖，輕輕點著他的鼻子說，如果真有那麼一天，她也不會埋怨他懊惱他，只要他始終記得，她是路經他生命的一粒輕盈空靈、淡定從容的微塵，便好。

是的，她從來都是那樣安然，那樣恬靜，從不會迷失自己。風華絕代

第一折　白衣裳

的她，總是那麼謙卑，總是把姿態放到最低，總是用一顆素裹的詩心，把婉轉細膩的情思，凝成一箋一箋行雲流水般的詩文，在靜謐中歡喜，在沉默中絢美。並肩同行的日子裡，她不張揚，不做作，一次次，淡定從容地，用微笑演繹著煙火人間，用文字明媚著生命的顏色，用歌聲素描著人生的悲歡，而他，便沉浸在她向暖的世界裡，如沐春風。

品她，他的心總會跟著她一起回到那冰天雪地的普救寺，總會被她執著深沉的情思感動得無法言表，總會湧起柔軟的感動和歡喜。初見時，蒲州城剛剛下過一場漫天大雪，他打馬向東，敲開山野荒寺緊閉的院門，由此拉開了一場痴戀的序幕。四年了，他總是在尋尋覓覓，尋找一段被他弄丟了的初戀，為那不辭而別的琵琶歌女，他馬不停蹄，尋遍長安、洛陽、西河，到最後，還是與管兒那襲青布衣裳失之交臂，但那夜，他卻於無意中邂逅了一襲白衣裳的她，從此，只為她神魂顛倒，只為她寢食難安，只為她黯然傷懷，只為她錐心刺骨……

究竟，是怎樣的女子，能讓他一見鍾情，將曾經念念不忘的管兒拋諸腦後？又是什麼樣的女子，一如其名，輕盈得如同林中嬉戲的夜鶯？她的心，定是比雪花還要飄逸靈動，要不，怎會輕著畫筆，便能勾畫出一彎微藍的月，上弦是思，下弦是念？她的心，定是充滿詩意與內涵，要不，怎會輕輕暈染，以雲為裳，水為袖，便鋪展出一個潔白得不留任何痕跡的世外桃源？她的心，定是充滿柔情與真愛，要不，怎會輕輕潑墨揮毫，便把典雅溫婉的暗香刻在了純白的尺素上，讓一份深遠和灑脫久久立於他的案頭？

總是喜歡站在她潔白如雪的窗前，嗅著女兒紅綿厚的香醇，一邊聽她唱起一往情深的古樂府曲調〈採桑子〉，一邊看她小心翼翼地鋪開筆墨紙硯，抿著嘴，專心致志地描畫那一輪剛剛掛上樹梢的新月。每每此時，她亦總是笑著望著他說，月下執筆，即使沒有琴聲的留白，也會很美。是

第三本　一世痴心：鶯鶯

啊，畫，無色也無味，只是，她在每一筆每一劃之間，都傾注了愛，傾注了婉約柔美的情思，傾注了無法複製的堅韌和淡定，而那便是他一直嚮往並追求的世間最絕美的風景。

總是喜歡隔著一首詩的距離，想她秀美的眉眼，想她安靜的模樣，想她如精靈般，以一顆微塵的姿態，把人間的滄桑畫做堅韌和美麗，把微藍的夢想畫做執著和追尋，把天涯海角的牽掛畫做溫情的相伴，把幽深的江湖畫做月白風清的瀟灑。總之，她輕柔的筆觸，總是會在他最孤單最寂寞時，給予他一份最大的安慰，這樣的女子，他又如何能夠離得開？

他愛她，愛得無以復加。聽聽，她的每一步足音，都蘊含著一份溫暖的詩意和執著的守望，她彈奏的每一支曲子，都是那樣悠揚深遠，餘音繞梁，曲曲折折、婉婉轉轉裡，都是對他深情的表白。這樣的女子，又怎會不讓他為之牽腸掛肚、神魂顛倒？

往事已矣。離開她的日子裡，每一次凝思，總有她溫暖的叮嚀和流韻般的低語在耳邊響起，讓他欲罷不能。時光流轉，一年又一年，他終不能忘，初識的她，用柔軟的筆觸，把他刻劃成，那朵在風中等候歸人的素馨花，用細膩的筆尖，把他刻劃成，那個在城牆下等她赴約的懵懂少年。雖然都是些久遠的記憶，但那份感動，一直都銘記在他的心頭，一分一秒都未曾遺忘。

還記得嗎？那年，他血氣方剛，立在普救寺朦朦煙雨中，看她，一位阡陌紅塵中向他走來的女子，裹著一襲素淨的白衣裳，娉婷嫋娜，望著他，輕啟朱唇，跟他約下一場不敗的心靈花開？

雨淫輕塵隔院香，玉人初著白衣裳。

半含惆悵閒看繡，一朵梨花壓象床。

第一折　白衣裳

藕絲衫子柳花裙，空著沉香慢火熏。
閒倚屏風笑周昉，枉拋心力畫朝雲。

──〈白衣裳二首〉

「雨溼輕塵隔院香」，那年，他斜倚西廂窗下隔院偷窺，卻不知那股沁人的幽香到底來自何處，在他眼裡，唯有「玉人初著白衣裳」的她，才是「梨花深院」最顯眼的風光，便在那一刻，那襲隨風飄舞的白衣白裳，成了他心底永恆的嫋娜，不敗的底色。

她總是喜歡穿著素淨顏色的衣裳，尤其襯托得她素樸淡雅、韻味無窮，所以，無論她臥如一朵「梨花」，行如一抹「朝雲」，無論在白衣裳外配上「藕絲衫子」還是「柳花裙」，總給他心曠神怡之感。

歲月，在他心底，漸濃，漸重，輕輕吟著多年前為她寫下的〈白衣裳二首〉，惆悵而又欣慰。他明白，儘管他和她的身影還相隔著天涯與海角的距離，而心卻始終緊緊相貼。此去經年，他知道，無論她在或不在，來或不來，那份溫馨明媚的承諾依然不變，依然如靜水流深，亦相信，她會永遠記得他們之間那個美麗的約定，會一直守在他身邊，陪他走更遠的路，看更美的風景。

妳相信嗎，鶯鶯？他輕輕嘆息著，只要她輕輕抬眼，便能看見，兩顆曾經依戀的心，即便歷盡世間的磨難，亦依舊停留在來時的渡口，緊緊融合。

凝眸，這個冬季，雪落傾城，陌上花再開，只為她曼舞絕美的芳華。他深深淺淺地嘆，又憶起她曾在那個相擁的冬季附在他的耳邊說過，她喜歡三月天青色的煙雨路，喜歡三月廊下爭奇鬥豔的牡丹，喜歡三月裡微微笑著向她走來的他，心，突地變得生疼生疼。而今，除了為她寫下一首又一首痛徹心腑的詩，供他在夜深人靜後默默相思，他再也不能替她做些什麼，怎不惹人心驚、遺憾？

111

第三本　一世痴心：鶯鶯

　　鶯鶯，請相信我，我是真心愛著妳的。淚水滑過他英俊的面龐，他的心猶如刀錐般劇痛難忍，這時候，他只想輕輕告訴她，他喜歡飄雪的冬季，喜歡在雪裡回想他們初見時的模樣，喜歡看她穿著一襲白衣裳踏雪尋梅，卻尋到了那個在背後偷偷窺視她的他。

　　今年寒食月無光，夜色才侵已上床。
　　憶得雙文通內裡，玉櫳深處暗聞香。
　　花籠微月竹籠煙，百尺絲繩拂地懸。
　　憶得雙文人靜後，潛教桃葉送鞦韆。
　　寒輕夜淺繞迴廊，不辨花叢暗辨香。
　　憶得雙文朧月下，小樓前後捉迷藏。
　　山榴似火葉相兼，亞拂磚階半拂簷。
　　憶得雙文獨披掩，滿頭花草倚新簾。
　　春冰消盡碧波湖，漾影殘霞似有無。
　　憶得雙文衫子薄，鈿頭雲映褪紅酥。

　　　　　　　　　　　　　　　　——〈雜憶詩五首〉

　　鶯鶯，妳可知道，我文字的江湖，因為有妳的抵達而變得更溫馨、更芬芳、更旖旎。妳最初的語言，是溫婉和誠摯，走過很長的這一段路，我回眸，妳的目光依然是真誠和溫暖。親愛的，不管夢想是否輕淺，不管歲月是否盛滿風雨，不管這條路還有多長，我知道，這一盞指尖花，從未老去，只要伸手，我們便會觸碰到滿懷的繽紛沉香。

　　他為她寫下了〈雜憶詩五首〉。「雙文」是他對她的暱稱，那時的他們，總是於「月無光」、「人靜後」、「籠月下」，或床上嬉戲，或園中盪鞦韆，或一起捉迷藏，然而，春宵苦短、良宸無多，他們終究迫於家庭的壓力，不得不分道揚鑣。可是，又有誰知道，在這個冬季，在這個寂寞而淒

冷的夜裡，他依舊守著一江煙波，與她隔岸相望，彼此含笑，任心底湧起無限感動與脈脈溫情？

季節的風，吹老了歲月，卻永遠吹不老深情雋永的情愛。他知道，他們一直都在珍惜，珍惜那一程一起走過的路。只是，漸漸老去的他還能為她做些什麼？他輕輕地嘆息，隔著一片旖旎潋灩的雪花，為遠方的她輕輕祈禱。阿彌陀佛。他雙目微閉，雙手合十於胸前，口中唸唸有詞。鶯鶯，無論妳在哪裡，無論我們隔著天涯還是海角，我都願妳一生明媚。如果老天見憐，還能給我們重逢的機會，那麼，在落雪傾城，陌上花開緩緩歸之際，我終將陪著妳，在玉潔冰清的琉璃世界裡，再唱一曲一往情深的〈採桑子〉。

第二折　壓牆花

她是個愛唱〈採桑子〉的明豔女子。西元 779 年冬，元稹於蒲州城外的普救寺邂逅了一襲白衣白裳的她，從此便沉醉於她每一個婉轉透亮的眼神裡，無法自拔。

她的美，無可言述，唯有《詩經‧衛風‧碩人》裡：「手如柔荑，膚如凝脂，領如蝤蠐，齒如瓠犀，螓首蛾眉，巧笑倩兮！美目盼兮！」那樣的詩句，才能描述一二，然而於他而言，卻仍是不得要領。

他和她住的院子，只隔了一道低矮的籬笆。他每晚都藉著賞月的機會，將那隔院深居簡出、白衣白裳的女子望了又望，盼了又盼。只是，落花有意，流水無情，他的暗慕，始終未能換來她的青睞，那些偷偷思念的日子裡，唯有裊裊的琴音，伴著〈採桑子〉哀怨的曲調，透過籬笆，襲上心頭，陪他度過一個一個孤寂的夜晚。

第三本　一世痴心：鶯鶯

　　鶯鶯。她叫鶯鶯，他望著籬笆牆那邊空空寂寂的院落，嘴角掛著淺淺淡淡的微笑。是的，他從那個穿著紅衣紅裙的婢女口裡打聽到她家小姐的閨名，從此，鶯鶯兩個字便成了他案頭的座右銘，想起她時，便會枕著這兩個字，在素淡的詩箋上寫下一首又一首美豔的詩章。

　　風捲珠簾，到底，要覓怎樣一支抒情的筆，才能與她共同譜寫《詩經》裡「生死契闊，與子同說。執子之手，與子偕老」的愛情？那時的他還不知道，她輕舞袖底捎來的，那場姹紫嫣紅的風景，在經過他西廂的廊下時，也早已成就了某些未曾命名的暗疾，而那場暗疾，一直到她老去，都未能痊癒。

　　那年年底，河中府主帥渾瑊突然暴逝，造成軍中無首的局面，蒲州城隨即發生嚴重的兵亂。暴亂的兵匪首領，不知道從哪打聽到的消息，說是有一個孀居的崔姓夫人，領著一雙兒女，寄居在城外的普救寺中，不僅隨身攜帶的家財有萬貫之多，更兼有個生得傾得傾城之貌的嬌嬌女，於是，殺人殺紅了眼的兵匪，一聲令下，便領著叛兵，雄糾糾、氣昂昂地，把那荒郊野外的寺廟重重包圍，圍了個水洩不通，要崔夫人交出家財，並要將那千嬌百媚的小姐搶回去當壓寨夫人。

　　崔姓夫人本是名門之後，丈夫生前更是朝廷重臣，若在從前，她何曾見過這等架勢，只一個來回，便嚇得驚慌失措，頓時亂成了一鍋粥。左思右想，情知無力退兵，只好去求曾經受過亡夫恩惠的住持召集寺眾，在所有僧侶和被困的香客面前許下重諾，若有人能解救她們母女於水深火熱之中，必將以女許配之。

　　天下事，禍福互倚，就在眾人惶恐不安，商量要怎樣退兵之際，朝廷已經獲悉蒲州兵亂的消息，並已重新派人代替渾瑊，接任河中府主帥之職。為救佳人，他冒著生命危險，愣是從叛兵眼皮子底下，大搖大擺地走出了寺門，快馬加鞭，趕至河中府大本營求救，卻沒曾想到，朝廷新任命

的主帥居然是自己少時在長安所結識的杜確。接下來的經過就很簡單了，杜確得知友人被困普救寺後，立即發兵趕赴城郊，將那些叛兵一股腦地捆綁起來，該殺的殺，該逐的逐，很快就替崔氏母女解了燃眉之急。

　　崔氏母女獲救了，為感激他活命之恩，崔夫人鄭氏在廟中大擺宴席，他也得以和夢中相思了千回百回的鶯鶯女近距離接觸。閒聊中，他才知道鄭氏是自己的從姨母，而鶯鶯自然也就是他的表妹了！表妹？他柔情似水地望著嬌羞滿面的她，淺淺淡淡地笑著。崔夫人危亂中許下的承諾他還記憶猶新，既然鶯鶯是他的表妹，那麼親上加親，豈不是更加妙不可言？

　　可是，短暫的相見過後，她的不苟言笑和眉宇間慣常的冷漠，卻又迅速拉開了他們之間的距離。難道她不喜歡自己？鄭氏姨母也不再提起當日的承諾，莫非，是嫌自己家貧如洗，配不上出自豪門望族的她嗎？他搖搖頭，或許，一切的一切，都是自己一廂情願，一個小小的西河縣衙錄事，一沒錢，二沒勢，三沒人望，憑什麼高攀崔氏門上的千金小姐？鄭氏姨母當日所說，不過是權宜之計，要認真做起來，便是他痴心妄想了！

　　春天到了，但他還是無法將她忘記。那是一種一日不見如隔三秋的煎熬，和當初對管兒的感情，完全不可同日而語。或許這次他是真的愛了，為她，他丟下了公務，在普救寺流連忘返，數月未歸，可為什麼，他心愛的人，卻連一個淡淡的微笑，都不肯回報於他？

野性大都迷里巷，

愛將高樹記人家。

春來偏認平陽宅，

為見牆頭拂面花。

——〈壓牆花〉

第三本　一世痴心：鶯鶯

　　他呆呆地站在籬笆牆頭，痴痴望著隔院的風光，只是「為見牆頭拂面花」，卻終是沒能把白衣白裳的她盼來。也許是在春天的背景裡放逐太久，他忘記了季節嬗遞背後是一他呆呆地站在籬笆牆頭，痴痴望著隔院的風光，只是「為見牆頭拂面花」，卻終是沒能把白衣白裳的她盼來。也許是在春天的背景裡放逐太久，他忘記了季節嬗遞背後，是一句句花空煙水流的無奈，才下眉頭，卻上心頭。十里長亭，長不過一個杳杳的歸期，眉睫上早已掛滿盈盈淚水，卻終是無法洞悉她的內心，奈之若何？尋尋覓覓之間，聲聲慢，聲聲嘆，他唯有滿裹著相思，站在愛的桃花椿上，為她繼續沉淪。

　　西窗下，一張未曾落筆的稿紙，被舊時的瀟湘月，悄無聲息地，拂去了平仄的韻律，而他，只能眼睜睜地，看著走失的辭藻，攜著落花的味道飛簷而去，只留下風煙和孤燈，在他案頭不知疲倦地韋編三絕。或許，他的遙望，注定只適合洛陽紙貴的敘說，而無法鋪寫成冗長的廉價故事，只是，如果連珍念了許久的回憶，都不肯一字一句地寫進書稿裡，再多的思念又有什麼意義？

　　因為愛情，一路追趕，一路奔波，相思成災時，他在手心裡暗藏下一朵墨色的桃花，依舊期待與渴盼已久的人，共畫一輪相守的明月。卻不知，策馬西風，從長安到洛陽，從西河到蒲州，那搖晃在柳梢枝頭上的春天，是否已在千帆過盡後的水波中遠去，如若是，他又該如何在失落中，珍惜起那一份曾經的明媚？

　　或許他和她，終是有緣無分。捧著手裡墨跡未乾的詩箋，他抬起頭，於風輕雲淡中，一遍一遍地，將幻想中的他和她的前生與後世，藏在那一汪迷離的水月中，悄然躲過四季的風聲，花前廊下，不言風月，不許相思，不染桃紅，只與古銅鏡一起，攬一份須臾的慵懶，用瘦了的指尖，在穿越前塵後事的甬道裡，為她掂起，一首首為情而詩的開端。

第二折　壓牆花

春來頻行宋家東，

垂袖開懷待晚風。

鶯藏柳暗無人語，

唯有牆花滿樹紅。

深院無人草樹光，

嬌鶯不語趁陰藏。

等閒弄水浮花片，

流出門前賺阮郎。

——〈春詞二首〉

　　一懷心事，枕著詩經楚辭漢賦，夢著陽春白雪古道西風，漸次在他心底，漫溢開一幅雋永的水墨圖畫。畫裡有她，也有他，當他舉起手中的筆墨，挑開春天的竹簾，拶來一片浮雲，畫上一筆青山，隱去東風吹落殘紅，滿城流香之際，那生硬的筆桿，卻愣是紮了手，疼了心。字裡行間，瞬間穿起行行珠淚，一滴，兩滴，彷彿相思的紅豆躍上素帛，只為那些陳年舊愫，墜飾著傷了心、斷了魂的詩情畫意。

　　她低眉轉身，他就只能習慣地蜷在一滴淚的痴情裡，伴著一字一句寫就的感動，溫暖著她日漸冰涼的心語。一切的一切，都已隨風散去，他無可奈何，所以只能在想像中，把她清麗的容顏，望了又望，等了又等。

　　他想像她是七百年前大漢盛世的宮女。那時的她，雲鬢高挽，眉心一點梅花妝，在上元節燈火闌珊的角落裡，邂逅了前世白衣少年的他，用華麗飄逸的留仙裙，換來一匹白馬的蹄痕，和他一起，沿著夕陽下的古道揚鞭西去。途中，在渭城柳色青青的客舍，他們把酒東籬，唱罷一曲〈陽春白雪〉，又於暮煙中一路策馬而去，去尋得屬於他們的世外桃源。而他，只是擁著她的輕軟，問天借一句偈語，在舊日的故事裡引一段傳奇，鳳凰

第三本　一世痴心：鶯鶯

於飛，從此，只讓兩個人的幸福，歡喜地落在塵世。

他想像她是四百年前的東晉良家女。那時的她，小軒窗下帖花黃，菱花鏡前細描眉，然後，懷抱一尾琵琶，緩緩走進建康城，那一片朦朧的月色中，在秦淮河畔，為他彈上一曲纏綿悱惻的〈梅花三弄〉。壺中的酒空空如洗，只倒出滿杯月光，要陪他同醉，而他，卻盼望與她淺醉於花陰深處，再為她點絳唇，畫一堂絢爛的春色，從此，對月言歡，只羨鴛鴦不羨仙。

他想像她是二百年前的陳朝宮妃。那時的她，掬一滴胭脂井的痴淚，白衫素縞，手把荷鋤，在破敗的宮門前，輕指叩響落花的愁緒，將那遍地的嫣紅，都和著雞鳴山下的情怨，一起碾碎，葬入塵末。而他，就躲在不遠處的角落裡，陪她黯然，陪她神傷，淚沾衣襟。

抬頭，山澗月下的清泉邊，依稀可見一株牡丹花雨露承恩，只是不知道，那一抹恰到好處的嬌羞，究竟是來自梨花深院中的鶯鶯，還是緣自他夢中的幻影。

他病了。為她相思成疾。他託她的丫鬟紅娘，把他為她寫的詩，無一遺落地送到她的案邊，在一個個孤寂的夜晚，落寞地等待她的回音。三月的春風，每天都在廊下低低地呼喚，他知道，那是他思春的心，為抵達有她的天涯，要讓一整個春天，都在她的筆下搖曳成繁盛的桃林，然後，隨她染一指桃花的嫣紅，引來蝶舞翩躚雙雙飛。

拈花微笑，把飛舞的流光捻成絕響，他只想陪她共醉在一壺櫛風沐雨的夢裡。然而，他並不知道，其實那並不是夢，當月亮掛上西廂的屋頂，紅娘輕輕叩開他虛掩的門扉之際，那個跟在她身後低首不語的女子，便是他朝思暮想的鶯鶯。

盼了這麼久，終於把她給盼來了！可是，她真的是她，還是一切都只是前世的夢幻？他恍惚著自己的恍惚，手卻已經不由自主地，緊緊攥住了

她柔弱無骨的纖指,心思,彷彿濤起的海水,在月光裡洶湧澎湃。

「元相公,見了我家小姐,莫非魔怔了不成?」紅娘望著詫異的他,故意打趣著,伸手在他眼前一晃。

「這……」他瞪著紅娘,又瞪大眼睛盯著對面的鶯鶯,「這是真的?我不是在做夢?」

「我家小姐的手都被你攢疼了,還能是假的不成?」紅娘抿嘴笑著,「你這呆子,還不趕緊著跟我家小姐喝杯交杯酒?瞧,上等的女兒紅,我都替你們準備好了。」邊說邊把手裡端著的酒壺往案邊擱去。

「紅娘!」鶯鶯輕輕抬起頭,望著紅娘蹙著眉頭,「哪來這麼多的話?」

「奴婢不說就是了。」紅娘對著他扮了個鬼臉,伸手指指案上的女兒紅,一個轉身,輕輕掩上房門,早已失其所在。

「鶯……」他目瞪口呆地盯著滿面紅雲的鶯鶯,「鶯……鶯……我……」

她望著他微微頷首,如鶯歌燕語般吐出了「表哥」二字。

「鶯鶯!」他緊緊擁她入懷,聽她在青春的枝頭綻出婉婉約約的聲音,看她芬芳在三月深處,靜候成一世絕美的風景。此時此刻,縱是千言萬語,都被收攏於經久的夢裡,在他心底繡成一瓣又一瓣的骨朵,只婉轉成一句句深深淺淺的〈桃花〉,於她顧盼的眸下熠熠生輝:

桃花淺深處,

似勻深淺妝。

春風助腸斷,

吹落白衣裳。

——〈桃花〉

第三本　一世痴心：鶯鶯

第三折　欲曙

　　時光，在消瘦的夢中漸行漸遠，再回首，那些被思念焙乾了的記憶，投影在斑駁的歲月流痕裡，長長短短，深深淺淺，看似清晰，實則無處可尋。

　　東風嘶鳴著，撕裂了一季的沉寂，清冷的街面，飄落著紛紛揚揚的細雨，只一個回眸，便叫醒了沉睡已久的柳枝。面龐逐漸消瘦下去的元稹，此時正默無一語地站在窗前，冷冷地看著廊下競相綻放的牡丹，不由自主地嗅著花兒馥郁的香氣，才慢慢覺得，這陰冷多霾的天，因為有了春雨的滋潤，便開始多了一絲絲的暖意。

　　默默，聽著雨滴輕叩窗紗的聲音，卻發現，那饒有節奏的音律，愣是和著他失落的心緒，在天青色等煙雨的婉約裡，共同譜下了一支等待的戀曲。一遍一遍，重複著把寂寞的等待，在東風迫不及待的追問下吟唱，任眼角酸楚的淚水，沿著守候的軌跡潸然而下，然，轉身的回望裡，依舊不見她歸來的跡象，於是，千言萬語，終是匯聚成了一句盛大的期盼，頷首間，自是沉重了心事，也沉重了思念。

　　都說愛情是人間至美的風景，可他們卻陷身在這場沒有硝煙只有牽掛的戰役裡，飽嘗了世間所有的艱辛與痛苦，往日裡嘴角微笑揚起的弧度，也漸漸被朦朧的淚眼代替。他看不到明天，不能勇敢地往前再邁近一步，可仍痴迷不悔地，執著於那段有緣無分的愛戀，執著於這份痛徹心腑的思念。可是，當他每次都沉溺於憂傷中，無可救藥地把她想起時，這份心的悸動與疼痛，遠方的她究竟又知曉了幾分、懂得了幾分？

　　天涯咫尺，咫尺天涯，他總是用想念，丈量著他們之間的距離，用一滴淚的時間，拼湊著那些細碎的美好片段。每每回想有她作伴的日子，記憶便猶如斷了線的風箏，在空中突然失去了平衡，而他，除了呆呆佇立在風中，眼睜睜地看著它飄忽遠去，別無他法。攥在手心裡那根無主的線，

第三折　欲曙

他曾記得將它放飛,卻不曾記得將它收回,如果上天再給他一次重新來過的機會,是否還來得及將它收回?

文字在紙箋上的獨白,終是蒼老了等待的歲月;指尖輕輕彈起的年華,只是芬芳了如花的心事。離開她的時日裡,除了在元氏老宅繼續用功讀書,為參加來年的吏部科試做準備外,閒暇的時候,他更想用文字來填補生命的空白,只因怕無所事事時,對她的思念會更深更重,即使字裡行間,依舊寫滿了想念,即使滿紙的囈語,依舊照見了他心底的一簾幽夢。

等待的日子裡,老朋友楊巨源不放心他,特地從河中府趕赴長安看他。他和鶯鶯的故事,楊巨源已從他寄去的信中看了個清清楚楚、明明白白。楊巨源什麼也不說,看著這個年紀能夠做自己子輩的忘年知交,他知道,此時此刻,唯有友情,才是醫治他心病的最好良藥,於是,在他的引薦下,當時的青年才俊,李宗閔、辛丘度、庾敬休,都成了元稹的良師益友,特別是李三李顧言,更成為他們結伴同遊、放浪山水的哥兒們。

那段時間,他把對鶯鶯濃得化不開的相思之情,都融入到筆下一首首膾炙人口的詩章中。和朋友們一起飲酒作樂,他寫;一起遊山玩水,他寫;一起研究學問,他寫;一起到永壽寺看牡丹,他寫……只是,在欣賞眼前五光十色的牡丹之時,他心裡想的卻不再是曾經躑躅在開元觀花下的管兒,而是流連於普救寺花下的鶯鶯:

曉入白蓮宮,琉璃花界淨。
開敷多喻草,凌亂被幽徑。
壓砌錦地鋪,當霞日輪映。
蝶舞香暫飄,蜂牽蕊難正。
籠處彩雲合,露湛紅珠瑩。
結葉影自交,搖風光不定。

第三本　一世痴心：鶯鶯

繁華有時節，安得保全盛。

色見盡浮榮，希君了真性。

——〈與楊十二、李三早入永壽寺看牡丹〉

他不知道，究竟牡丹是鶯鶯的化身，還是鶯鶯是牡丹的化身。本以為縱情山水，可以讓自己不再去想她，沒曾想，對她的思念卻越來越重。花無千日紅，天下沒有不散的筵席，身邊的朋友也一個個散去，最後，就連和他無話不談的李顧言也要走了，以後的以後，莫不是要他再枕著孤衾，將那遠方的佳人，在思慕中不斷地想起來嗎？

階莫附瑤砌，叢蘭偶芳蓀。

高位良有依，幽姿亦相托。

鮑叔知我貧，烹葵不為薄。

半面契始終，千金比然諾。

人生繫時命，安得無苦樂。

但感遊子顏，又值餘英落。

蒼蒼秦樹雲，去去緱山鶴。

日暮分手歸，楊花滿城郭。

——〈別李三〉

李三走了，只餘「楊花滿城郭」，他的心陡地空了。回頭看看，那些逝去的歲月，猶如白駒過隙，瞬息不見，該如何，才能永遠地憶取當日的明媚，歡喜他那顆日趨敏感的心？就這樣，徘徊在無盡的矛盾中，他消磨掉一寸又一寸的光陰，而她，終是未能在夢中撫平他眉間的蹙起。鮮有微瀾的日子，倒也過得波瀾不驚，即便對她日積月累的思慕，瞬間化作洶湧的波濤直逼心門，壓抑得他快要窒息時，也會故作鎮定地滿含笑意，不向任何人表現出他的無奈與徬徨。

然而，又有誰知道，款款的笑意間，那一層薄薄的面紗下，卻有憂傷的淚水在不經意的滑落？有時，真想丟開所有的禁忌，與她奮不顧身一次，一起沉溺於欲海情天，管它什麼天荒地老還是草木一秋，管它什麼堅若磐石還是泡沫幻影！天若見憐，他不求什麼三生三世，能伴她一生一世也好；如若真的注定無緣，他也要讓自己那顆向暖的心，一直伴著她飛，飛過高山，飛過大海，直到天荒地老，直到海枯石爛。

可知，他始終願意，攏指尖的墨，染此生的情，只為她，在人間的舞臺上，訴一場隔空離世的繾綣？可知，他始終願意，唱一支戀歌，寫一紙思念，只為她，在喧鬧的街市，洩盡心中的渴望，讓滿腹的心語，在生命的長河裡，烙下永恆的愛的印記？

鶯鶯！他舉頭望向遠方的蒲州城，肝腸寸斷。如果，妳我早已在前世就注定了一場遙遠的守候，那麼，我依然會為妳，心甘情願地化身為焰，會為妳在冰天雪地裡，燃一場盛世煙火，哪怕只是瞬間便即消失殆盡，只要能夠入妳的眼簾，明媚妳的雙眼，此生此世，我便無怨，無悔。

可他明白，這一切已是不可能了。這一年已是西元 801 年，去年秋天，為完成當初對外諸翁鄭雲達的承諾，也為博取功名，好理直氣壯地向崔氏提親，他與鶯鶯依依惜別，從普救寺，千里迢迢趕回長安溫習功課，進行最後的衝刺，並於當年冬天參加了吏部科試，可沒曾想，到初春發榜之際，他卻意外地落榜，並由此遭受到已從鳳翔回到長安的母親鄭氏嚴厲的訓斥。

兒子在普救寺做下的荒唐事，鄭氏已有所耳聞。她恨鐵不成鋼，恨他兒女情長，恨他為一個女人功虧一簣，更恨他不能體會母親的良苦用心。

「崔家的女兒不適合你，你就死了這條心吧！」

「娘！」

第三本　一世痴心：鶯鶯

「知道娘和你從姨母為什麼幾十年都沒有走動嗎？」鄭氏目光冰冷地盯著他說，「因為崔家從來沒拿正眼瞧過我們，他們打心眼裡瞧不起我們這些寒門，你想娶崔家的女兒，豈不是自取其辱？」

「不，姨母許過諾的。她不會自食其言的。」

「她不會？」鄭氏冷笑著，「她不會，我會！」

「娘！」

「總之，娘不會答應你把崔家的女兒娶進家來！」

「為什麼？」

「過去，他們崔家嫌棄我們元家，現在，崔大人已經過世了，崔家也只不過剩了個空殼子，可我兒子你，將來卻是前途無量的，我絕不會眼睜睜看著你娶一個沒落人家的女兒進門！」

「我跟鶯鶯是真心相愛的！」他瞪大眼睛盯著鄭氏，「妳不能拆散我們，不能！」

「真心相愛？一個不知廉恥的女子，也配談什麼真心相愛？」

「娘！鶯鶯不是沒廉恥的女子！」

「她怎麼不是？一個大家閨秀，竟然幹出勾引男人的齷齪事來，還是在佛堂裡，這樣的女人怎麼配進我們元家的門？！」

「娘！」

「別說了！想娶崔家的女兒，你就從娘的屍體上踏過去！」鄭氏瞥著兒子，「從今天開始，沒有我的許可，你不可以離開長安城一步！」

「娘！」

「想離開長安？好啊，什麼時候考中，什麼時候再來跟娘商量！」

……

第三折　欲曙

原諒我，鶯鶯。不是我不想去看妳，是娘她……元稹呆呆立在曲江畔，緊蹙著眉頭，默默思念著遠方的鶯鶯。望著腳下暗湧的江流，聽著遠處暮鼓聲聲，他的心一下子揪了起來：

江堤閱暗流，漏鼓急殘籌。

片月低城堞，稀星轉角樓。

鶴媒華表上，鶌鵾柳枝頭。

不為來趨府，何因欲曙遊。

——〈欲曙〉

「片月低城堞，稀星轉角樓。」月亮升上來了，他跟隨空中稀疏的星星，在角樓畔轉來轉去，心底的憂愁如同鬱結的丁香，再也無法釋然。那遠方的梨花深院，西窗燭，此時此刻，卻是誰人與她共剪？

「鶴媒華表上，鶌鵾柳枝頭。」抬頭，仙鶴在華表上空徘徊，鶌鵾在柳枝頭鳴唱，他發現自己依舊喜歡這夜幕降臨的時分，喜歡夜色下那一抹抹染著溫婉情緒的風景。夜，總是美豔而沉靜的，或樹影婆娑，或月滿西樓，如果能在這樣的夜裡，與她夢中相會，想必他的笑容一定會燦如夏花，更會疏遠那份擁愛入懷的幻想，一心一意，只想將他眉梢裡，隱藏的那股善解人意的恬淡，歡喜著嵌入她溫涼如水的眸子。可是，他真的還有機會，再次走近一襲白衣白裳的她嗎？

他不知道。或許，他只能躑躅在街頭，在月夜裡，孤單著孤單，寂寞地思念一個人，牽掛一座城。盼只盼，他的這份情，能夠永恆在她牽掛的眸中，隨著記憶的老去，隨著歲月的流逝，隨著人世的變遷，依舊會在她心底結成桃花千畝，即使再也無法驚豔她望晴的目光，也能撫慰她被往事觸動的那根心弦。

「不為來趨府，何因欲曙遊。」月亮開始變得溫潤如初，朦朧中，他彷

彿看見她輕輕地來,又悄悄地去。小樓昨夜風吹雨,落了殘紅,落了芳華,更消瘦了她思念的香腮,偌大的世界,只留下塵封已久的溫馨,卻也是漸行漸遠漸無蹤。他的眼中噙滿了悲傷的淚水,為什麼,兜兜轉轉到最後,還是相思鬱結,無法排遣,回首間,只徒然換得他一聲聲對月長嘆的悲寂?

鶯鶯,他又在湧起的思念中,低低念她的名字,在這淒清的夜裡,在這寂寞的曲江水湄。仙鶴和鷗鴰究竟在等待什麼?是的,它們和他一樣,都在盼著天快亮起來,天亮了,他便能和夢中的她一起,漫步在曲江之上,一起追憶清脆的蛙鳴蟬叫,一起看仙鶴、鷗鴰,飛越雲霧繚繞的天際,一起譜寫優美動聽的情之韻律。

第四折　但願久相思

乍可為天上牽牛織女星,不願為庭前紅槿枝。

七月七日一相見,相見故心終不移。

那能朝開暮飛去,一任東西南北吹!

分不兩相守,恨不兩相思。

對面且如此,背面當何如?

春風撩亂伯勞語,況是此時拋去時。

握手苦相問,竟不言後期。

君情既決絕,妾意亦參差。

借如死生別,安得長苦悲!

噫春冰之將泮,何予懷之獨結?

有美一人,於焉曠絕。

第四折　但願久相思

一日不見，比一日於三年，況三年之曠別！

水得風兮小而已波，筍在苞兮高不見節。

矧桃李之當春，競眾人而攀折！

我自顧悠悠而若雲，又安能保君白皚皚之如雪！

感破鏡之分明，睹淚痕之餘血。

幸他人之既不我先，又安能使他人之終不我奪！

已焉哉，織女別黃姑，一年一度暫相見，彼此隔河何事無？

夜夜相抱眠，幽懷尚沉結。

那堪一年事，長遣一宵說。

但感久相思，何暇暫相悅！

虹橋薄夜成，龍駕侵晨列。

生憎野鶴性遲迴，死恨天雞識時節。

曙色漸曈曈，華星欲明滅。

一去又一年，一年何可徹？

有此迢遞期，不如死生別。

天公可是妒相憐，何不便教相決絕？

　　　　　　　　——〈古決絕詞三首〉

　　鋪開墨硯，很想在花色淺淺淡淡的詩箋上，用心，再次書寫下她婉轉的鶯歌燕語，叵耐，輕輕一個轉身，花紅柳綠的時節已悄然遁去，整個世界，只剩下無言的惆悵，執著在月色深處，緩緩掀開了中秋的序言。

　　他斜著身子偎在案邊，沿著盛夏遺落的荷香，握筆慢刪舊詞，把空靈飄逸的文字，在紙箋上，一一梳理成柳色青青的模樣，再回首，卻是只餘淚眼模糊。相思的字句，總是忍不住從互古的雲端飄來，泊在心的渡口，然，放眼望去，卻是滿目芳草萋萋，並無渡他與之相會的蘭舫輕舟，所

以，只能惆悵著伸出寂寞的手，攢緊一縷七月的微風，端坐在紙墨筆硯上，任纏綿的思緒，繼續追溯她飄渺的身影，在念慕中遠遊。

把思念的波濤，翻作心底熟稔的名字，任一艘愁腸百結的文字舟舸，載著離殤，劃過西出陽關的古道黃沙，穿越古樂府旖旎曼妙的歌聲，期待於晨鐘暮鼓中，再次與她隔岸相望，卻仍是追逐不來，霧靄中那一襲白衣白裳的背影。她終是漸行漸遠，衣袂飄飄，風過卻不留痕，自此後，窗外的夕照裡，只鋪染起一抹傷心的色彩，日復一日，在柳絲輕垂的岸邊起起落落，從此，不再煙消雲散。

一直想叩問她的消息，想知道她現在過得好不好。當月光冷透被衾之際，他抱著四溢的墨香，以一箋憂鬱的心思，四處打聽，卻還是無法洞悉她今朝的任何喜怒哀樂。即便洞悉了又能如何？母命難違，他真的可以衝破禁錮他們的樊籠，如願以償地娶她為妻嗎？

念她，只想讓落在紙箋上的長長短短的孤寂，迅速化作輕風一縷，伴他走出一闋又一闋破綻百出的字句，去她二月春風似剪刀的窗下噓寒問暖。然而，真相卻是，他如履薄冰地，穿過六月裡嫣然盛開的蓮花，只是為了，偏執而虔誠地，投入一場無可救藥的長相思，並樂得在其中作繭自縛，以自欺欺人的方式麻醉自己。

遙看季節更迭，到最後的最後，才知道，原來她給他的，終不過只是一場花開的季節。如今，於他，於她，思念，終究還是隔了天之涯、海之角的距離，而那隻被她歡喜著放飛的風箏，早已忘了天有多高，即便飛得出這重重雲靄，卻還是飛不出一句無心的地老天荒。莫再問，到底誰會成為誰的劫數，莫再想，到底誰是誰心底的真愛，因為愛總是與劫數相關，他無法分辨得清，他和她，究竟是誰欠誰更多，誰愛誰更多。

獨坐西窗的剪影裡，他撥開鏽跡斑斑的心扉，用語焉不詳的字句，繼續抒寫著昔日未盡的心緒。一橫一豎，一撇一捺，過去總總無法補救的夙

願,到最後,都和著眉梢流轉的不悔心事,在筆墨下恣意穿梭,被生生掛在了一闋古樂府的韻腳上,搖曳起落。

「我自顧悠悠而若雲,又安能保君白皚皚之如雪」、「幸他人之既不我先,又安能使他人之終不我奪」……他試圖用鶯鶯的口吻描摹她的落寞,抒懷他不得不棄之而去的無奈。只是,他這份心痛,她或許並不能懂。

「君情既決絕,妾意亦參差。借如死生別,安得長苦悲!」微之,君情既然已決絕,我們又何必兩兩相望?與其朝朝暮暮地相思,還不如陰陽相隔的「死生別」來得痛快啊!

可她終究還是無法將他忘懷。她每天每夜都在想她,無可逆轉。「噫春冰之將泮,何予懷之獨結?」三分明月,七分相思,她獨守空閨,只為等那多情的男子騎著高頭駿馬,帶著八人抬的大花轎,把她迎娶到長安靖安坊的元氏老宅。「有美一人,於焉曠絕。」然而,她等了又等,盼了又盼,卻始終沒能等到他的音訊。秉燭窗下,她披衣夜讀,讀他寫給她的〈白衣裳二首〉,任清風穿過掌心,在眼底緩緩淡成古樂府裡的某個字眼,卻終究還是成不了她想刻劃的隻言片語。忍不住淚眼迷濛,這前生後事,究竟,今朝能有誰解?

驀然回首,究竟,誰是誰心底濤起的澎湃,誰又是誰指尖輕拈的溫柔?總是在搖曳的燈火下,把她畫作一幅丹青,想要在天亮之前將她遺忘,卻又總是在太陽昇起的時候,把她閨怨的癡語唸成他一個人孤單的獨白,怎不惹人神傷?

坐盡七夕的風月,手捻桂枝,吟遍舊詩,唱斷舊詞,《詩經》翻遍,《楚辭》閱盡,尋尋覓覓,覓覓尋尋,那刻在眉間的硃砂痣,是否只是為了前來印證前世尚未揭封的讖語?回眸,東風已破,西風未至,所有的思念,都在指間被凝成了經久不衰的墨漬,只是,一片癡怨,依舊畫不成他心心念念的明媚。

第三本　一世痴心：鶯鶯

「一日不見，比一日於三年，況三年之曠別！」他離去已有三個春秋，無數個未央的夜裡，她只能守著一個人的清歡，在燭影搖紅的燈下灑淚揮毫，以情為筆，以戀研墨，將對他滿腔的痴愛，在畫紙上漸次渲染開來，然後，細細描摹，沿著一隻蜜蜂的軌跡，在無人的田園裡，覓得一朵梨花的素淨，只為他畫出春天的醇美。

「分不兩相守，恨不兩相思。對面且如此，背面當何如？」想他，落下一滴淚；念他，畫出憂傷的眉。也許，春天就藏在那道畫簾之後，只等她悄然掀開，便會露出煙雨朦朧、小橋流水的江南風韻。抬頭，小鳥依舊在辛夷樹老去的枝椏上，嘰嘰喳喳地叫個不停，雨亦依舊冷冷地下著，而她那顆早已溼透的心，卻只能在舊去的油紙傘下緩緩地遊走。罷罷罷，既然已經分開了，那就不要再相守了，既然已經怨恨了，那就不要再相思了！

「春風撩亂伯勞語，況是此時拋去時。握手苦相問，竟不言後期。」她心下已是非常明白，這長長久久的等待，恐怕再也等不回，他昨日曾溫暖過她冰涼指尖的諾言。手指碰觸到窗外飄落的雨點，憂鬱深深鎖進她不展的眉頭，到底，這樣孤單著怨恨著痛苦著守候的日子，還要持續多久演繹多久？她抓不住曾經的所有，留不住他輕浮的心，只好在冷冷的凝眺中，讓睫毛上的淚珠慢慢聚攏，讓存在的勇氣漸漸升騰，然而無奈的是，依稀彷彿中，她又看到他飄浮的身影，怎一個心痛了得？

「乍可為天上牽牛織女星，不願為庭前紅槿枝。七月七日一相見，相見故心終不移。那能朝開暮飛去，一任東西南北吹！」不管他對她如何，她還是願意留在過去的記憶裡，把他悄悄地想起，便是教她和他，做那隔著銀河相望的牛郎織女，她也不願成為庭前孤單綻放的紅槿枝，一任東西南北吹！微之，你並不知道，哪怕每年只是七夕一見，我的心也不會像那隨風飄拂的槿枝朝三暮四，可是，這份心意，你又真的能明白嗎？

不，她坐在燈下輕輕搖搖頭。「夜夜相抱眠，幽懷尚沉結。那堪一年事，長遣一宵說。」即使他明白了又能如何，夜夜抱衾獨眠的，只是她這樣的痴心女子，漫漫長宵又和他有什麼相干？或許，今生今世，她唯一能做的，就是將這份愛戀藏於柳煙深處，於每個夜深人靜後的時分，一個人默默咀嚼，默默悲傷，只是，遠方的他可曾知道，而今的她，還在「感破鏡之分明，睹淚痕之餘血」，還在雲煙繚繞的梨花深院，靜候他嗒嗒的的馬蹄聲不期而至？

　　可是，他終將不會再回去了。元稹舉起剛剛擬好的〈古決絕詞三首〉，看著以鶯鶯的口吻寫下字字血淚的詩句，他的心頭猶如堵了一塊千斤巨石，沉重萬分。「已焉哉，織女別黃姑，一年一度暫相見，彼此隔河何事無？」牛郎織女還能一年一相見，可他和她卻已三年未曾再謀一面，近來聽說她就快要嫁給姓鄭的宦門之子，做那鄭府的新少奶奶，本該為她感到高興，可為什麼自己卻感覺不到點點滴滴的輕鬆？

　　是的，他負了她，他給了她重新選擇的理由，可他知道，他並不想就此放棄。然，不放棄又能如何？母親鄭氏早將抱衾侍寢的她當成傷風敗德的妖女，誓死不肯將她娶進門來，既然這樣，那就放手給她幸福，或許，那個姓鄭的男人，能帶給她永恆的快樂呢，不是嗎？

　　窗外淅瀝淅瀝下著小雨，他輕輕摺好詩箋，小心翼翼地裝進她送他的香囊，緊緊貼在腮邊，默默感受著她殘存的氣息，未曾開言，卻已濁淚千行。對不起，鶯鶯，我不是故意想要背叛，可我沒有辦法，我只能眼睜睜看著妳另嫁他人，從此後，只在字裡行間將妳輕輕念起，只在夢裡和妳攜手走向亙古的遠方，去一起尋覓普救寺月下折了的那枝愛的桃花。

　　「一去又一年，一年何可徹？有此迢遞期，不如死生別。天公可是妒相憐，何不便教相決絕？」他轉過身，輕輕一點，寥寥數十個字眼，便從遠古的傳說中脫穎而出，瞬間刺破他鏽跡斑斑的心扉。事已至此，還能如

第三本　一世痴心：鶯鶯

何？他惆悵地抬起頭，但見雲在窗外，月在天邊，只是，低首斂眉間，這滿腹的相思又能對誰訴？

徽州的李墨，碾過畫有她容顏的詩箋，最終只流轉成他一個人的風滿衣袖。蟬鳴聲聲，風吹荷泣，指尖的筆墨，再也臨摹不出她嬌俏溫柔的模樣，曾經的歌吟笙簫，都浸在了七夕的風中，只在他思念的耳畔，輕輕訴說著她若隱若現的愛之悼詞：

微之，我們已經分別得太久太久，久得讓我難以忍受，既然如此，你就放開手走吧！徹徹底底地走出我的世界，乾乾淨淨地離開我的世界，不要再有留戀，不要再給我幻想，因為縱是如此，也比恩斷義絕的「相決絕」、天人永隔的「死生別」來得痛快啊！

第四本
詩壇知交：李紳與白居易

第一折　鶯鶯傳

　　鶯鶯，世間所有女子的溫柔與憂愁，彷彿都被嵌進這樣一個吳儂軟語般的名字，讀來便令人唇齒生香。你見，或者不見；你念，或者不念，她始終都躲在綠肥紅瘦深處，輕叩一綹花瓣的愁緒，用一生，編寫著對他的思慕，任愛情的碎片，離散的痕跡，都隨著針線的起落，織成一席優柔的記憶，瞬間便溫柔了光陰的流連，驚豔了歲月的年輪。

　　他曾說，春天來臨的時候，便要回來。她低首，輕數門前池塘中的小荷，一朵，兩朵，三朵……夏天到了，遠處，蟬鳴聲聲，卻還是不見他歸來的蹤跡，就連那捲起的荷葉，似乎也帶著守口如瓶的輕愁，依舊在風中，盈盈圍住夢境的城牆，無路可逃。

　　是的，無路可逃。她淺淺淡淡地嘆息，她和他的故事，都因為只是些無足輕重的自言自語，所以從一開始就輕盈得薄如蟬翼。輕倩的身影，於陳舊的風煙裡，散發出凜冽的香氣，那些樸素的日子，也因此長出了暗紅的傷痕，帶著有毒的花刺，深深扎進心底，扯起劇烈的疼惜。原來，這世間的悲喜，愛或不愛，都難以從虛無中逃離，既然已經聽到了身心碎裂的聲音，又何妨投身於一段轟然的愛情？

　　萬丈紅塵的翻弄，終將最美的馥郁，葬在了幽深的夜裡。更深露重，

無人解淒涼，她只能於靜謐裡，燃一支哭殘的紅燭，斜倚在飛花逐月的閒詩輕賦裡，用一觴一詠，將心底的相思憂愁，繡成一幅無人喝采的圖畫，即便他永遠不歸，她等待的春心也是甘之若飴。

可知，他轉身而去後，她只想靜靜地坐在花前月下，回憶著他俊美的面龐，暗暗懷想，然後，淡定自若地織她自己的情，繡她自己的痛，即便他的愛已逃離，這思念也不會停止？

西廂的故事，已陳舊得不堪負荷，如同顫影從遙遠的世紀走過，在斑駁的樹影下呢喃著一曲〈陽春白雪〉，訴盡無限離傷。誓言的盡頭，誰的眼波會流轉如一曲心動的〈鳳求凰〉；古樂府的深處，又有誰的眉心會微蹙如一闋不悔的〈淅淅鹽〉？夢醒時分，他睫毛下的淚痕，可否還會如同那曲哀思不盡的〈長相思〉，將她深深憶起？

上邪，如果可以，就請再借我一份隱忍，把這塵世中所有的濃情淺恨、聚散離合，通通都用他的名字連綴起來，然後，一針一線，一挑一捻，將其織成一匹綿長的錦緞，縫成一件愛情的霓裳，最後，繡寂寞成災，只與相思共泣！如是，即便心痛欲裂，即便肝腸寸斷，也總好過而今自欺欺人的微笑向暖。

他不會回來了。她手捧泛黃的花箋，呆呆望著相戀的時候，寫給他的那首染著無限春光的〈明月三五夜〉，終於忍不住，在凌亂的風中，癡癡笑起自己的無知與深情。

待月西廂下，

近風戶半開。

拂牆花影動，

疑是玉人來。

舊日的詩句，寫盡了女子迷離的情思。再回首，那些淪陷在流年裡搖

第一折　鶯鶯傳

曳的花影，洩露了她今朝裡指尖照例攏起的溫柔，然而，她並不後悔曾經付出的痴情，只是哀傷，為什麼這一份痴絕，卻是無人來和。放下畫筆，她冷眼端凝著手邊的宣紙，但見紙上鋪染的高牆古寺、明月清風，還有那一株裹著寂寞的桃花，無不於瀲灩的水畔，默默承受著不盡的相思。相思，相思，相思，總是不斷地招惹相思，只是不知，遠方的他，身旁可否還會有如她一樣的女子，會於月圓時分爬上高高的杏樹，越過圍牆，去赴那西廂之約？

怎麼會呢？深居長安靖安坊的元稹，此時此刻，正在準備再應今冬舉行的吏部科試，把所有的精力都放在溫習功課上，又怎會三心二意，四處遺情？

鶯鶯並不知道，來自江南的仕子李紳，因赴京準備參加進士試，正住在元氏老宅中，和元稹日夕研習，閒談中聊得最多的便是遠在天邊的她。是的，他無時不刻不在想著她，她的美在旁人眼裡也許只是世俗之象，但在他眼裡卻總能幻化為悠然詩意，而那顆因思念荒蕪了的心，倏忽生出滄海明珠般的景緻，也都緣於眸間漣漪般流轉的她。

他還記得，初見她時，他便淪陷在她的美豔風流裡。一襲白衣白裳的她，雖然只是略施淡妝，渾身卻都流溢著耀眼的光芒，讓他在剎那之間，不得不覺得，自己便是那條逆著時光的長河，經歷了漫長的遷徙，終於渡到了遙遠的盡頭，看見了從前的天際，有一抹讓人心醉的深藍，在眼前不停地閃爍。這深淵般的顏色，於一個女子而言，有趨向於滄海的屬性，所以，她的出現，足以淹沒愛情，也足以令他沉迷。

「你真的很愛她？」李紳放下書本，望著元稹默默嘆息著，「聽你那麼說，我都很想見一見她了。」

元稹無奈地搖著頭：「怕只怕，今生今世，我都不能再見上她一面了。」

「鄭老夫人終有一天會理解你們的愛情的。」李紳安慰著他，「這麼好

的女子，打著燈籠都找不著，老夫人有什麼理由阻撓你們相愛？」

「公垂兄，你不了解我娘，她老人家……」元稹垂頭喪氣地說，「從一開始，她就厭惡鶯鶯，我想……」

李紳不無同情地盯他一眼：「那就把她的故事寫下來。」

「寫下來？」

「嗯。」李紳點著頭，「寫成傳奇，像陳玄佑寫的《離魂記》那樣。」

「可是……」

李紳充滿鼓勵地打量著元稹：「與其整日為相思煎熬，還不如把你內心的情感通通渲瀉在筆墨紙端，那樣你的心也會好受些的。」

「我怕我寫不好她。」

「就當寫故事好了。要不這樣好了，我們就以鶯鶯為題，你寫傳奇，我來寫歌，你看怎麼樣？」

元稹不無擔心地盯著李紳，他真的能把鶯鶯寫活嗎？

伯勞飛遲燕飛疾，垂楊綻金花笑日。
綠窗嬌女字鶯鶯，金雀鴉鬟年十七。
黃姑上天阿母在，寂寞霜姿素蓮質。
門掩重關蕭寺中，芳草花時不曾出。
……
河橋上將亡官軍，虎旗長戟交壘門。
鳳凰詔書猶未到，滿城戈甲如雲屯。
家家玉帛棄泥土，少女嬌妻愁被虜。
出門走馬皆健兒，紅粉潛藏欲何處。
嗚嗚阿母啼向天，窗中抱女投金鈿。

第一折　鶯鶯傳

鉛華不顧欲藏豔，玉顏轉瑩如神仙。
……
此時潘郎未相識，偶住蓮館對南北。
潛嘆棲遑阿母心，為求白馬將軍力。
明明飛詔五雲下，將選金門兵悉罷。
阿母深居雞犬安，八珍玉食邀郎餐。
千言萬語對生意，小女初笄為姊妹。
……
丹誠寸心難自比，曾在紅箋方寸紙。
常與春風伴落花，彷彿隨風綠楊裡。
窗中暗讀人不知，剪破紅綃裁作詩。
還把香風畏飄揚，自令青鳥口銜之。
詩中報郎含隱語，郎知暗到花深處。
三五月明當戶時，與郎相見花間語。

——〈鶯鶯歌〉殘章李紳

　　當李紳捧著寫好的〈鶯鶯歌〉請他閱覽之際，他知道，是時候為鶯鶯做點什麼了，於是便開始了千古傳奇《鶯鶯傳》的創作。他於文中化名張生，把自己和鶯鶯在普救寺相處的點點滴滴，一字一句，融進筆下的傳奇，那些患得患失的愛情，便在他轉身離去後的日子裡，默默化作了深夜裡不能自持的淚痕。

　　他對不住她，卻找不出任何背叛的理由。母命難違，他只能為他的無奈與悵然，編織著不經的理由，其實字字句句，卻都飽蘸了他深情的淚滴：

「大凡天之所命尤物也，不妖其身，必妖於人。使崔氏子遇合富貴，乘寵嬌，不為雲，不為雨，為蛟為螭，吾不知其所變化矣。昔殷之辛，周之幽，據百萬之國，其勢甚厚。然而一女子敗之，潰其眾，屠其身，至今為天下僇笑。予之德不足以勝妖孽，是用忍情。」

他並不想用這樣的字眼形容鶯鶯，可不這麼說，他實在難以找出一個冠冕堂皇的理由，來拒絕她的痴愛。是不得已，卻非無動於衷，總不能在文章裡說，是母親存心要棒打鴛鴦吧？那可是真正的大逆不道啊！

如果鶯鶯真是妖孽，愛她也是終身不悔。他還能如何？他只能狠下心腸，在刻意營造的隱忍中，祭奠那些愛的灰飛煙滅。自此之後，這世上，或許只有自己，和最了解他的李紳，還能知道，他對鶯鶯的愛，始終都沒有枯萎，只是換了一種盛開的方式罷了！

愛依然繼續，但轉過身後，便只是他自己一個人的事了。他知道，所有的心傷，都會在今夜，交付於黑暗中燃起的火焰，然而，即使面對寂滅與消逝，他也要一如既往地深愛下去，絕不給自己任何後退的藉口。

第二折　婚娶

棄置今何道，

當時且自親。

還將舊時意，

憐取眼前人。

這是鶯鶯嫁給那個叫鄭恆的男人之前，寫給元稹的決絕詩。他苦苦哀求，求再見她一面，她卻沒給他最後的機會。舊日的愛情，對他來說已變成奢侈，普救寺花前月下婉轉的纏綿，平添了生命中無法承受的重量，所

以鶯鶯在故事的結尾,收回了曾經寄予他身上的厚望,選擇了彼此無期的相忘。

　　隔著光陰,閱讀那些溫柔的字眼,深沉的墨漬,依稀映照著鶯鶯粉色的情感,如一朵鳶尾,在靜默中開出了炫目的花朵,然後又在靜默中安然老去。所有的心傷,都交付於那場短促的愛情,心灰意冷的女子,封鎖了他給予的悲傷,而他卻只能坐守在空虛裡,一再用文字,數落著對她的「厭倦」,而這厭倦便是其「忍情」背後附加的傷口。

　　西元 802 年冬,元稹再次參加吏部試,並於第二年春發榜之際,高中「書判拔萃科」第四等,然而,他卻怎麼也開心不起來,那些曾經的曾經,都一一浮現在眼前,緊緊吞噬著他那顆亦已破碎的心。

　　猶記得,當年天將亮之際,於西廂與之私會的鶯鶯,聞聽犬吠聲後披衣離去,餘下脂粉淡淡的痕跡,和著宿夜的淚珠,打溼枕蓆,那香氣至今都縈繞於他的衣襟。鶯鶯,對不起。人群中的強顏歡笑,掩飾不住他內心的悲慟,似乎當日的相會還未結束,驚魂卻斷。他伸手撫著大姐采薇剛剛替他換上的的滿床新褥,輕輕咬著嘴唇,任淚水在眼眶裡肆意打轉,半床錦衾還留有餘暖,莫非昨夜鶯鶯又來過不成?

　　他搖搖頭,往日露水般的歡愉,纏繞著他的身軀,不長不短的等待,卻等成了月夜裡纏綿的小詩。那首為她而作的〈會真詩三十韻〉,被他收錄在了《鶯鶯傳》中,字字珠璣,卻暗藏著比韻腳還要繁複的情懷。

　　那時的歲月是多麼的美好,他每天都在期待夜幕降臨時,與她重續舊歡,曾經的種種疑惑與責怪,都消泯於那一眼溫存的相待,所有的羞澀與懵懂,都被靜默的時光淹沒,一夜的痴纏,彌補了山高水長的守候,更嫵媚了彼此凝望的眼神。

　　微月透簾櫳,螢光度碧空。

　　遙天初飄渺,低樹漸蔥蘢。

第四本　詩壇知交：李紳與白居易

> 龍吹過庭竹，鶯歌拂井桐。
> 羅綃垂薄霧，環珮響輕風。
> ……

──〈會真詩三十韻〉

因為《鶯鶯傳》，他成為長安城中所有仕子眼中的情聖，那些字裡行間纏綿悱惻的詩句，更讓他受到朝中達官貴人、文人雅士的青睞，甚至深處閨中的千金小姐，也以伏案捧閱《鶯鶯傳》為榮。一時間，洛陽紙貴，全國上下爭相刻印，還沒等他高中「書判拔萃科」，便已成為聞名天下的才子。

他不知道，此時此刻，有一個女子，正在她錦繡閨閣中，十指纖纖，剪下一塊從江南帶回的綾羅綢緞，繃在繡架上，任一縷青絲纏於指尖，拈一根銀針在上面繡出了春天，繡出了桃花，繡出了曲江，繡出了藍天，再慢慢繡出了他的笑靨。她早就捧讀過他的《鶯鶯傳》，早就從父親的得意門生李紳情不自禁的誇讚中，知道了他的故事，於是，便一邊想像著他風流倜儻的姿態，一邊用針線牽引著他走進自己的溫柔。

雖然從未與他有過一面之緣，但那張溫文爾雅的面龐，那襲玉樹臨風的身影，卻早已在她的眸光中，披了一抹明月風露，跋山涉水而來，同她執手相牽於西樓畫堂之上，一次次，輕訴夢中別後的點點離愁，一次次，並肩觀望塵世的風月無邊。

想他，念他，紅袖泣墨痕，錦書難畫，情針意線，終是繡不盡她心底點滴的婉轉。枕著他香豔綺麗的文字，她任憑累積在指尖的意味深長，將滿懷翹首的悽然，都於素帛之上，繡成了一個燦爛無比的春天；然，望著手底那座春光遍地的城池，相思的眼裡卻有了漣漣的淚光，只因為她知道，帛上一闋深淺濃淡的花事，終不過是一場子虛烏有，而他滿腹的錦繡心事，皆已為那個叫鶯鶯的女子，被清風吹舊吹老。

第二折　婚娶

　　君可知，每刺繡一針，就有人為你疼著世間最真的疼？君可知，花開一生，只為有情的人等待？君可知，每刺繡一針，就有人為你痛著世間最久的痛？君可知，四季輪迴，總有人為你心甘情願地等待？明月照不盡離別人，指下的針線，總是千篇一律地，繡著春去春又回，然，她的簾外，卻依然是照舊的煙水兩茫茫。莫非，她這輩子，便要寫著相思，守著他輕倩的身影，老死在這深院不成？

　　她是名門之後，是京兆尹韋夏卿最寵愛的幼女，因為母親早逝，打小便嬌生慣養，哪怕是繼母段氏，也都格外嬌縱著她。即使這樣，她也沒成為一個飛揚跋扈的女子，她謹記母親裴氏臨終前的教誨，女子無才便是德，無欲無求便是福，所以，不管兄弟姐妹們如何爭寵，她從來都安於守靜，即便讓別人占了便宜，她也只是淡然一笑了之。

　　高宦人家的千金小姐，父親的掌上明珠，又兼出落得如花似玉，這樣的女子打一出生，便已注定，會讓求親的隊伍踏破家中的門檻，她也未曾例外。可她自恃甚高，什麼都可以依了父母之願，唯獨婚姻大事，不可等閒視之，必須遇到她真正心儀的對象才行，所以蹉跎了數年，眼看年近二十，卻還是未能將自己嫁出去，直到有一天，她從李紳那裡看到了元稹的《鶯鶯傳》，驚嘆於他驚天地、泣鬼神的才華，雖然從未與之謀面，但滿含一臉嬌羞的她，已然在心底作出了一個大膽的決定，那便是今生今世，非元微之不嫁。

　　「蕙叢，妳真想好了？」李紳瞪大眼睛，不無關切地盯著她，緊張地問。

　　她含羞頷首，夢中與元稹過往的一切，都繞在指間的絲線上，記憶猶新。回眸，繡架上的繡品，在沉默中絮絮地訴說著心底的相思，一片丹心，隨風附露般，追逐著元稹足下的清塵，沒有怨恨，沒有嗔怪，唯有輕輕的嘆息，縈繞在爛漫的花枝頭。

　　「妳連見都沒見過他⋯⋯」

第四本　詩壇知交：李紳與白居易

「可我相信，只有他才能成為我的夫婿。」韋叢驀地抬起頭，目光定定地盯著坐在對面的李紳。她知道，李紳一直偷偷地愛慕著自己，可她只把他當作自己的兄長，雖然她感激這些年他對自己無微不至的關愛，可愛情畢竟與感激不同，她要的是一個能與之舉案齊眉、共度一生的好丈夫，而不是一個可以與她分享心思的好哥哥。

「他根本忘不了鶯鶯。」李紳囁嚅著嘴唇說。

「可鶯鶯就快嫁人了。」韋叢語氣沉著地說，「不管怎樣，他終歸是要娶親的。」

「妳就不怕他一輩子都無法忘情於鶯鶯？」

她輕輕笑了。她搖搖頭，又微微點點頭：「這樣至情至性的男子，才是我韋叢畢生追求的好配偶，若不是他對鶯鶯的那份真情感動了我，我也不會下定決心，今生非他莫嫁。」

李紳無奈地撇撇嘴：「我可以幫妳去暗示鄭老夫人，讓她派人到韋府來提親。可是，妳得做好心理準備，萬一微之他……韋大人可是朝廷重臣，他……」

「你是怕丟了我爹和韋府的臉面？」韋叢淡然一笑，「不會的。他一定會答應這門親事的。」

「妳就這麼肯定？」李紳怔怔望著她，他不知道她究竟為何如此篤定，難道身陷情愛中的女子，總是這樣熱愛一廂情願的嗎？

她沒有再說話，只任手中的絲線在指間，從繾綣到泛黃，從糾結到飄搖，從繁雜到疏散。她心裡明白，年華已舊，天涯太遠，她不能靜守空閨，痴等一份無望的單戀，更不能任殫精竭慮的翹首期盼，換來弱水三千迢迢不斷。所以，她要讓他明白，讓他知曉，除了鶯鶯，這世間還有個痴心女子，正閒坐燈下，痴痴戀著他俊美的容顏和風雅的神采。

第二折　婚娶

　　西元 803 年夏秋之交，在李紳的撮合下，她終於如願以償地成為了他的妻。那時的他，剛剛考中「書判拔萃」科，被朝廷任命為校書郎，然，洞房花燭夜，燈影搖曳下，他滿心想念的，仍是那一襲白衣裳的鶯鶯。

　　露往霜來，他雙手合十，斜倚在窗下默默祈禱，祈禱與他的鶯鶯有緣千里來相會。遠處，天邊，冥昭瞢闇，霧靄迷濛，混沌如鶯鶯若即若離的眼神；近處，院裡的池水，在他徘徊的身影下，訴說著無數個春夏秋冬的往事，卻無法映照出她往日的嬌豔明媚。他不知道，此時此刻，頂著紅蓋頭，端坐錦繡床邊、滿面嬌羞的那個她，正依傍在自己編織的江南春色裡，任溫和的笑靨，在搖曳的燭火下閃耀，瞬間便翻湧起滿腹的甜蜜與溫馨。然而，他的不聞不問，終究還是讓無盡的失落，取代了她嘴角揚起的笑意。她還能怎樣？路是自己走出來的，情路亦然，她不能哭訴，也不能埋怨，所以，只能在眉間挽起一抹憂鬱的藍色，一個人，靜靜守候在他溫暖的氣息之外。或許，這樣不驚不擾的等待，終有一天，會讓他懂得她諸般的好。

　　第一夜，他便讓她獨守空房，把刻骨銘心的憂傷，留給了一往情深的她。從此，他的憂鬱，鐫刻在她多情的眉間，單一，純粹，被永遠地銘記，也被永遠地傷害。淚水，流低了相思的鹹味，她不言心傷，不言惆悵，只徬徨著，在日月交輝的光華裡，黯然品嘗，那些不被珍愛不被憐惜的痛苦。千里而來的杭繡，那朵朵嬌豔的花兒，蝴蝶翩躚的雙飛，終是沒能繡住他的心，卻枉自纏繞了她自己不解的憂思。關於愛的疑問，究竟要等多久才能等來最真實的答案？她默然無語，也許，要等到問題都被遺忘，也不會得到任何的答案。

　　輕咬銀牙，她把淚水與委屈通通嚥下，既然這門婚事是自己選下的，無論好壞，她都要在元氏老宅這方小小的天地裡，繡出她和他的幸福美滿、歡喜明媚，退一萬步說，即使只能在夢裡的江南水鄉盈一片春意，她也要嘗試著，在他一如荒漠的心中，馳騁出一片快樂的綠洲來。

第四本　詩壇知交：李紳與白居易

第三折　天壇上境

　　深夜，一輪明月清泠泠地懸在空中，四周一片寂然，書房裡依舊充滿了冬日陰霾的濃烈氣息，冷而空寂。他守著失落，內心強烈地嚮往著如果或者假如。如果此刻鶯鶯會陪他坐在書房裡，為他捧上一杯清茗，該是怎樣的心情？假如母親鄭氏不那樣固執，那麼此刻，一襲白衣白裳的鶯鶯定會站在窗下守著一輪明月，回過頭淺淺淡淡地望著他笑，若是那樣，又該是怎樣的心境？

　　透過雕花窗櫺，他放眼朝外望去。遠處的辛夷樹已變得枝椏光禿，偎著一叢凋謝的菊花，彷彿在向他傾訴心中隱忍的萬般苦楚，然，此時此刻，他的心境又何曾不淒涼如冰？

　　回望身後牆壁四周一字擺開的書架，看著書架上一排排的藏書，他心中積聚的苦悶更是難以排遣。又是書！作為校書郎，白天在祕書省，除了校勘典籍還是校勘典籍，沒想到回到家還要面對這些沒有生命的紙張，如果鶯鶯在他身邊，再枯燥的日子也會變得有滋有味，可是⋯⋯

　　為什麼會是韋叢？他緊蹙著眉頭，任對鶯鶯相思的淚水滑過冷峻英毅的面龐，內心猶如刀攪般疼痛。和韋叢成親已近半年，他試了各種方法也沒能真正走進她的內心世界，儘管她是宦門千金，儘管她溫柔嫻淑，儘管她美艷照人，可他就是無法將她愛起。為什麼？老天爺，這到底是為什麼啊？既然讓我遇見了鶯鶯，為何偏偏又要把蕙叢給我？

　　「相公！」韋叢輕輕推開門，手裡端著參茶進來，緩緩走近他伏案疾書的案頭，一邊擱下茶碗，一邊愛憐地盯著他低聲說，「夜深了，相公喝杯參茶暖暖身子。」

　　她為什麼要對我這麼好？元稹連頭也不回，繼續趴在案邊奮筆疾書。她要不這麼對我好，也許我心裡便不會對她生出愧疚，可不管自己怎麼冷

落她,怎麼不給她好臉色看,她卻總是一如既往地默默承受著,甚至連一句重話都不肯對他說起。

「是我娘家大哥白天剛差人送來的上等高麗參,冬天喝它尤其滋補。」她輕輕推著手邊的茶碗,一直推到他橫鋪的紙張前,「快趁熱喝了吧。」

「妳沒看見我正在忙公務嗎?」他皺了皺眉,回過頭,一臉冷漠地盯著她斥責著。

「什麼事這麼著急,不能留到天亮了再做嗎?」她陪著小心問他。

「明天還有明天的事要做!祕書省要校勘的書那麼多,白天哪還有工夫忙別的?」

她強忍著不讓淚水流出來,順手拿來一件披風披在他身上:「我來,還有件事想跟你商量。」

「有事就說。」

「我爹讓大哥捎來口信,讓我們去洛陽小住一陣⋯⋯」

「妳是嫌我們元家窮,不能讓妳穿上綾羅綢緞,不能讓妳吃上山珍海味,是嗎?」他瞪著她,火一下子竄了上來,「妳嫁我的時候,難道不知道我們元家是低門小戶,而妳的夫婿,就連這個入不敷出的校書郎的板凳也沒坐熱嗎?」

「相公⋯⋯」

「妳要去哪我管不著。既然妳不能安於清貧,那就去洛陽找妳爹和妳那幫好兄弟好了!」

「相公⋯⋯」韋叢的淚終於忍不住溢了出來,「你知道,我並不是這個意思,我⋯⋯」

「我什麼我?妳爹現在不是京兆尹了,現在他是東都留守,妳要過好日子,就得去洛陽找他老人家去!」

第四本　詩壇知交：李紳與白居易

　　韋叢沒想到丈夫會這樣看自己，難道在他心裡，自己就是一個愛慕虛榮、貪圖享受的女人嗎？不，不是這樣的。她在嫁他之前就對他的家境瞭如指掌，若不是真心愛他這個人，她又怎會在兄弟姐妹一片鄙夷聲中，下嫁給一貧如洗的他呢？看來，李紳說得沒錯，無論她怎麼做，他都不會忘記鶯鶯的，那自己又算什麼？在他心裡，自己居然是這樣一個毫無地位的女子，那麼又何必繼續留在他身邊惹他厭討他嫌？

　　痛定思痛後，韋叢離家出走了。在鄭氏的譴責聲中，元稹不得已，前往洛陽向韋叢道歉。他沒想到，韋叢這次賭氣回娘家，卻沒在岳父及兄弟姐妹任何一人面前提及事情的原委，只是說自己想家了，所以韋府眾人還是把他這位新姑爺當成貴賓似地招待，韋夏卿甚至還在自己履信坊的宅院裡，專門騰出一個小院子，供他們小夫妻倆居住。

　　元稹沒想到妻子非但沒在娘家人面前數落自己的不是，反而竭力在他們面前為自己延譽，心裡既愧又喜，愧的是自己婚後一直委屈著她，從沒給過她好臉色看，喜的是自己能娶到這麼一個善解人意的妻子。可是，他又有什麼資格，獲得她不計回報的深情？

　　「蕙叢……」

　　他想對她說對不起，卻被她纖纖玉指輕輕摀住了嘴巴。「我們是夫妻，今生今世都注定要日日夜夜互相守望，就像生命與血液一樣融為一體，又何能分出彼此？」

　　「蕙叢，我……」

　　「你就放心在這裡住上一陣吧。爹說了，要留你在洛陽，待到新年過後才放你回去。京城裡的事，爹都替你打點好了，祕書省那些人不會為難你的。」韋叢望著他淺淺淡淡地笑，「爹留你在洛陽多呆一陣，其實是想把你引薦給洛陽的名流仕宦認識。爹說他老了，以後縱使有心幫你，也會無能為力，所以要趁現在還能動的時候，多為你鋪一鋪路。」

第三折　天壇上境

「岳父大人他……」元稹鼻子一酸，再也說不上一句話來。他緊緊握住韋叢的手，能娶上這樣的妻子，真是太幸運了，可他對她心裡有愧，縱使有百張巧嘴，那些纏綿的情話也是說不上來。幸虧韋叢早就看出他的心思，一個淺淡的微笑，便化解了他無數尷尬。

這一年，他在東都陪韋夏卿一家過了一個團圓年，也結識了很多名流仕宦。這段時間，他對韋叢更加了解，每次看她捧著參茶送進書房的時候，他都會仔細看她沐著窗外月色的面龐，原來她長得是那樣的美豔，那樣的豐姿嫋娜，可自己為什麼從沒留心過她呢？

「你這麼看著我做什麼？」她抿著嘴輕輕地笑，一臉的燦爛，快樂的氣氛在書房裡溫婉地流轉。娶妻如此，他還復何求？元稹啊元稹，你可真是生在福中不知福啊！他望著她深深地嘆，多彩的淚水與會心的微笑，都悄悄爬上他年輕的額頭。

「妳坐著，我給妳畫張像。」

「你會畫像？」她不相信地盯著他。

他點點頭。是的，他要替她畫像。「妳不知道的還多著呢。」他瞪大眼睛凝視著眼前的嬌美紅顏，輕輕握起畫筆，描繪著她的萬千嬌憨。不僅如此，他還要為她做詩，要讓他筆下深情、憂傷、快樂、思念的文字，組成瑰麗的行列，或者散開，猶如滿天的星斗，在她面前絢美綻放、熠熠生輝。

他很快就找到了這樣的機會，不止為她，更為另一個生命，在他生花的筆下，搖曳出一首華美的詩章。那是在洛陽度過新年不久後發生的事，因為祕書省的公務不能長久耽擱，他於正月二十五日起身回歸長安，留下韋叢於父親膝下承歡盡孝。回長安的途中，他經過西嶽華山腳下的華嶽寺，可沒曾想，剛剛離開華嶽寺還不到一個月的他，很快又因事從長安風塵僕僕地趕赴洛陽，自然再次經過華嶽寺，對於這段經歷，他歡天喜地地

第四本　詩壇知交：李紳與白居易

賦有〈華嶽詩〉以記其事：

> 山前古寺臨長道，來往淹留為愛山。
> 雙燕營巢始西別，百花成子又東還。
> 暝驅羸馬頻看堠，曉聽鳴雞欲度關。
> 羞見寶師無外役，竹窗依舊老身閒。

——〈華嶽寺〉

到底是什麼事讓他往返流連於長安與洛陽之間呢？從「百花成子又東還」，我們可以清晰地知曉，身居洛陽的韋叢懷孕了，所以「雙燕營巢始西別」的元稹，才會馬不停蹄地趕回洛陽。因為妻子有孕在身，這次他在東都停留了較長時間，其間還抽空遊覽了一趟王屋山，登臨「天壇上境」。友人馬逢得知他登臨王屋天壇，特地寫了一首七律贈他，尾句是「靈溪試為訪金丹」，因有感於自己就要做父親了，元稹難以抑制內心的激動，即刻還贈七律一首，記敘了此次遊蹤：

> 野人性僻窮深僻，藝署官閒不似官。
> 萬里洞中朝玉帝，九光霞外宿天壇。
> 洪漣浩渺東溟曙，白日低迴上境寒。
> 因為南昌檢仙籍，馬君家世奉還丹。

——〈天壇上境〉

上境是王屋山絕頂，上有石壇，名「清虛小洞天」，傳說是司馬承禎得道之處。地處今河南省濟源縣境內，相去洛陽不遠，因而名士多往遊覽。元稹當時只是個職卑祿微的「藝署官閒不似官」的小小校書郎，在朝廷裡無足輕重，也沒人在意他的去留，生活過得比較自由，加上嬌妻有喜，所以心情特別愉悅，一連在天壇小住了十幾日，整天遊山玩水，盡興才返。

他驚喜，他欣慰，殷切地盼望妻子腹中的胎兒早早降臨人世。每每看

著妻子漸漸隆起的肚子，他就抑制不住歡喜之情，覺得妻子百看不厭。然而，他心裡更明白，情感世界的冬天已漸行漸遠，春天就駐足在他的窗臺之上，有花香，有鳥語，還有她深情的呢喃，有了她，他總算走出鶯鶯留在他心中的陰霾了。

由王屋山回到洛陽後，待韋叢身體狀況稍加穩定，大約在七、八月間，元稹便帶著身懷六甲的妻子回長安去了，並於次年正月喜得女兒保子。而與此同時，由王叔文等人帶領的，以打擊宦官勢力為主要目的改革「永貞革新」，也在朝廷如火如荼地拉開了序幕。

第四折　制舉試

他是他最欽佩仰慕的人。他姓白，名居易，字樂天，號香山居士。貞元十六年中進士，十九年春，與元稹同舉「書判拔萃科」，又同授祕書省校書郎。他們都是清高孤傲的第一流才子，然，誰也沒料到的是，第一次見面，彼此都被對方身上散發的俊逸氣質，以及橫溢的才華，所深深折服，很快便成為無話不談的摯友，終其一生，情同手足。

那時的白居易，對已於仕林市井廣為流傳的《鶯鶯傳》青睞有加，而元稹對小小年紀就寫出〈賦得古草原〉的白居易更是佩服得五體投地。二人都曾於花前月下、對酒當歌之時，吟誦過對方的詩句，所以乍然相見，倒也不覺得陌生，反而多了幾分親切感。

「你就是那個十六歲就寫出〈賦得古草原〉的白居易？」元稹興奮地盯著眼前白衣飄飄、俊朗若神仙的白居易，情不自禁地吟出了他的詩句，「『野火燒不盡，春風吹又生。離離原上草，一歲一枯榮。』前面兩句，一句寫『枯』，一句寫『榮』，都是對最後一句『枯榮』二字的發揮。高，真是高啊！」

第四本　詩壇知交：李紳與白居易

「微之兄也不錯啊！」白居易伸手抹一把鬍鬚，不無欽佩地說，「微之兄的《鶯鶯傳》早已家喻戶曉，樂天只恨沒能早一天結識微之兄，要是那樣，〈鶯鶯歌〉也就沒有公垂兄的份了。」

「白兄謬讚了。」元稹拱手作了一揖，「不過我更喜歡白兄那首〈鄰女〉，短短二十四個字，卻把嫵媚少女的神韻完全勾勒了出來，要我說，這便是神來之筆呢！」

「何以見得？」

「『娉婷十五勝天仙，白日嫦娥旱地蓮。何處閒教鸚鵡語，碧紗窗下繡床前。』」元稹輕輕吟誦著〈鄰女〉詩，抬頭望著湛藍的天空，彷彿看到白居易筆下宛若天仙的少女，正站在自己面前，「讀過白兄這首詩，微之才明白什麼叫做書中自有顏如玉，只是不知白兄的鄰居家，是否真有這麼一位嬌俏可愛的姑娘？」

「她叫湘靈。」白居易不無惆悵地嘆口氣，目光遠凝著湘靈居住的符離方向，「和你的鶯鶯一樣，她是我這輩子永遠都不會忘記的女人。」

「湘靈？」元稹沒想到自己的幾句閒話，會惹起白居易的傷心事來，連忙盯著他說，「微之多有冒犯，還請白兄海涵。」

「哪裡？」白居易回過頭，望著他嘿然一笑，忽地若有所思地問，「微之兄知道我為什麼到三十二歲了還沒有成親嗎？」

「莫非白兄是為了詩裡的湘靈？」

白居易點點頭：「我娘嫌棄湘靈家世不好，所以⋯⋯」他不無神傷地盯一眼元稹，翕合著嘴唇，輕輕吟誦起之前為懷念湘靈所寫的〈冬至夜懷湘靈〉：「豔質無由見，寒衾不可親。何堪最長夜，俱作獨眠人。」

看來白居易和自己一樣，都是為情所困的傷心人。聽著他痛斷愁腸的詩句，元稹的心也跟著波瀾起伏，白兄筆下的湘靈，不就是自己心中深

藏的鶯鶯嗎？為什麼世間最美好的戀情，到頭來，總是不會開出絢美的花來？

一樣的憂傷，一樣的情殤，使這兩個中唐大才子越走越近。白居易嗜酒成性，經常流連於酒肆，喝得酩酊大醉才肯作罷，自從結識元稹後，二人空閒下來便結伴遊山玩水，長安城裡幾乎所有的秦樓楚館，都留下過他們把酒共歡的身影。

白居易還有個習慣，每次喝酒，都要一邊操琴，一邊吟詩，一邊聽小妓清歌一曲〈楊柳枝〉。在外人眼裡，在校書郎任上的他們過著放蕩不羈、縱情山水的生活，可有誰知道他們內心纏綿的痛苦？對湘靈和鶯鶯的思念，讓他們無時不刻不沉浸在巨大的悲痛中不能自拔，所以也唯有酒，才能讓他們稍稍獲取一絲慰藉，暫時忘卻糾結在心底的悲慟。

「知道嗎？我還替湘靈寫過一首〈寒閨夜〉，」醉眼朦朧的白居易瞟著一樣醉了的元稹，不無得意地大聲唸誦起來，「夜半衾裯冷，孤眠懶未能。籠香銷盡火，巾淚滴成冰。為惜影相伴，通宵不滅燈。還有一首〈寄湘靈〉，都是我二十七歲，投奔叔父那年在江南寫的。湘靈，湘靈……」他的眼中已噙了淚，卻仍忘不了當年為她寫下的一字一句，「淚眼凌寒凍不流，每經高處即回頭。遙知別後西樓上，應憑欄杆獨自愁。」

「樂天兄，你醉了。」

「我沒醉，是你醉了。」白居易瞪大眼睛，盯著元稹哈哈大笑起來，「你為鶯鶯寫過什麼？除了《鶯鶯傳》，你還為她寫過什麼？」

「我？」元稹舉起筷子，輕輕叩擊著桌面，「我為鶯鶯寫過很多很多的詩，可她還是不能回到我身邊來。她……」

「湘靈，湘靈……」

「鶯鶯，鶯鶯……」元稹盯著手裡的酒盅，舉起來一飲而盡，隨即將

第四本　詩壇知交：李紳與白居易

杯子重重摔在地上，顫巍巍站起身，大聲唸誦著，「野性大都迷里巷，愛將高樹記人家。春來偏認平陽宅，為見牆頭拂面花。」

「這是什麼？」

「是我為鶯鶯寫的〈壓牆花〉。」

「為見牆頭壓牆花？」白居易放肆地笑起來，「你為了見她，居然成了逾牆的登徒子。」

「什麼登徒子？登徒子好色？那是假的，登徒子好色的對象是他自己的妻子，與他比起來，我才是真正的好色之徒！」

「對！你才是真正的好色之徒！」白居易伸手指著元稹，瘋狂地笑著，冷不丁，卻被外面一聲巨響驚得怔住了，「怎麼回事？怎麼……」

「你們還有心情在這裡喝酒說笑？」推門而入的白行簡，瞪著醉得不省人事的白居易和元稹，「都什麼時候了，你們居然還有心情在這裡兒女情長？」

元稹和白居易面面相覷。白居易瞪一眼弟弟白行簡：「吵什麼吵，沒看到我和微之在飲酒作詩？」

「這時候還作什麼詩？出大事了你們知不知道？」白行簡咬著嘴唇說，「宦官俱文珍，勾結藩鎮韋皋，逼迫當今聖上下制，以袁滋、杜黃裳，取代宰相高郢、鄭珣瑜、韋執誼之位，更有甚者，他們竟然讓順宗下令，讓皇太子李純處理軍國政事，這不是要逼宮了嗎？」

「什麼？」白居易聽弟弟這麼一說，酒立即醒了大半，「知退，你說什麼？逼宮？」

白行簡點點頭：「聖上已經下詔了！」

「那王翰林和王常侍呢？」

「現在還不知道俱文珍那幫閹狗會怎麼對付他們！」

「反了！簡直反了啊！」白居易一巴掌重重拍在桌上，怒不可遏地說，

「他們居然敢如此明目張膽地逼宮，還不就是想讓王翰林主張的革新胎死腹中嘛！」

「知退兄，你說的都是真的？」元稹也瞪大眼睛盯著白行簡，「那夢得兄和子厚兄，現在的境遇豈不是很危險？」

「順宗皇帝都不能自保，何況是柳御史和劉員外郎？」

元稹心中一驚：「那麼說他們也是凶多吉少了？」

白行簡搖搖頭，白居易和元稹也不再發問。如火如荼的政治革新僅僅維持了大半年就胎死腹中，這不得不讓三個意氣風發的年輕人感到沮喪。無論從政治理念，還是個人情感上來說，他們都是一慣支持「永貞革新」的，王叔文、王伾的政治主張「罷宮市五坊使、取消進奉、打擊貪官、打擊宦官勢力、抑制藩鎮」，甫一釋出，就得到了年輕仕子的青睞，朝廷如果能夠持之以恆地堅決奉行這一政策，那麼，自「安史之亂」後便一蹶不振的大唐王朝，一定還有東山再起的那天，可是他們的主張，卻損害了宦官和藩鎮的利益，所以一開始就遭到舊官僚勢力的竭力反對，尤以劍南西川節度使韋皋和宦官俱文珍的反應最為激烈。

順宗下詔命太子監國僅僅過了數日，俱文珍等人便於八月四日假傳順宗制，令太子李純即皇帝位，稱順宗為太上皇；五日強徙太上皇至興慶宮，並諂改元永貞；六日，永貞革新的核心人物王叔文被貶渝州司馬，王伾被貶開州司馬，不久死於貶所，叔文翌年亦被賜死；九日，太子李純正式即位於宣政殿，是為憲宗；九月十三日，貶革新重要成員劉禹錫為連州刺史，柳宗元為邵州刺史，韓泰為撫州刺史，韓曄為池州刺史；十一月七日，貶宰相韋執誼為崖州司馬，朝議謂劉、柳等人貶太輕，十四日，再貶劉禹錫為朗州司馬，柳宗元為永州司馬，韓泰為虔州司馬，韓曄為饒州司馬；又貶程異為郴州司馬，凌准為連州司馬，陳諫為臺州司馬。此十人，合稱「二王八司馬」。至此，變革新政運動徹底失敗。

第四本　詩壇知交：李紳與白居易

不能不說，永貞革新的失敗，給支持改革的元稹當頭澆了一盆涼水，從頭冰到了腳。尤其是好朋友劉禹錫及柳宗元的被貶，更是牽動了他的神經。「二王八司馬」的命運讓元稹揪心，但還有一個人的遭遇更讓他覺得心疼，那便是當了二十六年太子，登基還不到一年就被兒子趕下臺的順宗皇帝。這個順宗還真是背到了家，就連他的年號「永貞」，也是在他退位以後才改的。順宗在貞元二十一年八月四日退位為太上皇，儘管繼位的憲宗皇帝是在八月九日才舉行冊禮，但順宗八月五日下詔改貞元年號為永貞時的身分已經是太上皇。憂鬱不得志的順宗於次年正月殯天，兒子李純卻迫不及待地於正月初二下詔改元元和，並御丹鳳樓大赦天下，其時元稹作詩刺之：

春來饒夢慵朝起，
不看千官擁御樓。
卻著閒行是忙事，
數人同傍曲江頭。

——〈永貞二年正月二日上御丹鳳樓赦天下予與李公垂庾順之閒行曲行不及盛觀〉

與「擁御樓」的千官截然相反，元稹竟與李紳及庾敬休「閒行曲江」，對此盛典根本不予理會，並於詩題中公然直書「永貞二年」四字，以洩心中憤懣，同時期的〈永貞曆〉詩也展現了他對順宗的同情：

象魏才頒曆，龍鑣已御天。
猶看後元曆，新署永貞年。
半歲光陰在，三朝禮數遷。
無因書簡冊，空得詠詩篇。

——〈永貞曆〉

第四折　制舉試

「永貞革新」的失敗，讓元稹和白居易看到了朝廷的腐敗無能，和藩鎮、宦官勢力的猖獗，然而，他們只是職卑言微的校書郎，言路不開，要想實現王叔文、劉禹錫等人的政治主張，就必須參加制舉考試，以獲取要職。於是，元和元年年初，他們同時辭去校書郎職務，客居華陽觀中閉戶累月，反覆切磋，擬定了一個又一個在考試中可能會出現的問題，經過討論之後再分題一一寫出答卷。在交換答卷的時候，這兩位摯友常常會為一句話甚至一個字斟酌爭論不休，直到兩人的意見完全統一，或一方把另一方徹底說服為止。經過一個多月廢寢忘食的充分準備，他們終於共同製成〈策林〉七十五首。

在〈策林〉中，他們以大量的篇幅深刻揭露了社會矛盾，抨擊了腐敗的政治現實，甚至「指病危言，不顧成敗」，連時相裴洎都暗自替他們攥著一把汗，這樣直抒己見的言辭，很明顯會得罪某些當權者，落第是小事，弄不好還會招來殺身之禍。裴洎的關心、政治的險惡，他們不是不明白，但他們參加制舉試目的不僅是為了出人頭地，更是為了維護唐代封建統治千秋萬業的洪基，期待有朝一日，能將柳宗元等人未能實現的政治抱負一一實施，所以個人的安危也就算不了什麼了。

那年的制舉試本定於二月舉行，但由於憲宗初登帝位，朝廷事務繁忙，試期一拖再拖，直到四月十二日，憲宗才下令將本應該由他親自主持的考試，改由宰相韋貫之、張弘靖共同主持。韋貫之是一個敢於主持正義也敢於負責更不怕丟官貶職的宰相，「指病危言」的元稹和白居易在這場科試中，力抒己見、痛陳朝政弊端，尤其是元稹的制策〈才識兼茂明於體用策〉，深得韋貫之欣賞，於是特地將其拔為第一名，名正言順地成為當年的「頭名狀元」。白居易也不賴，在登第的十八人中居於第四。及第後不久，元稹被拜左拾遺，白居易出為盩厔縣尉。分手後，二人分別有詩相酬唱：

第四本　詩壇知交：李紳與白居易

> 丹殿子司諫，
>
> 赤縣我徒勞。
>
> 相去半日程，
>
> 不得同遊遨。
>
> ——白居易〈權報昭應早秋書事寄元拾遺兼呈李司錄〉

> 昔作芸香侶，
>
> 三載不暫離。
>
> 逮茲不相失，
>
> 旦夕夢魂思。
>
> ——元稹〈酬樂天〉

元稹後來在江陵任職期間，寫給李景儉的〈紀懷贈李六戶曹〉詩，也記述了此次高中的喜悅情懷：

> 昔冠諸生首，初因三道徵。
>
> 公卿碧墀會，名姓白麻稱。
>
> 日月光遙射，煙霄志漸弘。
>
> 榮班聯錦繡，諫紙賜箋藤。
>
> ……
>
> ——〈紀懷贈李六戶曹〉

第五本
豔影浮光：薛濤與秋娘

第一折　上陽白髮人

　　遠去的帆影，終於把世間原本的平和與寧靜，還給了燈火闌珊處的曲江。星星衝破霧靄，在微微颳起的冷風中，眨著與世無爭的眼睛，向天空複述著，那些掉落在池中的往事碎片，彷彿只要不停地說，失去的一切便會回歸最初的起點。

　　夢如同天堂般遙遠，也似遠處的漁火般溫馨，心裡的人兒仍住在並不遙遠的遠方，只是一直無緣再與她相見，然，滿腹的相思，卻依然會為她，閃爍在無數個靜謐的深夜。

　　屹立在夜色蒼茫中的曲江畔，白衣白裳的元稹澄澈的眸中漸漸有了點點珠光。鶯鶯嫁人了，管兒失其所在，身邊的親人也一個接一個地離己而去，心中縱有萬千詩句，也只能寫出雷同的字詞，不能替他分擔點滴憂愁，平平仄仄，起起伏伏，竟有千篇一律之憾。

　　遠處，廟宇裡的木魚聲，一聲聲撥弄著塵世的因與果，元稹的心，彷彿被匕首刺進肌膚般，疼痛難忍。大姐早在貞元二十年秋，便在時為夏陽縣令的姐夫陸翰的官邸，與世長辭了，那時的他正在校書郎任上，甚至都沒來得及去送大姐最後一程；岳父大人走了，就在他和白居易客居華陽觀，準備應制舉試的元和元年，韋夏卿於正月十二日病逝於洛陽履信坊宅

第五本　豔影浮光：薛濤與秋娘

中；母親鄭氏也走了，走在他初登左拾遺之位，旋即便因直言得罪權相杜佑，而被貶至洛陽任河南尉的途中。為什麼？老天爺為什麼對他如此不公平，為什麼要讓他一再面對這痛徹骨髓的生死離別？

「元相公，更深露重，還是進屋喝杯熱酒暖暖身子吧。」秋娘不知什麼時候從他身後轉了出來，手裡拿著一件白色的披風，踮著腳尖替他披上，微微蹙著眉頭，望著他欲言又止。

「秋娘……」元稹感激地望一眼體態嬝娜的秋娘，「妳告訴我，我是不是很沒用？」

「元相公……」秋娘眼裡閃過一絲淚光，卻強作鎮定地望著他，勸慰著說，「長安城裡，誰不知道元相公才高八斗，又生就一副討人喜歡的好皮囊，若說相公沒用，便是天下也找不出一個有用的人來。」

「那妳說，我除了會吟詩作賦還會什麼？」他瞪大眼睛覷著秋娘，「除了喝酒，我什麼也不會，我就這樣眼睜睜地看著夢得兄、致用兄和子厚兄被貶出朝堂，連替他們說上一句話的機會都沒有！本以為考中制舉，會廣開言路，誰曾想左拾遺的官當了沒幾個月，就因為得罪權貴被貶至洛陽，還連累得老母親跟著擔驚受怕，不得善終，妳說，我這不是沒用又是什麼？」

「元相公！」秋娘掏出絲帕，替他拭去眼角的淚花，哽咽著說，「無官一身輕，現在這樣不也很好嗎？」

「很好？」他苦苦笑著，「妳知道我現在過的是什麼日子？我連喝酒的錢，都是拿內子陪嫁過來的金釵所換，身為人夫，非但不能替她遮風擋雨，反而還連累她跟著我受苦，我……」

「夫人是不會怪你的。」

「我怪我自己！」元稹悲痛欲絕地說，「我就是個沒用的人！我一無是

處,我什麼都不是!」

「在秋娘眼裡,元相公永遠都是這世上最最有用的好人。」秋娘怔怔盯著他,忽地想起初相識時,鴇媽逼她接一個比自己祖父還要年長的客人,她死活不肯,要不是他和呂二相公掏光身上所有的錢物,包她唱了一夜清曲,助她逃脫噩運,她恐怕早就不在這人世上了,不禁嘆口氣說,「秋娘自幼無父無母,流落到長安城賣笑為生,受盡權貴的欺凌,只有相公從沒把妾身當成一個卑賤的女子看待,也從沒輕薄於妾身,如今這個世道像相公這麼好的君子,又該到哪裡去尋?」

「妳真這麼看我?」

秋娘點點頭:「相公是妾身心裡屈指可數的大好人,這燈紅酒綠的世界,誰不是逢場作戲,酒過三巡,又有幾個男人真正關心過妾身?除了相公和李相公、呂二相公之外,從來都沒人把秋娘真正當人看過一回。」

「公垂兄有一陣沒來過了吧?」

「李相公最近好像病了。」

「病了?」

「妾身也只是聽說。不過上次他來,還落了一卷詩書在我這裡,元相公要是得空,就替我把詩卷拿去還了他吧。」

「詩卷?」元稹跟著秋娘走進屋子,倚在窗下的案邊,一邊喝著秋娘剛剛燙過的酒,一邊歪著腦袋認真捧閱著李紳落下的詩卷。

「〈新題樂府二十首〉?」元稹一邊翻閱,一邊輕輕讚賞著,「好,好,這個李公垂真有意思,居然想出新題樂府的新玩意來!不過,這些詩倒真是做得好。」

「怎麼個好法?」秋娘在他身邊坐下,一邊替他斟上酒,一邊斜睨著他,抿著嘴問。

第五本　豔影浮光：薛濤與秋娘

「雅有所謂，不虛為文。」元稹一邊唸著李紳的詩句，一邊讚嘆說。

「還有呢？」

「句句直道現實，針砭時弊，頗有杜子美的風範，若是夢得兄和子厚兄在場，一定要嘆為天下奇文了！」

「有那麼好嗎？」秋娘不置可否地噘著嘴說，「依妾身看，還不如相公你年少時作的〈行宮〉呢！」

「是嗎？」元稹丟開李紳的詩卷，偏過頭來望一眼秋娘，但見她清澈的眸裡含著一汪秋波，乍一看，眉眼間居然有股管兒的氣質，不由得對她由憐生愛，輕輕將她攬入懷中。

寥落古行宮，

宮花寂寞紅。

白頭宮女在，

閒坐說玄宗。

────〈行宮〉

這首詩是自己在洛陽，遍尋不見管兒蹤跡時寫下的，若不是秋娘提起，他幾乎早就忘記自己曾經寫下這樣的詩章了。可管兒又在何方呢？這些年她過得好不好？是否還在海角天涯徘徊、四處流浪？他不敢想，想起來心便會更痛，可又由不得他不去想不去念，只能就著燭光，在秋娘身上尋找著她依稀的氣息。

「元相公……」秋娘被他看得不好意思起來。認識他一年有餘，他還從沒拿這種眼神端詳過自己，就連攬她入懷也是第一次，若不是自己偷偷伸手使勁掐著手臂，她都懷疑這樣的美好，只能出現在糊塗的夢中。

「管兒……」他低下頭，在她額上印下深深一吻。

他叫她什麼，她一句也沒聽見。她只是痴痴望著他俊美的眉眼和憂鬱

的面龐。這個男人她已經偷偷愛了很久很久，可她從來都沒盼到他，將那顆為愛而絢美的心交付到自己手中，而現在，她的美夢居然成真，難道不是上天對她痴心的垂憐嗎？在他懷裡，她只是一粒黃沙，堅硬而柔軟，望著他深情的眸光，她只想把自己膨化成海水，與天地相融，戀他不老的紅塵，頷首間，落淚的眼角處，竟有了淡淡的微笑。

愛情的腳步，姍姍來遲，一步，兩步，三步，卻在最後的時刻，如潮汐般迅速湧起，散著清香，披著華麗，裏著傷感，恍若隔世。他就坐在那裡，不驚不喜；她就偎在這裡，不慌不忙。此刻，心如流深的靜水，溫軟，淡定，她知道，一切的沉默，一切的心動，都只因為前世的一段花開與花謝的緣分，所以她無比珍惜今夜的溫存和他深情的凝望。

他吻著她喃喃囈語，她擁著他深情綻放，髮絲散開，曾經在夢裡閃過的影子，變得清晰而又具體，所有的模糊，不過是她不想在此刻做一個清醒的人罷了。躺在彼此懷裡的痛與愛，在時間的邊緣起舞弄清影，在歲月的長河裡陽春飄白雪，一切都變得恰到好處，一切都令人心曠神怡。

愛情催開了她心底五顏六色的花叢，世上的所有汙濁，都在她眼裡變得流光溢彩，就連窗外那棵不能開花的樹也倍顯親切起來。她在他懷裡嬌喘吁吁，為那棵不能開花的樹默默祈禱，只為來年的風中，會有他不變的微笑，依舊綻放在她守候的小窗前。

「妳剛才說什麼？說〈行宮〉寫得比公垂兄的詩好？」元稹輕輕撫著她柔滑的肌膚，輕輕咬著她的耳垂問。

她點點頭，默不作聲。

「好在哪裡？」

「好在寥落、寂寞、閒坐這幾個字眼上。短短幾個字，就描繪出宮女們淒涼的身世和哀怨的情懷，就像妾身……」

第五本　豔影浮光：薛濤與秋娘

　　他用薄薄的嘴唇輕輕堵上她的嘴。是啊，當年寫下這樣的詩句，不就是因為感嘆管兒的身世，和深鎖洛陽行宮之中的宮女，有著驚人的相似之處嗎？醉了的他抱著秋娘，斜倚案邊，目光痴痴地在秋娘和李紳的詩卷中流連。不行，樂府新題的美差怎能讓李紳一人獨占先機？李紳能寫，自己便寫不成嗎？於是，他輕輕推開秋娘，叫她取來文房四寶，輕揚眉頭，飽蘸著濃墨，在宣紙上一揮而蹴，迅速寫下了〈和李校書新題樂府十二首・上陽白髮人〉：

天寶年中花鳥使，撩花狎鳥含春思。
滿懷墨詔求嬪御，走上高樓半酣醉。
醉酣直入卿士家，閨闈不得偷迴避。
良人顧妾心死別，小女呼爺血垂淚。
十中有一得更衣，永配深宮作宮婢。
御馬南奔胡馬蹙，宮女三千合宮棄。
宮門一閉不復開，上陽花草青苔地。
月夜閒聞洛水聲，秋池暗度風荷氣。
日日長看提眾門，終身不見門前事。
近年又送數人來，自言興慶南宮至。
我悲此曲將徹骨，更想深冤復酸鼻。
此輩賤嬪何足言，帝子天孫古稱貴。
諸王在閤四十年，七宅六宮門戶閟。
隋煬枝條襲封邑，肅宗血胤無官位。
王無妃媵主無婿，陽亢陰淫結災累。
何如決壅順眾流，女遣從夫男作吏。

　　　　　　　　　　　　　　　　——〈上陽白髮人〉

第一折　上陽白髮人

「上陽白髮人？」秋娘瞥一眼紙上墨跡未乾的詩題，正要問他為什麼寫下這樣的詩句，手指剛剛碰到他的手臂，卻發現他已然趴在案上，醉得不省人事了。

下雨了。她站在窗下，一邊捧著〈上陽白髮人〉輕輕吟誦，一邊聽著落雨聲，整整聽了一宿。這首詠史詩，詩意淺顯易懂，卻又不失韻味，讀起來抑揚頓挫，等天亮了，正好可以找樂工拿來配成新調。

「元相公……微……微之……」她悄悄走近他，輕輕推了推他，學著李紳和呂二相公呂炅平常喊他的樣子，忐忑不安地叫著他的字，到底，要不要扶他上床去歇息呢？或許，他家中的夫人還在燈下等著他的歸期，可是，她等這一天已經等了那麼長那麼久，要是再錯過便是錯過一生了啊！

「微之……」她扶著他朝繡床邊走去。當他耷拉下的腦袋，緊緊靠在她肩頭的時候，她覺得渾身都湧起一股幸福的暖流，可偏偏就在這個時候，他嘴裡卻喊出了一個她不曾聽過的名字。

管兒？！他叫我什麼？她扶著他在床上躺好，伸手摸摸他的額頭，他卻微微睜開雙眼，一把將她的手拉過去，緊緊攥在手心裡，微笑著喊著管兒，臉上溢著幸福溫暖的笑靨。不，他叫的不是自己，秋娘的淚水在眼眶裡不斷打著轉。她仰天長嘆，為什麼？老天爺為什麼要如此捉弄她一個青樓女子？他心裡明明想的是別人，可剛才把她攬入懷中的又明明是他，難道……

那夜，她守在他的床邊一直坐了一宿。那一宿，冗長得足以讓江闊雲低處的斷雁叫裂了西風；讓悲戚的琴弦隱去自己滿滿的銳意；讓酸澀的櫻桃蛻變成水嫩嫣紅；讓顛沛的離人在夢中貪歡一晌時幸福地落下淚來；讓他洗白了玄青的客袍，端起溫了又溫的酒醉出愁腸相思。便是這般冗長的一宿，曲江邊、灞橋上的過客，如行雲流水般走了又來，來了又去，可她的青春，卻還停滯在這無去來處！

「十中有一得更衣，永配深宮作宮婢。」被選進宮的女子，十個當中才會有一人，得以選中替皇帝更衣，她何嘗不是他筆下，那個永配深宮作宮婢的女子？他心中裝著韋叢，裝著鶯鶯，還有個不知來歷的管兒，卻偏偏裝不下自己，只是無限淒涼無處話。

「御馬南奔胡馬蹙，宮女三千合宮棄。」安史暴亂，那些不曾被君王寵幸過的宮女，都被無情地拋在深宮，那自己呢？自己也會被念著管兒的他拋棄於市，不聞不問嗎？

「宮門一閉不復開，上陽花草青苔地。」宮門被關上了，唯有青苔花草，伴著宮們們度過漫漫長夜，自己日後莫不也要，看著窗外不能開花的老樹，孤寂地度過殘生？

「月夜閒聞洛水聲，秋池暗度風荷氣。」自此後，宮女們只能於月夜下閒聽洛水聲，看秋池暗度風荷，把那一腔相思埋葬心底。她呢？得不到他的愛憐，她還能做些什麼？無非要像宮女們那樣，「日日長看提眾門，終身不見門前事」罷了！

第二折　江樓月

唐憲宗元和四年二月，剛剛脫去母孝的元稹，得到宰相裴洎的提攜，出任監察御史。上任伊始，元稹就沒閒著，二月剛拜職，三月一日就奉命充劍南東川詳復使，前往東川，按覆瀘州監官任敬仲貪汙一案。

一個簡單的個案，本來可以以輕鬆從容的姿態面對，但元稹的態度嚴謹得很。任敬仲一案，在別人看來，也許微不足道，但身為監察御史的他，卻無法等閒視之，在他眼裡，無論案子有多小，只要觸犯了大唐律令，都必須徹查到底，還老百姓一個公道。

第二折　江樓月

　　就這樣，他經過了「五夜燈前草御文」的認真準備，於三月七日騎馬傳驛，一路風餐露宿，馬不停蹄地，朝著最終的目的地梓州出發。在他西經駱口時，在驛站東壁上看到，工部員外郎充南詔副使的李逢吉，以及制科同年崔韶的題詩，北壁上有已回到長安任翰林的白居易的題詩，不禁提筆揮毫，也在壁上題詩，來表達此番出使東川的心情：

郵亭壁上數行字，

崔李題名王白詩。

盡日無人共言語，

不離牆下至行時。

二星徼外通蠻服，

五夜燈前草御文。

我到東川恰相半，

向南看月北看雲。

——〈駱口驛二首〉

　　他一路南行，沿途繁花似錦，令人目不暇接，幾天後便行至青山驛。望著驛外光潔的月色，不禁想起遠在長安的友人白居易和崔韶，於是又賦詩一首，以記其情：

君多務實我多情，

大抵偏嗔步月明。

今夜山郵與蠻嶂，

君應堅臥我還行。

——〈郵亭月〉

第五本　豔影浮光：薛濤與秋娘

　　題罷〈郵亭月〉，元稹繼續前行，南越秦嶺。三月的秦嶺還是「千峰筍石千株玉，萬樹松蘿萬朵銀」的嚴寒季節，但他為君理案的忠誠和為民申冤的熱情，讓他無法顧及外面的嚴寒和自身的勞累，心心繫念的，只是早日趕赴東川首府梓州，辦好任敬仲的案子，早日實現被貶外州的劉禹錫、柳宗元等友人的政治理想：

帝城寒盡臨寒食，駱谷春深未有春。

才見嶺頭雲似蓋，已驚巖下雪如塵。

千峰筍石千株玉，萬樹松蘿萬朵銀。

飛鳥不飛猿不動，青驄御史上南秦。

——〈南秦雪〉

　　儘管王命在身，但卻絲毫不能影響元稹抒寫沿途綺麗風光的歡快心情。行至漢水之上，正是寒食之日，憶起往年這時節與白居易、白行簡兄弟以及李建、李復禮、庾敬休等人，在曲江閒遊的種種趣事，便又揮筆寫下一首〈清明日〉：

常年寒食好風輕，

觸處相隨取次行。

今日清明漢江上，

一身騎馬縣官迎。

——〈清明日〉

　　漢水美麗的風光，讓元稹流連忘返，但公務在身，不便停留，他只好用賦詩的方式，以抒情懷：

悶見漢江流不息，

悠悠漫漫竟何成？

第二折　江樓月

江流不語意相問，

何事遠來江上行？

——〈江上行〉

三月十五日，行至西縣白馬驛南樓，忽聞笛聲四起，憶起小年曾與從兄長楚寫〈漢江聞笛賦〉，不禁心生悵然：

小年為寫遊梁賦，

最說漢江聞笛愁。

今夜聽時在何處，

月明西縣驛南樓。

——〈漢江上笛〉

「悶見漢江流不息」、「月明西縣驛樓南」，雖然也勾勒了元稹眼前所見的風光，但他抒寫的卻是連日奔波之後的心情：「江流不語意相問，何事遠來江上行？」

三月十六日，元稹到達梁州的褒城驛，忽於池岸看到亞枝紅桃花，宛如舊物，深感愴然。原來，多年前，在長安與白居易結伴同遊時，曾於郭家亭子竹林中，見到亞枝紅桃花半在池水中，自那後已有好多年不復再見，所以不得不感嘆世事滄桑多變：

平陽池上亞枝紅，

悵望山郵事事同。

還向萬竿深竹裡，

一枝渾臥碧流中。

——〈亞枝紅〉

「還向萬竿深竹裡，一枝渾臥碧流中。」好一幅「濃妝淡抹總相宜」的

第五本　豔影浮光：薛濤與秋娘

景色！望著眼前處處好風光的錦繡江山，元稹自是抑制不住內心的驚喜，但讓他更加驚喜的，卻是在這裡，居然遇見少年時在河中府一起同宴飲過酒的友人黃丞。

當年，元稹還在西河縣任錄事，經常流連於周邊的縣府縱情山水，曾於解縣連月飲酒，有一次在寶中府廳中喝得正歡，有一人後至，頻犯語令，連罰十二觥，最後不勝其困逃席而去，那個人便是此刻已成為褒城縣令的黃丞。他鄉遇故知，黃丞極盡地主之誼，為元稹饋酒泛舟，歡遊褒水，有〈黃明府詩〉為證：

少年曾痛飲，黃令苦飛觥。席上當時走，馬前今日迎。
依稀迷姓氏，積漸識平生。故友身皆遠，他鄉眼暫明。
便邀連榻坐，兼共榜船行。酒思臨風亂，霜稜掃地平。
不堪深淺酌，貪愴古今情。邐迤七盤路，坡陀數丈城。
花疑褒女笑，棧想武侯征。一種埋幽石，老閒千載名。

——〈黃明府詩〉

元稹在詩中，除了抒發與黃明府偶然相遇的歡快之情，更在身臨其境時，想到歷史上的風雲人物褒姒，以及蜀漢丞相諸葛亮，不禁生出一種「俱往矣，數風流人物，還看今朝」的感慨。

三月二十一日，元稹歷盡千辛萬苦，到達山南西道首府梁州。因連日疲累，他很快就進入夢鄉，並在沉沉的夢中，夢見與李建、白居易兄弟共遊曲江池，同攀慈恩寺塔。遊興正濃之時，耳畔突然傳來驛站官吏呼喊馬伕備齊馬匹，準備送京使前行的聲音，於朦朧中被驚醒過來，這才猛然意識到自己已經離開長安，身處異地他鄉的驛站之內：

夢君同繞曲江頭，
也向慈恩院院遊。

亭吏呼人排去馬，

所驚身在古梁州。

——〈梁州夢〉

令人難以置信的是，白居易兄弟和李建，那一天恰巧「同遊曲江，詣慈恩佛舍，遍歷僧院」。當晚酒席之間，三人談論得最多的，便是與元稹在一起時的種種趣事，閒談間三人還計算著元稹的行程，揣想他在他鄉的種種情形。白居易當時也有詩記述此事：

花時同醉破春愁，

醉折花枝當酒籌。

忽憶故人天際去，

計程今日到梁州。

——〈同李十一醉憶元九〉

這段佳話，後來在文人騷客中廣為流傳。白行簡還特地把這段故事，如實記錄在自己創作的傳奇〈三夢記〉中。

從梁州啟程後，元稹一路披月戴星，一邊思念著遠方的朋友，一邊跋涉在百牢關內外嘉陵江岸邊的崇山峻嶺之中。置身嘉陵驛中，他忽地發現這個驛館的陳設和普救寺中的西廂有著出奇的相似之處，那些遠去的記憶又紛至沓來，彷彿有一種獨特的聲音在他心底輕輕響起，瞬間便掀得他翻江倒海。

抬頭，望著樓前的明月，聽江聲如鼓，他深深淺淺地嘆息。被記憶染成的霜花，雖然已在陽光的微笑中散去，但她的聲音，仍然會在某個不經意的角落出現，一出現便深深攫住他的心臟，讓他刻骨銘心地痛：

嘉陵江岸驛樓中，江在樓前月在空。

月色滿床兼滿地，江聲如鼓復如風。

第五本　豔影浮光：薛濤與秋娘

誠知遠近皆三五，但恐陰晴有異同。
萬一帝鄉還潔白，幾人潛傍杏園東。

——〈江樓月〉

近了，近了。她的腳步聲近了。「月色滿床兼滿地」，那年的西廂也曾是這樣的景象，可是鶯鶯，鶯鶯她又去了何方？

「江聲如鼓復如風」，樓前的江水，翻滾如鼓復如風，歲月在指間悠然而過，但她鶯歌燕語般呢喃的語音，仍如飛舞的髮絲，在他耳畔輕輕滑過，發出嘶嘶啦啦的聲響，任他瀕生漣漪的心，在江潮的咆哮中，變得更加悠遠深長。

想她，念她，他心潮激盪，徹夜難眠，於是，在輾轉反側中，又提筆為她寫下了深深的思念：

嘉陵驛上空床客，一夜嘉陵江水聲。
仍對牆南滿山樹，野花撩亂月朧明。
牆外花枝壓短牆，月明還照半張床。
無人會得此時意，一夜獨眠西畔廊。

——〈嘉陵驛二首〉

一句「月明還照半張床」，道出他心中萬千旖旎，當年的她，便是在「微月透簾櫳」的時刻，前往西廂與他相會，可如今，溫婉的月色空照半張孤單的床榻，卻無法映襯她嬌美的容顏，所有的美豔都成往事空空，怕只怕，她顧盼生輝的眼眸，也終將沉浸到他慵懶的夢中，不再醒來。

「牆外花枝壓短牆」，這和他當年在普救寺攀樹逾牆、花枝拂面的景象是何等相似？他輕輕嘆口氣，深深浸在昔日「拂牆花影動」的詩情畫意中迷醉著自己，臉上溢著難以掩飾的笑，彷彿是在旅途中遇到的驚人心扉的白雪，只顧在池塘的深邃意境中，獨自妖美著三千風華。難道，難道她真

第二折　江樓月

的來了不成？

輕淺的笑容，很快被緊蹙的眉頭取代。他知道，她不會來。

「嘉陵驛上空床客，一夜嘉陵江水聲。」聽著窗外滾滾東流去的嘉陵江濤聲，看著空空如也的驛床，站在西窗下的他，終是忍不住潸然淚下。他還是無法將她忘情，某個特定的環境，一些小小的物件，都會隨時隨地，勾起他心底對她的思慕，但這又能如何？他改變不了任何既定的事實，她已是別人的妻，他亦是別人的夫，在這漫漫長夜，也唯有於「仍對牆南滿山樹，野花撩亂月朧明」的情境中，暗自緊攥她當年寄贈的玉環睹物思人，卻是「無人會得此時意，一夜獨眠西畔廊」。

鶯鶯，是我不好，是我負了妳。可我從來都不曾想過要放棄妳，只是……想起前程往事，他的心便痛不可當。他再也無法忍受驛站裡的清冷孤寂，於是披了衣裳，打開門，默默踱到樓前，在嘉陵江畔躑躅前行。

妳知道，我的心依然為妳執著，只為等待紅塵的蒼老裡，有一首不死的心跳，還有妳那一顆落寞在我心底的情殤。鶯鶯，妳可曾知，塵世的風，可以吹散花開；塵世的雨，可以澆灌綠蔭，而我只想為妳，寫一首季節的輪迴？

秦人唯識秦中水，長想吳江與蜀江。
今日嘉川驛樓下，可憐如練繞明窗。
千里嘉陵江水聲，何年重繞此江行？
只應添得清宵夢，時見滿江流月明。

——〈嘉陵江二首〉

他知道，遠方的她也在想他。想那些蜿蜒曲折的巷陌，想那些每走一步都會足音迴盪的青石板路，想那些日落時分氤氳成蜂蜜般甜美的琉璃瓦，想那些疏密不均的籬笆，想那些曾經盛放曾經頹敗的花，還有他淺淺

第五本　豔影浮光：薛濤與秋娘

淡淡的溫柔笑靨。

「秦人唯識秦中水，長想吳江與蜀江。」遙記當年，她曾說，要陪他這個只見過秦中水的秦人，到天涯海角賞遍天下的風光，要陪他去看一看江南的吳江與蜀江，如今，蜀水近在眼前，卻唯獨少了她嬌俏的身影，怎能不讓他心生惆悵？

「今日嘉川驛樓下，可憐如練繞明窗。」孤寂的驛樓下，唯有孤寂的明月，陪著孤寂的人，閒繞明窗，任他將如練往事憶了又憶。

鶯鶯，妳可知道，我多想，延著水墨氤氳的雲煙，挽著妳的手，一起去向遠古的朝代？在夜幕降臨時，於驛路邊的酒館裡，微笑著截來一寸月色，倒入陳年的花雕，然後，守著脈脈燭火，陪妳把酒言歡？在紗窗日落漸黃昏時，於妳的香閨，賭酒吟詩，微醺處，我用指尖沾酒在妝臺上寫詩，妳則偏過頭來，對著面前的青銅鏡，嬌滴滴地吟誦。

鶯鶯，妳可知道，只要和妳在一起，這樣寂寥的詩章，以及酩酊的輕愁，落在酒中亦是幸福？又可曾知，我一直都想邀妳坐上我的驛馬，循著濃墨重彩鋪設的路徑，踏著平平仄仄的辭藻，一起去看妳的紅塵妳的從前？哪怕涉過深深淺淺的沼澤，穿過一片又一片的黃沙，也只想與妳策馬執手共天涯！

「千里嘉陵江水聲」，風過處，被吹落的滿紙謊言，連同飽蘸濃墨的筆一起墜落，落入舊時的明月，輕濺點點斑跡，驚起遠處一楫楫烏篷船，隨風蕩漾，倏忽間便招惹來三千江水的閒愁。夢裡總是畫出枕邊鴛鴦正歡，夢醒後卻畫出了十萬八千里相隔遙遙，究竟，何年才能「重繞此江行」，再把妳滿腔的溫柔，在這朦朧月色裡輕輕撩起？

「只應添得清宵夢，時見滿江流月明。」記得，分手時，他曾對她說過只是暫時別離，不曾想到頭來卻是歸期杳如黃鶴。他一次次地食言，她一次次地守候，從此，酒醒處曉風殘月，夜深千帳燈，唯有淚兩行。或許，

172

他就不該再將她想起，或許，只應將她藏進清宵夢中，伴著滿江月明時時珍重，可惜她已遠去，在那海角之處翹首望向他的天涯，望穿秋水也沒能等來她要的答案。

朦朧中，一襲華美的面紗，輕輕墜落在他淺嘆深處。是她嗎？他瞪大眼睛，執手相握，卻換來她一聲冷若冰霜的輕喝。

「官人，請你自重！」她面戴輕紗，奮力抽出被他緊握的手，卻又定定站在他的面前，半晌無話。

「夫人，妳⋯⋯」他詫異地盯著她，夜已深沉，這荒郊野外怎麼會有孤身女子出沒？難道⋯⋯

「我不是鬼，也不是狐仙。」她望著他輕輕地笑，伸出右手，在他眼前一攤，「瞧，這是你丟的東西吧？」

他放眼望去，但見她手裡平放著一個潔白的玉環。那不是鶯鶯寄贈給他的玉環嗎？怎麼會在她手裡？

「以後出門，要小心身上帶的東西。」她把玉環推到他舉起的手裡，輕輕掀開面紗，抿嘴衝他莞爾一笑，「幸虧是我揀到了，要換了別人，早就不是相公之物了。」

他驚詫於她的美豔，看上去她已有三十餘歲，但仍然出落得沉魚落雁，有著令人過目不忘的非凡神采。他就那樣痴痴盯著眼前的她，甚至忘了將玉環及時收藏好。

「快收起來。」她望著他淺淺地笑。

「妳是⋯⋯」

「我更不是踏波而來的江妃。」

「那妳是⋯⋯天這麼黑了，妳一個女子怎麼會出現在這荒郊野外，難道就不怕⋯⋯」

第五本　豔影浮光：薛濤與秋娘

「怕什麼？難道怕官人你非禮妾身不成？」她嘴角溢著迷人的笑，「大路通天，官人能出沒的地方，妾身就不能來了嗎？」

「我不是這個意思。」

「量你也沒這個意思。」她不等他接荏，目光溫暖地盯他一眼問，「剛才妾身聽到官人在江畔吟詩，聽詩意陡生淒涼，莫非是在思念故人？」

他點點頭，輕輕嘆息一聲。

「是一個姑娘吧？」

「夫人……」

「叫我大姐！」她咯咯笑著，「我有那麼老嗎？夫人夫人的叫，都被你叫老了。」

「大姐！」他不無惶恐地躲避著她咄咄逼人的目光，「大姐這麼晚還不回家，家裡人會擔心的。」

「家人？」她笑得更加肆意，「妾身孤家寡人一個，哪裡來的家人？」她話鋒一轉，「玉環是那位姑娘送給官人的嗎？」

他猶豫到底要不要告訴她，冷不防從身後竄出一個黑衣蒙面的人，揮舞著匕首扎向他的咽喉。怎麼回事？莫非遇上了強盜？近處，震地的江聲如同鼓聲響得震耳欲聾，那婦人倒是鎮定自若，沒等匕首落下，便飛也似地拉著他的手朝遠處的山岡跑去。

「大姐……」

「噓！」她緊緊攥著他的手，「想活命就別說話。」

她帶著他逃開了黑衣蒙面人的追蹤，氣喘吁吁地跌倒在亂石林立的小山岡上。驚魂未定的他望著嬌汗淋漓的她，一時竟不知說什麼才好。

「你傻了啊？」她坐直身子，伸手替他拭去額角的枯草，「這個小山岡地形複雜，他們不會追到這裡來的。」

第二折　江樓月

「他們是什麼人？」

「還能是什麼人？不是強盜就是你的仇家。」

「仇家？」他搖搖頭，「我沒有仇家。」

「那就是強盜。」她瞟著他，若有所思地問，「我救了你，你打算怎麼報答我？」

「我……」

「瞧你緊張的樣子，大姐還能要吃了你不成？」她發出銀鈴般清脆的笑聲，「大姐是跟你開玩笑呢，這裡賊人很多，以後出門記得帶上防身的武器，要不肯定得吃虧的。」

「他們圖的是財，妳看我一窮二白的……」

「別忘了，你身上的玉環也值不少錢的。」

「大姐……」他怔怔盯著她明亮的眸子，忽地從懷中掏出玉環，小心翼翼地塞到她手裡，「大姐救命之恩，元某無以為報，這玉環就送給大姐留作紀念吧。」

「這個我可不能收。」她把玉環輕輕推回去，「人家姑娘送給你的定情之物，我怎麼能要？」

「可是……」

「你要真惦記著報答大姐，以後有的是機會。」她抬頭望著山下攢動的火光，吁一口氣說，「瞧，找你的人來了！」

「找我的人？」

「你仔細聽。」她伸手朝山下一指，望著他淺淺淡淡地笑。

是百牢關的關吏。從他們的呼喚聲中，他聽出是百牢關的關吏在江邊尋找他。

「快回去吧，讓大家久等就不好了。」

他望一眼山下的吏火：「那大姐……」

「我家就在這山後，你就不用管我了。」她站起身，伸手扶他起來，「好了，趕緊回吧。」

「可，大姐，我還不知道妳姓甚名誰。」

「我知道你姓甚名誰就好了。」她呵呵笑著。

「妳知道我是誰？」

「你聽，關吏們都叫著元大人元微之大人呢！」

尋他的關吏們果然叫著他的名字，他望著她會心一笑，隨即轉身朝山下走去。關於這夜的驚恐遭遇，亦有詩作證：

夜深猶自繞江行，

震地江聲似鼓聲。

漸見戍樓疑近驛，

百牢關吏火前迎。

——〈夜深行〉

第三折　女校書

「兩隻黃鸝鳴翠柳，一行白鷺上青天。」

是的，這便是詩聖杜甫眼裡的浣花溪，可他迷醉的老眼，卻怎麼也不曾望到，就在自己身後的浣花溪畔，數十年後會有一個窈窕的身影，用她的纖纖玉指，為中唐詩壇獻上了一篇紅箋小字，讓原本格律有序的文風中，浮游起片片香豔。

第三折　女校書

「紅箋」一詞，首出於她筆下的〈筆離手〉：

越管宣毫始稱情，

紅箋紙上撒花瓊。

都緣用筆鋒頭盡，

不得羲之手裡擎。

——薛濤〈筆離手〉

那是她多年前，為向座主劍南西川節度使韋皋，陳情述志而賦的〈十離詩〉中的一首。

具體是哪一年她記不清了，只知道那一次，她在酒席上因醉爭酒令，擲注子誤傷了韋皋之姪，結果受到譴責，被罰往邊疆松州任營妓。

都說女人的心，海底的針，可她覺得男人的心更加深不可測，喜歡了就把妳當成稀世珍貝，不喜歡了就當成穿過的衣裳，隨時可以丟棄。本以為韋皋和別的男人不同，沒曾想，到頭來，自己還是難逃和其她樂伎相同的命運，軍令難違，她也唯有含著熱淚，默默踏上遠去的征途。

凜冽的寒風，吹得她柔嫩的面龐生疼生疼。她伸手揉著乾澀的雙眼，心裡的痛苦更加難以自抑，索性蜷縮在馬車裡放聲哭了出來。他說過他愛她，他稀罕她的，可為什麼她只是做錯一點點小事，他就忍心把自己發配到兵荒馬亂的松州受苦？

自己很早就入了樂籍，打十五歲起，就跟在這個男人身後，為他磨墨，為他歌輕歌曼舞，為他彈琴，甚至為他侍寢，他怎能說把她扔了就扔了呢？

她不甘心，更懼怕去那個狼煙四起的地方，於是，在從成都前往松州的途中，她寫下了〈十離詩〉，乞求韋皋的同情與寬恕。雖然自己在他身邊沒有任何名分，但人與人總是有感情的，跟了他那麼些年，就算沒有功

勞也有苦勞，何至於那樣狠下心腸待她？

可這一切都不重要了。往事已矣，如今韋皋早已化作塵土，自己也不再是從前那個無知的小樂伎。青春不再，韶華早逝，半老徐娘的她，哪還有半分心思，糾葛在陳年的煙塵裡獨自沉醉？

她搖搖頭，斜睨著窗下的翠竹，看那庭院深深深幾許，一直從遠古望到今昔。院裡有一棵參天梧桐，她望著它深深淺淺地嘆息，曾幾何時，她在長安的家中也長著一株梧桐，時光荏苒，眨眼間三十年就過去了，那株寂寞的梧桐，是否也和自己一樣孤寂難眠？

還記得那年初春的夜，風清月柔，和今夜並無二色。長安庭院裡的梧桐樹綻開了嫩葉，牡丹開始含苞，青草已經萌發新芽，泥土裡散發著新生的氣息。月亮掛在很高的天上，有些朦朧，夜色中有氤氳的雲霧在飄蕩，空中見不到一顆星星。梧桐樹下，立著一個三十來歲的男人，看上去很清瘦，飄逸的鬍鬚與灰色的衣袂隨風招展，斜斜地指著同一個方向。順著那衣袂指著的方向，蹲著一個清秀的小女孩，正用她纖細的手指，描摹著月光下自己的剪影。那小女孩就是八歲的她。

那是她的父親，名叫薛鄖。薛鄖走到她跟前，伸手指向梧桐樹，隨口吟出一句詩來：「庭除一古桐，聳幹入雲中。」然後，慈祥地望著她，臉上充滿憐愛之色。

「爹是讓洪度接上您的句子嗎？」

薛鄖微笑著點點頭。女兒自幼熟讀詩書，吟詩作賦自然難不倒她，但要她在短時間內接上他的句子也並非易事，他有意要考一考女兒究竟有多少才華。

她仰起臉，望著梧桐樹，幾乎想也沒想，便應聲對道：「枝迎南北鳥，葉送往來風。」

第三折　女校書

「什麼？」薛鄖聞聲，劍眉輕皺，臉色陡變，一種不祥的感覺突地瀰漫在胸中，心緒頓時變得不安起來。他輕輕拉起她的小手，慢慢走進花樹掩映的曲徑，微風下，一絲難以察覺的嘆息聲低低傳入她的耳朵。

她緩緩走到梧桐樹邊，伸手撫摸著它的枝幹，並沒看出梓州的梧桐和長安的有什麼不同，心裡卻陡地湧起一股深深的落寞。是啊，父親早就知道女兒是不祥之人，「枝迎南北鳥，葉送往來風」，不就是說她日後的遭逢嗎？

或許這就是命，就在那夜對詩之後，父親便帶著全家遷居成都，到十四歲那年，父母相繼去世，迫於生計，她只好入了樂籍，憑藉自己精詩文、通音律的才情及絕倫的美貌，開始在歡樂場上侍酒賦詩、彈唱娛客，過起「歌伎」與「詩伎」的生涯，並很快得到節度使韋皋的歡心。

韋皋憐其才，多次奏請朝廷任命她為校書，雖然格於舊規，朝廷未能授之官職，但「女校書」的豔名卻傳播了出去，更使她聲名傾動一時。後世稱歌伎為「校書」便是從她開始的。有詩人王建〈寄蜀中薛濤校書〉詩為證：

萬里橋邊女校書，

枇杷花下閉門居。

掃眉才子知多少，

管領春風總不如。

——王建〈寄蜀中薛濤校書〉

女校書？她痴痴笑著，前數日她在嘉陵江畔遇到的青年才俊元稹，剛剛步入仕途之際，不就是祕書省的校書郎嗎？看來，她和他還真是有些緣分，要不剛剛出任尚書左僕射的嚴綬，又怎會特地寫信讓她前往梓州侍候元稹呢？

第五本　豔影浮光：薛濤與秋娘

　　她與嚴綬並無交情，也無半面之緣，只是數年前西川節度使劉闢叛亂，嚴綬上表請求出師，並派牙將李光顏兄弟前往西川討伐，她才得以與李家兄弟結識，想必嚴綬這次託情，也是因為李家兄弟的緣故。

　　她明白，嚴綬讓她侍候元稹的真正用意，是希望她用美色迷惑對方，讓他不要在任敬仲的案子上大做文章，可任敬仲一個小小的瀘州監官，和嚴僕射又是怎麼扯上關係的？政治的事她不是不懂，可認真思索起來便頭痛欲裂，她甚至已開始後悔不應該攪入這淌渾水了。

　　瞭一眼牆角處開得正豔的桃花，她伸出指尖輕輕點著額頭，想不明白就不想，既然嚴綬已經寄給她一筆不菲的佣金，自己也大老遠地從成都跑到嘉陵江畔，又從嘉陵江畔尾隨至梓州，還管他什麼三七二十一？收人錢財，忠人之事，接下來只管幫任敬仲擺平那樁事不就妥了？反正對元稹來說也沒什麼壞處嘛！

　　梓州是一座美麗的巴蜀山城，杜甫曾有詩作描繪了梓州的壯麗山色：

萬壑樹參天，

千山響杜鵑。

山中一夜雨，

樹杪百重泉。

—— 杜甫〈送梓州李使君〉

　　可惜元稹沒有心情欣賞巴蜀美景，他的注意力，完全集中在鞫獄瀘州贓官任敬仲上，要查清其在東川的貪贓枉法之事。只要完成這個任務，他就可以圓滿地向上峰交差，也可以朝著劉禹錫等人的政治目標邁近一步了。所以，他很快就在牢裡提問了任敬仲：

司馬子微壇上頭，與君深結白雲儔。

尚平村落擬連買，王屋山泉為別遊。

第三折　女校書

各待陸渾求一尉，共資三徑便同休。

那知今日蜀門路，帶月夜行緣問囚。

——〈慚問囚〉

月色深深，他漫步在幽深曲折的小溪畔，心緒也隨那曲曲折折、明明暗暗的小徑變幻著。隨意覓得一塊山石坐下，亂了的心漸趨平靜。遠處是此起彼伏的飛絮，飛絮之下是萬家的燈火。一朵飛絮的影子從他眼前劃過，那是一朵清麗脫俗的飛絮，更是他心底揮之不去的媚影，在眸下翻飛著梨花般的白衣白裳。他剛想握住她的倩影，慌亂中卻抓住一抹翠綠的衣袂。

「鶯鶯……」

她望著他巧笑倩兮，顧盼生輝。

「大……大姐……」

「怎麼，又要問我那些幼稚的問題？你來得的地方，妾身也便來得。」

他猶疑著跟著她穿過竹林，出現在西廂那間精緻的屋舍中。她替他溫了熱茶端上來，偏過頭笑意盈盈地問他：「怎麼，我這間西廂不比普救寺那間吧？」

他立即紅了臉，端起茶碗的手迅速收了回去。「妳……」

「先喝了這杯熱茶再說。」她勸他喝下熱茶，輕輕嘆口氣說，「妾身只恨早生了十年，若是晚生十年，大人怕不也得為妾身寫就一篇《鶯鶯傳》？」

他輕輕呷一口茶：「妳到底是什麼人？」

「大人剛從牢裡回來？」

他點點頭：「妳……」

「我想求大人網開一面，放任敬仲一馬。」

第五本　豔影浮光：薛濤與秋娘

「什麼？」他不敢相信地覷著她，話沒說完，便有氣無力地癱軟在了桌邊。

她走近推推他，見他果真昏睡了過去，才扶他上了錦繡牙床。月光灑在他的枕畔，她伸手輕輕撫著他俊美如玉的面龐，禁不住輕嘆一聲，這男人果真生得英俊，要是自己晚生十年，他們豈不是天造地設的一對璧人？

她回眸望向窗外，一枝三月的桃花，從牆頭探出了前生後世的心語，慢慢描畫著牆裡的故事。她淺淺地笑，院裡的桃花都落了，可否還有痴人會歡喜著，為她畫一幅水墨丹青，又可否有痴人會陪她，一同賞看花落花開的明媚與憂傷？

仰看長天與月色，惆悵緊緊吞噬著她孤寂的心靈。韋皋走了，西川節度使像走馬燈似地換了又換，可不變的卻是她對他依戀的心。回過頭，伸手替他解去外衣，她的心撲通跳個不停。怎麼會？年屆四旬的她怎麼還會對另外一個男人動心？不，她像被電擊了一樣迅速往後退去，芙葉般美豔的臉上早已騰起朵朵羞澀的紅雲。

她喜歡上了他？她的身子輕輕打著顫。不會的，除了韋郎，她的心不會再為任何男人綻放，可她體內翻滾起的濃濃激情，卻彰顯著她的確對眼前這個男人動了情。這是怎麼了？她怎麼可以對一個小自己近十歲的男人動情？而且他還是……不，不行！她不能愛上他的！她的心是屬於韋郎的，除了韋郎，天下所有的男人都不配擁有她，不配！

她緊咬著嘴唇望著眼前美如冠玉的他，才發現，她是真的打心眼裡喜歡上了他。喜歡一個人有什麼錯？她是女人，他是男人，她本來就是侍候各種男人飲酒作樂的樂伎，怎麼這會又裝起清高來了呢？嚴大人在信裡說得明明白白，要她用美色迷惑這個男人，可沒讓她愛上他啊！

「鶯鶯……」他在迷夢中喃喃囈語，心裡念念不忘的還是他的鶯鶯。

這是個痴情的男人，當初捧讀《鶯鶯傳》時，她還在心裡恥笑這個情種，可現在真的面對他時，她卻怎麼也笑不起來了。迷惑他？讓他迷醉在

自己的溫柔鄉裡無法自拔？她開始是這麼想的，可望著從他懷裡滑落的玉環，她改變了心意。儘管自己從見到他第一眼起，就偷偷喜歡上了他，可她還是不能褻瀆另一個女子對他的柔情蜜意。

她守在他的床邊，一直到日上三竿。他伸手揉著朦朧的睡眼，看她端進來幾碟糕點，立即披衣從床上跳下來，怔怔盯著她半晌說不上一句話來。

「元大人，請用點心。」

「妳……昨晚……」

她望著他莞爾一笑：「大人很在乎昨晚發生過些什麼嗎？」

「妳……」他低頭看著凌亂不堪的衣衫，顫抖著聲音問，「妳……」

「大人緊張什麼？」她嫣然一笑，「孤男寡女，共處一室，大人說我們能幹些什麼？」

「妳！無恥！」元積邊說，邊伸手整理著衣衫，大踏步往外走去。

「大人還沒用過早點呢。」她伸手輕輕將他按坐在案邊：「這是妾身精心替大人準備的，嘗嘗好不好吃？」

「我不吃！」他伸手把碟子重重一推，「我問妳，妳到底是什麼人？妳接近我到底有什麼目的？」

「妾身只是想讓大人放任敬仲一馬。」

「不可能！」他盯著她憤憤地說，「元積乃朝廷命官，絕不會被你們這些奸佞小人牽著鼻子走的！」

「大人忘了在嘉陵江畔是誰救了你一命嗎？妾身記得大人說過要還我一個人情，任敬仲只不過拿了些不屬於他自己的東西，大人又何必跟他認真計較？」

「妳……我明白了，從百牢關起，妳就一直跟著我，對嗎？那個蒙面人也是妳安排的，妳為了讓我欠妳一個人情，所以……」

「不，我發誓，那個蒙面人與妾身無關。」

「可那也太巧合了吧？」他冷笑一聲，「是任敬仲派妳來的？不，任敬仲只是一個小小的監官，難道，難道他幕後還有更大的主使？快說，妳到底是誰派來的？」

「大人未免想得太多，」她捏起一塊糕點往他嘴裡塞去，「何必把人都往壞處想？任敬仲並非天生的壞人，他上有老母，下有嗷嗷待哺的兒女，憑他那點俸祿連自己都養不活，貪汙也是不得已而為之，大人就忍心眼睜睜看著他一家遭受無妄之災嗎？」

「笑話！誰不是上有父母，下有兒女，如果都像他那樣貪贓枉法，老百姓的日子還有法過嗎？」

「就不能給他一個改過自新的機會？」她緊緊盯著他，「據妾身所知，任監官曾經為百姓做過很多好事，有一年他為了救一個溺水的孩童，差點把自己的性命都搭上，難道就不能看在這分上讓他將功抵過？」

「我看妳……」他站起身，指著她憤然地說，「出去！妳給我出去！」

「大人！」她咬了咬嘴唇，瞟一眼窗外，故作媚態地說，「大人難道忘了昨夜春宵是在妾身閨房之中度過的嗎？」

他渾身打一激冷，茫然四顧，這才想起自己置身她的閨閣之中，連忙抬腿便往外大踏步走去。

「大人好好想想，要是想通了，妾身晚上再去侍候大人！」她望著他遠去的背影，更覺得這個男人的可愛來。這年月，像他這樣剛正不阿的好官可是不多見了，可誰又知道他是不是裝出來的？男人嘛，得了便宜就賣乖，別聽他嘴上說得硬，沒準心早就軟下來了呢！

第四折　江花落

　　元稹在屋裡來回踱著步伐，透過一天的明察暗訪，他已經大致了解了任敬仲一案背後的真相。原來小吏任敬仲背後，果然潛伏著一條大魚，那便是前任劍南東川節度使嚴礪，他不僅故意曲解朝廷的詔令，假借劉辟之亂平定後，清理亂黨財產的名義，趁機盤剝無辜的百姓，將平民的財產據為己有，還強占奴婢，以及於朝廷規定的兩稅外加徵錢、糧及草稅，視人命如草菅，早已惹得怨聲載道、民情激憤。

　　血氣方剛的元稹再也坐不住了。他沒想到一個小小的監官貪贓案，竟然會牽扯上掌管一方軍政大權的節度使，嚴礪如此魚肉百姓，和之前叛亂的劉辟又有何區別？太可惡了！這幫人簡直目無王法，居然還派個目不識丁的女人跟蹤迷惑自己，可真是膽大包天啊！不行，他一定要把自己了解的真相呈報當今聖上，還當地老百姓一個公道，於是立即伏案疾書，伴著殘燈，落筆沙沙有聲。

　　門「嘎吱」一聲響了。他抬頭，目光停留在她溫婉柔和的笑容上。

　　「怎麼又是妳？」

　　「大人不喜歡妾身來侍候您嗎？」她嬌笑著轉到他身後，瞥一眼他案上的文書，「喲，這又是在為鶯鶯賦詩吧？」

　　「妳嚴肅些！」

　　「怎麼個嚴肅法？」她伸出指尖，在他額上輕輕一點，「昨晚大人你可……」

　　「妳要再提那些齷齪的話題，就別怪元某不客氣了！」他一臉冰霜地盯著她，目光又落回手邊的文書上，語氣稍有緩和，「要是沒事，妳就請回吧！」

第五本　豔影浮光：薛濤與秋娘

「長夜漫漫，大人就不怕孤寂難熬嗎？」她又伸手在他唇上一點，緊緊盯著他，放肆地笑著，「我就不信大人是那坐懷不亂的柳下惠，要是，昨晚也就不會……」

「妳！」他回頭瞪著她，「妳還有完沒完？」

「怎麼，大人還想殺了妾身不成？」她咯咯笑著，「一日夫妻百日恩，昨晚大人雖然醉了，可我們也是露水夫妻一場啊！」她邊說邊朝他拋著媚眼，「好了大人，你就別裝了，誰不知道你們男人一天都離不得女人？雖然妾身痴長你幾歲，可這又有什麼關係？只要真心相愛，年紀也不是距離的，對不對？」

他緊緊蹙著眉頭，一時不知該怎麼說才好。看來這個女人是纏定自己了，得趕緊想個萬全之計擺脫了她才好。

「想什麼呢？」她果真纏了上來，張開雙手緊緊摟著他的脖子，「哎呀大人，難不成你嫌棄妾身徐娘半老、人老珠黃了嗎？可他們都說妾身看著就像二十剛剛出頭的姑娘，難道大人不這麼看嗎？」她瞟一眼案上寫了一半的文書，雙手繼續在他身上游移，輕輕咬著他的耳朵說，「男人見了我，個個都跟饞貓似的，誰也例外不了。昨晚上大人不就……」

「妳說夠了沒有？」他突然站起身，將她重重往後一推，「男女授受不清，妳不要敗壞女人的名節！」

「授受不清？我們昨晚上都已經……」她眨著眼睛瞟著他，「大人要真厭煩了妾身，就成全了妾身的心願，妾身保證以後再也不來纏著大人。若是……」

「若是我不答應呢？」

「那妾身只好夜夜都來侍候大人了。」

「妳就不怕我說妳是個蕩婦？」

「人都是你的了，還怕什麼？」她呵呵笑著，「只怕怕的不是妾身，大人功名在身，要落個勾引民婦的名聲，恐怕這以後的仕途⋯⋯」

「妳威脅我？」

「就算是吧。」她睨著他瞪大的眼睛，忽地從懷中探出一封血書，輕輕擱到案上，立刻收起笑容，凝眉望著他正色說，「這是任敬仲的血書，上面清清楚楚地寫著嚴礪作奸犯科的證詞，或許會對大人辦案有用。」

「妳⋯⋯」他回頭瞧著案上的血書，「妳到底是什麼人？」

「我只是想救任敬仲的人。」她嘆口氣說，「妾身的確是受人之託前來迷惑大人，目的就是想讓大人放任敬仲一馬。妾身知道大人是個有情人，你對鶯鶯的痴情天下皆知，不由得妾身不佩服萬分，只是妾身拿人錢財，與人消災，近日做種種也是情非得已。」

「妳不是嚴礪派來的？」

「嚴礪在大人動身前往梓州之前，就已經暴病身亡，就算他有心想收買妾身，也沒那個時間。」

「那妳是⋯⋯」

「大人就別問了，你只要知道託我來說情的人並無惡意就行。他只是曾經受過任敬仲的恩惠，一直無以為報，所以才託妾身替他周旋，無論如何，任敬仲罪不至死，還請大人替皇上寫奏章時筆下留情。」

「那妳為什麼要幫我？」他捧起任敬仲的親筆血書，一字一句地看著，「為什麼要揭發嚴礪的罪行？」

「妾身只是在幫自己，嚴府的人時刻都在關注大人的一舉一動，稍有差池，大人的性命就會不保，任敬仲就是因為害怕他們殺人滅口，所以大人去牢裡提問時並沒有說出所有實情。」

「那麼在嘉陵江畔的蒙面人也是嚴府的人派來的？」

她搖搖頭：「妾身也有所懷疑。不過現在還沒有證據證明是他們做的。」

「那我又憑什麼相信妳？相信這封血書就是任敬仲的親筆？」

「妾身又有什麼理由欺瞞大人？人命關天，而且此案牽涉頗廣，遂州刺史柳蒙、綿州刺史陶鍠、瀘州刺史劉文翼等八刺史以及崔遷等三判官都脫不了關係，要不是嚴府的人對任敬仲起了滅口的歹念，妾身也不會對大人說這麼多的。」

「妳的意思是……」

「立即帶著任敬仲的血書回長安，趕在他們對任敬仲下手之前，興許還能保全他一條性命。若是遲了，妾身擔心非但任敬仲小命難保，就連大人也……」

「那嚴府的人為什麼沒有對妳不利？」

「因為……」

「因為什麼？」

「你還是不相信我？」她長吁一口氣嘆道，「證據我已經交給你了，你不信，我也沒有辦法。」

「我只想知道妳到底是什麼人。」

「我是一個飲慕大人人品的女人。」她含情脈脈地盯著他，「現在我終於明白鶯鶯為什麼那麼愛你了，她是個好女人，你應該珍惜她。」

「鶯鶯？」

「好了，時候不早了，我該回去了。」

「妳……」他看到她眼裡含了一抹晶瑩的淚花，「不再坐一會？」

「你不怕我？」

第四折　江花落

「我⋯⋯」

一支飛鏢伴著凜冽的風聲飛了進來。她立即用自己的身體擋在他躲閃不及的身前，眼睜睜看著寒氣逼人的冷光從眼前掠過。「小心！」他來不及多想，張開雙臂將她擁入懷中，隨即撲倒在地，就勢打了個滾。飛鏢從他耳邊掠過，深深扎進不遠處的柱間，發出鏗鏘的響聲。她被他壓在身下，他溫熱的唇正緊緊貼在她溼潤的唇上⋯⋯

恍惚中，她突然覺得前世在哪裡曾見過他。那時的她，是一位深居簡出的小姐，身穿一襲曳地長裙，獨醉斜陽，只為等那撫琴的人來赴一場盛世的約，一同閒話前世、說破今生。他來了，唇紅齒白的他，在梧桐樹下，為她彈起一曲纏綿悱惻的〈鳳求凰〉，任庭中五言的桃花七言的杏花，都被衾下的詩賦澆灌得奼紫嫣紅。

可是，今生的他，那雙純淨的眼裡，看到的還是前世的她嗎？她緊緊閉上雙眼，在朗月風清、竹影婆娑下，衣袂飄飄，只為等他送上下一個熱吻。心中的情曲婉轉幽深，閒閒，淡淡，聲聲，疊疊，卻不知那知音的人，是否還能一路循著韻來合？如果可以，她甘願化作他眉睫的淚水，只為撫平他生生世世的傷。

他把她抱了起來。她緩緩睜開雙眼，卻看到他凝眉窗下，默然無語。她明白了，他終究不是她今生要等的人。前世的種種因果，換來今生如此的糾結，只是夢過之後，周遭的一切都隨風散去，她望不見他也望不見所有，所以只好在心底畫寄一枝春，贈予他的明媚。

他走了。滾滾長江東逝水。嘉陵江畔，她派人送來了他的詩賦，不為別的，只為紀念一段沒有開花結果的情。她知道，她是真的愛上了這個小自己九歲的男人，本以為與他相遇，便會相愛，無奈的是，他的心早已歸屬那個叫鶯鶯的女子，所以她只能讓自己一人深陷在痴戀中，默默咀嚼情殤的滋味。

第五本　豔影浮光：薛濤與秋娘

「水國蒹葭夜有霜，月寒山色共蒼蒼。誰言千里自今夕，離夢杳如關塞長。」他輕輕念著花箋上的詩句，目光漸漸變得迷離起來。

「水國蒹葭夜有霜，月寒山色共蒼蒼」，這兩句裡飽含了多少思慕不見的懷念情緒？元稹知道，《詩經‧秦風‧蒹葭》有云：「蒹葭蒼蒼，白露為霜。所謂伊人，在水一方。溯回從之，道阻且長。溯游從之，宛在水中央。」她在這裡運用典故，不正是向自己表達難以排遣的愛慕之情嗎？非但如此，很顯然，這兩句還套用了王昌齡〈巴陵送李十二〉裡的詩句：「山長不見秋城色，日暮蒹葭空水雲」，若不是功力深厚的詩人，又怎能寫出這樣意韻深長的句子來？

「誰言千里自今夕，離夢杳如關塞長。」人隔千里，自今夕始。「千里自今夕」一語，使他聯想到李益「千里佳期一夕休」的名句，從而體會到她內心無限的深情和遺憾。「誰言」二字，似乎要一反那遺憾之意，不欲作「從此無心愛良夜」的苦語；似乎又意味著「海內存知已，天涯若比鄰」，可以「隔千里兮共明月」，他默默思忖著。

這是一種慰勉的語調，與前兩句的隱含離傷構成一個曲折，更清晰地表達出相思情意的執著。而「關塞長」更使夢魂難以度越，已自不堪，更何況「離夢杳如」，連夢也新來不做。一句之中含層層曲折，將難堪之情推向高潮。

她真的愛上了自己？元稹捧著花箋，心裡突然湧起一股莫名的疼痛。他的目光很快落在了詩句的末尾，那裡用小楷清晰地寫著「送友人」三個字，再下面便是兩個更小的字「洪度。」洪度？這兩個字聽起來怎麼那麼耳熟？

「洪度？洪度？雙棲綠池上，朝暮共飛還。更忙將趨日，同心蓮葉間。」他望著波濤陣陣的江面，情不自禁地吟起她的〈池上雙鳧〉詩來。

莫非她就是名揚天下的女校書薛濤？他清楚地記得，夢得兄曾經給他看過她的〈池上雙鳧〉詩，當時還以不能親眼一睹其風采而倍感遺憾，沒

第四折　江花落

想到東川之行居然與之相逢卻不相識！他立即吩咐船家將船靠岸，追上送信給他的小童，迫不及待地問：「是誰派你來送信的？」

「是一位姐姐。」

「她在哪裡？」

「就在前面那條花舫上。」小童指著泊在不遠處岸邊的花舫說。

他立即奔向花舫，還好，大名鼎鼎的女校書薛濤並沒有離開。他望著她，心裡驀地升騰起一股莫名的驚喜，沒想到她又一路從梓州跟到百牢關，這份情意，他究竟要如何還她？

「大人知道妾身在這裡等你？」她盯著他淺淺地笑，起身將他迎進艙中。

「薛校書……我……」

「叫我洪度。」她替他斟上一杯酒，不無傷感地說，「其實那夜……」

「……」

「其實那夜，妾身跟大人之間什麼也沒發生過。」

他瞪大眼睛覷著她。

她嫣然一笑：「妾身敬佩大人一身的正氣，又被大人對鶯鶯的一片癡情感動，所以……」

「我們……」

「我說的都是真的。」她伸過手，輕輕撫著他的手背，「大人若不嫌棄，以後妾身便是大人的姐姐，只怕大人……」

「微之求之不得。有薛校書這樣的姐姐，是微之三生有幸。」

「喝過這盅酒，大人就請回吧。」薛濤不無神傷地舉起酒盅，一飲而盡，「大人若是惦念妾身，就到成都浣花溪畔來找我。」

「薛校書……不，洪度……」元稹也端起酒盅一飲而盡，目光中卻對

她多了一份不捨。

「走吧。夜長夢多，東川的案子早一天辦好，我們的心也早一天踏實。」

她送他到花舫外，一直看他的背影消逝在天盡頭。她是真心愛他的，或許之前對韋皋的愛只是敬愛，而對他的愛卻是頭一回真正的情愛。她明白，對他的痴戀是她今生唯一的真愛，儘管來得有些遲，但一點也不影響她對愛的痴迷。

那纏纏綿綿的情感，那芬芳無比的月夜，那晴朗純淨的心空，都在她婉轉的眉眼間，留下不可抹去的印跡。縱使他們不能朝夕相伴，不能像鴛鴦歡戲水間，但因為眼中有了他的存在，天地間的所有苦難與酸楚，都在瞬間消逝不見，憂鬱與孤獨也不翼而飛，整張臉上都寫滿了一個「愛」字。

她不知道，此刻的他也在想念著她。他不知道自己對她的感情是一種怎樣的情愫，卻清晰地知道這一生都不能將這個女人從記憶裡抹去，那夜，閒坐船頭的他鋪開宣紙，於惆悵中纏綿出一首〈江花落〉，只為那萍水相逢的她：

> 日暮嘉陵江水東，
> 梨花萬片逐江風。
> 江花何處最腸斷，
> 半落江流半在空。

——〈江花落〉

「日暮嘉陵江水東，梨花萬片逐江風。」眼前的一切渾如夢中，夕陽西下，江水東去，萬片梨花逐著江風，暗自凋零，手中的筆再也臨摹不成春天的模樣。

第四折　江花落

　　「江花何處最腸斷，半落江流半在空。」半夢半醒中，她的輪廓在黑夜之中淹沒，斷腸處，目光似月色寂寞，想著她，像心跳能觸碰，畫著她，卻畫不出她的骨骼⋯⋯千帆過盡，她的容顏終成他指下的殤，她的小字亦成他筆下的疾，只得用這一筆寂寞的相思，畫成一枚溫暖的燭火，在她遠去的溫柔裡輕輕吟起。

第五本　豔影浮光：薛濤與秋娘

第六本
摯情至痛：韋叢

第一折　貧賤夫妻

　　東川歸來途中，元稹在並無上司明喻的情況下，於山南西道校勘文案，發現該道節度使裴玢在兩稅之外，每年多徵收百姓草料一百萬斤，於是，回長安後連續向唐憲宗上〈彈奏劍南東川節度使狀〉及〈彈奏山南西道兩稅外草狀〉，彈劾東川前節度使嚴礪及山南西道節度使裴玢等人，主張對涉案州府官吏全部予以處分。

　　由於元稹的舉奏有理有據，宰相裴垍與御史中丞李夷簡又給予了全力支持，所以中書門下省依准其奏，免去東川、山南西道加諸老百姓身上的不合理的負擔，並對裴玢及其屬下官員給予處罰，觀察使罰一月俸，刺史各罰一季俸。

　　因為彈奏涉及眾多朝廷命官，新任東川節度使潘孟陽，為使自己今後能夠繼續中飽私囊，在權相杜佑的指使下，以消極的態度執行中書省的臺旨，祕密上疏為嚴礪鳴冤，並且變換手法，以新的名目，繼續盤剝老百姓。宰執于頔有意迴護，而支持元稹的賢相裴垍剛上任不久，在如此複雜的案情前面前，也不便過多表態，況且嚴礪已死，無從追究，便不了了之。

　　兩起重大的貪汙案，在大官僚階級相互勾結的庇護中，就這樣輕易地處理了。然而，朝中舊官僚階層與各大藩鎮，卻把元稹視作了眼中釘肉中

第六本　摯情至痛：韋叢

刺,加上其在左拾遺任上時得罪了宰相杜佑,很快便以「分務東臺」的名義將他排擠出京。

東臺即東都洛陽的御史臺,與西京的御史臺相比,僅僅是個空架子,把元稹放到那,明面看上去官階並未降級,實際上卻是個閒職,跟被放逐也沒什麼兩樣。不過打壓元稹的杜佑卻沒料到,對元稹有知遇之恩的裴垍,面對這一任命,卻有著自己的盤算,他正在為東御史府不治事而傷腦筋,現在好了,完全可以藉助元稹之力,在東臺嚴懲不法、重振朝綱,改變那裡混亂的局面。於是,在兩方面的合力下,元稹於元和四年六月,帶著妻女家眷一起離開長安,到洛陽赴任。

屋漏偏逢陰雨天,元稹怎麼也沒想到,剛在洛陽安頓下來沒幾天,妻子韋叢便突患惡疾,臥床不起,僅僅數日的工夫,便於七月九日香消玉殞,撒手西去。這是怎麼了?他緊緊握著妻子漸漸失卻溫度的手,呢喃著呼喚著她的乳名,任淚水滑過清瘦的面龐,卻怎麼也不能將她喚醒。

「姑爺!」韋叢的貼身侍婢膽娘取來嶄新的壽衣,輕輕踱到床邊,望一眼床上面目蒼白的韋叢,強壓住內心的悲痛,哽咽著說,「該替小姐換身乾淨的衣裳了。」

「這是什麼?」他瞪大眼睛瞟著膽娘手裡的壽衣,聲音漸漸大了起來,「妳要做什麼?」

「姑爺!」膽娘淚眼模糊地望著他,「小姐已經去了,奴婢⋯⋯」

「去了?」他拉過韋叢冰了的手,輕輕放在自己腮邊,囁嚅著嘴唇說,「蕙叢累了,她睡著了,妳趕緊下去熬碗蓮子羹,等她醒了再端進來。記著,多擱冰糖,蕙叢喜歡吃甜的。」

「姑爺⋯⋯」膽娘撲通一聲跪倒在他跟前,「奴婢求求您,不要再這樣折磨自己了好不好?人死不能復生,您這樣,小姐會走得不安心的。」

「妳這是做什麼？」他拉起韋叢的手，放在唇邊深情地吻著，「她只是病了，吃幾帖藥就會好起來，無緣無故的，妳為什麼咒她？」

「姑爺！」

「還有，妳手上拿的是什麼衣裳？是要讓妳家小姐穿嗎？等她醒了，看到這麼難看的衣裳，一定會罵妳做事沒頭沒腦的。」

「姑……」

「我叫妳下去，妳是沒聽到嗎？」他火了，回過頭，目光如炬地瞪著膽娘，「出去！」

膽娘不得已，只好拿著壽衣踱了出去。元稹抓著韋叢的手，聲聲輕喚間，一滴晶瑩的淚珠，落在她深陷的眼窩裡，迅即順著她蒼白的面頰，滑進他溫暖的手心。

「妳流淚了？」他悲痛欲絕地望著她緊閉的雙眼，伸手拭去她頰上的淚水，猶不敢相信妻子已經離去的事實，「蕙叢，妳睜開眼陪我說說話好不好？蕙叢，我知道自己不是一個好丈夫，沒讓妳過上一天好日子，可妳也不要用這樣的方式來懲罰我啊！」

空蕩蕩的屋子裡只迴盪著他悲慟悽絕的呼喊，無論他怎樣努力，怎樣聲嘶力竭，她都沒有一句回應。他知道，她已經等了他太久太久，在他想著鶯鶯夢著鶯鶯的時候，她一人枯坐燈下，一天一天地等待，一月一月地盼望，一年一年地夢想，等來的，盼來的，夢見的，卻是一點一滴的失望，一絲一絲的心灰意冷。冬去夏來，他流連於曲江之畔，燈紅酒綠，與白居易「密攜長上樂，偷宿靜坊姬」，她始終孤守在飛簷漏窗下一挑哀豔的燈籠裡，與清風相依為命，就連他曾經溫婉的微笑都在她記憶裡變得陌生起來。

「蕙叢，妳在怪我，是不是？」他將頭緊緊埋在她冰涼的懷中，尋著

第六本　摯情至痛：韋叢

她最後一絲生的氣息，內心攪起萬丈巨瀾。曾經的歌吟笙簫，在七月的風中，唸誦著若隱若現的悼詞，經年累月的柔情，都被他用淚水，畫在曉風殘月的柳堤上，看上去皆是澄明，其實一切都是望不穿的歸！

他望著她痴痴呢喃。婚娶那年三月的邂逅裡，有她款款深情的對望；訣別時七月的相思中，卻沒了她默默守候的溫情。春去秋歸，續情無期，元氏老宅溪畔的辛夷樹，樹下的牡丹花，在他眼裡都已恍惚成了如煙往事，宛若隔世，唯有傷，唯有痛，深深地烙在靈魂深處，一任溪雨斜斜地飄過，如泣如訴，針針紮在他哀慟欲絕的臉上，痛在他的心扉裡、骨髓中。

一片傷心畫不成，無論他怎樣悲痛，如何後悔，到此時，也只能插上次憶的翅膀，沉浸在無盡的濁淚中，憶起她點點滴滴的好，然，再多的後悔也注定再也無法將愛情的丹青裝裱成幅。墨香盡處，他和她瞬息成陌路。她注定是那淚痕千點溼紅妝的畫中人，他也注定不敢去描摹她憔悴的容顏和心底隱藏的疼痛。沒有了她，以後的以後，重重山水間，他又該何處安生立命，何處將那舉案齊眉的閨情俯首拾起？

「蕙叢，都是我不好。」他抓起她的手朝自己的心窩砸來，一下，兩下，三下……如果她能醒來，他什麼都願意放棄，即便要他去死，他也心甘情願，可是她還肯原諒他嗎？他知道，她一直在等他浪子回頭，可他卻一次一次讓她心傷，讓她難過，從來都沒更多地替她設身處地想一想，問一問她心裡到底想要的是什麼，其實她想要的不就是一個知道憐惜她疼愛她的好丈夫嗎？

婚後七年，她從不曾對他提出任何過分的要求。當年，她以千金之軀下嫁給初為校書郎的他，因他職卑祿低，每月的俸祿勉強夠養活自己，又要奉養母親，根本沒有任何贏餘，甚至入不敷出，她便拿出父親偷偷塞的私房錢貼補家用。後來，岳父大人去世，她失去了娘家的護佑，他又因為得罪了權相杜佑，剛剛出任左拾遺就被貶為河南尉，再加上母親受驚病

逝，在家守制，就連賴以生存的微薄俸祿也失去了。

一連串的打擊，對本就家徒四壁的他來說，無疑是雪上加霜，幸好，嫻惠的她絲毫沒有埋怨，反而以身作則，帶頭做起了粗活，不是偷偷帶著侍婢膽娘到山上砍柴，就是大早便守在樹下，將昨夜落下的樹葉掃攏在一起，以備燃火之需，省下了一筆不小的日常開銷。最困難的時候，家裡連買米的錢都沒了，她竟然放下千金之尊，跑到郊外挖野草聊以充飢，但即便如此，她也沒在他身上省過一文錢，甚至拔下亡母替她出嫁時準備的金釵，讓他拿出去換成銀子買酒喝，這樣的妻子打著燈籠都找不著，可自己為什麼就沒好好珍惜過她？

秋深花凋，蟬鳴聲聲。他想給她一片溫暖，向前向後，向左向右，卻無法給她選擇，亦如他自己也無法選擇，所以，唯有和著傷心的淚水，將她所有的好，一筆一筆，寫進纏綿繾綣的詩句，深深淺淺地，鐫刻在他永恆的記憶裡：

謝公最小偏憐女，自嫁黔婁百事乖。
顧我無衣搜藎篋，泥他沽酒拔金釵。
野蔬充膳甘長藿，落葉添薪仰古槐。
今日俸錢過十萬，與君營奠復營齋。
昔日戲言身後事，今朝都到眼前來。
衣裳已施行看盡，針線猶存未忍開。
尚想舊情憐婢僕，也曾因夢送錢財。
誠知此恨人人有，貧賤夫妻百事哀。
閒坐悲君亦自悲，百年都是幾多時！
鄧攸無子尋知命，潘岳悼亡猶費辭。

第六本　摯情至痛：韋叢

同穴窅冥何所望，他生緣會更難期。

唯將終夜長開眼，報答平生未展眉。

——〈遣悲懷三首〉

「謝公最小偏憐女，自嫁黔婁百事乖。」她本是韋夏卿最鍾愛的幼女，打出娘胎起，就在韋府享盡天倫之樂，和東晉名相謝安的姪女謝道韞受到的寵愛不相上下，可自從下嫁給和春秋時期的齊國人黔婁一樣清貧的他後，就沒有享受過一天好日子。

「顧我無衣搜藎篋，泥他沽酒拔金釵。」她愛他，愛得無怨無悔。看到他沒有可以換洗的衣裳，她就翻箱倒櫃地去找；他身上找不出一文錢來，就在她耳邊撒嬌，纏著她拔下金釵換成買酒的錢，她更是沒有一句怨言。

「野蔬充膳甘長藿，落葉添薪仰古槐。」沒錢買米的時候，每頓飯只能用豆葉之類的野菜充飢，她卻吃得很香甜，沒有一點驕矜之氣；沒有柴禾燒，她便靠揀拾老槐樹飄落的枯葉以作薪炊。

「今日俸錢過十萬，與君營奠復營齋。」如今，自己累積下的俸錢，已過十萬，可卻再也不能與她一起分享這世間的榮華富貴，只能用祭奠與延請僧道超度亡靈的辦法，來寄託自己哀悼的情思。但即便如此，對死去的她來說又有什麼意義？

「昔日戲言身後事，今朝都到眼前來。」相守的日子裡，曾經戲言身後之事，未曾想，就那麼一句無心之語，到如今，竟真的成了事實，怎不惹人心痛欲裂？

「衣裳已施行看盡，針線猶存未忍開。」人已逝，遺物猶存。為了避免睹物思人，更惹哀傷，便將她穿過的衣裳通通施捨了出去，唯獨留下她用過的針線形盒原封不動地保存了起來，只是一直都不忍打開。

「尚想舊情憐婢僕，也曾因夢送錢財。」看到她身邊的婢僕，也會引起

第一折　貧賤夫妻

無限哀思，因而對婢僕也平添一種哀憐的感情。還有，白天事事觸景傷情，夜晚則夢魂飛越冥界相尋，只為給她送去錢財，好讓她在地府中過上衣食無憂的好日子，再也不用活得那樣捉襟見肘，

「誠知此恨人人有，貧賤夫妻百事哀。」夫妻死別，固是人所不免，但對於同貧賤、共患難過的夫妻來說，一旦永訣，那份悲哀更是無法承受，那種疼痛也是任何他人都無法體會的。她還那麼年輕，如果不是因為日夜為生計操勞，又何至於遭遇早夭的結局？

「閒坐悲君亦自悲，百年都是幾多時！」閒暇的時候，便會不由自主地想起早逝的她，既悲痛她的離去，亦悲傷自己的孤單。人生苦短，沒有她相伴的日子，即便百年光陰又有何幸？一個人的道路，太孤單，也太艱辛，以後的以後，該教他如何不難過著度過每一天呢？

「鄧攸無子尋知命，潘岳悼亡猶費辭。」她走了，未曾給他留下一個兒子，這難道不是老天爺在懲罰他的三心二意？可古時的鄧攸心地善良，卻也終身無子，可見人生之事，冥冥之中早有安排，自是不必傷懷。只是，他欠她的這份情，這輩子又該如何償還？他想寫詩悼念她，可潘岳的悼亡詩寫得那麼好，對逝者來說又有什麼意義？不過是浪費筆墨罷了！早知今日，當初就應該多關心她多照顧她，可是……

「同穴窅冥何所望，他生緣會更難期。」悲痛莫名的他，只能寄希望於自己死後，能和她同穴而葬，好在來生再做夫妻，可是細細思量，這虛無縹緲的幻想或許更是難以指望，心中的絕望更加揮之不去。死者已矣，過去的一切永遠都無法補償了！

「唯將終夜長開眼，報答平生未展眉。」蕙叢啊蕙叢，妳走了，要叫我如何補償這綿長的情意？當年盼我執手的人是妳，現在盼妳歸期的人是我，卻不料今日今夕君已陌路，古道渡口望斷，暮雲在眼，那襲青衫已經比天還遠。以後的以後，我唯有在漫漫孤寂的夜裡，長長久久地睜開眼

睛，永遠永遠地想著妳，才能對妳平生未展的眉頭報答一二啊！

一片飛絮，裹著落花從窗前飄過，帶著她薄如蟬翼的經年嘆息，在他耳畔輕輕滑過。相見時難別亦難，恍惚間，他手中的詩箋已經瘦到弱不禁風，兩重心字的衣裳打成了千千心結，又有誰人能解相思苦？庭院深深，思念的枝枝曼曼，張望著灞橋畫舫的故事，那個斜倚窗下等候丈夫歸來的女子，額上漸漸有了嬗遞流光的痕跡，只是，她還能等到歸人的馬蹄嗒嗒聲嗎？

第二折　淚嘯烏夜啼

落塵的雕花木窗，低垂的帷簾，緊掩的門扉，和古老的籬笆，於亙古的寂寞中，一一昭示著，無論他怎麼努力，怎麼後悔，也不會再等到她歸來的紅妝。

冰井臺上的舊戲已經唱散，曉吹燭火，依稀可見的，依舊只是月下纏繞的孤獨。原來，生活中的遭際，甘若醴泉也好，淡似清溪也罷，終是要各自雲煙，各自斑駁，開始的開始，最後的最後，不過只是浮夢一場，再多的繁華，再多的喧囂，也算不得數。回眸，塵埃落定，蝶舞依舊翩躚，她不在，院外的晨鐘暮鼓，終是敲不開他心中的釋然。

同年同拜校書郎，觸處潛行爛熳狂。
共占花園爭趙辟，競添錢貫定秋娘。
七年浮世皆經眼，八月閒宵忽並床。
語到欲明歡又泣，傍人相笑兩相傷。

────〈贈呂二校書〉

第二折　淚嘯烏夜啼

　　他沒想到，在最孤單的時候，會在洛陽碰到七年前在長安同拜校書郎的呂炅。猶記得，那年那月，他與呂炅「共占花園爭趙辟」、「觸處潛行爛熳狂」，閱不盡的風流，數不盡的歡暢，如今「八月閒宵忽並床」，卻是「七年浮世皆經眼」。

　　往事又被西風吹落在萬籟俱寂的三更天，不眠的夜扶起蕭蕭月色，映入眼簾的整座城池，迅即被染了幾重憂傷，合著不歇的嘆息，把遠處同樣惆悵的笛聲輕輕佻起。講起「競添錢貫定秋娘」的往事，內心不禁升起萬丈豪情，可轉念想到已經去世的韋叢，便覺得欠她的太多太多，禁不住「語到欲明歡又泣」。

　　窗外細雨如絲，慢慢浸溼案頭墨跡未乾的詩箋，任心思一點一點地鋪散在天之涯、海之角。彈指之間，杯弓蛇影，一壺濁酒撕碎了思念的眼淚，卻無法撕碎心底的愁緒，一聲嘆息數落了杜鵑的悲啼，卻無法數落眼底的淒涼。她不在，月如鉤，花似錦，終不過換來他形單影隻的悲傷，燈火闌珊處，卻有誰來替他拭去眼角噴湧而出的淚？

　　凝眸，綺琴染塵，錦書難寄，寂寞深處，抵近目光的還是他一個人落枕的孤寒，黃泉路上的她，又可見到他蹙眉深處的寂寞淺疼？思君念君不見君，唯見柳絮舞西風，多少傷心事，終是守不住人間的清歡，到最後，亦只能，把相思揉成一寸寸新墨，滴進宣紙，在畫卷中再覓她的芳蹤，然，走過人生的千山萬水，又該去哪裡尋找她淺淺淡淡的溫柔？

　　君彈烏夜啼，我傳樂府解古題。

　　良人在獄妻在閨，官家欲赦烏報妻。

　　烏前再拜淚如雨，烏作哀聲妻暗語。

　　後人寫出烏啼引，吳調哀絃聲楚楚。

　　四五年前作拾遺，諫書不密丞相知。

第六本　摯情至痛：韋叢

> 謫官詔下吏驅遣，身作囚拘妻在遠。
> 歸來相見淚如珠，唯說閒宵長拜烏。
> 君來到舍是烏力，妝點烏盤邀女巫。
> 今君為我千萬彈，烏啼啄啄淚瀾瀾。
> 感君此曲有深意，昨日烏啼桐葉墜。
> 當時為我賽烏人，死葬咸陽原上地。
>
> ——〈聽庾及之彈烏夜啼引〉

轉眼，又是一個飄雪的冬夜。友人庾及之一曲〈烏夜啼引〉，將他的思緒，一點一點地捎回三年前的長安。

高中制舉試第一名的他，剛被任命為諫言的左拾遺，就連續向憲宗皇帝上〈論教本書〉、〈論追制表〉、〈論討賊表〉、〈遷廟議狀〉、〈獻事表〉等奏章，對時政多有貶褒，尤其是針對朝廷朝令夕改的〈論追制表〉，以「追之是則授之非，授是是則追之非」嚴密的非此即彼的論證方法，提出「以非為是者罰必加，然後人不敢輕其舉；以是為非者罪必及，然後下不敢用其私」的處置意見，讓人無言對答，更無法迴避。

其中尤其明確提出了「又以杜兼為蘇州刺史，行未半途復改郎署」，把矛頭直接指向三朝宰相杜佑。杜兼是杜佑的得意門生，「舉而授」之的是杜佑，「請而追」的也是杜佑，元稹這一奏章，無異於狠狠打了杜佑一記耳光，讓他羞愧得無地自容，但年輕氣盛、渴望建功立業的元稹，並沒有因此而放棄自己的政治主張，當朝廷重臣韋貫之、李正辭、崔群及監察御史裴度等人向皇帝上書，指責杜佑身居相位，不宜任用自己兒子為諫官時，他仍然堅定地站在正義的一方，堅決支持裴度等人的主張。為此，唐憲宗還特地於八月十三日在延英殿召其問狀，面對皇帝，他更是無所顧忌地痛陳己見，為此杜佑顯得極為恐慌。

第二折　淚嘯烏夜啼

　　就在元稹以為自己的主張得到皇帝認可之際，卻沒想到，老奸巨滑的杜佑計高一籌，三兩句話就哄得唐憲宗許可了將其貶為河南尉的摺子。元稹怎麼也沒想到自己竭盡所能地履行職責，竟會換來被貶的下場，心情自是鬱悶萬分，只得跟隨同時被貶為河南府功曹的裴度，一起踏上了遠去洛陽的路途。

　　此刻，琴聲悠遠，月似狼牙，回憶一點一點地，隨同入耳的風聲，輕輕凋零在亙古的寂寞中。唱一曲風雪怨離人，更有平湖落雁的悲悽，響徹在幽深的箏弦中，然，這一夜的思念，卻是無人來和。回首，山一程水一程，歷盡世路的艱辛，還是無法與最懂自己的那個人相守，想必，這輩子也再難與幸福相抵。

　　「良人在獄妻在閨，官家欲赦烏報妻。」烏夜啼引，那是庾及之所奏琴曲的曲名，據〈樂府詩集‧琴曲歌辭‧烏夜啼引〉引用李勉〈琴說〉云：「〈烏夜啼〉者，何晏之女所造也。初，晏繫獄，有二烏止於舍上。女曰：『烏有喜聲，父必免。』遂撰此操。」何晏女借琴抒懷，透過琴聲的起承轉合，講述了一個哀婉淒美的故事，今夜，透過這婉轉的琴聲，他無法不把思緒浸在那個久遠的故事裡，和古人同悲共哭。故事中，做官的丈夫獲罪入獄，手足無措的妻子只能在家中虔誠地拜烏，盼望丈夫早日歸來；現實中，自己被貶河南尉，落魄潦倒，受盡白眼，怎能不讓他黯然傷懷？

　　「烏前再拜淚如雨，烏作哀聲妻暗語。」為盼貶謫中的丈夫早日歸來，故事裡的妻子，終日流連於老槐樹下，望著天空拜烏，淚如雨下，一時間，烏聲悲啼，和著她哽咽祈禱的聲音，竟讓人分不清到底哪一個才是烏啼。回憶前程，當日自己獲罪遭遣，嬌妻韋叢是不是也曾像故事裡的妻子那樣，每天都在家中拜烏，祈盼他早日歸來？

　　「後人寫出烏啼引，吳調哀絃聲楚楚。」他知道，與自己同時代的詩人兼好友張籍，曾作樂府詩〈琴曲歌辭‧烏夜啼引〉一首：

第六本　摯情至痛：韋叢

> 秦烏啼啞啞，夜啼長安吏人家。
> 吏人得罪囚在獄，傾家賣產將自贖。
> 少婦起聽夜啼烏，知是官家有赦書。
> 下床心喜不重寐，未明上堂賀舅姑。
> 少婦語啼烏，汝啼慎勿虛。
> 借汝庭樹作高巢，年年不令傷爾雛。
>
> ——張籍〈烏夜啼引〉

張籍根據何晏女的〈烏夜啼〉，寫出更加纏綿悱惻的新聲〈烏夜啼引〉。故事裡，又是一個獲罪入獄的丈夫，又是一個拜烏盼夫歸來的妻子。水雲深處，痴情的妻子用吳地的音調，為即將遠別的丈夫彈起一曲〈烏啼引〉，伴著他的悲慟一路前行。

「四五年前作拾遺，諫書不密丞相知。」他一邊聽著庾及之的琴聲，一邊回憶著四五年前左拾遺任上的點點滴滴，想起自己的奏章剛剛被送到憲宗手中，就被飛揚跋扈的宰相杜佑偵知，心中不免湧起陣陣惆悵。

「謫官詔下吏驅遣，身作囚拘妻在遠。」當初謫官詔下，對其深惡痛絕的權臣，令他即日出京，不得延留。惶恐之下的他，只好丟下病中的母親和嬌妻幼女，像囚徒一樣被迫匆匆離京，趕赴貶所。

「歸來相見淚如珠，唯說閒宵長拜烏。」聽烏在啼，有人知相逢而喜，但更有人見生離而痛。他沒想到，被貶洛陽未達一月，病中的母親鄭氏就因驚嚇含憾歸西。因丁母憂，他從洛陽回到長安，與妻子相見無語，但見她珠淚千行，輾轉相問之下，才知自他被貶洛陽的那天起，遠在長安的她便沒日沒夜地替其懸著一顆心，但又無能為力，只好學那琴曲裡的女子，於月夜之下拜烏禱告，祈盼神力能助其早日歸來。

「君來到舍是烏力，妝點烏盤邀女巫。」她緊鎖一彎愁眉，淺淺淡淡地

第二折　淚嘯烏夜啼

望著他,告訴他,他能平安歸來皆是神烏的力量,於是忙碌著妝點烏盤,邀來女巫做法事,以感激神烏救助之恩。

「今君為我千萬彈,烏啼啄啄淚瀾瀾」。庾及之的琴聲四起,卻於無意中勾畫了,他和韋叢夫妻二人生死別離的淒涼場面。那一寸相思一寸灰的苦,早將時間研成了灰燼,而這份苦卻偏偏忘不掉抹不去!烏啼聲聲,啄來相思淚如瀾,只是這一寸相思之曲,究竟又要斷碎他多少情腸愛肝?

「感君此曲有深意,昨日烏啼桐葉墜。」淚雨磅礴的他,望向窗下撫琴的庾及之,卻有互古不變的淒美與幽怨,在心底冉冉升起。想起昨夜月落烏啼之際,窗下桐葉已墜,此曲便顯得大有深意,只是琴聲悠悠,卻抹不去他愁思百結,只能於無人處暗彈相思淚,輾轉難眠。

「當時為我賽烏人,死葬咸陽原上地。」月闌珊,燈亦闌珊,驀然回眸,簷花菽菽,烏啼霜夜,當年為他賽烏之人,卻已死葬咸陽原上地,再也無法與共。推窗西望,問世間情為何物,枉將一輪明月空照,但見流水葬落紅,更添相思無數。月照花移,紅塵如夢,青瓷難畫她的眉眼,只剩他一顆孤寂的心,與燈前細雨相惜。

下雪了。漫漫秦關沙愁生,妙筆朱華為誰等?

她離去的紅妝漸行漸遠,風聲卻從耳畔打馬般飛過,捲起千堆雪,繼續在他繽紛的夢裡痴纏著她的芬芳。菩提樹枯乾的枝叉上,寫著他濃濃的相思,而菩提樹下的故事,卻早已凝成了霜花。低頭,淡了的心,回首,瘦了的情,都在落日的風裡,搖曳著古老而又相似的故事,小巷的深處,依然留有她輕倩的身影,而他卻已踏上一條不歸的路,轉身,回眸,從此與她隔了萬里之遙。

故鄉千里夢,往事萬重悲。

小雪沉陰夜,閒窗老病時。

第六本　摯情至痛：韋叢

獨聞歸去雁，偏詠別來詩。

慚愧紅妝女，頻驚兩鬢絲。

——〈雪天〉

「故鄉千里夢，往事萬重悲。」夜，漫過無止的幻覺；心，在高空以回首的姿態凝固。那些埋藏在時光中的故事，在身影交錯前，在情愫暗湧後，無聲地掀起了思念的帷幕。絲絲縷縷、點點滴滴的往事，如影隨行，如水平靜，只要輕輕一觸動，總能泛起無數的漣漪，在夢中與千里之外的她纏綿痴絕。

「小雪沉陰夜，閒窗老病時。」是誰給冬天披上了銀裝素裹，是誰墨染了雪夜的韻味？是誰夢了她的夢，是誰流了她的淚？寂寞寒雪夜，相思成病的他，只能閒倚窗下，為那一段消失的過往繼續迷離。

「獨聞歸去雁，偏詠別來詩。」他時時以詩相思，當歸去的雁聲在耳邊輕輕滑過，孤獨的他又在紙箋上，輕輕淺淺地寫下，她生前眉梢記憶裡的憂傷。只是，那些相思的文字背後的哀傷，那些飄逸文字背後的心痛，那些瀟灑文字背後的失落，那些痴絕文字背後的陰冷，又有誰能解釋得清楚明白？

「慚愧紅妝女，頻驚兩鬢絲。」鴛鴦紅枕，雪落階前如許深。他絕望的目光循著窗外的積雪，想去覓那一袖痴情的紅妝，卻在鏡中意外地發現，自己的雙鬢居然已染銀絲。他才三十一歲啊，卻為她憔悴了容顏！昨日閨中的呢喃還在耳畔迴盪，那個許他一生為侶的女子如今卻在何處？

他踮起腳尖，望斷天涯，望穿雪原，卻等不來她一字一句的答案。可是，他仍然要為這緞風花雪月繡出個完美的句號，要問問她那縷縷飄飛的香魂，究竟，誰才是她的今生之約，誰才是她的畫中之人，誰才是她的秦晉之好？是這漫天飄舞的飛雪，還是他兩鬢白了的霜絲？

第三折　影絕魂銷

　　西元 810 年，唐憲宗元和四年秋，剛剛經歷喪妻之痛的元稹，在恩相裴垍、摯友韓愈的幫助下，化悲痛為力量，將所有精力，都集中到履行監察御史的職責上。

　　七月，武寧軍節度使王紹違詔將該道監軍使孟昇進喪柩入驛停放，並且向驛站苛求人夫食宿，索取馬匹草料，驛站小吏據原有規章沒有同意所求，武寧軍節度使府的差役便仗勢欺人、無理取鬧，藉故毆打驛站人員，元稹接到報告後，立即命人移出喪柩置之於驛外，還通知沿途驛站不得允許其入驛和勒索一切，並立即向朝廷舉發其違反朝規、跋扈地方的罪行。

　　從表面上看，元稹這一狀得罪的是武寧軍節度使王紹和方鎮勢力，但因為孟昇進名義上是朝廷派出的監軍使，實則卻是來自宦官集團，代表著宦官們的利益，得罪了他也就是開罪了整個宦官集團，這在宦官勢力把持朝政的中唐皇朝來說，其風險及後果顯然是十分嚴重的。但元稹絲毫顧不上個人安危，他更多想到的是如何維護李唐天子的尊嚴和替老百姓討回公道，所以又將執法的矛頭對準了浙西觀察使韓皋。

　　元和五年一月，韓皋抓住雞毛蒜皮的問題，無緣無故地命令軍將把湖州安吉縣令孫澥當堂打死，事發後不敢承擔責任，便謊稱孫澥因病身亡，企圖矇混過關，湖州境內因此事而群情激憤，但孫澥之子卻因擔心位高權重的韓皋報復，雖然悲憤不已，卻遲遲不敢上訴，元稹聞報後大為不平，毅然向上司舉奏，同時下令將行凶的軍將逮捕繩之以法。

　　除此之外，元稹在洛陽分司東臺任上還做了大量懲辦不法之徒之事。例如，河南尉叛官離局從軍職、河南尹杜兼誣殺書生尹太階、魏博節度使田季安盜娶洛陽女冠、宣武軍節度使韓弘天沒死商錢物、義成軍節度使袁滋巧取豪奪百姓錢財等等「數十事」，元稹都及時進行了處理，「或移或

奏，皆止之」。

元稹這麼做，目的只是為朝廷執法，為百姓討還公道，但權貴們的權益卻因此受到嚴重的挑戰，又怎肯善甘罷休？尤其是彈劾杜兼和舉奏河南尉叛官，都與權相杜佑有著千絲萬縷的關聯，自然引起杜佑的強烈不滿，加上四五年前元稹在左拾遺任上曾經因〈論追制表〉得罪過杜佑，老奸巨猾的杜佑又怎能輕易放過他？

杜佑可是三朝元老，朝內朝外幾乎無人能與之抗衡，可一個初出茅廬的元稹，居然敢幾次三番地跟自己作對，看來再不給他些厲害的顏色瞧瞧，他是不會把自己這個宰相放在眼裡的！更何況元稹在左拾遺任上還曾作詩〈華之巫〉、〈廟之神〉刺之，將其譏諷為女巫、狐狸，卻因為當時正丁母憂讓其逃過一劫，沒想到現如今他還是死性不改，要再縱容他如此猖獗，他這個宰相的臉還要往哪裡擱？

> 有一人兮神之側，廟森森兮神默默。
> 神默默兮可奈何，願一見神兮何可得。
> 女巫索我何所有，神之開閉予之手。
> 我能進若神之前，神不自言寄予口。
> 爾欲見神安爾身，買我神錢沽我酒。
> 我家又有神之盤，爾進此盤神爾安。
> 此盤不進行路難，陸有摧車舟有瀾。
> 我聞此語長太息，豈有神明欺正直。
> 爾居大道誰南北，姿矯神言假神力。
> 假神力兮神未悟，行道之人不得度。
> 我欲見神誅爾巫，豈是因巫假神祜。
> 爾巫，爾巫，爾獨不聞乎。

第三折　影絕魂銷

與其媚於奧，不若媚於灶。
使我傾心事爾巫，吾寧驅車守吾道。
爾巫爾巫且相保，吾民自有丘之禱。

——〈華之巫〉

我馬煩兮釋我車，神之廟兮山之阿。
予一拜而一祝，祝予心之無涯。
涕汍瀾而零落，神寂默而無謹。
神兮神兮，奈神之寂默而不言何。
復再拜而再祝，鼓吾腹兮歌吾歌。
歌曰：今耶，古耶，有耶，無耶。
福不自神耶，神不福人耶。
巫爾惑耶，稔而誅耶。
謁不得耶，終不可謁耶。
返吾駕而遵吾道，廟之木兮山之花。

——〈廟之神〉

　　好你個元稹，不是說我是「城社」中的「狐狸」嗎？不是要「見神誅巫」嗎？還有裴泊，你以為縱容元稹跟我作對，就能取代我在朝中的地位嗎？荒唐！可笑！杜佑一甩袖子，憤懣不已地瞪著窗外陰鬱的天空，好啊，既然你們不仁，可就別怪我不義！元稹啊元稹，我們五年前的舊帳還沒算完，現在你又來老虎頭上拔毛，那就新帳舊帳一起算吧！

　　杜佑鐵了心要將元稹除之而後快，為出心中這口惡氣，他一直在等待機會，很快，他便輕鬆將其牢牢捏在了掌心裡。元和四年十一月，被元稹彈劾的杜兼在任所病逝，由名相房琯的姪子房式接替其河南尹的職位，這個房式與誣殺書生尹太階的杜兼比起來，做起不法的事來是有過之而無不

第六本　摯情至痛：韋叢

及，在洛陽無所欲為、橫行不法，引起老百姓一片怨聲載道。

恰巧其時房式「詐諼事發」，元稹知情後毫不留情，立即勒令其停止公務，並將其拘禁起來，同時上奏朝廷，罰房式一月俸錢。在這件事的處理上，元稹的所作所為要是理所當然、無懈可擊的，但存心要給點顏色他瞧瞧的杜佑，緊緊拉攏住因韓皋、孟昇進等事件，早就對元稹產生不滿的朝臣及宦官們一起向憲宗上奏，趁機復仇報怨，認為一個八品御史分司竟把三品大員河南尹抓了起來，是「擅令停務」、越權辦事，以所謂「專達作威」的莫須有罪名，先罰其一季俸祿，並召其回京聽候處理。

元稹沒想到自己公事公辦，一心一意為李唐皇室效忠，最後卻受到比知法犯法的房式更為嚴肅的處理，不禁倍覺心寒，厭倦仕途之情亦油然而生，其回京途中所作〈東西道〉、〈三泉驛〉兩詩，都發洩了極度不滿的情緒：

天皇開四極，便有東西道。
萬古閱行人，行人幾人老。
顧我倦行者，息陰何不早。
少壯塵事多，那言壯年好。

————〈東西道〉

三泉驛內逢上巳，
新葉趨塵花落地。
勸君滿盞君莫辭，
別後無人共君醉。
洛陽城中無限人，
貴人自貴貧自貧。

————〈三泉驛〉

212

第三折　影絕魂銷

　　倍受打擊的元稹，帶著滿心的憂憤一路西行。他想不通，不知道自己到底錯在了哪裡，自己克守本份地替朝廷效命，為什麼憲宗皇帝非但連一句褒獎的話都沒有，還要迎合權奸之意，讓他遭受排擠打擊？

　　此時此刻的他並不知道，前方還有更讓他難堪寒心的事在等著他呢！就在他途經華州敷水驛，歇宿於驛館上廳之際，後到的宦官仇士良和劉士元等人蠻橫地要求他把上廳讓出來給他們住。根據唐代制度規定，「御史到館驛，已於上廳下了，有中使後到，即就別廳。如有中使先到，御史亦就別廳。因循歲年，積為故實」。元稹因此據理力爭，不肯將上廳讓給宦官，不曾想卻遭到仇士良的謾罵，劉士元更是上前用馬鞭抽打元稹，直打得他鮮血直流，將其趕出上廳才作罷。

　　此事本來罪在宦官，但因惡人先告狀，憲宗盲目偏袒，宰相杜佑便以元稹輕樹威、失臣體為由，反貶元稹為江陵府士曹參軍。此詔一出，朝野譁然，眾臣不平，宰相裴洎礙於杜佑的位高權重與專橫，不便自己出面與之抗衡，只好授意親信李絳、崔群、白居易出面營救。

　　李絳、崔群都是元稹的摯友，他們先後呈上兩篇奏狀，論述仇士良與元稹爭廳事理，但杜佑蓄意報復，對論奏置之不理。在這樣的情況下，白居易不顧廷爭形勢的險惡和個人前途的安危，直接站出來面對唐憲宗，連上三狀替元稹申冤，但憲宗一意孤行，貶官詔書下達之日，竟勒令元稹立即起程趕赴貶所。

　　接到貶謫的詔命，元稹來不及與白居易、李絳、崔群等人話別，也不能帶走年僅六歲的女兒保子，只好胡亂收拾了行李，強忍住淚水，迅即踏上貶謫之路。啟程之時，與下朝回家的白居易在路上偶然相遇，摯友相見，白居易為未能挽回元稹被貶棄的命運而感到難過萬分，但在大街之上，眾目睽睽之下，二人縱是有許多知心話語要講，卻又不便也不能說出口，只好在永壽寺旁的大街上，騎在馬上邊行邊談，匆匆忙忙地說了幾句

安慰的話語,就戀戀不捨道地別分手。

當天晚上,元稹夜宿山北寺的僧房之中,白居易因職務在身,怕趕不上第二天的早朝,不能前去再次話別,只好讓弟弟白行簡前往看望,並把自己最近剛剛寫成的二十首新詩讓白行簡轉送元稹。關於這段別離,白居易和元稹都曾有詩描繪了當時令人心酸淚下的場景:

永壽寺中語,

新昌坊北分。

歸來數行淚,

悲事不悲君。

—— 白居易〈初九與元九別後(元稹初謫江陵)〉

新昌北門外,

與君從此分。

街衢走車馬,

塵埃不見君。

—— 元稹〈酬樂天書懷見寄〉

匆匆地,匆匆地,來了,走了。

匆匆地,匆匆地,聚了,散了。

秋霜無知,花自飄零;春風有意,月卻戀柳。世間事,總是揣摩不透,道是落花有意,偏生流水無情。置身商山層峰驛中,一縷幽幽的微風,遙遙地,如泣般輕輕飄來,從眼前路過,於不經意間,迅速撩起塵封了許久的帷幕,那些刻骨的纏綿悱惻,便又在他黯淡的眸光下,再次隆重地上演。

他坐在孤寂的黑漆中,任憑愁思百結,輾轉難眠,心底裡盤結的一縷難捨的情絲,都於刻骨的相思中,輕輕淺淺地浮上瘦了的眉尖。推窗望

第三折　影絕魂銷

月，圓月高懸，散落下滿地皎潔的光輝，卻不知此時此刻，那心中念想了經年的伊人，是否也同他一樣，正靜坐窗下，對月抒懷？八個月了，蕙叢離他而去整整八個月，子規長鳴，楊花落盡，他仍舊守著灞橋的春色，苦苦期盼昔日的彩蝶翩然飛舞在窗前，卻不意，等來的還是月落烏啼、古道西風的孤寂，再回首，往日的恩愛都已隨流水東逝，一切的一切，早已被瘦成了詩箋中數不清道不盡的明日黃花。

明月若有心，可願寄他滿懷清歡？總是盼望著好夢成真，然，亦夢亦醒時，又哪曾見，天上人間，那一抹灼灼盛開的笑容？掬一縷月華握在手心，把盞邀月，悽悽然，對影卻三人！相思盡，愁腸斷，雲煙深處，百般恨，只奈何浮生若夢；東風惡，歡情薄，雲中路遠，遙相顧，卻長恨錦書難託！

月斜星稀，夜已將殘。和衣而臥，心靜，人倦情愈濃。朦朧夢裡，憶起她淡淡笑語：落花有意，流水有情。可知落紅本有意，流水非無情，怨只怨陰晴難全，空耗這番花好月圓。

滄海月明，鮫珠有淚。南柯一夢愛難醒，漫漫長夜清寂，枯骨又成紅顏。

藍田日暖，寶玉生煙。朦朧睡眼朦朧夢，多少回與之相聚，夢醒，卻是天人永隔。

月華清冥，撫一曲千年前的相思，任明月皎潔無瑕，求只求，千年的輪迴裡，再與她魂夢永相依！

行吟坐嘆知何極，

影絕魂銷動隔年。

今夜商山館中夢，

分明同在後堂前。

——〈感夢〉

第六本　摯情至痛：韋叢

　　她的聲音縈繞於他的耳畔，憂傷，美麗，迷離。那些錯過的花期，依舊在他眼裡明明滅滅、斷斷續續，無一例外地，都留守在那些惆悵的絮影裡，朦朧而又真切。只是不知，死葬咸陽原的她，此時此刻，還能否在輕軟的風中將他悄悄想起？

　　淚水裡盈滿三千情思，濃濃地溼了相思詞裡的「烏夜啼」。枕上詩書吟誦了千遍，每一句，每一字，無不染著她的無瑕與甜美，然，縱是萬般想念，又能如何？傾耳，不知是誰家的娘子，正路過他的窗下，輕輕揮舞著古樂府的颯颯聲響，踏著詩路詞徑，踩著花語清音，陡地便撫去了他心底累積了經年的塵埃，莫非，是早已遠去了的她，在最不經意的時候悄然回歸，要陪他賞一場秦風漢月，聽一輪晨鐘暮鼓，然後一起醉在天涯海角的各個角落裡，即便有陣陣飛寒化為剪剪清風，驀然捲起回憶的珠簾，也要用微笑與溫暖了卻了這段與落魄遊子的前世塵緣？

　　看那商山層峰驛前，落花飛舞，落紅成陣，無數的記憶，都在隔著水墨雲煙的月色裡零落成絮，曾經的誓言亦已成了奈何橋頭話別的冷月輕靄。沒她的日子裡，這一世，究竟要怎樣，才能在月落烏啼之際，奏響一曲相思的淺唱，又該去哪裡尋覓三生石上的舊約故盟？

　　尋好夢，夢難成。捧一把落花，看它於幽然夢中細細隕落，掬一把月光，看它在渺渺煙波裡次第紛飛，他信手拈起最深的記憶，在水天一色的荒蕪之間，傾心聆聽風中沉吟了千年的慨嘆，然後，一一細數這經年裡的歲月滄桑，卻還是解不開心中紛亂的思緒。

　　總在那些個無風脈脈、不雨瀟瀟的夜晚「行吟坐嘆」，枕邊淚共階前雨，在幾度驚回的夢裡，隔著窗兒滴到天明，然，這份憂傷的情懷又有誰人能解？路長夢短胭脂淚，相逢幾何？她不在的日子，他只能枕著無語的相思，用一世清淚，羽化成蒹葭蒼蒼的詩眼，才下眉頭，卻上心頭。

第三折　影絕魂銷

　　夜鶯在簷下反覆鳴唱著那些老生常談的舊事。在聲聲揪心的鳴音上落坐，他只想寫一場關於從春到冬的相知與相忘，卻又不知道該從哪裡落筆。手指起落，守著一聲經久的嘆息，捧著一袖盈懷的馨香，他在深長的思念中，緩緩搖醒前世今生的斑駁記憶，任筆墨紙硯一一穿梭於荒煙蔓草的年月，再也無法擱筆。只是，所有的場景都沾染著些恍惚的氣息，有前朝的美人遲暮，有今夕的天涯花事，有她的袖底餘香，也有他的衣上酒痕，究竟，這一切，終是他的惦念，還是他的幻覺？回眸，掬一滴商山的閒淚，濃濃的相思，被捧著傷感的他，在層峰驛的清風月影裡厚厚疊起，如同秋天堆起的落葉，終不知何處才是其最終的歸宿。

　　清燈照壁，繡簾輕掩，掩不住無語黃昏寂寞身，而那個遠去的女子，卻用一雙冷月葬花魂的素手，在亙古的荒蕪中，垂釣起他清瘦的面容與豐腴的感傷，愣是空了寂寞，薄了單衣。夢中，「分明同在後堂前」，夢醒處，卻是「影絕魂銷動隔年」，終於明白，他和她，早已是，夢盡，花落，曲終，人散。再回首，偌大的世界，只餘滿庭紛飛的柳絮，浸在默默的回憶裡，縈繞，徘徊，而那些永遠起伏不定的相思與閒愁，也都伴著她遠去的溫柔，醉在了淡煙流水裡，於他悲戚的眉梢處悄然流轉、次第綻放。

　　抬頭，幻影裡，她粉淚胭脂的餘燼，在他悵惘若失的眸中，漸次失去灼熱的溫度，如錦帛譁然斷裂，如吹落的桃花盛開一地哀豔，無從俯拾，亦無可挽回。沒有人知道她駕馭的那片閒雲，最終會飄向何處，有關她的所有記憶都在眼底流轉成桃葉無蹤，唯有遺落在層峰驛下的頑石，依舊孑然獨立在蒼茫世間，在心裡寫出千萬種柔情蜜意，於孤寂的長夜，緩緩走進他殘章斷句的詩箋中。

第四折　夢遊春七十韻

　　輕輕的她走了，手執一支金步搖，淡笑無語；正如他輕輕地來，在漢江的波濤中，也只餘風輕雲淡的影。

　　欄杆獨倚處，誰傷漢宮秋月？良辰美景下，誰懂青衫寂寞？愛與等待的日子裡，清冷的月輝，總能勾起他心底潛藏的憂傷與不盡的回憶，而心谷裡默默流淌的歡聲笑語，亦終會被無情的江風吹落成殤，從來都無例外。

　　夜，獨愛披著黑色的衣紗，叩響他浮想聯翩的心門，卻不知他的心門已近千瘡百孔。心事灰灰的他，總是喜歡緊緊依偎在清淡的月光下，早已習慣了與明亮的星星遙遙相望，一任歲月的磨礪，在他日漸憔悴的額角烙上滄桑的印記。

　　夜的漆黑，散發著神祕的詭異，他對星星漸漸生起了一種無法用言語解釋得通的依戀，每個夜晚都盼著它明亮的身影，在他眼中俏皮地閃現，卻不知並非每個夜晚的星星都是那麼璀璨那麼光華四射。面對寂冷的夜空，他悵然若失，那些守望成空的夜，只有溫美的回憶，仍在思緒裡徜徉，流淌，卻又總會為他帶來難以磨滅的憂傷與惆悵。

　　五月，回憶與思念依舊是他愁腸百結的主題。抬頭，望向窗外朵朵盛開的春花，顧盼之間，忍不住伸手揀拾起一些落紅，在往事中追憶那些舊日時光的驚豔與美好，卻不意，攏在指尖的，仍是那一聲聲，濺落在心底最深處的嗟嘆。他用力地抒寫，蘸桃花酒，寫梨花句，用她留下的那管鳳簫，在灰白無言的愁緒中，執意打撈著半痕月色、一縷薄涼，還是沒個頭緒。

　　水墨走溼在桃紅柳綠的年月，隨意的渲染，他在宣紙上任性畫著曉風

殘月、柳堤竹溪,讓綠肥紅瘦的春,披上了淺淺的傷、薄薄的哀。誰的世界不是鶯歌燕舞、妊紫嫣紅?只是,她走後,他的世界便變成了落紅狼藉、風塵僕僕,怎不惹人神傷?他在紙上聞不出屬於風流雲散的婉轉暗香,也聽不見誰家女子在唱水磨花腔的如花美眷,唯一能感知到的,便是她走後他一如既往的落寞與感傷。這一季,風為衣裳水為佩,淚燭為燈豔影寒,而他依然只能守在一個人的窗下,用淚水,和著哽咽,反反覆覆地,書寫著春事、天涯、桃花、美人遲暮和簾外的煙水茫茫。

紙上墨香依舊繾綣,屬於人面桃花相映紅的那一縷清風,彷彿她袖底的餘香,輕握著灞橋煙柳,瞬間便吹舊了他酒痕沾衣的心言。月光照涼的故事中,搖曳的詞藻,清弦上墜滿了塵緣的往事,無非一片記憶的遺址,欲將所有藏匿在粉牆黛瓦後柳煙深處的夙願一一渲染。嘆只嘆,一場飄緲無依的花事,一座子虛烏有的春天,終都在春風詩筆的片言隻語中,淪陷成江陵城下宮商角徵羽的閒愁,灰了的心事,亦於夜半無人時,被拖成斷腸的臺詞,只能和著江風漁火,一再淺淺淡淡地唱起。

蕙叢。他輕輕念著她的名字,只妄想挽住兩袖涼風,揮落經年中所有的纖塵,從前世到今生,與她走過滄海桑田,走過蒹葭蒼蒼,走到一如詩書裡的地老天荒。可是,月色朦朧中,他的眸底卻多了管兒和鶯鶯的身影,究竟,他心裡念念不忘的是鶯鶯,是管兒,還是蕙叢?他頷首無語,難道,是鶯鶯,是管兒,亦是蕙叢?

昔歲夢遊春,夢遊何所遇。夢入深洞中,果遂平生趣。
清泠淺漫流,畫舫蘭篙渡。過盡萬株桃,盤旋竹林路。
長廊抱小樓,門牖相回互。樓下雜花叢,叢邊繞鴛鷺。
池光漾霞影,曉日初明煦。未敢上階行,頻移曲池步。
烏龍不作聲,碧玉曾相慕。漸到簾幕間,裴回意猶懼。

第六本　摯情至痛：韋叢

閒窺東西閤，奇玩參差布。隔子碧油糊，駝鉤紫金鍍。
逡巡日漸高，影響人將寤。鸚鵡飢亂鳴，嬌娃睡猶怒。
簾開侍兒起，見我遙相諭。鋪設繡紅茵，施張鈿妝具。
潛褰翡翠帷，瞥見珊瑚樹。不辨花貌人，空驚香若霧。
身回夜合偏，態斂晨霞聚。睡臉桃破風，汗妝蓮委露。
叢梳百葉髻，金蹙重臺屨。紃軟鈿頭裙，玲瓏合歡袴。
鮮妍脂粉薄，黯淡衣裳故。最似紅牡丹，雨來春欲暮。
夢魂良易驚，靈境難久寓。夜夜望天河，無由重沿溯。
結念心所期，返如禪頓悟。覺來八九年，不向花回顧。
雜合兩京春，喧闐眾禽護。我到看花時，但作懷仙句。
浮生轉經歷，道性尤堅固。近作夢仙詩，亦知勞肺腑。
一夢何足云，良時事婚娶。當年二紀初，嘉節三星度。
朝蕣玉珮迎，高松女蘿附。韋門正全盛，出入多歡裕。
甲第漲清池，鳴騶引朱輅。廣榭舞姜蔟，長筵賓雜厝。
青春詎幾日，華實潛幽蠹。秋月照潘郎，空山懷謝傅。
紅樓嗟壞壁，金谷迷荒戍。石壓破闌干，門摧舊梐枑。
雖云覺夢殊，同是終難駐。悰緒竟何如，棼絲不成絇。
卓女白頭吟，阿嬌金屋賦。重壁盛姬臺，青塚明妃墓。
盡委窮塵骨，皆隨流波注。幸有古如今，何勞縑比素。
況余當盛時，早歲諧如務。詔冊冠賢良，諫垣陳好惡。
三十再登朝，一登還一仆。寵榮非不早，邅回亦云屢。
直氣在膏肓，氛氳日沉痼。不言意不快，快意言多忤。
忤誠人所賊，性亦天之付。乍可沉為香，不能浮作瓠。

誠為堅所守，未為明所措。事事身已經，營營計何誤。

美玉琢文珪，良金填武庫。徒謂自堅貞，安知受礱鑄。

長絲羈野馬，密網羅陰兔。物外各迢迢，誰能遠相錮。

時來既若飛，禍速當如鶩。曩意自未精，此行何所訴。

努力去江陵，笑言誰與晤。江花縱可憐，奈非心所慕。

石竹逞奸黠，蔓青誇畝數。一種薄地生，淺深何足妒。

荷葉水上生，團團水中住。瀉水置葉中，君看不相汙。

——〈夢遊春七十韻〉

「長廊抱小樓，門牖相回互。樓下雜花叢，叢邊繞鴛鷺。」鋪開素箋，舊紙新墨寫著鴛鴦小字，猶記當日長廊抱小樓，叢邊繞鴛鷺，鶯鶯指上的餘溫在他紅了的面龐綻出一朵嫵媚的桃花。曾經的海誓山盟，都被他順理成章地謹記為「山無稜，天地合，乃敢與君絕」的箴言，只是，再回首，落盡梨花月又西，如今相思兩處，他和她已隔茫茫一江春水。

「池光漾霞影，曉日初明煦。未敢上階行，頻移曲池步。」曉日初明，池光裡蕩漾著縷縷霞影。他懷著一腔忐忑，躑躅在她樓下的池畔，未敢上階行，心中裹滿惆悵。

「烏龍不作聲，碧玉曾相慕。漸到簾幕間，裴回意猶懼。」輕輕踱到她房外的簾幕間，仍是徘徊意猶懼，不知該如何才好。究竟，誰才會撐一支長篙，泛一葉蘭舟，渡他到她繁花簇簇的彼岸？

「簾開侍兒起，見我遙相諭。鋪設繡紅茵，施張鈿妝具。」侍婢紅娘輕輕佻開珠簾，她和他隔著一簾幽夢遙遙相望，嫣然心動。她在梳妝檯前鋪設起繡紅茵，擺開鈿妝具，漫不經心地描起眉來。她在為他描眉，左眼是那輕言耳語的承諾，右眼是那梨花帶淚的期盼；左手是那卿卿我我的夢，右手是那牽繞糾纏的結。他終於醉在她顧盼生輝的眸下，綻開欣喜的笑靨。

第六本　摯情至痛：韋叢

「身回夜合偏，態斂晨霞聚。睡臉桃破風，汗妝蓮委露。」她早起慵懶的嬌態已成他眸中永遠的眷戀，只是，昔日的胭脂卻成她今日紅顏臉上的傷，究竟，會是誰伴著她在曉風中當窗理雲鬢、對鏡貼花黃，又會是誰為她把那珠花輕輕別在髮髻之上？

「鮮妍脂粉薄，黯淡衣裳故。最似紅牡丹，雨來春欲暮。」當年的她略施薄粉，仍然穿著一身黯淡色澤的舊衣，卻掩飾不住國色天香之容。然，這份纖手相凝的情，卻似那窗下一叢盛開的紅牡丹，如火如荼，而今卻又零落在何處？或許，春天的深入只是濃重了一個不經意的錯覺，那千里之外深鎖的愁眉，並無意敲開芳草無情的庭院深深，只是雨來春欲暮，如今又該怎麼才能收拾起那份遠逝的情緣？

「夢魂良易驚，靈境難久寓。夜夜望天河，無由重沿溯。」好夢易驚，往事難追，此情無計可消除，才下眉頭，卻上心頭。曾幾何時，夜夜與她守望天河，懷想鵲橋相會的牛郎織女，不禁寂然失語，現在想起，其實那時的惆悵只不過是妄想停住一段闌珊的緣，一如他所有的悖論，終是飲不盡鏡花水月裡的前世寂寞，不過是自欺欺人而已。

「結念心所期，返如禪頓悟。覺來八九年，不向花回顧。」一直以為她是他的羽衣霓裳，絹刺上了密密的華美錦繡，雋永的針腳永永遠遠都走不出他的視線。然，那千里之外決絕的步履已帶走了她所有的矜持，於是，他在寂寞中給自己搭建起一座詩的城池，並理所當然地成了那裡的王，在城中指點江山，鋪排著角色，虛設自己走在蒲州城外青石板路上的場景，不再向花回顧，只是折入一間茅草閒屋，任裊裊升起的炊煙伴著她淺淺淡淡的白衣裳在他眼前徘徊。

「雜合兩京春，喧闐眾禽護。我到看花時，但作懷仙句。」往來於長安與洛陽，總是忘不了她的嬌豔動人。花開時聽風戲墨，耕雲望月，品一盞香茗，寫幾行漢韻掛在籬笆上，在夢中與她十指相扣，任庭前月升月落，

只憑欄共看水雲閒。

「浮生轉經歷，道性尤堅固。近作夢仙詩，亦知勞肺腑。」年年花事，開謝了舊日城池，卻又成全了誰一夕老去的思念？梨花院前鎖住的雨幕，是你儂我儂的吳語軟調，等到心事瘦成二十四橋下一彎月白，那西廂待月而歸的人而今何在？他深深淺淺地嘆，那場語焉不詳的夢，醒來卻如葬花人斷戀情、焚書稿般的悲情，他終是淪陷其間無法自拔，總被這一座奼紫千紅的春天軟禁，百無聊賴地為她寫起夢仙詩，雖知枉然，卻也心甘情願。

「一夢何足云，良時事婚娶。當年二紀初，嘉節三星度。」罷了，只是一個夢罷了！他舉頭望月，悵然問天，究竟，誰才是值得他用力去愛的那個人？他流著眼淚笑，皺著眉頭忘，又有誰才配得上那句地老天荒？對她說過的所有誓言，都被漢江煙雨刷成了簷下的一句戲言，奏成了春江花月夜下一首首的離歌，成了他眉間綻放起的憂傷。

天分明，夜未央，重門緊鎖，他枕著她的閨名漸入夢鄉，唯有紅燭搖曳著眼角眉梢的惆悵。夜長露重，錦衾猶薄，暖不了這季節的寒，他終是把她甩在了恍若仙境的離夢後，望著另一個女子披著大紅的嫁衣，穿過五光十色的春天，緩緩走到他的身邊。那是蕙叢，是他的妻。想起蕙叢，想起她在他耳畔喃喃細語訴著「執子之手，與子諧老」的傳說，他憂傷的心緒又開始劇烈地疼痛。

「朝舜玉珮迎，高松女蘿附。韋門正全盛，出入多歡裕。」夜夜做著相同的夢境，上半夜他坐著高頭大馬，從靖安坊出發，一路吹吹打打地來到韋府門前。那時的韋府正是全盛之季，門前停著披著綾羅的花轎，門楣上雕刻著喜慶的龍鳳吉祥，來來往往的客人川流不息，個個臉上洋溢著驚羨的喜悅之情。洞房花燭夜時，他為坐在金絲白玉床上的她掀起大紅的蓋頭，附在她耳畔細語呢喃，告訴她，她就是他苦苦尋了千百年紅燭裡的新

第六本　摯情至痛：韋叢

娘，迅即換來她低眉頷首的一抹羞笑。

下半夜他雲淡風輕的轉身，深深淺淺的足音縈繞在啞然褪色的的門扉上。回首之間，目光凝成一泓悠遠的煙波，然，尋尋覓覓，覓覓尋尋，卻始終流轉不到她陌上綻開的繁花三千。恍惚中，她的容顏飄飄緲緲，若隱若現，他急不可耐地伸出手去，想要攬住她的芳華，卻不意浮影刹時傾絕，怎不惹人哀慟？夢迴時，方明白，自己始終只是一顆寂寞的心，年年月月、朝朝暮暮，只為在四季的輪迴裡等待她的身影出現，然，一切的一切，終是難以定局。

「甲第漲清池，鳴騶引朱轂。廣樹舞菱蕤，長筵賓雜遝。」憶往昔，韋府裡，各種奇花異草總是招展在亭臺樓榭的各個角落，不分白晝黑夜的筵席總是聚集著來自五湖四海的賓客，而今，即便是在夢中，那種盛況也是無處可覓，漫徘徊，只是多了一份凜冽侵人的寒意罷了。

紅燈籠剛被點亮，卻已落滿白霜，且把一縷青絲剪斷，拋向雲煙深處，以一彎清月為琴之身，以二十六根青絲為弦，喚來鶯啼雀鳴，舞來萬紫千紅。只是，再多的不捨，也都是難為，過往的過往，終成情淺意薄，今後的今後，那一份殘緣，亦是再難成全，怕的是，天明時，一地落紅，都凋落成一段難結秦晉之好的劫。

「青春詎幾日，華實潛幽蠹。秋月照潘郎，空山懷謝傅。」俱往矣，空山懷謝傅，在惆悵中惆悵，在憂鬱中憂鬱，他自娉婷化為漫天飛舞的花，在一曲又一曲斷章中凋零而去。

「紅樓嗟壞壁，金谷迷荒戍。石壓破闌干，門摧舊桂柎。」一聲杜宇春歸盡，寂寞簾櫳空月痕。洛陽城沒落的餘暉下，韋府大宅早已是人去樓空，金谷迷荒戍。所有的愛恨嗔痴，轉瞬皆成陌上青煙、壟上西風，唯餘石壓破欄杆，門摧舊桂柎。

第四折　夢遊春七十韻

「雖雲覺夢殊，同是終難駐。悰緒竟何如，棼絲不成絇。」雖然明白，只是一個淺淺的夢，卻同是難駐。曾經的那闋長相憶，已被千片落花堆砌成了只言離合的情愁，等他走進楚辭離騷後，她未挽的青絲卻冷落了鏡前妝匳。當日初見，而今終成夢尋巫襄。

「卓女白頭吟，阿嬌金屋賦。重壁盛姬臺，青塚明妃墓。」驀然回首紅塵間，卓文君吟白了青絲，陳阿嬌千金一賦難逢君。銅雀深深盛姬臺，青塚萋萋明妃墓，又是誰家的女子在一盞孤燈前挽起髮髻，只為望穿那襲紅紅的嫁衣？剪不斷，理還亂，今夜，紅燭燃盡，檀香屑冷，他開始翹首期盼著春燕啣泥的溫暖，會在明日的枝頭上，等來一朵屬於他自己的桃花。

「盡委窮塵骨，皆隨流波注。幸有古如今，何勞縑比素。」笛音繚繞，歌舞悠揚，柳絮輕揚的季節，他卻心如薄冰、情如雪舞。在不動聲色中，拾起她遺落的桃木梳，梳理起三千青絲，看著銅鏡中漸老的容顏，他小心翼翼地丈量著紅塵的千山萬水，任西風捲起千堆沙，在歲月裡墨染著一份生命的啟程。

行到水窮處，坐看雲起時，被貶江陵的他默坐漢江之畔，憶著鶯鶯的嫵媚，想著蕙叢的溫婉，靜悟自然之道，指點迷茫人生。是啊，曾經的意氣風發，不過是南柯一夢中的纖纖往事，那年的風花雪月也僅是半夜裡的曇花一現，一晌就將凋零，又何須為此耿耿於懷？

「時來既若飛，禍速當如騖。曩意自未精，此行何所訴。」時來若飛，禍速如騖，滿腹委屈又當何處訴？菱花鏡裡，容顏憔悴，盡賞花開，細數殘紅，庭前落英已成塚，他只能一任西風捲殘容，冥想起一曲花落人亡兩不知。

「努力去江陵，笑言誰與晤。江花縱可憐，奈非心所慕。」踏上遠赴江陵的路途，他心裡裹著一萬個不情願，然，又有誰能了解他當時淺淺的笑容背後深藏的隱痛？江花縱使可憐，亦非他心所慕，遠去了的舊日驪歌，

第六本　摯情至痛：韋叢

是否還能一朝唱完？

「石竹逞奸點，蔓青誇畝數。一種薄地生，淺深何足妒？」雁鳴後是蟲嚶，日暮後是月明。朝中「石竹」逞奸點，究竟會有幾人望著他單薄柔弱的身影，明白他如梅般傲骨的凌寒之姿，又有幾人會在望著他淺笑花叢間的淡泊之際，能讀懂他詩情文采後的悽婉？

「荷葉水上生，團團水中住。瀉水置葉中，君看不相汙。」看盡花開花落，霧裡的朦朧，沉澱了幾許芳華。在這良辰美景夜，在這無可奈何天，為她——為鶯鶯，為韋叢，他細細數說起古老的偈語——諸行無常，是生滅法。

在鶯鶯顧盼生輝的眸裡，在韋叢淺淺淡淡的笑裡，他終於明白，原來，再美的花都將會凋謝，留住的不過是花兒曾經的唯美，在賞花的那一刻，花便以一種不為人知的方式悄悄逝去她的芳華，那麼，自己被貶異地又有什麼值得憤懣的？

一切變故都只是在奉行天地間永恆的無常信念，那些曾經踏出的絲絲足跡，那些自己譜就的歷史，那些寄於明月的昨日，都在花期的演示過程中一次又一次地重現，所以，無須為了花的消逝而傷感，也無須為了人的玉殞而慨嘆，若然有緣，明年今日，自當又見花開。

只是，他還能在孤寂的心扉裡，找到那段遺失的閨情嗎？這世上，還會有誰會站在江畔寺下將他默默等待？他默然無語，記憶裡，花的剪影不經意間凋落，他只想做那水中的荷葉，瀉水置葉中，君看不相汙，只為她驀然回首的身影裡，依舊的孤單、寂寞、憂傷、心疼……

第七本
宮牆怨曲：安仙嬪與楊瓊

第一折　江月留情

微月照桐花，月微花漠漠。

怨澹不勝情，低迴拂簾幕。

葉新陰影細，露重枝條弱。

夜久春恨多，風清暗香薄。

是夕遠思君，思君瘦如削。

但感事暌違，非言官好惡。

奏書金鑾殿，步屧青龍閣。

我在山館中，滿地桐花落。

　　　　　　——〈三月二十四日宿曾峰館夜對桐花寄樂天〉

　　燈下，輕輕捧起被貶江陵途中，於三月二十四日夜宿曾峰館時寫給白居易的〈三月二十四日宿曾峰館夜對桐花寄樂天〉詩，已然置身江陵府江畔破舊官舍中的元稹忍不住涕淚交加。妻子早逝，孤女在京，就連無話不談的摯友白居易也與自己咫只天涯，怎能讓他不百感交集、悲痛欲絕？

　　雖然自己已從為皇帝執法的監察御史貶為管理房舍與舟車等瑣事的士曹參軍，住的是旁邊到處是墳塋的破官舍，每天不得不與蚊蠅為伴，但他仍然心繫朝廷，把自己的貶謫置之腦後，只為腐敗的朝政與人主的昏庸而

第七本　宮牆怨曲：安仙嬪與楊瓊

痛心，發出「但感事暌違，非言官好惡」的感嘆。

此時此刻，樂天又在做些什麼？是否在曲江畔與呂炅伴著秋娘一起唱響李紳的〈新題樂府二十首〉？他點點頭，樂天和自己一樣，都是性情中人，猶記得，當年自己首先唱和公垂兄的新樂府詩後，樂天立即應和創作了〈新樂府五十首〉，不僅明確提出「新樂府」的命名，還提出了一套完整的理論，加之張籍、王建等志同道合的詩人隨而起之，使始於李紳的新樂府運動在詩壇和社會生活中產生了巨大影響，更將新樂府的創作推向高潮。莫非，身居長安的樂天又在秋娘捧來的筆墨紙硯中抒寫起又一曲〈賣炭翁〉？

他不知道。他搖搖頭，思緒紛飛到那燈紅酒綠的煙柳灞橋下。那裡還有一個人在長長久久地等他，盼他，念他，戀他，那便是侍候醉酒的他寫下〈和李校書新題樂府詩十二首〉的煙花女子秋娘。秋娘的情他不是不懂，可他不能。他已經辜負了管兒，辜負了鶯鶯，辜負了蕙叢，再也不能辜負秋娘了。他依稀記得秋娘每次看他時眉間深藏的憂傷，離開長安的前夕，她說她要跟他一起來江陵的，可他選擇了緘默，選擇了不辭而別，因他不想看她為他而傷的眉眼。她跟在他身後一直追了很遠很遠，可他還是狠下心來將她甩在了身後。他不是不愛，而是知道自己根本沒有能力去愛，更沒有資格去愛，或許，將她留在呂炅和李紳身邊，才能讓她把握住今生的幸福，既如此，又何必要把她拴在身邊與他一起分享這無盡的痛楚？

想著秋娘顧盼生輝的容顏，他坐在月夜的尾翼裡深深地惆，深深地悵。江南雨，清夜滿西樓，那個在花紅中蹁躚起舞的身影，是否已被歲月束縛，不能再舞？瀟湘月，風露入夜寒，那個在燈影裡悠然吹奏的男子，是否已被時間禁錮，不能再奏？

雨過月華生，冷徹鴛鴦浦。時間的洪潮沖散了曾經的記憶，那在水一

第一折　江月留情

方的佳人，她聲聲悲戚的呼喚，已在他冰涼的眸中婉轉成陣陣哀鳴，卻依舊喚不回靜守一江孤水的鰥夫。他不是屬於她的，她也從來不曾從屬於他。他淺淺地嘆，現在，唯有他才明白，他和她之間相隔的，已是一條茫茫的銀河。光陰風化了她的痴等，他和她終究站成了河的兩岸，從此，永遠只能對視，卻無相思語。

因為韋叢，因為秋稂，因為鶯鶯，初來乍到的元稹，無日不深深陷於情感的泥淖中不能自拔。他的悲痛和憂鬱很快引起了頂頭上司，荊南節度使兼江陵尹的趙宗儒的注意。趙宗儒對其在左拾遺和監察御史任上直諫的品行和嫉惡如仇的作為早有耳聞，對他的為人深感欽佩，所以特地關照戶曹參軍李景儉，要他幫助照應元稹在江陵的生活起居。李景儉是唐玄宗李隆基兄長讓皇李憲的曾孫，也是元稹在長安、洛陽生活時結交的摯友，韋叢之父韋夏卿任東都留守時，就闢其為從事，韋夏卿的門生竇群為御史中丞時，又引其為監察御史，後來竇群以罪左遷，李景儉也坐貶江陵。在洛陽時，元稹就與李景儉過從甚密，後來在長安，兩人都因同情並大力支持劉禹錫、柳宗元等人發起的「永貞革新」，所以更成為志同道合的摯友。無獨有偶，此時元稹的制科同年崔韶也身在江陵，三月的時候，因房式事件，從洛陽返回長安的元稹曾與崔韶在陝府見過面，沒想到僅僅時隔一月有餘，兩人居然再次相逢，他鄉遇故知，不由得他不心花怒放。

儘管心生悲憤，但在李景儉和崔韶這兩個故交無微不至的關懷下，隨著時間的推移，元稹波動的情緒開始慢慢平緩下來。在李景儉的引薦下，元稹還結識了趙宗儒幕下的杜元穎、許康佐、王文仲、王眾仲、張季友等幕僚名仕。大家早就聽說了元稹在東川以及東都的所作所為，為他敢作敢為的言行而深受鼓舞，更為他遭到的貶斥而憤憤不平。眾文士早就讀過他的《鶯鶯傳》及〈行宮〉、〈上陽白髮人〉等一大批膾炙人口的詩歌，也都非常仰慕他的文才詩名，所以對新來的他並不陌生，初見之下都有似曾相識

229

之感,終日與他詩歌酬唱,為他悲愴的心靈注入一絲明媚的陽光。

　　為盡快撫平他內心的傷痛,六月十四日,李景儉與張季友等人邀他乘月泛舟,窮竟一夕,並招來樂伎楊瓊陪宴。那年的楊瓊正是十六七歲的如花年歲,青春貌美,體態嫋娜,是江陵城萬裡挑一的美人兒,因家貧,不得已落籍為伎,但生性孤傲,不肯輕易俯就,只賣唱不賣身,所以李景儉有心作伐,囑咐楊瓊仔細侍候元稹,但元稹心繫去世還不到一年的妻子韋叢,根本無心花月,面對嬌小可愛的楊瓊,也只是徒生憂傷罷了。

　　「大人,您不喜歡我嗎?」一曲唱罷,楊瓊瞪大一雙烏黑水靈的眼睛,輕輕望著元稹問,絲毫不避諱旁人驚異的目光。

　　「喜歡!我們的小楊瓊可是江陵城萬裡挑一的美人,元大人怎麼會不喜歡妳?」李景儉抬起頭望著楊瓊呵呵笑著,悄悄用手臂肘搗了搗望著江面愣神的元稹,輕輕附著他的耳朵說,「微之,楊瓊問你話呢。」

　　「啊?」元稹還過神來,回頭輕輕盯一眼楊瓊,冰冷的面龐陡地騰起一片紅雲。

　　「元士曹,瓊姑娘問你話呢。」張季友不無打趣地瞟著他,又瞟了瞟一臉孤傲的楊瓊,心想怠慢了這妮子,她那清高勁一上來,只怕這頓酒又喝不好了。

　　「喜歡,當然喜歡。」元稹不無應付地說。

　　「元大人怕不是在敷衍奴家吧?」楊瓊盯著他淺淺一笑,回頭望著遠處煙波四起的江面,忽地在鼻子裡冷哼一聲,帶著嘲諷的口吻說,「怪不得元大人沒心思聽奴家唱曲呢,原來是有心上人了!」

　　眾人順著楊瓊的目光望過去,朦朧的月色下,但見一葉小舟輕輕漂浮在不遠處的江面上。一個身著淺淡衣裳的民家女子正蹲在船尾不停地洗濯著什麼。

李景儉連忙笑著打破尷尬的氣氛說：「這丫頭又吃什麼瘋醋？一個洗衣裳的民婦，也值得妳忌妒成這樣？」邊說邊輕輕拽起元稹，把他往楊瓊身邊一推，「我們元大人可是個附庸風雅的名仕，那些庸脂俗粉又豈能入得了他的眼？」

「致用兄……」

李景儉暗地朝他努了努嘴，又回頭望著楊瓊說：「丫頭，元大人最近喪妻，妳知道，在江陵，身邊沒個女人照應著是不行的，所以……」

「所以李大人是有心給奴家和元大人做媒了？」楊瓊輕輕咬了咬嘴唇，忽地發出一聲尖利的笑聲，「奴家不過是個落入風塵的樂伎，又怎能配得上大名鼎鼎的元大人？只怕奴家送上門給元大人當洗腳婢，他也看不入眼的。」邊說邊繼續瞟著遠處江面上的那葉小舟，「知道那舟人的人是誰嗎？」

「誰？」

「李大人終日流連於花前月下，難道連我安姐姐的芳名都沒聽說過？」

「安姐姐？」

「是啊，安姐姐，我一直都這麼叫她。」楊瓊嗤之以鼻地說。

「什麼安姐姐？我怎麼從沒聽說江陵城還有個姓安的樂伎？」

「什麼樂伎不樂伎的？」楊瓊噘著嘴說，「難道在李大人眼裡，江陵城裡所有的好女兒都應該落了樂籍去侍候你們這些男人嗎？安姐姐可不是花街柳巷的女子，人家可是好人家出身的女兒！」

「丫頭，今天這是怎麼了？我可沒得罪妳啊！」李景儉望著她哈哈笑著，「要是元大人怠慢了妳，就罰他以今夜乘月泛舟為題，為妳譜首新曲如何？」

「那怎麼敢？」楊瓊偷偷瞥一眼呆呆站在一旁的元稹，忽地又心生憐

第七本　宮牆怨曲：安仙嬪與楊瓊

憫，覺得自己鬧得有些過分，「罰不敢當，奴家難得侍候大人一回，要不就請大人為奴家賦新詩一首，也好讓奴家在姐妹們面前揚眉吐氣一回。」

「元大人求之不得呢。」李景儉連忙讓侍童捧來筆墨紙硯，「元大人賦完新詩，妳可得即興吟唱。」

「當然，奴家第一個就要唱給諸位大人聽呢。」楊瓊嫣然一笑，「奴家還想引見元大人和安姐姐認識呢。」

元稹沒有說話，他溫柔的目光早就被那靜立小舟船尾浣洗的女子緊緊牽引著。望著她淺淺淡淡的身影，感覺就像和一位熟悉的故友在煙波江上歡敘，那一襲黯淡的衣裳更溫暖著初見鶯鶯時的記憶，在他漸次寧靜下來的心頭瞬時綻開驚豔的花來。

他輕嘆一聲。曾被紅塵硝煙遮住的雙眼，在一次次地目睹她溫婉的身影後，竟在歲月無常的顛覆、命運無恆地翻雲覆雨後，多了一絲絲感動，一脈脈溫情。恍惚間，明月之下，又見花開花復落，無奈之中，留下的竟是點點滴滴的釋然，都被他一字一句地嵌入〈泛江玩月十二韻〉詩中：

楚塞分形勢，羊公壓大邦。因依多士子，參畫盡敦厖。
嶽壁閒相對，筍龍自有雙。共將船載酒，同泛月臨江。
遠樹懸金鏡，深潭倒玉幢。委波添淨練，洞照滅凝釭。
闤咽沙頭市，玲瓏竹岸窗。巴童唱巫峽，海客話神瀧。
已困連飛盞，猶催未倒缸。飲荒情爛熳，風棹樂崢摐。
勝事他年憶，愁心此夜降。知君皆逸韻，須為應琵摐。

　　　　　　　　　　　　　　　——〈泛江玩月十二韻〉

「勝事他年憶，愁心此夜降。」楊瓊捧起詩箋，不由得脫口讚道，「元大人的才名果然名不虛傳，奴家今天算是見識到高人了。」

「好個楊瓊，見了英俊倜儻的元大人，就把我們這些老朋友都甩到身

後去了啊？」李景儉笑睇著她說。

「元大人的詩本來就做得好嘛。」楊瓊邊說邊瞟一眼已經駛近的小舟，心卻「突突」跳了起來，莫非自己真的對眼前這位不苟言笑的元大人動了春心不成？她隨即彈起新賦的〈泛江玩月〉，聲聲細婉，金縷華衣錦帛語，卻在他眉梢心底婉轉成淺淡的微笑。

望水中，淺碧的波影裡倒映著她思春的身影，任十指纖纖，將那一縷思慕一聲一聲扣進舊了的弦中，欣喜著她的欣喜，微笑著她的微笑。元大人真的有心要納自己為侍妾嗎？剛才李大人的笑談中無不隱約透著這個消息，可從他緊蹙的眉中，她絲毫讀不出他要納妾的意願，莫非這一切只是李大人的一廂情願？

唉，她深深嘆口氣，像她這樣的女子，縱是才高八斗、貌若天仙，也逃不得「風塵」二字，又怎能夢想成為他的侍妾？看來李大人只是在拿來打趣罷了，這種逢場作戲的話又何必當真？想著想著，她心底不禁騰起一股莫名的惆悵，想要做他妾室的念頭只是癡人說夢罷了，或許，唯有寂寞才是她最終的歸宿，一個承歡人前的樂伎，也只有耐得住寂寞，才會更顯得冶豔動人吧？

抬頭，一個短短的回眸便將她紛亂的思緒拉回他的身邊。他的目光仍然流連在煙波浩淼的江面上，她知道，是安姐姐的似水柔情吸引了他。那個癡戀浣花的女子，她見猶憐，更何況是身居孤寂中的元大人呢？

「嘎」的一聲，琴弦斷在了她的指間。所有人都大驚失色地望向她，唯有元稹依然目不轉睛地盯著漸行漸近的小舟，彷彿所有人都消逝在他眼前。

她輕輕起身，緩緩踱到他身邊，指著蹲在小舟船尾浣花的女子，不無傷感地說：「安姐姐生下來就體弱多病，所以自幼便迷上了浣花。」

元稹靜靜望著那水中浣花的女子，心裡既惆悵又驚詫，還有一絲溫暖的喜悅。他還是第一次見到喜愛浣花的女子，尤其是在這月色迷濛的夜裡，在這浩淼的江波上，看她一副楚楚可憐的模樣，不禁又心生幾分憐惜與疼痛。

「安姐姐！」楊瓊揮舞著雙手，朝浣花的女子歡聲呼喊著。

「瓊妹！」浣花女子驀然間抬起頭來，正與元稹打一照面。他望著她淺淺淡淡地笑，她回報給他一個溫婉嫣然的笑靨，又迅即低下頭，在水裡繼續浣洗手中的花枝，直到小舟與他們的花舫擦身而過，一刻也未停歇。

「安姐姐……」望著漸行漸遠的小舟，元稹的心頭突地緊了一下。目光所及之處，她手中的那枝蓮花正好落在月亮清瘦的影子裡，隨波起伏，一上一下，一左一右，每一個動作都深深叩擊著他憂鬱的心扉。

不知為什麼，他對她多了一份莫名的好感。只是一個淺淺的回眸，他的心已然被清風輕輕吹落到她黯淡的身影裡。朦朧的月色下，楊瓊落寞的眼神裡，李景儉等友人期盼的目光中，他靜立船頭，將她傷神的眼眸憶了又憶。只是，他還不知道，其實他的心已在等待，只待春江重泛處共她看千江風月景，只等雲破弄影時共她賞百花胭脂香，要用自己的一份淡泊心，把她的三份清幽練就成他們一世的逍遙。

他又愛了。是的，他愛上了她，愛上了從楊瓊口中悠悠吐出的那個令他口舌生香的名字：安仙嬪。

第二折　月臨花

平生每相夢，不省兩相知。況乃幽明隔，夢魂徒爾為。

情知夢無益，非夢見何期。今夕亦何夕，夢君相見時。

第二折　月臨花

依稀舊妝服，晻淡昔容儀。不道間生死，但言將別離。
分張碎針線，襥疊故屏幃。撫稚再三囑，淚珠千萬垂。
囑雲唯此女，自嘆總無兒。尚念嬌且駛，未禁寒與飢。
君復不憶事，奉身猶脫遺。況有官縛束，安能長顧私。
他人生間別，婢僕多謾欺。君在或有託，出門當付誰。
言罷泣幽噎，我亦涕淋漓。驚悲忽然寤，坐臥若狂癡。
月影半床黑，蟲聲幽草移。心魂生次第，覺夢久自疑。
寂默深想像，淚下如流澌。百年永已訣，一夢何太悲。
悲君所嬌女，棄置不我隨。長安遠於日，山川雲間之。
縱我生羽翼，網羅生繫維。今宵淚零落，半為生別滋。
感君下泉魄，動我臨川思。一水不可越，黃泉況無涯。
此懷何由極，此夢何由追。坐見天欲曙，江風吟樹枝。
古原三丈穴，深葬一枝瓊。崩剝山門壞，煙綿墳草生。
久依荒隴坐，卻望遠村行。驚覺滿床月，風波江上聲。
君骨久為土，我心長似灰。百年何處盡，三夜夢中來。
逝水良已矣，行雲安在哉。坐看朝日出，眾鳥雙裴回。

——〈江陵三夢〉

　　窗外秋草染上寒霜，轉瞬氤氳成幻夢一席。冷月淒寂，悲嘆著在他床前流連徘徊的，依然是那死葬「古原三丈穴」的身影，還有那張溫婉如花的臉。往事依稀遠，寒風吹破草簾，冷卻了幾多紅顏夢，冷不防，又在轉身之際喚回幾多前世今生的嗟嘆。

　　連續三夜，夜夜夢裡有她。挑起青燈，搖曳的火光映亮他孑然的孤影，想將開幽怨的詩賦末句，卻落下滿地無法俯拾的哀傷。看遍塵世煙火，望斷時移世異的臺榭焦土，曾經雕欄玉砌的繁華地，而今荒蕪的牆腳

邊，低低傳來的一縷笛聲，卻又驚動了誰孤愴的心？回首間，終不過只是悽然，慘然……

低眉細看深藏於〈江陵三夢〉裡的每一滴濁淚，於千年的輪迴中，打撈起一則則悽婉的故事，卻演不成風流不盡的長相思。百張詩箋，箋箋都寫就著一個沉沉的「悼」字，卻催不開半場風花雪月，寫不出一箋驚豔，畫不出一縷春風。她在他的夢裡，淚洗出一折折盪氣迴腸的故事，卻泅渡成他眼前一座悲慟欲絕的傷城江陵。

憶往昔，夜時她為他輕剪燭花，冷時她為他薰爐添衣，倦時她為他恭煮香茗，思時她為他蘸水硯墨……風起夢中，有她相伴的朝朝暮暮，如是遍布在漢江之畔的錦簇花影，緩緩飄進了一彎古舊的月色中。「久依荒隴坐，卻望遠村行。」他痴痴唸著墨跡未乾的詩句，心底生出隱隱幽幽的疼，已然淪陷在她悲悲戚戚的神色中，這些深深淺淺的未完墨跡便撰刻在了他來生的記憶中……

「撫稚再三囑，淚珠千萬垂。」她心裡念念不忘的是留在長安的女兒保子，夢裡託孤亦是淚垂千行。保子，保子，奈若何？他悽然秉筆，將對女兒的思念灑在字裡行間，卻聽到花落心碎的聲音。

「囑雲唯此女，自嘆總無兒。」落紅散盡，望能留下唯一花開的畫面就是女兒承歡於他膝前，可他卻把女兒扔在了遙遠的長安，這如何能讓酒泉之下的她死得安心？燭光下搖落她一地幽怨，生前為他生下五個子女，卻只留下這一個千嬌百媚的女兒，如果再有閃失，叫她如何面對元氏先祖？

「悲君所嬌女，棄置不我隨。」沉沉暮靄隔遠古，能不憶嬌女？自己終是一個孤獨的行者，在川流不息的人群，在行隻影單的月夜，即使有友情的溫暖，即使有燈火的闌珊，即使有書香的墨海，即使有明月的邀醉，也常常會陷入寂寞的深海，若是把保子接來，她能忍受這種客居他鄉的孤寂嗎？或許是自己多慮了，女兒留在父親身邊又怎會覺得孤單呢？她已經失

第二折 月臨花

去了母親,現在父親又不在她身邊,一個人跟隨膽娘寄居長安兄長之家,心裡的淒楚又有誰人會知?

想起女兒,淚水磅礡如雨。孤單寂寞時,女兒嬌媚的笑容便會如影隨形,如風追逐,如花妖嬈,攪得他心緒難安。或許蕙叢夢裡的擔憂是對的,女兒最需要的是親情的溫暖,於是這年十月,在白居易等友人的幫助下,留在長安的保子和膽娘被送到了他身邊。

和保子一起來到江陵的還有兩個不好的消息。一條是朝廷詔命原河南尹房式任宣州刺史兼御史中丞充宣歙池等州都團練觀察處置使,房式曾因「詐諉事發」被元稹在洛陽拘押,元稹更因為此事遭致貶官,此消息甫經傳來,對元稹的打擊之大可想而知,一個貪汙詐欺的犯官,卻被重用升遷,而懲戒貪官的廉吏卻被貶謫蠻荒,公理何在?另一條是對其有知遇之恩的宰相裴洎因中風,轉任兵部尚書,憲宗召回故相李吉甫再次入相位。裴洎本與李吉甫關係親密,後因一些具體問題意見相佐,從而產生隔閡,李吉甫更對裴洎產生厭惡之感,並利用〈德宗實錄〉事件,貶裴洎為太子賓客。裴洎是元稹在朝中唯一可以依靠的力量,如此一來,他的境遇也就更加窘迫了。

望著風塵僕僕的女兒保子,想著自己的不平遭遇,元稹的心猶如刀絞。保子由膽娘攙扶著站在廳下新栽的竹叢邊,不由得他憶起多年前白居易在〈贈元稹〉詩裡勉勵自己的兩句話:無波古井水,有節秋竹竿。於是,舉筆揮毫,迅疾寫下一首〈種竹〉詩,以表達自己絕不與房式、杜佑之流同流合汙的決心:

昔公憐我直,比之秋竹竿。秋來苦相憶,種竹廳前看。

失地顏色改,傷根枝葉殘。清風猶淅淅,高節空團團。

鳴蟬聒暮景,跳蛙集幽闌。塵土復晝夜,梢雲良獨難。

第七本　宮牆怨曲：安仙嬪與楊瓊

丹丘信雲遠，安得臨仙壇。漳江冬草綠，何人驚歲寒。

可憐亭亭幹，一一青琅玕。孤鳳竟不至，坐傷時節闌。

——〈種竹〉

不知是季節改變了自己，還是自己已經適應了江陵城多變的氣候，所有的寒風冰雪都在他眸底褪色成單調的白色和灰色，終只能在素淨的宣紙上寫出殘缺的心之孤本。蕙叢，他輕輕念著她的字，縱是心中裹著無限惆悵與失落，也不能將她忘懷於水天一色的茫茫霧靄。

一場風花雪月，幾度心中悽然。痴心怨戀幾人懂？總是時光荏苒。片片紛飛，彼岸曉風雨，不知何時終成歇。悄然無聲淚兒墜，心欲碎。雲月風雨不解意，唯伴伊遊。何時攜手再望？終未言。當聽說好友張季友侍御近日亦遭逢喪妻之痛，更惹起他同病相憐之痛，於是欣然落筆而詩：

爐火孤星滅，殘燈寸焰明。

竹風吹面冷，簷雪墜階聲。

寡鶴連天叫，寒雛徹夜驚。

只應張侍御，潛會我心情。

——〈獨夜傷懷贈呈張侍御〉

他獨坐案頭，一臉的冷若冰霜。再也不能替她做些什麼，只能拈來古樂府漢韻，在字裡行間的疼痛中，拾起一路的落花，織文繡字，將她在夢裡夢了又夢。

韶華易逝，光陰荏苒。花是去年紅，人是曾經好。那段被遺棄的記憶，是否已經被封印在了腦海深處？他搖搖頭，又點點頭，他明白，他和她的故事已被荏苒的時光化成了心中的悽然，從此後，她不再認識他，他也不再認識她，無論是她的孤舞，還是他的悲懷，都成了時間輪迴的俘虜。

那一場風花雪月，再也沒有可能再續；那一段溫香軟玉，再也不會回

來。他唯有在茫然中用心傾聽那些陳舊的往事，於發霉的空氣中藏著一縷香，任思緒一瀉千里，日日夜夜，都在孤寂的窗前徘徊著孤寂，在落寞的案前空守著落寞。

他信步走了出去。漢江在他眼前彎了幾個彎，月光從幽暗狹窄的碼頭一路搖晃著灑向江岸，溫柔地撫摸著已有千年歷史的青黑色老磚牆。他佝僂著身子，伸開雙手，輕輕撫摩著那堵老得不能再老的古城牆，心思卻迅即飄渺了千千萬萬里。

狹窄的城牆上錯落著凜冽的寒光，投射到同樣狹窄且高低起伏不平的青石板道上，照亮了地上那些殘敗不堪的葉子。他低下頭，望著那些被無情沉重又滿是泥濘的破布鞋輕而易舉地踏過的落葉，看它們黏連在一起，狠狠地融入青石板上，心緒壞到了極點。沒有人知道明天是否還能再踩到相同的一片落葉，也沒有人知道他的蕙叢什麼時候才會再次進入他的夢鄉，可就在這一剎那，他的目光卻定定落在了那個於斜風細雨中靜立江邊浣花的女子，這讓他冷了的心頓時升起了一點溫暖。

是她，是那夜泛舟江上時與他擦肩而過的浣花女。他憂鬱的眼神落在她粗布衣裳的清瘦背影上。儘管已是隆冬季節，她身上卻穿得很是單薄，一股憐憫之情頓時襲上他的心頭，顧不得多想，連忙踱到她身邊，將自己身上的披風脫下，替她輕輕披上。

她回過頭，瞪大眼睛驚愕地望著他，囁嚅著嘴唇，卻什麼話也說不上來。看他凍得渾身打顫的樣子，她站起身，麻利地將披風脫下，重又披到他身上，嘴角溢起一絲淺淺淡淡的微笑。

「姑娘……」他望著她手裡一枝黃色的臘梅，「妳……」想把披風再次脫下，不經意間，手卻碰在了她伸過來欲要阻止他的纖指上。

她搖搖頭，立即縮回自己冰涼的手，將臘梅舉起來，放到鼻子下輕輕嗅著，忽地一轉身，又蹲在江邊漫不經心地浣起花來。

第七本　宮牆怨曲：安仙嬪與楊瓊

「姑娘，天這麼冷，妳……」

「我喜歡浣花。」她輕輕說著，頭也不回，繼續在黯淡的月影中浣洗著手中的梅花。

「妳會著涼的。」他抬起頭，舉起雙手送到嘴邊呵一口氣，「看樣子就要下雪了，天又這麼黑，姑娘還是趁早回家歇著吧。」

「這裡就是我的家。」她淡淡地回應著。

「什麼？」

她伸手朝他身後一指。順著她手指的方向，他看到一座破舊的茅草屋，在這雨雪天中，想必也不比外面暖和多少。她沒有說話，依然執著地浣著手中的臘梅，他一直站在她身後，將她浣花的每一個動作都記在了心裡。這究竟是一個怎樣的女子？為什麼會迷戀上浣花？望著這個有些孤僻的女子，他心裡為她升起了點滴的疼痛。

她終是把花扔了出去，直到看著花枝順著水流飄逝不見，才依依不捨地站起身來，嘆口氣，將他領到她的茅屋前。她推開門輕輕踱了進去，他猶豫了一下，還是跟了進去。屋裡除了一張床具一張桌子一張凳子，幾乎什麼也沒有。她點了油燈置於案上，在凳上坐下來，指一指身後的竹床，示意他坐下說話。

「姑娘，妳是一個人？」

她點點頭：「奴家自幼父母雙亡，所以一直都是一個人。」

「這麼冷的天，妳就住在這個破草屋裡？」話完，他立即意識到自己失言，連忙掉轉過頭望向窗外，「我是說……」

「沒什麼。我在這裡住了十八年，要凍死早就不在人世上了，哪裡還能遇見客官您？」她望著他嫣然一笑，「除了瓊妹，您是這屋裡第一個客人。」

「瓊妹？」他想起那個侍奉過自己的小楊瓊,「姑娘是說楊瓊楊姑娘？」

「客官也知道她？」

「楊瓊的芳名,江陵城幾乎無人不知,我又怎能例外？」他望著她微微地笑,「那麼姑娘……」

「奴家安氏,小字仙嬪,以賣花為生,只是時已至冬,百花凋盡,所以……」

「姑娘就沒想過找個好的出路？」

「仙嬪除了種花、賣花,什麼都不會,還能找到什麼好出路？」她不無感傷地說,「奴家比不了瓊妹,既不會唱曲又不會跳舞,縱是她那樣的去處奴家也巴望不上。」

「那又不是什麼好去處。」他嘆口氣說,「姑娘就沒想嫁個好人家,安安穩穩地度過此生？」

「誰會娶我這樣的女子？」她抿嘴笑著搖了搖頭,「客官呢？是路過江陵還是……」

「妳忘了？我們見過面的。」

「我們？」她努力回憶著,卻怎麼也想不起來,望著他無力地搖搖頭,「我記不起來了。客官是？」

「六月十四晚上,在漢江上,我們……」

「六月十四？」她靜靜想著,忽地瞪大眼睛覷著他問,「客官莫非是瓊妹侍候過的那個元大人？」

「貶謫之人,何言大人？」

「難怪奴家一直覺得大人好面善呢。」她站起身,裊裊婷婷地給他作了一揖,「小女安仙嬪有眼不識泰山,還望大人海涵。」

第七本　宮牆怨曲：安仙嬪與楊瓊

「哪裡哪裡？」他伸手扶起她，手又不經意地碰在她冰涼的指上。她害羞地往後退了幾步之遠，他的目光卻追著她，落到她羞怯的眉上，半晌無語，卻是心有所動。

> 臨風颺颺花，透影朧朧月。
>
> 巫峽隔波雲，姑峰漏霞雪。
>
> 鏡勻嬌面粉，燈泛高籠纈。
>
> 夜久清露多，啼珠墜還結。

──〈月臨花〉

想著她溫婉的容顏，他靜坐案前寫下了相思不盡、驚喜無限的〈月臨花〉。只是那時的他，和安仙嬪都被蒙在了鼓裡，原來這次邂逅居然是摯友李景儉特意替他們安排的。那次泛江玩月，李景儉情知他對安仙嬪情有獨鍾，卻因為韋叢去世不久，不便在他面前提起婚娶之事，於是就把這事蹉跎了過去；現在眼見保子被送到江陵，雖說家中有膽娘幫著照應，但沒個主母，家始終不成其家，於是便心生一計，和張季友一起設計了他和安仙嬪的巧遇，讓他們彼此都在對方心中留下了深刻印象。

在李景儉的幫助下，他終是迷戀上了那個嬌弱的浣花女。在她溫潤眸光的迴轉裡，就連寂寞也變得流光溢彩起來。「臨風颺颺花，透影朧朧月。」他每天都沉浸在那夜相遇的情境裡不能自拔，將她「鏡勻嬌面粉，燈泛高籠纈」的嬌俏模樣想了又想，憶了又憶，一種平和的滿足與愜意在心頭油然而生。

「巫峽隔波雲，姑峰漏霞雪。」他望著窗外的雪花笑了又笑，在他眼裡，因為耐得住寂寞，雪花才顯得凝香蘊秀；因為耐得住寂寞，人生才會變得花團錦簇；因為有了她浣花的身影，寂寞才會變成一種幸福。再回首，人生終在她娉婷的步履中烙成一道美如詩畫的長卷，他淺笑而歌，與

寂寞同坐窗前，看那風過無痕，聽那細雨有聲，在字裡行間灑下夢的花瓣，綻開一朵與她相聚的奇葩，將屬於他和她的一支新曲在心尖輕譜。

第三折　雨點荷心相思債

　　她對著那面斑駁的牆，在別人的故事裡，流著自己的眼淚，水袖長裙，兜兜轉轉，咿咿啞啞，一唱就是三年。青色的戲衣，白色的月光，素色的花朵，透明的酒杯，無形的人……她唱盡千嬌百媚，唱盡悲歡離合，唱盡夢寐以求，唱盡生離死別，唱盡窮困潦倒，唱盡多愁善感，唱他新賦的詩，唱她新譜的曲，只是誰來成全她和他詩意的夢境？

　　三年了，她每天都守在他深深的惆悵裡，無聲地悲愴著他的悲愴。嫁作他妾室的那年，禍事也接二連三地在他身邊次第降臨。元和六年，衡州刺史呂溫在任上去世，那是支持永貞革新的志士，更是他志同道合的友人；同年，宰相裴垍也因病身亡，那是對他有知遇之恩的長輩，更是他朝中堅定有力的後盾。乍然聞聽這兩個噩耗，一夜之間，他的鬢角便又添了一叢白髮。元和六年三月，對自己關照有加的荊南節度使趙宗儒調回京師任職；元和八年，與自己同風雨共患難的摯友李景儉離開江陵別任，眼巴巴看著故交好友死的死，走的走，他唯有於悲慟中詩箋題悲情，對月獨酌，任淚水漣漣褥席；而她卻只能躲在寂寞的江畔，在他佝僂的身影外，任幾多濃情終成虛化，焚詩斷情冷月浣花魂，悽悽零零，如同皮影。

　　荊兒。她輕輕搖著熟睡中的幼子，喃喃喚著他的乳名。那是她和他的兒子，是他們美好愛情的結晶。荊兒望著她咧開小嘴呵呵地笑，卻還不知道娘的心裡埋了多少苦楚藏了多少怨恨。他還太小，剛滿兩歲的孩子又能懂些什麼？荊兒笑起來非常可愛，楊瓊一有空就會跑來抱一抱他逗一逗他，親著他嫩嫩的小手說這孩子真會笑，長大了一定會跟他爹一樣英俊迷

第七本　宮牆怨曲：安仙嬪與楊瓊

人。是嗎？她不置可否地望著楊瓊嘆口氣，心底升起巨大的失落感。她有多少年沒見過元積臉上的笑容了？他的笑對她來說就是一種奢侈，成親三年，他眉間深藏著的除了憂鬱就是惆悵，難道，他真的沒有真心實意地喜歡過自己？

　　她攬鏡自照，鬢角居然有了一絲銀霜，一絲悲涼不由得從心底浮到眉梢，頓時冷了心驚了魂。江畔，誰又唱響了那曲哀婉慟絕的〈長相思〉？聲調珠圓玉潤，莫不是楊瓊又在花舫之中為他甩起水袖，唱起新學的豔詞俚調？他說過他是真心喜歡自己的，可他為什麼還要三天兩頭地跑出去找楊瓊一起喝花酒？還有那個張季友，當初是他和李景儉一起作伐讓她成了他的妾，可他為什麼對她的處境置若罔聞，卻成天陪著他一起花天酒地？或許，男人都是一個德性，自己又為何要因為他的過錯而傷心難過？

　　荊兒。她輕輕吻著兒子的小手，心揪成了一團一團。思念的月光透過竹簾，灑在兒子形單影隻的肩頭，她只能傾耳聆聽著遠處感傷的曲調，看風鈴在廊下搖擺，卻等不回夜夜晚歸的他。她才二十出頭，這樣的日子究竟要熬到何時才是個頭？

　　烏雲密布在天空，卻不能將明月染黑；北風呼嘯在天地之間，卻吹不散漫天的繁星。雖然已將窗戶關上，但風還是透過縫隙吹了進來，吹散了燭煙，吹冷了相思，卻吹不斷淒涼吹不滅孤寂。院裡的桃花開得正豔，卻被這急風驟雨吹得四散飄零，亦如她孤苦無依的身世，不知又將會被吹落到哪裡。吹吧，她緊抿著嘴唇，隔著窗紗望著隨風飛舞的落花，淺淺淡淡地笑著，吹吧，吹到哪裡就落到哪裡，就像她，被吹進了元家宅院，又被吹落在他溫暖的眸光之外，找不到落葉歸根之處，只是，天亮了，她又要拿起花鋤將落花收攏，再做一轉身世淒零的浣花女了。

　　荊兒。她緊緊攥著兒子的小手，附著他的耳朵低聲呢喃著。你爹不會丟下我們母子的，他不會的。她是他的妾，離開了他，她和那風中凋零的

第三折　雨點荷心相思債

落花又有什麼分別？儘管沒有妻的名分，可面對他的冷漠與無視，她還是會莫名的悲傷。難道這就是愛情？她深深愛戀著他，可那個曾經與她海誓山盟的他現在又在哪裡？她抬頭望著已經倚靠在牆頭的明月，靜靜守在新婚的甜蜜記憶裡暗自傷懷、黯然神傷，時過境近，她和他之間那原本美好的戀情，現在卻成了她心底最大的心傷！

望著鏡中憔悴的面容，她將眼角的淚痕偷偷拭去，要將為他流下的淚全部掩藏起來。只是，鏡中的人還是她嗎？為何她的額頭出現了一絲與自己年齡不符的滄桑，難道這就是為情所傷的代價嗎？

月漸西斜，她在它朦朧的影子裡看到它內心深處和她一樣的傷痕累累。長夜孤寂，廣寒宮裡的嫦娥怕不會也想起后羿了吧？她獨守空房，嫦娥受困廣寒宮，原來她們的境遇卻是如此的相似，只是，她們也共有著一份心傷嗎？是嗎？她舉起案頭他喝剩的殘酒，一口一口往嘴裡倒去，醉眼朦朧地望著天上的月亮發問：嫦娥仙子，妳也和我一樣，朝朝暮暮都守著一份無望的愛情沉醉在無盡的孤獨之中嗎？她嘻嘻哈哈地笑，都說愛情叫人肝腸寸斷，終究還不是杯中那點醉生夢死？究竟，什麼才是真，什麼才是假？茫茫紅塵，又有幾許人可以思量？只可惜，春恨秋悲皆自惹，究竟，花容月貌又為誰妍？

回頭，瞥一眼放在枕畔還未縫製好的新綢衣，心卻更加惶惑不安起來。那是她省吃儉用，用賣花攢下的積蓄，託楊瓊從杭州買回的上等料子。成親三年，他從來沒做一件新衣裳，每天都穿著從長安帶來的破衣爛衫去廳上辦公，哪裡還有一點點朝廷命官的樣子？每次看到他穿得破破爛爛地出門，她心裡就覺得不是滋味，縱使家裡再窮，縱使官職卑微，男人的面子總還是要的，如果自己都不在意自己的形象，別人又怎麼會打心眼裡瞧得起他呢？為了不讓他在同僚面前丟臉，不讓他成為他們眼裡的笑話，她日日夜夜坐在窗下替他趕製綢衣，針針線線，每縫一針就將她一滴

第七本　宮牆怨曲：安仙嬪與楊瓊

濃情蜜意補了進去,可他呢?他居然撇下自己和兒子,在外面風花雪月,心裡還當她是他的親人嗎?輕輕踱到床邊,她深深地嘆息,挑起綢衫,剛想穿針引線,冷不防卻陡地落下一張泛黃的詩箋。她蹙了蹙眉,捧起詩箋仔細端詳起來:

風行自委順,雲合非有期。神哉心相見,無眹安得離。
我有懇憤志,三十無人知。修身不言命,謀道不擇時。
達則濟億兆,窮亦濟毫釐。濟人無大小,誓不空濟私。
研幾未淳熟,與世忽參差。意氣一為累,猜仍良已隨。
昨來竄荊蠻,分與平生隳。那言返為遇,獲見心所奇。
一見肺肝盡,坦然無滯疑。感念交契定,淚流如斷縻。
此交定生死,非為論盛衰。此契宗會極,非謂同路歧。
君今虎在柙,我亦鷹就羈。馴養保性命,安能奮殊姿。
玉色深不變,井水撓不移。相看各年少,未敢深自悲。

　　　　　　　　　　　　　　　——〈酬別致用〉

這不是半年前他送李景儉李大人離開江陵時做的詩嗎?「達則濟億兆,窮亦濟毫釐。濟人無大小,誓不空濟私。」她輕輕唸著他的詩句,心裡突地「咯噔」了一下,「玉色深不變,井水撓不移。相看各年少,未敢深自悲。」字裡行間,無不充斥著有志不得伸的悲愴寒涼之意。時隔半年,他居然又把這首詩翻揀了出來,看來他心底的確藏了很多無法與人言及的苦楚,莫非,真的是自己錯怪了他?他去找楊瓊花天酒地,只是為了排遣積壓在內心的痛苦?可為什麼他就是一個字也不肯在自己面前提起,難道他根本就不把她當成自己人看待嗎?

他喝得醉醺醺地回來,一邊打著酒嗝,一邊斜睨她一眼,瞟著睡得正香的兒子元荊:「荊兒睡了?」

第三折　雨點荷心相思債

　　她起身給他倒了一杯濃茶，輕輕遞到他手邊：「相公，以後別這麼晚回來，好嗎？」

　　「妳少管我的事！」他重重推開她，一杯濃茶潑了一地，打碎的茶碗在地面上骨碌碌打著轉，一直滾到她的腳邊。

　　「相公！」她忍住眼淚緊緊盯著他，「荊兒已經唸叨你一整天了。他還小，他不能沒有父親！」

　　「我不是還沒死嗎？」他狠狠瞪她一眼，「安仙嬪，以後管好妳和兒子的事就好，我的事，妳少管！」

　　「我不想管你的事。」她渾身打著冷顫，「你怎麼冷落我，我都不會有怨言，可是荊兒還小，他需要父親的關愛。還有保子，當初你是怎麼答應韋姐姐的，可你現在又是怎麼做的？」

　　「妳在教訓我？」

　　「妾身不敢。」她轉身拭去眼角的淚水，又替他倒了一碗濃茶，恭恭敬敬地遞到他手裡，「我知道，知道你心裡苦，可是，可是孩子們是沒有錯的。我只求你多分點心思關愛一下保子和荊兒，他們需要你，他們……」

　　他接過茶碗，悽悽然走到案邊，一邊呷一口茶，一邊鋪開筆墨紙硯，迅速在宣紙上寫下一首蕩氣迴腸的五言律詩：

　　江春今日盡，程館祖筵開。
　　我正南冠繫，君尋北路回。
　　謀身誠太拙，從宦苦無媒。
　　處困方明命，遭時不在才。
　　踰年長倚玉，連夜共銜杯。
　　涸溜沾濡沫，餘光照死灰。
　　行看鴻欲翥，敢憚酒相催！

第七本　宮牆怨曲：安仙嬪與楊瓊

拍逐飛觥絕，香隨舞袖來。

消梨拋五遍，娑葛漉三臺。

已許尊前倒，臨風淚莫頹！

──〈三月三十日程氏館餞杜十四歸京〉

寫罷，將手中的筆奮力扔到窗外，忽地掉轉過頭，望著她悲悲戚戚地說：「杜元穎杜大人走了。」

「杜大人？」她嚇了一跳，「杜大人他怎麼了？」

「他回京城了。」

她看到他眼裡湧出了渾濁的淚水，不無心疼地走上前，伸開手替他輕輕捏著肩：「天下沒有不散的筵席，相公要想開才是。」

「我不是想不開，我是替杜大人高興。」他盯著她悽悽惶惶地笑，「可我……」

「相公……」

「我……仙嬪……」他悲不自勝地握住她纖若柔荑的手，「對不起，我不是故意的，我……」

「我知道。我都知道。」

「呂大人去了，裴大人去了，趙大人走了，致用兄走了，現在元穎兄也走了，就剩下我一人在這裡，我……」

「相公，你不是只剩下自己一個人，你還有妾身，還有荊兒，還有保子，還有膽娘……」

他點點頭，又搖搖頭。「我想帶著妳和孩子們一起回長安，回咸陽原給元氏先祖磕頭歸宗，可是……」

「會有那麼一天的。」她安慰著他說，「大家都走了，相信不久的將來

就會有好消息傳來。」

「妳願意跟我回長安？」

「我是你的妾室，縱是天涯海角，你走到哪裡，我都會跟到哪裡。」

「仙嬪……這些日子，讓妳受委屈了。」他張開雙臂，將早已淚如泉湧的她緊緊擁入懷中，「我不是個好丈夫，更不是好父親，可妳要相信我，我沒有做任何對不起妳的事情，我跟楊瓊……」

「我相信，你說的話，我都信。」她伸開手，輕輕摀著他的嘴巴，潸然淚下地望著他，哽咽著說，「都是我小氣，我總是胡思亂想，我不是個好女人。」

「妳是，妳是天底下最好的女人。」他輕輕吻著她的額頭，「是我不知道珍惜妳，是我不好。」

原來他心裡有的只是她安仙嬪。偎在他溫暖的懷裡，她緊蹙的眉頭終於露出一絲淺淡的笑意。這麼好的男人，她算是揀到寶了，縱使他在外面花天酒地，回到家中還是她一人的丈夫，那些擔心和疑慮，只不過是她庸人自擾罷了。

那一夜，她病了，發起了高燒。她自幼體弱，總是小病不斷，本以為吃幾劑藥就應付過去了，沒曾想這次卻發作厲害了，連續一個月都不能下床走動。他一直守在她身邊，就像一年前他生病的時候，她終日衣不解帶地守在他的床邊，寸步不離。仙嬪，他緊緊攥著她冰涼的手，心裡裹著層層的驚懼和擔憂。那年，蕙叢就是這樣毫無預兆地突發疾病，離己而去，這一回仙嬪是不是可以安然度過災噩還是個未知數，若是她也有個三長兩短，可叫他和孩子們怎麼活啊？仙嬪，他在心裡把她的名字唸了成千上萬遍，輕輕撫著她滾燙的額頭，一邊侍候著她喝下膽娘剛熬好的草藥，一邊望著面色蒼白的她輕輕唸叨著，妳一定要好起來啊，一定！

第七本　宮牆怨曲：安仙嬪與楊瓊

「相公，公務要緊，有膽娘在家陪著我，你就安心去廳上辦事吧。」她勉強著支撐起身子，輕輕咳著囑咐他說。

「放心，我已經跟嚴綏嚴大人和監軍使崔大人請過假了。」

「你怎麼能為了妾身請假？」她緊緊皺著眉頭，「這一大家子人都指著你的俸祿過活，況且我這身子每天喝藥也得費不少銀子……」

「錢的事妳不用操心。」他扶她重新躺好，「放心，嚴大人不會剋扣我的俸祿，他還派人送了很多補藥給妳呢。」

「替我好好謝謝嚴大人。」

「我會的。」他替她蓋好被子，「好了，別再多想了，好好睡一覺發發汗，興許醒過來就好了呢。」

「好？」她嘆口氣，「我這個病我自己清楚，是從小落下的病根，年年都要發作，這回發作厲害了，想必……我只是放心不下你和兩個孩子……」

「別胡思亂想。」他安慰著她，可心裡卻升起一種不祥的預感。

這預感很快就在保子的驚叫聲中得到了驗證。那天，他正在院裡幫著膽娘劈柴，忽地看到保子大聲驚叫著從安仙嬪的房裡慌裡慌張地跑了出來，心頭不覺一凜。

「怎麼了，大驚小怪的？」他扔下斧頭，緊緊瞪著面色發白的保子，緊張地問著。

「二娘她！二娘……」

「二娘怎麼了？」

「二娘吐血了！」

「什麼？」

他拔開腿，飛也似地跑進她的房間。她已經聽到保子的叫聲，正勉強著撐起身子，將那塊吐了血的絹帕艱難地往床下塞去。

「仙嬪！」他搶先一步，從她手裡奪過血帕，淚水頓時如決了堤的潮水飛快地湧出來，「妳，妳怎麼能瞞著我？妳……」

「相公……」

他蹲下身子，從床下掏出五六塊沾了血的絲帕：「這……」

「我……」

他無法譴責她什麼，心猶如刀割般疼痛。或許這就是他命中的劫，第一次見她，他就覺得他們的愛情會像曠野上獨自生長的花朵一樣，有著美麗，有著冶豔，卻也有著不羈的孤獨，會在絢爛中綻放出前世的憂傷。他該如何是好？當初，路過她浣花的身影時，一襲芳香，早已誘惑和俘虜了他多情的腳步，可現在，又讓他怎樣看著她孤獨地離去，看著她像蕙叢一樣永遠消逝在他的眼前？老天爺啊，這都是為什麼啊？他和她，明明本都在紅塵之外，卻為何要讓他們在塵世之中相逢？既然讓他們相逢，為何又要讓他們別離？難道這就是愛情，這就是人生？難道天注定要他元積一輩子都沿著寂寞飛過的弧跡，只聽那夜半的鐘聲，一個人輾轉到天明嗎？

風吹竹葉休還動，

雨點荷心暗復明。

曾向西江船上宿，

慣聞寒夜滴篷聲。

——〈雨聲〉

冰封了很久的心門，在瞥見她以後才溫暖暗生，他又怎能做到置她於此岸，置自己於彼岸？外面下起了零星小雨，抬頭，望著初夏季節弦月的脊背，低頭，望著她嘴角的悽婉，他唯有於悲愴中，獨自品味著在詩箋上新寫的〈雨聲〉，任子然一身的傷悲都拋於荷心之中，在月光裡搖曳下半生淒零。

在風中,她給了他纖細的花瓣,也給了他心與夢的距離,讓他守在她身邊,卻無法再將那句句誓言和諾言說起。說愛她一生一世嗎?明明知道已經無法與她共守一生,又如何忍心再用花言巧語騙她哄她?

「風吹竹葉休還動,雨點荷心暗復明。」窗外,風吹竹葉,雨點荷心,他低眉頷首,無意間讀取了她滿眼的相思,深深惆悵,只想在她溫暖的心香裡醉去,卻襲得一身寒夜的淒冷,竊得一幕蒼遠的星光。他在心裡聲聲念她的名字,卻依舊挽回不了她憔悴的紅顏。或許,天注定,她只是他今生的愛戀,卻無法成其今生的永遠。

「曾向西江船上宿,慣聞寒夜滴篷聲。」曾經共她西江船上夜宿,已經習慣了冷雨滴篷的聲聲蒼涼,只是,以後的日子裡,他將怎樣牽緊她失去溫度的手,再共聽一曲雨中滴荷?

人是無法跟命運抗爭的。他淚眼朦朧,在她柔若無骨的手背上深情一吻。這就是命運,或許,他們終究走不出注定的陰霾,但黯淡的心空卻有著彼此守候的位置。為她,為這個浣花只為共他一生一世的女子,即使拋一世的情,繾綣一生,即使拋一世的夢,在痛苦裡蒼老今生,他也無怨無悔。只是,他的痴痴戀戀,是否還能換回她花魂夜夜歸?

他不知道,他什麼都不知道。落英繽紛的桃花穿過被風掀起的窗紗,輕輕飄落在他瘦削的肩頭,他伸手揣一把花紅,輕輕擱在她沉香的枕畔。沒曾想,本非浣花之人,卻生得憐花之心,今夜,他無法將她的容顏在未來尋覓,無法溫暖溼潤的眸子,更無法收穫相思,但卻可以在輕輕淺淺的雨聲中靜靜望她,念她,為她寫下一首悲愴的詩歌。

第四折　雲雨兩無期

　　林花謝了，春紅太匆匆。

　　雨疏風驟，海棠依舊。知否，知否？應是綠肥紅瘦。

　　念相思，柔腸寸寸傷欲斷。楊柳相望，竟剩空枝飛舞，難掩心事婆娑。他低眉靜默，依然站在江的這頭，看天外的她，不望清角吹寒的黃昏，不望長河落日的荒涼，只言琵琶弦上彈相思，只言鴛鴦緞上共枕眠，將夙願綴滿衣襟，在風中繪一紙水墨丹青，畫出陌上十里春光，卻是難解舊愁。

　　綠色的藤架上，掛著豐盛的果實，然而，他始終沒在它的心扉裡找到遺失的愛情，那麼，遠去的她，還會在氤氳的夢裡繼續等著他嗎？往事似一曲相識的笛音，在時間的流逝裡倏然響起，凝眸，窗外池塘裡的荷花還未謝去，只是回首間，伊人已不在。

　　夜靜了，月倦了，清風徐來，吹過簷頭，捲起舊了的紗簾，勾起他無限相思。念她在心間，此情無計可消除，才下心頭，又上眉頭。明月清風寄他一簾幽夢，眾裡尋她千百度，驀然回首，那人卻在燈火闌珊處，而他卻牽扯不起一點一滴的溫存。緩緩的一點憂鬱，徒然增添了這個季節悲愴的滋味，一個人，孤孤單單地走在寂寞裡，迷迷惘惘，冷冷清清，終換得惆悵失意、憂鬱悲悶，亦終於明白，擦肩而過後，已與她漸行漸遠，咫尺天涯。

　　嘆，紅顏易失，韶光易逝，煙花易冷，世間最美好的事物總是不常在。凝眸，曾經的雕欄玉砌猶在，只是朱顏改，她不在，他又能珍重些什麼？昨宵好夢未能圓，醒來才發現觸眼微痛，疑是夢裡又落淚了，而這一切，只不過是因為她的寡淡和他的不捨，到底，什麼時候，才能不再讓他為她

第七本　宮牆怨曲：安仙嬪與楊瓊

傷心難過？雨打窗櫺，溼透紗簾，紅了櫻桃，綠了芭蕉，轉瞬之間，往事已成空，事事漫隨黃沙，還如一夢中，而他，依然靜候在流水落花中，念她自在心頭。

　　時光可以讓晝夜轉換，讓季節輪迴，可為什麼不可以讓他和她走過的歲月重來一次？如果可以，那麼，那些後悔的事，那個錯失的人，都不會成為生命裡永恆的遺憾；如果可以，那麼，那個守在季節裡的容顏，怎會被歲月輕易辜負；如果可以，那麼，那個等在常青藤下的少婦，又怎會被時間蹉跎成一尊望夫石？

　　歲月如歌，音逝風中，曲終人散時，還有誰會關注起那個黑暗角落裡獨彈斷琴的他？時光荏苒，覆水難收，宴罷舞止時，還有誰會在意那個水雲深處孤舞霓裳的她？轉身離去，他和她終成彼此生命中的過客，那段有他亦有她的歲月裡演繹的歌舞，終於褪去華麗的色彩，那麼，他們何時還能依偎在那春天的辛夷樹下，一起笑看風月、暢所欲言？

　　畫橋流水，雨打落葉飛不起；夜破黃昏，窗外梧桐孤獨影。她不在，下雨的夜晚，只餘他一顆孤寂的心，在雨中慢慢破碎，再也無力收拾。抬起頭，清風吹開那似有還無的情愫，繁花似錦的夢境裡依舊供著美麗的虛無，原以為看得明明白白的前塵往事，只不過是曾經滄海的夢幻，用手抓著就有無窮的落空感。

　　想躲開那種虛無，那風開的片段卻又是吹不散的糾纏，還有那些經不起的憂傷，經不起記憶的過去，需要佛祖才能可憐的悲憫，也都在時刻傍徨著他惆悵的心靈，將他的悲慟感傷層層撕裂。他深深淺淺地嘆，所有的一切，都經不起似水流年的洗涮，對往事的追憶，與對她的思念，到最後，終究還是化成了那漫天的淚雨，在他落寞的窗前滂沱。

　　元和九年，唐憲宗在宰相李吉甫、武元衡的支持下，決心削平不受朝命的藩鎮，並把矛頭對準了重鎮淮西。淮西自李希烈以來，節度使均由軍

中擁立，專制一方，這一年節度使吳少陽病逝，其子吳元濟圖謀繼立，匿不發喪，偽造少陽表，稱病，請以元濟為留後，朝廷不許。吳元濟未償所願，索性發兵侵擾鄰境，焚舞陽、葉縣，攻掠魯山、襄城、陽翟數座城池，戰火很快便延燒到與蔡州相鄰的唐州，直接威脅到朝廷的安危。憲宗接報後震怒，立即下令發兵討伐。時河北藩鎮中，成德節度使王承宗、淄青節度使李師道都暗中與吳元濟勾結，不僅出面為之請赦，還暗中遣人偽裝盜賊，焚燒河陰糧倉，企圖破壞唐軍的軍需供應。

與此同時，於元和六年三月接任趙宗儒為荊南節度使的嚴綬奉調為山南東道節度使兼淮蔡招討使，監軍崔潭峻受命同行，任為監軍使。嚴綬和崔潭峻啟程赴任之際，按照朝廷慣例帶走了荊南節度使府的一批僚屬，時任江陵士曹參軍的元稹也在其列。

早在元稹以監察御史的身分出使東川之際，嚴綬就因任敬仲一案遣西川「女校書」薛濤前往梓州陪侍元稹，雖然元稹公事公辦，沒有放過任敬仲，卻在和嚴礪等貪官汙吏的鬥爭中保住了任敬仲的性命，所以嚴綬走馬上任後，非但沒有為難元稹，反而對其另眼看顧，無論在公務還是生活上，都對其關照有加。而崔潭峻雖然身為宦官，卻與當初和元稹結怨的仇士良、劉士元等人分屬兩個幫派，所以對元稹也頗為禮接，不以椽吏待之，常常向其索要詩章諷誦。關於他們親密的僚屬關係，元稹有詩為證：

謝傅知憐景氣新，許尋高寺望江春。
龍文遠水吞平岸，羊角輕風旋細塵。
山茗粉含鷹觜嫩，海榴紅綻錦窠勻。
歸來笑問諸從事，占得閒行有幾人？
　　——〈早春登龍山靜勝寺時非休浣司空特許是行因贈幕中諸公〉

第七本　宮牆怨曲：安仙嬪與楊瓊

謝公愁思眇天涯，蠟屐登高為菊花。

貴重近臣光綺席，笑憐從事落烏紗。

萸房暗綻紅珠朵，茗碗寒供白露芽。

詠碎龍山歸去號，馬奔流電妓奔車。

——〈奉和嚴司空重陽日同崔常侍崔郎中及諸公登龍山落帽臺佳宴〉

　　就在元稹以「唐州從事」的身分充任嚴綬設在唐州的招討使府的慕僚，積極協助辦理征討淮西的一些具體事務之際，遠在江陵的安仙嬪卻已病入膏肓。為照顧病中的小妾，他本不想跟著嚴綬到前線參戰，但嚴綬和崔潭峻多次找他談話，推心置腹地告訴他，如果建功立業，將是返回朝廷的大好機會，要他三思而後行。安仙嬪得知這是丈夫可以早日回到長安的絕佳機會後，顧不上自己病重，抱著兩歲的兒子元荊跪倒在他身前，嗚咽著求他看在孩子的分上，不要為她一個微不足道的小女子錯過這千載難逢的大好時機。

　　「有膽娘在家侍候我，你還有什麼放心不下的？」安仙嬪睜著深陷的眼睛望著他，「相公若不肯前往唐州，妾身縱是粉身碎骨，也無法面對元家列祖列宗，更何況朝廷正是用人之際，一旦反賊被誅，大好的前程就會在前頭等著相公，怎能因為妾身就輕言放棄？」

　　就因為她這一句話，他跟著嚴綬來到了唐州。可他沒想到，他真的來錯了。她走了，他都沒來得及看她最後一眼，送她最後一程，以後的以後，他只能在孤獨裡遙遙凝望，只能於月下獨自思量，那混沌的淚水，宛若尖銳的沙礫一樣被他緊緊握在手中，比憂傷還要疼痛。在這楓紅滿地的季節，他無法收穫溫暖，無法收穫舉案齊眉，更無法收穫白頭偕老，唯有走在寂寞的相思裡，從日出到日落，將她的喜怒哀樂、嬌嗔痴怨，一一記上心頭，再將它們點點、滴滴，和著心傷，在暗夜多情的燈盞裡，用情用詩，照亮他和她夢中相會的那條小徑。

第四折　雲雨兩無期

　　閒窗結幽夢，此夢誰人知？
　　夜半初得處，天明臨去時。
　　山川已久隔，雲雨兩無期。
　　何事來相感，又成新別離。

——〈夢昔時〉

「閒窗結幽夢，此夢誰人知？」夢著她走近的腳步在他身後輕輕響起，仰望冰冷的銀月，失落、惆悵和空虛，伴著悲愴的情緒，都在涼光似水的窗前結成不絕的哀慟，令人窒息，彷彿所有的日子都要在煉獄中度過。只是，往事如煙，又有誰知道她夢裡徬徨，洞悉他夢外心傷？

「夜半初得處，天明臨去時。」她總在夜半欣然入夢，又在天明悵惘離去。醒來時，花前月下的眷戀還歷歷在目，只是斷鴻聲裡，卻不能重逢她舊時的那一抹馨暖的笑靨。輕揮衣袖，揮不去她前世今生的千絲亂；梨花開盡，綻不開他深鎖眉頭的萬般愁。他終是一個孤獨的行者，若是金風玉露一相逢，又哪得朝朝暮暮、情情愁愁，終日紙上畫白頭？

「山川已久隔，雲雨兩無期。」和她已隔得太遠太久，猶記得，情深時稱她為妻，倦怠時喚她為卿，別是一番滋味在心頭。只是，花若離枝何時再會，金玉良緣何日再續？他日雕梁雙燕歸來時，是否還能陌上與君再相逢？

「何事來相感，又成新別離。」暮雲千重，盛放的舊枝，何處留有她的蹤跡？仙嬪，如果愛，請深愛，請妳伸出溫暖的手，與我一起戀上紅塵的細語。他淚眼朦朧，已然分不清棲身於哪一重雲煙，也許這一生，注定的緣盡，遇見離別與廊下的一叢菊花謀宿命，陌間相顧，終只換得擦肩折身各自天涯的淒離。

　　舉頭望空，所有的笙歌琴音收停於一個指勢。繁華散盡，他束起三百

第七本　宮牆怨曲：安仙嬪與楊瓊

詩箋，洗去硯裡的徽墨，一遍遍地回憶，從沒放棄心中虔誠的希冀。若隱若現的星河裡可有他獨愛的那一顆？近了，清晰了，那顆最亮的星星，終於朝他眨著嫵媚俏皮的眼睛，如萬語千言般向他傾訴著別後的牽念。他細細地端詳，耐心地傾聽，彷彿她踏著輕盈的腳步緩緩而來，只是一轉眼，光陰的流逝裡卻又滿是他蹣跚的背影……

第八本
仕途沉浮：裴淑

第一折　君恨我生遲

　　早春二月，乍暖還寒。元稹望著窗外次第吐出新芽的柳枝，心痛猶如刀攪。他以瑤琴為典，以詩詞為押，向冬天辭行，趕著一匹白馬，和浣花人指尖的桃花一起，逃過冬月的足印，在裊裊迷煙、空濛雲藹中，欣然走進早春水墨的畫中，依稀又見那一襲青衫，在江陵城邊的碼頭佇立等他，相約與他一起踏青賞月。

　　他深陷的雙眸汪出了渾濁的淚水。他知道，此去經年，今生今世也只能與她遙遠凝望，不能再共。聽樹上雀鳥的啼叫，好似庾及之當年雪夜中彈奏的那首〈烏啼引〉，悽悽婉婉，悲悲戚戚，只得輕輕鋪開筆墨紙硯，在詩箋上畫她眉如春黛、眼如秋波。

　　安仙嬪的棄世，令元稹沉浸於巨大的悲慟之中無法自拔，在回江陵料理完安氏的喪事後，他才強打起精神重新回到戰場，化悲痛為力量，積極參加了討伐吳元濟的軍事行動，在槍林彈雨中出入，並代嚴綬撰作了氣吞山河的〈代諭淮西書〉、〈祭淮瀆文〉，勸諭叛軍爭取「自新之路」，警告吳元濟立即放棄「非望之志」。然而，他沒想到的是，就在他冀圖為國立功、為民平叛之際，卻突然接到了朝廷將其調離前線返回京城的命令。

　　這是一個有預設的陰謀，是與其有隙的宦官集團一手炮製的。因與「永

第八本　仕途沉浮：裴淑

貞革新」派成員關係密切，元稹早就被大宦官集團的成員們恨之入骨，所以才於元和五年發生了敷水驛爭廳事件，直接導致其被貶江陵的不公境遇。巧得很的是，當年在敷水驛和元稹發生過劇烈衝突的宦官仇士良居然被任命為權過節度使的淮西行營監軍使，而仇士良的後臺則是扶立憲宗登基，一向在朝為所欲為的大宦官頭目吐突承璀。

吐突承璀於元和四年，以諸道行營兵馬使招討叛軍王承宗時，因宰相裴洎、李絳、崔群、白居易、獨孤郁等人的彈劾而被降為軍器使，繼又出貶淮南監軍，但憲宗與吐突承璀的關係一向親密，為了召其回朝，竟於元和九年罷宰相李絳相位，旋即又出其為華州刺史，而吐突承璀則得以被重新登堂入室，出任禁軍中尉。吐突承璀還朝，仇士良等人雞犬得道，自然要開始清算舊帳，很不幸的是，元稹首當其衝，為了不讓其在淮蔡第一線有立功升遷的機會，宦官集團聯手對其進行迫害，很快就將其調離前線，召回長安。

臨別之時，同在淮西前線的摯友竇鞏前往相送，作詩〈送元稹西歸〉相贈：

南州風土帶龍媒，
黃紙初飛敕字來。
二月曲江連舊宅，
阿婆情知牡丹開。

————竇鞏〈送元稹西歸〉

此時的元稹與竇鞏一樣，根本沒有覺察到召其還朝是吐突承璀等人的陰謀，錯誤地以為此次還京，如「涸魚」得水，似「僵燕」逢春，大有被重新重用而「期紫閣」的希望，其還朝後寫給由白居易介紹新識的詩人盧拱的〈酬盧祕書〉詩即表露了這種欣喜之情：

第一折　君恨我生遲

偶有沖天氣，都無處世才。
未容榮路穩，先踏禍機開。
分久沉荊掾，慚經廁柏臺。
理推愁易惑，鄉思病難裁。
夜伴吳牛喘，春驚朔雁回。
北人腸斷送，西日眼穿頹。
唯望魂歸去，那知詔下來。
涸魚千丈水，僵燕一聲雷。
幽匣提清鏡，衰顏拂故埃。
夢雲期紫閣，厭雨別黃梅。
……

——〈酬盧祕書〉

但他很快就清楚意識到，這次還京不僅失去了為民平叛、為國立功的機會，就連政治前程也很難預料，而當初勸他參戰的嚴綏和崔潭峻面對吐突承璀和仇士良聯手對其進行的迫害卻視而不見，於是，接下來他又在〈酬盧祕書〉詩中宣洩了心中不滿的情懷：

……

劇敵徒相軋，贏師亦自媒。
磨礱刮骨刃，翻擲委心灰。
恐被神明哭，憂為造化災。
私調破葉箭，定飲塞旗杯。
金寶潛砂礫，芝蘭似草萊。
憑君毫髮鑑，莫遣翳莓苔。

——〈酬盧祕書〉

第八本　仕途沉浮：裴淑

對失去立功升遷的機會，元稹自然不無怨憤，歸田的念頭油然而生，其〈歸田〉詩云：

陶君三十七，掛綬出都門。
我亦今年去，商山淅岸村。
冬修方丈室，春種桔橰園。
千萬人間事，從茲不復言。

──〈歸田〉

儘管如此，時隔五年重歸家園，元稹的心情還是沉痛並欣慰著的。這時候，白居易、李紳、李建、張籍、楊巨源、李景儉、劉禹錫、柳宗元等摯友故交都已返回京師，久別重逢，自然少不了嬉戲酒宴、詩歌酬唱，好不快樂。他們整日嬉遊，流連忘返，一次結伴到城南遊春踏青，面對眼前的美景，眾人你一首我一首地酬唱，詩歌的吟唱聲此起彼伏，一直都沒有停止過。

白居易有〈仇家酒〉詩云：

年年老去歡情少，
處處春來感事深。
時到仇家非愛酒，
醉時心勝醒時心。

──白居易〈仇家酒〉

元稹酬和篇〈和樂天仇酒家〉詩云：

病嗟酒戶年年減，
老覺塵機漸漸深。
飲罷醒餘更惆悵，
不如閒事不經心。

──〈和樂天仇酒家〉

其時，楊巨源正在京城任祕書郎，因元稹的緣故，白居易早對其名如雷貫耳，但苦於一直沒機會碰面，這次是兩位大詩人第一次會面，白居易也有詩〈贈楊祕書源〉云：

早聞一箭取遼城，相識雖新有故情。
清句三朝誰是敵？白鬚四海半為兄。
貧家薙草時時入，瘦馬尋花處處行。
不用更教詩過好，折君官職是聲名。

—— 白居易〈贈楊祕書〉

楊巨源是元稹少年時期就結識的忘年之交，自然少不了一番應酬，其應和詩云：

舊與楊郎在帝城，搜天斡地覓詩情。
曾因並句甘稱小，不為論年便喚兄。
刮骨直穿由苦門，夢腸翻出暫開行。
因君投贈還相和，老去那能競底名。

——〈和樂天贈楊祕書〉

白居易又以元稹與李紳為題，題詩〈遊城南留元九李二十晚歸〉一首：

老遊春飲莫相違，
不獨花稀人亦稀。
更勸殘杯看日影，
猶應趁得鼓聲歸。

—— 白居易〈遊城南留元九李二十晚歸〉

眾人攪在一起，嚷成一片，亂成一團，路人見他們吟唱得如此熱鬧，認識他們的都由衷地稱讚他們是天上降生的詩仙，不了解內情的人卻認為

第八本　仕途沉浮：裴淑

他們是一群染了詩癖的瘋子。然而，美好的時光總是短暫，就在他們談笑風生，快活得忘乎所以之際，元稹少年時期的摯友李顧言卻因病去世了。李顧言的去世為元稹帶來深重打擊，但誰也沒想到的是，前面還會有更大的災難在等著他們。就在大家忙著替李顧言治喪之際，悲劇卻因為劉禹錫在玄都觀牆壁上題寫的一首〈玄都觀桃花〉詩悄然發生了。劉禹錫的詩因語涉譏諷執政，得罪了時相武元衡，加上宦官集團的推波助瀾，當年剛被召還京師的永貞革新成員劉禹錫、柳宗元、韓泰、韓曄等人，皆於三月十四日被一一貶謫出京，歡笑瞬時被滿臉的悲愁取代。

紫陌紅塵拂面來，

無人不道看花回。

玄都觀裡桃千樹，

盡是劉郎去後栽。

　　　　　　　　　　　　　　——劉禹錫〈玄都觀桃花〉

屋漏偏逢陰雨天，正當元稹為劉禹錫、柳宗元等友人鳴不平之際，僅僅隔了十一天，即三月二十五日，元稹司馬通州的詔令也在眾人絲毫沒有心理準備的情況下突然下達，緊接著，他的朋友李建、崔韶、韋處厚等人先後被貶、各奔前程。

元稹沒料到，宦官集團對他的迫害會一次甚於一次，空有滿腔悲憤卻又無處發洩。考慮到前往通州路途的險惡，更兼預料到自己此去凶多吉少，元稹沒讓女兒保子和兒子元荊同行，於三月二十九日獨自啟程上路。

途中行經褒城驛，元稹知悉六年前按御東川時曾與自己在此歡聚的黃明府已成故人，望著窗外昔日所見的翠竹、梨樹，亦已大多凋零的淒涼景象，內心的悲痛更加無法抑制。而恰恰就在這時，他又看到故交竇群題在驛站牆壁上的舊詩，而竇群已於去年在還朝途中病卒，景變人亡，更加重

了他貶謫路上的悲愴心緒：

容州詩句在褒城，幾度經過眼暫明。
今日重看滿衫淚，可憐名字已前生。
憶昔萬株梨映竹，遇逢黃令醉殘春。
梨枯竹盡黃令死，今日再來衰病身。

——〈褒城驛二首〉

由於路途連綿陰雨，元稹在蜀道曲折崎嶇的山道上連續跋涉了兩個多月，終於在六月到達通州。隻身一人住在牆角爬滿蛛網的驛館內，心灰意冷的元稹雖已將自己的生死置之度外，卻不能不掛念遠在千里之外的兒女，唯有和著淚水，將牽掛一字一句融入筆端：

雨滯更愁南瘴毒，月明兼喜北風涼。
古城樓影橫空館，溼地蟲聲繞暗廊。
螢火亂飛秋已近，星辰早沒夜初長。
孩提萬里何時見，狼藉家書滿臥床。

——〈夜坐〉

接二連三的變故和打擊，讓他身心兩疲，終於病倒在床，前後纏綿百日有餘。就在他病得不省人事之際，從長安來的信使熊士登卻帶來了關於白居易被貶的噩耗。原來，就在他被貶通州不久，淄青節度使李師道助吳元濟為虐，派遣刺客刺死主張討伐的宰相武元衡，砍傷御史中丞裴度，企圖打擊主戰派。時權相李吉甫已逝，憲宗即命裴度代武元衡為相，主持討伐事宜。白居易只是因為替武元衡說了幾句話，要求朝廷嚴緝凶手，就被吐突承璀和守舊官僚們找到了他先言官而言事的所謂「越職」藉口，趁機將其貶謫為江州司馬。當時元稹正處於昏迷不醒的重症中，乍然聽到這樣的消息，更是憤懣難平，立即支撐起病體，揮筆記事言志：

第八本　仕途沉浮：裴淑

　　殘燈無焰影憧憧，

　　此夕聞君謫九江。

　　垂死病中驚坐起，

　　暗風吹雨入寒窗。

—〈聞樂天授江州司馬〉

　　白居易的貶職加劇了元稹的病情，因為通州缺醫少藥，他不得不於九月底北上，前往山南西道首府興元謁醫治病。當時的山南西道節度使是鄭餘慶，其最好的朋友裴佶和元稹的岳母裴夫人同是唐玄宗時期的名相裴耀卿的孫輩，因有了這層關係，鄭餘慶自然給予元稹多方面的照顧，不僅將其安頓在一個名叫嚴茅的地方住下來，還特地贈詩饋之，為此元稹有詩為證：

　　激射分流闊，灣環此地多。

　　暫停隨梗浪，猶閱敗霜荷。

　　恨阻還江勢，思深到海波。

　　自傷才畎澮，其奈贈珠何。

—〈滎陽鄭公以積寓居嚴茅有池塘之勝寄詩四首因有意獻〉

　　非但如此，鄭餘慶還將一位絕色美人帶到了元稹的生活中。在那個落花與芝蓋齊飛的季節，那千嬌百媚的女子詩情畫意般地朝他走來，熱情如火的她熾熱著他波瀾不驚的心海，冬的酷冷沒能冰凍她為他珍藏的暖意，儘管乍然相逢卻有著似曾相見的驚喜。

　　她沒有如管兒般青澀可人的嬌俏，沒有如鶯鶯般傾國傾城的絕世姿容，沒有如韋叢般的氣質如蘭，沒有如安仙嬪般的冷豔嫋娜，卻又比她們多了一絲嫵媚清純、溫婉恬淡。她叫裴淑，字柔之，河東聞喜人，是前涪州刺史裴鄖之女，正隨父母寓居興元。那天她跟著父母到鄭府參加宴會，

第一折　君恨我生遲

在席間無意碰上了憂鬱惆悵的他，只一個淺淡的眼神，她便被他絕望的目光深深吸引，情不自禁地尾隨著他穿過迴廊走向落英繽紛的花園池畔。

他就是那個名震朝野的大詩人大情聖元微之嗎？裴淑仰起頭，怔怔盯著他孤獨而略顯佝僂的背影，像一只娉婷的蝴蝶穿梭於花樹之下，一直尾隨著他向湖心島上的亭子走去。聽說他很招女人喜歡，京師裡的女人都以與之相識為幸，可為什麼他的眉間卻藏著些許悲傷和憂鬱呢？裴淑噘起嘴暗自納悶著，他卻突然迴轉過身，目光如炬地瞪著她，四目相對，頓時嚇得她花容失色，不由自主地朝後退了幾步，冷不防絆在一棵枯樹椿上，整個身子瞬即往後傾去。

「小心！」元稹三步併作兩步，飛快地跑到她身邊，伸過手迅速將她扶起，不無愛憐地盯著她問，「傷著了沒有？」

「沒，沒有。」她還是第一次被男人扶住腰身，臉上陡地騰起一片紅雲，只瞥了他一眼便低下頭去，囁嚅著嘴唇低聲道謝說，「多謝元大人。」

「沒受傷就好。」元稹瞥見她潮紅的面龐，連忙縮回扶著她腰肢的手，「剛才一時情急，元某多有唐突，還望小姐海涵。」

她輕輕抬起頭，望著他莞爾一笑，迅即轉過身，拔開腿就跑了開去。可這一笑，卻在他心裡綻開了春天般溫暖的陽光，暖暖地揮灑在他淒寒的心尖，就連那一地的落英，也在他眼裡逐漸變得明媚多彩起來。

冬天來了。是的，季節的冬天來了，可在她流光溢彩的眸子裡，他卻找到了久違的春天。窗外的梅花肆意綻放，萌動的香味侵潤在周圍的每一個角落，生機勃勃於每一粒微塵之中。屋脊上的冰凌剔透著奪目的晶瑩水露，滴落在早已溼潤的路上；透澈的藍天下，幾隻靈動的雀兒，上下翻飛著在他簷前掠過，他閒坐案下，傾耳聆聽一縷輕風，涅槃在輪迴的紅塵，感受著沁人心脾的溫暖，滿心繫念的都是清純嫵媚的她。風吹得很近，吹得很暖，鮮紅的熱烈盪滌了淒寒的陰霾，任她溫婉的容顏輕輕走進他騷動

第八本　仕途沉浮：裴淑

的心裡，一股柔綿的流動便在他周身四溢開來。

她終於走近他的世界，有意或是無意。熱愛吟詩作賦的她很快成為他志同道合的文友，為將他心底的憂傷驅散，她絞盡腦汁，終於想出一個精靈古怪的辦法，總是前往嚴茅講些神奇古怪的幽默故事給他聽，一邊講一邊抬頭偷偷觀察他的神色，生怕哪一段講得不好又勾起他對悲傷往事的回憶。

與她相處的分分秒秒裡，不盡的話題充斥著沒完沒了的歡聲笑語，每一次日落黃昏，送她離去之際，他都要站在廊下輕嘆飛逝的時光不能將美妙的瞬間定格成無止境的永恆。望著她略帶羞澀的面龐，他想他是愛上了她講的故事，或許是愛上了她講故事時，不經意流露出的每一個俏皮可愛的動作，和每一個溫婉恬淡的眼神。在她繪聲繪色的講述中，他總是哈哈笑個沒完，每一個故事都令他春意盎然，可在她離去之後，卻又不得不枕著那些歡喜的故事進入憂傷的夢境，究竟，該怎樣才能將這滿目春光盡收眼底，才能將她如春風拂面的笑靨長長久久地留駐心間？

她終歸是個沒出閣的官宦小姐，這樣的廝守自然會引起世俗中人的側目。於是，她不再到他的嚴茅給他講故事，他也不再出沒於有她出席的宴會。可是，每當想起她來，他便會覺得天愈發湛藍，水愈發清靈，花愈發驚豔，就連百鳥也會適時停歇在窗外柳樹的枝頭歡唱個不停。難道自己又愛上了？他輕輕釦問著自己，卻於忐忑中感覺到了語無倫次的激動。看來，他是真的愛上了那個青春活潑的女子，可她還不滿二十歲，而他卻已經三十有七，她的父母又怎會忍心將這顆掌上明珠下嫁給他一個沒有前途沒有地位又疾病纏身的謫官？

唉，他站在窗下深深嘆息。國色天香的她，嫁了他豈不是一朵鮮花落在了牛糞上？聆聽一縷輕風，他只能將那段剛剛萌芽的情深深埋葬，強逼自己不再將它崛起。一切都是為了她好，離開他，她會找到更好的歸宿，可她會不會知道，正是有了曾經刻骨銘心的凜冽，才使他懂得什麼叫做珍

惜？愛一個人，並不需要天長地久、朝朝暮暮，如果不能給她幸福，放棄她才是對她真正的珍惜，只要曾經愛過，儘管將來她會淡出他的世界，永永遠遠地離己而去，但他們畢竟還有著一段相忘於江湖的擦肩，而這擦肩對他來說，足矣。

柔之。他輕輕喚她的名，站在季節的路口，於昏黃的燭火下將她嫵媚的容顏憶了又憶，為斬斷一回膠著的凌亂而執筆，為告別一次寂滅的凜然而抒懷。紛揚的落雪沐過他憂鬱的眉頭，那裡藏著他故作深沉的執意，更有著她溫婉氣息的殘留，他斜倚案前，低眉頷首，向那逝去的柔情莊重告別，從此，有關她的所有情深意重，都會成為他記憶中的留戀，不再在他心中繾綣。

他沒想到的是，就在他執意要將這段情深埋之際，她卻頂著大紅的蓋頭，坐著大紅的花轎，穿過冰天雪地的街坊，來到冷冷清清的嚴茅，成為他今生今世的妻。一切恍然若夢，恍惚得彷彿從來沒有發生過，要不是月老鄭餘慶在一旁提醒，迷濛中的他甚至忘了牽起新娘的手走向早已布置好的洞房。

他和她就這樣成為彼此要廝守終身的那個人了嗎？他輕輕揭開她的蓋頭，仍然懵懂無語。她含羞帶怯地望了他一眼，只是抿著嘴輕輕地笑，如一枝含苞的桃花綻放在他寂寞的眉頭，頓時便點燃了他久埋心中的激情。

冬去春來，春去秋又到。轉眼間，一年的時光便在無休無止的柴米油鹽中悄然溜去，安於平淡的裴淑一邊料理家務，一邊精心侍候病中的元稹，二人的小日子過得甜蜜美滿，尤其讓他們欣慰的是，這年秋天，他們的女兒元樊在興元降生，加上已被元稹託人從長安接到身邊的保子和元荊以及膽娘，一家六口人的生活更是過得有滋有味。

儘管如此，身為小吏而又旅居他鄉的元稹，囊中羞澀自是難免，加上要養活六口之家，還要求醫問藥，日子自然過得十分局狼狽，雖然安於清

第八本　仕途沉浮：裴淑

貧的裴淑並無怨言，但元稹心裡還是非常過意不去，於女兒元樊出生不久後寫下〈景申秋八首〉，如實記錄了這一時期的生活狀況：

年年秋意緒，多向雨中生。漸欲煙火近，稍憐衣服輕。
詠詩閒處立，憶事夜深行。濩落尋常慣，淒涼別為情。
蚊幌雨來捲，燭蛾燈上稀。啼兒冷秋簟，思婦問寒衣。
簾斷螢火入，窗明蝙蝠飛。良辰日夜去，漸與壯心違。
嗚嗚簷溜凝，丁丁窗雨繁。枕傾筒簟滑，幔颭案燈翻。
喚魘兒難覺，吟詩婢苦煩。強眠終不著，閒臥暗消魂。
瓶瀉高簷雨，窗來激箭風。病憎燈火暗，寒覺薄幃空。
婢報樵蘇竭，妻愁院落通。老夫慵計數，教想蔡城東。
風頭難著枕，病眼厭看書。無酒銷長夜，回燈照小余。
三元推廢王，九曜入乘除。廊廟應多算，參差幹太虛。
經雨籬落壞，入秋田地荒。竹垂哀折節，蓮敗惜空房。
小片慈菇白，低叢柚子黃。眼前撩亂輩，無不是同鄉。
雨柳枝枝弱，風光片片斜。蜻蜓憐曉露，蛺蝶戀秋花。
飢啅空籬雀，寒棲滿樹鴉。荒涼池館內，不似有人家。
病苦十年後，連陰十日餘。人方教作鼠，天豈遣為魚。
鮫綻鄷城劍，蟲凋鬼火書。出閘泥濘盡，何地不摧車。

——〈景申秋八首〉

這樣的日子，一直持續到鄭餘慶離任，權德輿接替山南西道節度使的次年，即元和十二年五月為止，病體癒合的元稹，才從生活了將近三年的興元府啟程，偕同伴自己度過「枕傾筒簟滑，幔颭案燈翻」失意生涯的裴淑，以及膽娘、保子、元荊、元樊，和剛剛降生不久的幼女降真，一起踏上返歸通州的路途。那麼，前方的前方，又有什麼在等著這對人間佳偶呢？

第二折　連昌宮詞

　　元和十二年十月，大將李愬雪夜入蔡州，生擒叛首吳元濟，最終平定淮西之亂。元和十三年元旦，唐憲宗因淮西亂平，大赦天下，外貶的官吏紛紛被召回京師或量移。

　　此時朝中掌握奉詔量移重權的是宰相裴度，元和初元稹曾因聲援裴度得罪權相杜佑，二人被同時貶謫洛陽，因有了這份交情，元稹立即寫了一封情辭懇切的長信給裴度——〈上門下裴相公書〉，把平時「發書月舊尚不敢陳盡其情」的知心話語坦率地告訴裴度，希望他能以大局為重，伸張正義，「棄仇」、「愛士」，重用包括自己在內的「恃才薄行者」、「以能見忌者」，但此時的裴度早就把與元稹一起貶赴洛陽的經歷忘得一乾二淨，並沒有理會元稹苦心的期盼。

　　歷時一年之久，量移謫官的恩詔，始終未能降臨到元稹及其摯友白居易身上。就在二人已對還朝近乎絕望之際，卻又傳來他們的故交好友劍南西川節度使李夷簡於同年三月被拜為相的好消息，著實讓二人興奮得忘乎所以。白居易為此還特地賦詩寄給元稹，認為自己和元稹終於可以結束貶謫生涯，有〈聞李尚書拜相因以長句寄賀微之〉：

憐君不久在通川，知已新提造化權。
夔高定求才濟世，張雷應辨氣沖天。
那知淪落天涯日，正是陶鈞海內年。
肯向泥中拋折劍，不收重鑄作龍泉。

　　　　　　——白居易〈聞李尚書拜相因以長句寄賀微之〉

　　李夷簡曾於元和四年擔任御史中丞，是時任監察御史的元稹的頂頭上司，元稹在裴洎的支持下巡按東川，揭發嚴礪罪情更曾受到其大力鼓舞，

第八本　仕途沉浮：裴淑

後李夷簡調任荊南節度使，身在江陵的元稹亦曾前往襄陽拜訪，再後來李夷簡移官劍南西道節度使，還曾派人到江陵看望元稹，由此可見，二人的情誼非同一般，所以當他接到白居易的詩作後，自然興奮得不能自已，立即作詩酬唱：

初因彈劾死東川，又為親情弄化權。

百口共經三峽水，一時重上兩漫天。

尚書入用雖旬月，司馬啣冤已十年。

若待更遭秋瘴後，便愁平地有重泉。

——〈酬樂天聞李尚書拜相以詩見賀〉

就在元稹欣喜地認定自己「以赦當遷」，滿懷希望等待詔命到來之際，朝中卻又傳來即將討伐謀刺宰相武元衡、焚燒東都留守院、暗通吳元濟的淄青節度使李師道的消息。淮西叛亂歷經數年才得以平叛，卻已造成大批百姓生靈塗炭、流離失所，而李師道的關係網盤根錯節，朝廷一旦對其用兵，盤踞河朔各地的藩鎮定然會與其互通聲氣，造成兵連禍結的事實，再次構成對李唐朝廷的嚴重威脅，老百姓也休想再過安寧日子。

但如果坐視不管，任由掌握地方重權的藩鎮繼續跋扈下去，自然會造成更壞的後果。想起年幼時陷於亂兵之中，至今下落不明的長兄元沂，以及少年時在曲江畔遇到的那個老人，元稹既替長年陷於兵荒馬亂中的人民捏了一把冷汗，又替國家前途產生了深重的憂慮，並於這年暮春寫下了著名的長篇敘事詩〈連昌宮詞〉，借唐玄宗時故事針砭時政，反對藩鎮割據，批判奸相弄權誤國，提出所謂「聖君賢卿」的政治理想，含蓄地揭露了皇親宗戚驕奢淫逸的生活，並在結尾替老百姓喊出了「調和中外無兵戎」、「努力廟謨休用兵」的心聲，希望大力削平藩鎮叛亂的憲宗，能鑑於國庫空虛的現實，努力策劃好國家大計，減輕老百姓的負擔，在服從平定叛亂藩鎮這一目的的前提下，更應爭取以政治手段來調和各式各樣的矛

盾，盡量避免可以避免的戰爭，安定社稷。

連昌宮中滿宮竹，歲久無人森似束。
又有牆頭千葉桃，風動落花紅蔌蔌。
宮邊老翁為余泣，小年進食曾因入。
上皇正在望仙樓，太真同憑闌干立。
樓上樓前盡珠翠，炫轉熒煌照天地。
歸來如夢復如痴，何暇備言宮裡事。
初過寒食一百六，店舍無煙宮樹綠。
夜半月高絃索鳴，賀老琵琶定場屋。
力士傳呼覓念奴，念奴潛伴諸郎宿。
須臾覓得又連催，特敕街中許然燭。
春嬌滿眼睡紅綃，掠削雲鬟旋裝束。
飛上九天歌一聲，二十五郎吹管逐。
逡巡大遍涼州徹，色色龜茲轟錄續。
李謨擫笛傍宮牆，偷得新翻數般曲。
平明大駕發行宮，萬人歌舞塗路中。
百官隊仗避岐薛，楊氏諸姨車斗風。
明年十月東都破，御路猶存祿山過。
驅令供頓不敢藏，萬姓無聲淚潛墮。
兩京定後六七年，卻尋家舍行宮前。
莊園燒盡有枯井，行宮門閉樹宛然。
爾後相傳六皇帝，不到離宮門久閉。
往來年少說長安，玄武樓成花萼廢。

第八本　仕途沉浮：裴淑

去年敕使因斫竹，偶值門開暫相逐。
荊榛櫛比塞池塘，狐兔驕癡緣樹木。
舞榭歌傾基尚在，文窗窈窕紗猶綠。
塵埋粉壁舊花鈿，烏啄風箏碎珠玉。
上皇偏愛臨砌花，依然御榻臨階斜。
蛇出燕巢盤斗栱，菌生香案正當衙。
寢殿相連端正樓，太真梳洗樓上頭。
晨光未出簾影黑，至今反掛珊瑚鉤。
指似傍人因慟哭，卻出宮門淚相續。
自從此後還閉門，夜夜狐狸上門屋。
我聞此語心骨悲，太平誰致亂者誰。
翁言野父何分別，耳聞眼見為君說。
姚崇宋璟作相公，勸諫上皇言語切。
燮理陰陽禾黍豐，調和中外無兵戎。
長官清平太守好，揀選皆言由相公。
開元之末姚宋死，朝廷漸漸由妃子。
祿山宮裡養作兒，虢國門前鬧如市。
弄權宰相不記名，依稀憶得楊與李。
廟謨顛倒四海搖，五十年來作瘡痏。
今皇神聖丞相明，詔書才下吳蜀平。
官軍又取淮西賊，此賊亦除天下寧。
年年耕種宮前道，今年不遣子孫耕。
老翁此意深望幸，努力廟謀休用兵。

——〈連昌宮詞〉

第二折　連昌宮詞

　　這首〈連昌宮詞〉，在當時具有非常正向的現實意義，後人將其和白居易的〈長恨歌〉、〈琵琶行〉評為「古今長歌第一」，甚至認為其比〈長恨歌〉更勝一籌。詩作很快便傳到遠在長安的李夷簡手裡，李夷簡不看則已，一看則拍案叫絕，他沒想到元稹的政治主張居然和自己如出一轍，但當時憲宗重用主張討伐李師道的裴度，他空有一腔抱負卻無法施展，乍然看到元稹的〈連昌宮詞〉，又怎能不引起他的共鳴？很快，李夷簡就在元稹的激勵下上書憲宗，要求罷兵，但卻遭到裴度的竭力反對，終導致李夷簡於秋七月求出為淮南節度使。

　　李夷簡外遷，再次為希冀還朝的元稹和白居易帶來沉重打擊。就這樣，在吐突承璀、仇士良等大宦官的再三阻撓下，「淮西大赦」文中規定的「量移」，對元稹和白居易卻遲遲未能兌現，直到同年冬天，才在他們的摯友、時相崔群的多方努力下，同時接到易地升遷的詔令。

　　詔命遷白居易為忠州刺史，元稹為虢州長史。長史其實就是司馬的別稱，其時，元稹已於當年四月，在山南西道節度使權德輿的提攜下，接替病逝任上的通州刺史李進賢的位置，權知通州州務，此次接到詔命為近畿州郡的長史，雖然地鄰長安，嚴格來說職務上有降無升，而白居易名為升遷，卻赴任荒郡，實質上二人仍然不得重用。其時白居易有寫給崔群的詩作〈除忠州寄謝崔相公〉為證：

提拔出泥知力竭，吹噓生趣見情深。
劍鋒缺折難衝斗，桐尾燒焦豈望琴？
感舊兩行年老淚，酬恩一寸歲寒心。
忠州好惡何須問，鳥得辭籠不擇林。

　　　　　　　　　　—— 白居易〈除忠州寄謝崔相公〉

　　元和十四年春，為滿足妻子裴淑繞道涪州看一眼幼時居地的願望，也

275

第八本　仕途沉浮：裴淑

　　為了讓兒子元荊親自到江陵安仙嬪的墓前跪拜母親，北上虢州赴任的元稹遂帶著家人，取水道從長江順流東下，直接抵達涪州附近黃草峽的江面。

　　那夜，月色朦朧，清水如歌。他與清風執手相送，任風花雪月在肩頭緩緩飄落。一曲天籟之下的傳奇，一縷未曾感觸的清香，都在她纖纖指尖撫弄的琴弦下，被調合成一段曠世的佳話，頓時便醉了他的眉眼，芬芳了他冶豔的心事。

　　花香流動，清風恬淡，夜靜春山凝；月光溫軟，歌聲旖旎，弦寄天涯情。白色的皎潔，籠罩著黑夜的眼睛，閒立船頭臨風把盞的他看到的只是眼前溫婉恬淡的她。她的美在他看來是一種漫不經心的媚，沒有令人魂牽夢繞的驚豔，卻像一抹淺淡的胭脂，於不經意中，一點一點地沁入肌體，要慢慢欣賞才能體會到其中的極致。

　　琴音裊裊中，她成了這個季節盛大的開場，於月下展萬種風情，盈盈可握。閒步船頭，看阡陌流雲、軒窗簾捲，舒展的媚在她額上掛滿精緻的嬌柔，曾經的疲倦困苦都於她可人的笑靨中次第散盡，再也尋不見往日怨懟的冷漠。此時此刻的她，在他眼裡就是那畫中的古代仕女，圓潤如玉，明媚如花，暗香襲人，渾身散發著說不盡的溫柔氣息，宛若盛開的蓮花，不媚世俗，隨意舒展，淺淺淡淡的一個回眸，花間的簇擁，都隨著她玲瓏的身姿，把待牽的素手，握緊於共他紅塵中再一次無悔的相隨。

　　粉妝玉琢竟芳華，美人絕代柔心扉，如影鑲嵌，如夢隨行。望著她嫵媚的笑容，他終於體會到「不貪杯，人自醉」的真諦，只想把那指間拈著的花兒，插上她高聳的鬢間，任她成為夜幕下不滅的怒放，載著他的憂愁如水，散淡一世。

　　胡笳夜奏塞聲寒，是我鄉音聽漸難。
　　料得小來辛苦學，又因知向峽中彈。

第二折　連昌宮詞

別鶴淒清覺露寒,離聲漸咽命雛難。

憐君伴我涪州宿,猶有心情徹夜彈。

──〈黃草峽聽柔之琴二首〉

聽,他在聽她彈奏。

她柔弱的指尖如水流動,輕輕一觸碰,就成了閃閃的光亮。風過處,綠意攪動二月的剪刀,他在她清亮的歌喉中,掙脫開心魔的束縛,任她嫋娜的倩影,在眸中沉澱為季節輪替的蒽郁。

破繭,那些游離的心事昭然若揭,而她的相伴,卻把同行的初願化作此生的堅定。趟過季節的冰河,百川融雪,生命的溪流都在她的指下歡暢成千年的婉約。她青衣綰袖,軟語嬌憨,不再用幽怨的容顏與他相視,但他已經從她含情的眉睫和飄逸的髮間讀懂那些萌起的心動。

猶記初識那年,季節已經裝點了心底的斑斕,他在離夢中苦覓,她在人海中凝盼,彷彿注定要在某一個日子裡守候對方。或許那日的邂逅,有些猝不及防的的忐忑,但那個秋日的暖陽下,她的出現卻彷彿山野裡傲霜的黃菊,只一個淺淺的笑靨,便在古城鋪滿了燦燦的金甲,絢美了他憂傷的眸子。那些個日子,他把她離去的足音留駐,在無數個闌珊的夜色下靜靜聆聽,偶爾闔目的沉默,竟似佛的莊嚴,清淚垂順在如雪的面龐上,唇間的開合,輕訴了人生無數坎坷的的朝夕。

從沒想過,那一天有幸得到她垂憐的溫情。曾以為,生命就這樣終老在冷色的荒原,當她走近,那無數次夢裡蜿蜒的足音,便隨著他合拍的低吟,自此融合成相待的清晰。那一次,她的柔語相攜了驀然的心跳,卻令他有了最初的動容,有了盈眶的歡喜,儘管內心徬徨,他還是渴望和她一世相契執手,縱來生無遇,也不會忘了今生的相約。

「天無涯兮地無邊,我心愁兮亦復然。人生倏忽兮如白駒之過隙,然

第八本　仕途沉浮：裴淑

不得歡樂兮當我之盛年。怨兮欲問天，天蒼蒼兮上無緣。舉頭仰望兮空雲煙，九拍懷情兮誰與傳？」一曲哀怨的〈胡笳十八拍〉，被她瘦削的十指輕輕撥起，在水的隱祕處吹動風香，伴著她婉轉的歌喉，於靜謐裡抒發著柔光，細膩處溫婉綿長，空靈時幻影流光，而那些由淺入深、由近及遠的遙望，卻在無聲無息中撒下一張天羅地網，將他緊緊圈羅，迅即便亂了他的心緒。

鶯鶯。他終是不能將她忘懷。二十年了，本以為早就將她忘得一乾二淨，未曾想卻在柔之的琴聲裡再次將她深深憶起。寫盡多年的惆悵徘徊後，沉醉時獨自療傷，只道是此水非彼水，此夢非彼夢，可怎麼還會在這個時候將她想起？為什麼，他還深深眷戀著她嗎？他點點頭，又搖搖頭，這想念卻是多年前許下的夙願，他根本無法控制。他的心，還是不想和她說再見，只想把所有輕歌曼舞集齊，在一次次的思慕中，訴說對她悠長的想念。

渝工劍刃皆歐冶，
巴吏書蹤盡子雲。
唯我心知有來處，
泊船黃草夜思君。

——〈書劍〉

「唯我心知有來處，泊船黃草夜思君。」他和她，曾是紅袖添香夜相伴，從詩經楚辭一起走到古樂府，在月光的修辭內沉香撫琴，〈別鶴操〉到〈鳳求凰〉，〈長相思〉或是〈採桑子〉，到處都縈繞著她的前塵他的後世，總是任性流連在草長鶯飛的荒蕪中，只為尋覓到一個永遠。只是不知，行到水窮處，他會不會扶起桃花跌落的姿勢；坐看雲起時，她會不會在他詩中的絕句裡一搖三嘆？

第二折　連昌宮詞

　　恍惚中，她吝嗇而簡潔的眼神失卻了往日的纏綿，他唯有填上一泓春水的意向，繼續撰寫青絲換雪的文字，在夢幻中將她嬌軟的身軀輕輕抱起。永遠究竟有多遠？問了關關雎鳩，尋遍青青陌上桑，才明白，原來所謂的天長地久，終不過是一廂情願的誤會。西窗下，挑亮罩紗的青燈，散開的詩箋上，墨香橫陳，一句句畫蛇添足的辭藻，緣聚緣散的詞彙，被同時填成一首思念的絕句，那些逼仄而出的陳年舊事，究又恍惚了誰瘦弱的手勢？今夜，風清月白之際，獨釣起相思點點，在字句之上來回踱步，她，是否又能聽到，那聲聲故人來不來的嘆息？

　　憶著她的花容月貌，想著她的溫香軟玉，在清風明月下計量著時光的沙漏，任曾經的錦瑟年華流轉著春的明媚。她眉梢漾起的春風，還是他等待的傾城一笑，不經意間便妝點了生命的多彩，佇在月夜中成為夢中遙望的模樣。

　　風搖，燈影朦朧，看她嬌羞不語、眉中含情，他心有所動，而隨燈火晃動的，更有他不可破譯的風語與不滅的相思。些許時，她也靜坐如蓮，眉似月彎，初顏勝雪，朔風捲起的時候，她便安靜地守著，圍爐品茗，靜若處子。在他眼裡，她就是一朵聖潔的蓮花，只在他的彼岸，盛開一世繁華，宛若大明宮外舞動的羽衣，用四季的風動，載滿了相思的情落，腕間的一粒硃砂，便是他前世泣血的留紅。

　　隨風，他把臨望的身影，披落霜的寒涼，期待她翩躚的蓮步，踏響他歡然的遙看，青衫一襲，夢挽她羞紅的低首，只想再對她道一聲問候。只是風過絮飛，她手握最後一朵梨花踏波而去，瞬間已在千山萬水中尋不見她，卻又無法轉身離去，便在失望中堆疊起細碎的冷落與無奈，將輕羅小扇搖散成一夜夜哭泣的詩情。浮生若夢，這一世該怎樣牽著她的手向前？不敢掙脫俗念裡那厚厚的繭、浴火的念，或許，只有用一生的真心，才能在夢中換取到愛她的那個夜晚，卻又不知能否把今生涅槃。

第八本　仕途沉浮：裴淑

　　化蝶的願，終成折了的羽翼，那振翅的蝶衣，何日才能翱翔愛的繽紛？若即若離的思慕，無數次的寒燈孤月下，他把徘徊的嘆息，隨燭火的光影，搖曳了錯落的明暗，任三尺青絲在焦灼中染雪，揮下一袖的繁華，素縞清顏，與風低首，就這樣以遁世的姿態悄然走出她的世界。而今，舉頭望月，月色悄無聲息地隱匿在清幽的夢裡，她溫和的笑靨，卻又伴著柔之婉轉的琴聲，在他眼前盤旋。他深深地嘆息，如果這一切都是淡淡的，隨便就能忘記了抹去了的，那麼，他的心在弦月夜裡就不會漂泊得很遠，很久。

　　柔之。他枕著鶯鶯遠去的身影，輕喚妻的名字，聽她將〈別鶴操〉最後一個音調在惆悵的尾音裡拉長，心中的寂寞呼之欲出地流瀉。他怎麼可以？怎麼能做出對不起柔之的事來？哪怕只是想想，只是暗暗的思慕，也是對她最大的褻瀆啊！可他又能如何？江南的月色，只是他夢裡一卷水墨的渲染，山長水闊，唯有一曲清歌才能宣洩他心中的愁苦煩悶，而那字字句句，卻又在時光的空隙裡入目成殤，令他沉醉不願醒來。

　　究竟，他該借誰一葦苦渡，又該思念誰人如風？是鶯鶯？是柔之？或許從她走過，一切便已成了一場無可挽救的夢魘，無從想起；亦或許，那些用舊時的清輝織就成的流香逸墨，終會在月圓之後全部走失，慢慢地，就不知道到底該去往哪裡了。

第三折　風雲變

　　當所有過往，都被記憶搖落成一抹金黃，隨風吹散的時候，只是一夜間，便白了思慕人的頭髮，不能深憶。

　　船過忠州，元稹在那裡見到了在長安別離的摯友李景儉。此時的李景

第三折　風雲變

儉已升任忠州刺史，故友重逢，自是別有一番愁緒在心頭。他們聊到了永貞革新，聊到了當年同貶江陵的往事，而聊得最多的，便是散落在大江南北的諸位至親好友，尤其是遠謫江州的白居易，提起他，二人忍不住淚眼潸然，心中湧起無限惆悵。此時的元稹還不知道白居易已從江州啟程到忠州赴任，特地修書一封，在啟程東下時轉託李景儉幫他寄往江州：

> 萬里寄書將出峽，
>
> 卻憑巫峽寄江州。
>
> 傷心最是江頭月，
>
> 莫把書將上庾樓。
>
> ——〈憑李忠州寄書樂天〉

讓人始料不及的是，三月十一日夜，順流而下的元稹，與溯流而上的白居易、白行簡兄弟，竟然在夷陵附近的江面上相遇了！這次不期而遇實出意外，乍然相逢，三個知交自然喜出望外，哭著抱成了一團。他們暢敘別情、難捨難分，元稹堅持逆水送白居易兄弟西上，直到第三天的告別酒宴上，還是不忍分離，當聽到岸邊石間潺潺的流泉聲，本來就不願馬上分別的三人，立即上岸尋找附近的石洞，在裡面遊玩了一個下午一個通宵，才依依不捨地揮淚而別。

別過白居易兄弟，元稹一行順江而下，直抵江陵。在江陵，元稹帶著八歲的兒子元荊前往位於長江北岸金隄鄉莊敬坊沙橋路邊的安仙嬪墓前祭拜。遙想當年，元稹忍不住淚眼朦朧，流逝的青春流轉到這一季，風已見暖，葉已抽新，而她如花的容顏，卻隨著枝頭老去的昏鴉的變換更顯深沉。然而，他始終堅信，一抔黃土之下的她，就是他那年走失的情碎，那一張張紅箋小字，曾為他寫下無數尋覓的心痕，而他，只因懼了俗世的塵擾，便把對她的深愛悄悄埋在心底，總是躲藏著心中的本意，用嬉笑掩蓋

第八本　仕途沉浮：裴淑

著心底萌動的激情。

　　淚眼相看，她今日的神態，像極了舊日窗前妝罷低首回問的模樣，畫眉深淺入時無的柔媚裡，還有一絲絲醉他捧顏的貪賞。當季節更迭，他翻閱泛黃的詩箋，那個摺疊的書頁裡，赫然留有她一縷柔髮，在他圈寫的賞析中，寫著他們最初的約定：來世，如相見，永不言棄！這樣的宿命，他不敢違背，縱使塵緣清淺，他和她的相遇也是愛的延續，拋了牽纏的糾葛，這一世，終是相看兩不厭。他依然相信，她是他千年的風情，是他夢中祈願相見的紅顏，亦相信，她會在江南第一縷暖風吹拂的水湄之上，與他共築一座心的城池，哪怕每天都食糠咽菜，也勝似雕欄玉砌的人生，否則，他的衣袂，為何還有她鼓起的翻飛？

　　雨冷打萍，今夜，不是秦時，頭頂的月亮不打西江過，不自關山來，只是花間一壺酒對影成三人的清冷。一抹嫣紅悄然飄落，把莊重襯一身白裳，他在幻想裡聽到她聲聲的咳，咳一朵隔世的桃花，吐盡紅塵中所有繁華，那襲染紅墳頭的素裝，只等他歸來的愜意。

　　俱往矣。她不再是手執宮燈待他於城隅的女子，而他千里奔徙驛站的心卻不想對著她說再見。夜深沉，人無語，夢若流水，纏繞他心間的，唯有在彼岸訴說匆匆過了匆匆之後，留下的沒落和打溼衾枕的濁淚。

　　離開江陵，元稹一行繼續順流而下，由武昌轉入漢水北上，最後抵達虢州。虢州地處長安與洛陽之間，在唐代官員的眼中算是個不錯的去處，而且那裡風光如畫，令人神往。岑參有詩〈早秋與諸子登虢州西亭觀眺〉云：

亭高出鳥外，客到與雲齊。

樹點千家小，天圍萬嶺低。

殘虹掛陝北，急雨過關西。

第三折　風雲變

酒壚緣青壁，瓜田傍綠谿。

微官何足道，愛客且相攜。

唯有鄉園處，依依望不迷。

── 岑參〈早秋與諸子登虢州西亭觀眺〉

儘管如此，身為長史的元稹，心情仍然十分低迷。而就在這一年，二哥元矩因病辭職，來到他在虢州的官舍養病。元矩的妻子崔氏因病早逝，四個兒子中有三個遊宦不在身邊，一個尚年幼，病中的他只能由元稹精心照料。仕途的坎坷連著生活的不幸，當年元氏大宅的棟梁，年已六十七歲的元矩，終於在九月十六日，病故於元稹的官舍。

與此同時，不幸竟一樁連著一樁，降臨到元稹的頭上。不久，裴淑最為鍾愛的女兒元樊，由於長期跟隨父母居於荒郡僻州，身染疫症未能得到及時有效的治療，而夭折於虢州任內。元稹為此悔恨交加、悲痛莫名，有詩〈哭女樊〉及〈哭女樊四十韻〉抒發其情：

秋天淨綠月分明，

何事巴猿不膂鳴。

應是一聲腸斷去，

不容啼到第三聲。

──〈哭女樊〉

逝者何由見，中人未達情。馬無生角望，猿有斷腸鳴。

去伴投遐徼，來隨夢險程。四年巴養育，萬里硤回縈。

病是他鄉染，魂應遠處驚。山魈邪亂逼，沙蝨毒潛嬰。

母約看寧辨，余慵療不精。欲尋方次第，俄值疾充盈。

燈火徒相守，香花只浪擎。蓮初開月梵，蕣已落朝榮。

魄散雲將盡，形全玉尚瑩。空垂兩行血，深送一枝瓊。
祕祝休巫覡，安眠放使令。舊衣和篋施，殘藥滿甌傾。
乳媼閒於社，醫僧婉似醒。憫渠身覺剩，訝佛力難爭。
騎竹痴猶子，牽車小外甥。等長迷過影，遙戲誤啼聲。
浣紙傷余畫，扶床念試行。獨留呵面鏡，誰弄倚牆箏。
憶昨工言語，憐初妙長成。撩風妒鸚舌，凌露觸蘭英。
翠鳳輿真女，紅蕖捧化生。只憂嫌五濁，終恐向三清。
宿惡諸葷味，懸知眾物名。環從枯樹得，經認寶函盛。
慍怒偏憎數，分張雅愛平。最憐貪慄妹，頻救懶書兄。
為占嬌饒分，良多眷戀誠。別常回面泣，歸定出門迎。
解怪還家晚，長將遠信呈。說人偷罪過，要我抱縱橫。
騰躍遊江舫，攀緣看樂棚。和蠻歌字拗，學妓舞腰輕。
迢遞離荒服，提攜到近京。未容誇伎倆，唯恨枉聰明。
往緒心千結，新絲鬢百莖。暗窗風報曉，秋幌雨聞更。
敗槿蕭疏館，衰楊破壞城。此中臨老淚，仍自哭孩嬰。

——〈哭女樊四十韻〉

無獨有偶，元樊剛剛去世，小女兒降真也突然夭折，面對降真的早逝，元稹更是悲慟欲絕，當即揮筆賦詩一首以寄沉痛的哀思：

雨點輕漚風復驚，
偶來何事去何情。
浮生未到無生地，
暫到人間又一生。

——〈哭小女降真〉

第三折　風雲變

就在元稹夫婦遭受接二連三的喪痛之際，在宰相崔群的再次幫助下，元稹終於接到了調任京師任職膳部員外郎的詔命。元和十四年十一月，元稹扶著亡兄的喪柩和女兒的棺木，從虢州趕赴咸陽，將他們安葬在洪瀆源祖墳，然後才帶著裴淑回到長安就職。

膳部員外郎的官職雖然不高，級別與長史相當，係禮部尚書下屬四部之一，掌管朝廷祭器、飲食之類事情，但因為是從外鄉貶地回到京師留在皇帝身邊供職，有參與討論國事的機會，被提拔的機遇也比較多，所以在唐人的眼中還是將其看做是一種變相的升遷，元稹自己對此也非常滿意。而尤為讓他感到興奮的，卻是宰相令狐楚對他的另眼相看，有著「一代文宗」之美譽的令狐楚，素慕其詩名，曾向他索要全部文稿，稱賞之至。

在這段時期內，元稹與令狐楚接觸頻繁，令狐楚對他的寵信也到了無以復加的地步，並多次讓他代撰文章，如〈為令狐相國謝賜金石凌紅雪狀〉、〈為令狐相國謝回一子官與弟狀〉等，但讓他沒想到的是，就在他以為終將出人頭地之際，卻接到了好友柳州刺史柳宗元已於十一月二十八日卒於柳州任所的噩耗。柳宗元，字子厚，文學造詣深厚，早年曾與韓愈共同倡導古文運動，時人稱之為「韓柳」，並與劉禹錫合稱「劉柳」，是聞名海內外的大文學家、哲學家、思想家，卻因參與「永貞革新」被長年流放異地，不得還朝。元稹因為韓愈、劉禹錫的關係，和年長自己六歲的柳宗元自然交情匪淺，柳宗元的死，元稹自是痛不可擋，但還沒等他從強烈的悲痛中走出來，不久，李唐朝廷便在他眼皮子底下發生了震驚中外的巨大變故。

元和十五年正月，憲宗臥病，宦官及大臣們在立太子的問題上分為兩派。一派以左神策軍中尉吐突承璀為首，擁立澧王李惲為太子，另一派以中尉王守澄、梁守謙及宦官陳弘志為首，堅決反對吐突承璀，擁戴太子李恆。正月二十七日，王守澄一派為了讓太子早日即位，決定先下手為強，

第八本　仕途沉浮：裴淑

　　憲宗終被宦官陳弘志於中和殿弒殺，對外稱是長期服食金丹中毒暴斃。閏正月三日，太子李恆繼位，是為唐穆宗，對陳弘志弒殺先帝絕口不提，毫不追究，卻立即下令梁守謙將覬覦帝位的澧王李惲和他的支持者吐突承璀殺死。

　　穆宗皇帝和吐突承璀早在元和六年就結下了仇怨。穆宗生母郭念雲身分煊赫，她的祖父是汾陽王郭子儀，父親是駙馬都尉郭曖，母親是唐代宗長女昇平公主，舅舅是德宗皇帝，表哥是順宗皇帝，可她卻偏偏嫁給了比自己晚一輩的憲宗，雖然地位尊貴，但憲宗對這個表姑兼東宮元妃的女人並不感冒，登基後只給了她貴妃的封號，卻遲遲沒給她相應的皇后名分。被丈夫冷落倒也算不了什麼，在郭氏生下兒子李恆之前，憲宗已經有了兩個兒子，一個是紀美人所出的長子李寧，另一個便是次子澧王李惲，按理說郭氏之子是嫡出，理所當然應被立為太子，但憲宗偏愛長子李寧，又怕群臣抬出「立嗣以嫡」的舊規進行反對，所以一直蹉跎著拿不定主意，直到元和四年三月，時相李絳建議早立儲君以杜絕奸人窺伺覬覦之心時，他才宣布了立長子為嗣君的決定。

　　李寧平素喜歡讀書，舉止頗符合禮法，深受憲宗的喜愛，可惜天妒英才，元和六年十二月，年屆十九歲的太子因病去逝，憲宗悲痛欲絕，出乎意料地為他廢朝十三日，並特別制定了一套喪禮，加諡為「惠昭」。李寧的棄世，令憲宗不得不為選立繼承人再次陷入抉擇，此時，宮廷內外幾乎異口同聲地要求選立皇三子遂王李宥，而倍受憲宗信任的吐突承璀在議立儲君時卻驕橫跋扈，不聽大臣意見，力排眾議，要立澧王李惲為太子，以樹自己的權威，但最終立三子李宥的呼聲占據了上風，憲宗也無可奈何，只好命時任翰林學士的崔群代次子惲起草了表示謙讓的奏表，於元和七年七月下詔立李宥為太子，改名為李恆，並於十月舉行了冊立大典。

　　唐穆宗如願以償當上了皇帝，曾經多次參與迫害元稹、白居易等人的

權宦吐突承璀也終於自掘墳墓，得到了應有的下場，元稹的天眼看著就要晴了。很快，宰相令狐楚奉命為憲宗山陵使，元稹為山陵使判官，二人的交往更加密切，令狐楚將之比作東晉時期的鮑照與謝靈運，甚至特地於廊廟吟誦元稹的〈連昌宮詞〉，引起穆宗皇帝對元稹的關注。

元和十五年二月五日，穆宗皇帝大赦天下，元稹得以與百官一起加階，以膳部員外郎的資格試知制誥。當時位居相位的有蕭俛、段文昌，蕭俛是元稹的制科同年，又同時被拜為左拾遺，與元稹的交情自然非同一般，而蕭俛本人和令狐楚的關係又極為親密；另外，段文昌與韋夏卿的續絃段氏同出一宗，跟元稹也是遠親關係。因有了這層關係，他們對元稹都非常友好，一再在穆宗面前替其延譽，想不引起穆宗關注也不行。更重要的是，元稹在〈連昌宮詞〉中提出的「調和中外無兵戎」、「努力廟謨休用兵」的銷兵主張，正切合蕭俛的政見，也符合穆宗的施政意圖，所以僅僅過了幾個月，元稹就於五月九日被提升為祠部郎中知制誥臣，專門負責替皇帝撰寫制誥。這次晉職還蔭及到元寬與鄭氏，七月二十八日，詔鄭氏為滎陽郡太君，八月九日，又詔元寬為右散騎常侍。

與此同時，朝廷內部卻又發生了內鬨。唐憲宗的山陵於六月竣工，這時卻有人向穆宗揭發山陵工程存在舞弊，矛頭直指山陵使令狐楚。經過詳查，令狐楚罪名坐實，穆宗震怒，於七月二十七日出令狐楚為宣歙池觀察使，旋即又於八月三十日再貶為衡州刺史。元稹作為知制誥，不得已奉命草制〈令狐楚衡州刺史制〉，按照穆宗的意旨對令狐楚大加貶斥，沒想到此制一出，立即引起令狐楚對元稹的憎恨，蕭俛也因為此事把滿腔的積憤發洩到元稹身上，甚至與其反目成仇，日夜構飛語對其進行人身攻擊。

草制貶斥令狐楚並非元稹本意，但曾經對自己有提攜之恩的令狐楚和蕭俛卻把他當視作仇敵，內心的苦楚自是不言而喻。所幸這個時候，他的摯友忠州刺史白居易、澧州刺史李建、果州刺史崔韶、由忠州刺史轉建州

第八本　仕途沉浮：裴淑

刺史的李景儉等人都先後從外州刺史任上調回長安任職，而李紳、庾敬休、李德裕等故交也都在京師翰林任上，有了這幫朋友的開導，元稹鬱悶的心情很快得以平復，又開始了初任左拾遺時三五成群、結伴嬉遊作詩的快樂生活。這個時期的元稹很受穆宗器重，生活過得相當瀟灑，其寫給白居易、楊巨源的〈內狀詩寄楊白二員外〉，就表達了他春風得意的感受：

> 天門暗闢玉琤鏦，晝送中樞曉禁清。
> 彤管內人書細膩，金奩御印篆分明。
> 衝街不避將軍令，跋敕兼題宰相名。
> 南省郎官誰待詔，與君將向世間行。

——〈內狀詩寄楊白二員外〉

好運來了，擋也擋不住。元和十六年正月初一，元稹和朝內文武大臣跟隨唐穆宗一起前往南郊，為即將於初三那天在圓丘舉行的祭祀昊天上帝，稟告改元長慶的慶典做最後的準備。初二那夜，正好輪到元稹與白居易值班，漫漫長夜裡，他們互相以詩歌唱和、吟哦不絕，驚動了當時跟隨穆宗前來南郊齋宮行祭天大禮的眾多官吏，上至兩掖諸公、翰林學士，下至卒吏，無不驚起就聽、不復聚寐，一直熱鬧到天亮行禮之際才作罷，後來元稹於長慶四年在浙東觀察使任上曾有「齋宮潛詠萬人驚」的詩句，回憶到這次唱和的盛況。

也正因為這次通宵唱和，更引起穆宗對元稹的關注，特地向其索詩十卷，由此元詩流入宮中，宮中皆驚其才，呼其為「元才子」。因為有了這次特別的遭遇，長慶元年二月十六日元稹被再次提拔為翰林承旨學士、中書舍人，與李德裕、李紳同在翰林任職，時人號為「三俊」，元稹風光的日子終於到了。但這段時期也為他留下了深深的遺憾，二月二十三日夜，五十八歲的摯友李建無疾逝於長安修行里宅第。李建是元稹少時的至交，

初戀管兒又是其洛陽宅第的樂伎，他的去世自然令元稹悲慟萬分，元稹有詩〈與樂天同葬杓直〉抒發其情：

> 元伯來相葬，
>
> 山濤誓撫孤。
>
> 不知他日事，
>
> 兼得似君無。

——〈與樂天同葬杓直〉

就在李建去世的同時，元稹的風光卻遭到了蕭俛等人的深忌，雖然蕭俛等人拿他沒有辦法，可發生在同年三四月間的科試案，卻又一次把他推到了風尖浪口，讓他得罪了整個官僚集團，為其後的再次被貶埋下了伏筆。

在這場科試案中，主考官禮部侍郎錢徽，利用主持進士試的機會賣放人情，為錄取勢門紈袴而榜落寒族子弟，引起即將離京赴成都任西川節度使的宰相段文昌的極度不滿。段文昌在離京前向穆宗舉奏，引起穆宗關注，分別徵詢了元稹和李紳的意見後決定重試，命中書舍人王起和主客郎中知制誥白居易於子亭重試，結果原錄取的十四人中居然僅有三人粗通及第，榜落的卻有十一人。而這榜落的名單中有同為前次考官的中書舍人李宗閔的女婿蘇巢、右補闕楊汝士的弟弟楊殷士，以及前相裴度的兒子裴譔、鄭覃的弟弟鄭朗等，這樣一來，錢徽、李宗閔、楊汝士等人利用職權為自己的親故登第而排斥理應及第的寒族舉子的罪名就被坐實了，穆宗震怒，當即貶錢徽為江州刺史，李宗閔為劍州刺史，楊汝士為開州開江令。

科試案到此似乎可以告一段落了，但元稹並不滿足於就事論事，而是根據科試案中暴露出來的問題，將矛頭直接指向了造成弊端的朋黨集團，不久便以穆宗的名義釋出了〈戒勵風俗德音〉，以歷史為鑑，對大臣們的結黨營私，給予了毫不留情的揭露和批叛。這樣一來，其矛頭所指就絕非

第八本　仕途沉浮：裴湖

僅僅錢徽等少數試舉官員，而是指向了滿朝大臣，此制一出，朋比之徒如撻於市，把元稹和李紳恨了個底朝天，李宗閔、楊汝士等故交摯友更是不肯原諒一心為公的元稹，至此與之劃清界限。而反應尤為激勵的則是以檢校左僕射同中書門下平章事的頭銜出任太原尹北都留守河東節度使的裴度，其子裴譔雖在重試落榜後被穆宗特賜為進士及第，但元稹的作為已讓其顏面盡失，所以對其深惡痛絕，恨不能將其生吞活剝，沒想到僅僅才過去幾個月的時間，就讓他逮著了一個整治元稹的絕佳機會。

其時，天下承平。宰相杜元穎不知兵機，亦無遠略，認為兩河地區已經平定，於是，調毫無政治經驗的張弘靖接替劉總任盧龍節度使。張弘靖為人沉默寡言，對將校並不為禮，因此不得軍心，又信任幕僚韋雍，讓其執掌政務，剋扣朝廷獎勵將士的錢餉，軍心越加不滿。長慶元年七月十日，韋雍騎馬出行，有小校衝其前導，韋雍要杖責他，軍士不服，張弘靖命都虞侯追究，意欲嚴懲，於是軍中大亂。當夜，士卒連營呼噪，將校不能制，遂攻入府舍，掠奪張弘靖家中貨財、婦女，囚其於薊門館，殺幕僚韋雍、張宗元、崔仲卿、鄭塤、都虞侯劉操、押牙張抱元等人。次日，軍士自悔，一起到館面見張弘靖，請求重新奉其為主帥，但張弘靖拒絕回答，於是眾人索性奉宮中舊將朱洄為留後，朱洄辭以年老，推薦兒子朱克融繼位，舉起了反叛朝廷的大旗。星星之火燎原而起，七月二十八日夜，鎮州衙將王廷湊聞風而動，也殺死成德節度使田弘正等人，與朱克融聯兵叛唐，一起攻城略地。

事發突然，穆宗皇帝始料不及，急忙詔兵征討。元稹時為承旨學士，就在他一心一意替穆宗謀劃河朔平叛事宜，代穆宗撰寫〈招討鎮州制〉，對王廷湊的謀叛以嚴厲的口氣痛加譴責之際，剛從外鎮還朝的大臣王播卻在暗中積極謀求為相，卻又生怕元稹擋了他的官路，遂利用裴度對其的積怨，從中挑撥，誣說元稹勾結宦官魏宏簡破壞河北平叛。這一下果然激怒

第三折　風雲變

了裴度，從八月二十六日，至十月十四日，裴度連上三疏，彈劾元稹勾結宦官阻礙平叛，並無中聲有地指責其「遣他州行營拖曳日月」，要求「乘傳詣闕，面陳戎事」。

而事實上，他州行營並非像裴度所指責的那樣，為保存實力而拖曳日月、觀望不前，鎮州亂起後，鎮州大將王位等二千餘人響應朝廷號召，準備謀殺王廷湊，結果事未行機先洩，慘遭殺害；而曾經雪夜生擒淮西叛將吳元濟的魏博節度使李愬也不顧正在病中，素服流涕激勵魏人，並以祖傳寶劍玉帶遺深州刺史牛元翼，勵其平叛之志；新任魏博節度使田弘正之子田布剛到任，就立即廣散家財動員將卒，親赴貝州行營，逼近深鎮二州，拔敵二柵，竭盡全力救援深州。

由此可見，裴度連上三疏攻擊元稹，無非是因為個人恩怨所致。而就在他攻擊元稹之時，朝廷於八月十四日下詔令其進討王廷湊，八月二十六日又詔命其為幽鎮兩道招撫使，十月三日更授其為鎮州四面招討使，但在這長達六十一天的時間內，裴度居然一直按兵不動，一直拖延到十月十四日，才奏稱從故關路進討，而這時臨危受命的成德軍節度使牛元翼已被圍四十五天，田布出師亦已二十天，傅良弼、李寰等抗擊叛軍已達兩月之久。更有甚者，裴度的河東軍離開河東駐地僅一百多里，不久即自行潰回河東的承天軍駐地，由此可見，真正拖延時日的不是元稹，而是他裴度自己。

就在元稹為國家大事傷透腦筋之際，其年僅十歲的兒子元荊居然一病不起，追隨兩個妹妹匆匆而去。元荊是元稹唯一的兒子，他的夭折成為元稹一生中永遠抹不去的痛。然往者已矣，再多的悲痛也不能令死者復生，元稹唯有和著熱淚寫下〈哭子十首〉，送他最後一程：

維鵜受刺因吾過，得馬生災念爾冤。

獨在中庭倚閒樹，亂蟬嘶噪欲黃昏。

才能辨別東西位，未解分明管帶身。

第八本　仕途沉浮：裴淑

　　自食自眠猶未得，九重泉路託何人。
　　爾母溺情連夜哭，我身因事有時悲。
　　鐘聲欲絕東方動，便是尋常上學時。
　　蓮花上品生真界，兜率天中離世途。
　　彼此業緣多障礙，不知還得見兒無。
　　節量梨慄愁生疾，教示詩書望早成。
　　鞭撲校多憐校少，又緣遺恨哭三聲。
　　深嗟爾更無兄弟，自嘆予應絕子孫。
　　寂寞講堂基址在，何人車馬入高門。
　　往年鬢已同潘岳，垂老年教作鄧攸。
　　煩惱數中除一事，自茲無復子孫憂。
　　長年苦境知何限，豈得因兒獨喪明。
　　消遣又來緣爾母，夜深和淚有經聲。
　　烏生八子今無七，猿叫三聲月正孤。
　　寂寞空堂天欲曙，拂簾雙燕引新雛。
　　頻頻子落長江水，夜夜巢邊舊處棲。
　　若是愁腸終不斷，一年添得一聲啼。

——〈哭子十首〉

　　與此同時，裴度並沒有停止對元稹的攻訐。為了坐實其排擠裴度的罪行，居然有人借用白居易之名，偽造了一份〈論請不用奸臣表〉，竭力勸說穆宗重用有「大勞之功」的裴度，「乞追裴度，別議榮寵」，不讓元稹「處之臺司同義國典」，應將其立即「竄逐」。時穆宗皇帝正需要仰仗裴度帶兵討伐叛軍，並沒有出面替元稹辨明是非曲直，面對裴度蠻不講理的一再指責和無中生有的誣陷，元稹也只得忍辱負重，以詩寄情：

第三折　風雲變

> 為國謀羊舌，從來不為身。
> 此心長自保，終不學張陳。
> 自笑心何劣，區區辨所冤。
> 伯仁雖到死，終不向人言。
> 富貴年皆長，風塵舊轉稀。
> 白頭方見絕，遙為一沾衣。
>
> ——〈感詩三首〉

在這三首詩裡，元稹運用了三個非常貼切的典故，來暗喻自己抱冤受屈的處境，表達內心悲苦憤懣的感受。

「為國謀羊舌，從來不為身。」春秋時期，晉國大夫范宣子懷疑大夫欒盈起兵叛亂，欒盈逃亡之後，范宣子便殺了他的朋友羊舌虎，又因為羊舌叔是羊舌虎的兄弟，因而也將他囚禁起來，後世即以此作為受株連而蒙冤的典故。據〈左傳昭公三年〉云，羊舌氏一宗至此僅存羊舌肸一人，羊舌肸並無後代，但並沒有因為家人被殺被囚而心生怨恨，而是一如既往地為晉國奔走操勞，忠心耿耿、鞠躬盡瘁。元稹這時中年喪子，哀痛無比，又為河朔平叛遭到裴度接二連三的彈劾，心情自是憂鬱難平，因此以羊舌肸自喻。

「此心長自保，終不學張陳。」詩中的「張陳」指秦漢之交的大梁名士張耳與陳餘，二人初為刎頸之交，後同時投身陳涉義軍，成為重要的將領，因權勢發生爭執，最後陳餘死於張耳之手，後人用作密友反目成仇的典故。元稹在這裡暗喻自己在憲宗朝時曾竭力支持裴度彈劾權相杜佑的鬥爭，與裴度同時被貶，同時趕赴貶謫之地，又一起受到故相裴洎賞識的往事。想起過去關係融洽的朋友，現如今卻因為一樁科試案成了冤家對頭，情景頗與張耳與陳餘的故事相類，心中不禁湧起無限惆悵苦悶。

第八本　仕途沉浮：裴淑

「伯仁雖到死，終不向人言。」伯仁是晉元帝時大臣僕射周顗的字，與同僚王導的感情非常好。永昌元年，王導的堂兄、江州刺史王敦起兵謀叛，王導赴闕待罪，周顗多次出面在晉元帝面前為王導分辯，拍著胸脯打保證說王導與王敦絕無通謀之事，才保全了王導的性命。王敦攻入京城建鄴後，以舊怨要殺周顗，事先徵求王導的意見，王導卻沒有任何表態，結果周顗被抓，受盡凌辱卻沒有說出自己保全王導性命的真相，終被王敦殘忍地殺害。後來，王導得知自己是因為周顗的擔保才保住性命的真相後，後悔得不能自已、痛哭涕零地說，雖然自己並沒有殺害伯仁，但伯仁卻是因為自己而死，幽冥之中有何面目再見此良友？元稹在這裡仍然運用典故暗喻了自己和裴度的關係，委婉地表達了自己就像伯仁一樣冤屈，但又會像伯仁一樣，「終不向人言」，只把苦水通通憋到肚子裡。

多年的契友終成仇怨，元稹自是憂傷莫名，加上唐穆宗對此事的態度模稜兩可，既不貶斥自己，亦不訓責裴度，心中更是徬徨淒楚，不知道接下來事態會演變成如何複雜的局面，於是又以翰林院前的小松樹為題，揮筆寫下〈題翰林東閣前小松〉詩，訴說內心積壓的萬般委屈：

簷礙修鱗亞，
霜侵簇翠黃。
唯余入琴韻，
終待舜弦張。

——〈題翰林東閣前小松〉

「簷礙修鱗亞，霜侵簇翠黃。」此時此刻，自己就像長在屋簷下的矮小松樹，既受到屋簷的阻礙，無法伸枝展葉，又遭到無情寒霜的一再侵襲，更加萎靡不振，一派頹廢的光景。

「唯余入琴韻，終待舜弦張。」儘管如此，他仍然堅信所有的磨難終將

第三折　風雲變

過去，自己忠君愛國的赤誠之心，必將為聖明如同舜帝的唐穆宗察覺，政治理想也一定會有實現的那一天。

等啊等，盼啊盼，喪子之痛還未散盡的元稹，非但沒有盼來「入琴韻」的機會，卻等來了裴度的又一次詆毀。此時前線吃緊，面對掌握重權而又咄咄逼人的裴度，被迫無奈的唐穆宗只好答應了他的無理要求，於十月二十三日下詔，罷元稹為工部侍郎。而恰恰就在這個時候，元稹的患難之交、剛從建州被召回朝廷任職諫議大夫不久的李景儉，也因得罪了宰臣，面臨再次被貶的危境。由於裴度延誤軍機，導致征討河朔半年毫無進展，不知兵事的宰相杜元穎、崔植，以及因挑唆裴度彈劾元稹而入相的王播，此時卻站出來竭力主張赦免叛將朱克融，引起李景儉等人的強烈不滿，於十二月爆發了中唐歷史上著名的「使酒罵座」事件。

一日，李景儉退朝後，與兵部郎中馮宿、庫部郎中知制誥楊嗣復、起居舍人溫造等人，同謁史官獨孤朗，於史館中飲酒，語及宰臣在處理河朔叛亂中的重大過失，趁醉詣中書直呼宰相名，面疏其失，辭頗悖慢，旋被貶為漳州刺史，是日同飲者皆被貶逐。與此同時，李唐王朝居然接受了杜元穎等人的主張，赦免了叛將朱克融。對反對罷兵的李景儉和叛亂的朱克融，兩種截然相反的處置方法令元稹大為不滿，但此時的他正處於風尖浪口之下，面對摯友的不平遭遇卻是愛莫能助，只好賦詩二首表達自己的憤懣與同情，眼睜睜地看著李景儉攜帶年僅七歲的幼子毅郎踏上遠去的謫途：

爾爺只為一杯酒，
此別那知死與生！
兒有何辜才七歲，
亦教兒作漳江行。
愛惜爾爺唯有我，

第八本　仕途沉浮：裴淑

我今憔悴望何人！

傷心自比籠中鶴，

翦盡翅翎愁到身。

——〈別毅郎〉

　　李景儉再次被貶，自己也不能繼續留在皇帝身邊擔任翰林承旨，元稹的心緒自是鬱悶到了極點。而此時此刻，河朔戰場也頗不平靜，赦免朱克融後，李唐王室企圖以數道之雄兵對一郡之叛鎮，徹底平定王廷湊的叛亂，然而杜元穎等人的如意算盤卻落空了，以裴度為統帥的平叛大軍並沒能扭轉危局，而成德軍節度使牛元翼卻已被王廷湊圍困深州長達半年之久，官軍三面救之，皆以乏糧而不能進，軍士們只好自己採薪芻，日給不過陳米一勺，處境非常困難。消息傳到朝廷，元稹對自己過去身居翰林承旨學士要職，卻未能救出奮勇抗擊叛鎮的牛元翼深感內疚，其〈自責〉詩云：

犀帶金魚束紫袍，

不能將命報分毫。

他時得見牛常侍，

為爾君前捧佩刀。

——〈自責〉

　　就在元稹為牛元翼擔憂之際，面對河朔戰場不可收拾的局面，在唐穆宗的默許下，毫無主張的宰相崔植，為及早停歇干戈，只好按朱克融之例，依葫蘆畫瓢，採取昭雪王廷湊的下策，於長慶二年二月，授其為鎮州大都督府長只御史大夫，充成德軍節度鎮冀深趙等州觀察使，並令兵部侍郎韓愈前往宣諭。

　　宣慰使深入叛鎮領地，既要保持朝廷的威嚴，宣諭朝廷意旨，又要使

第三折　風雲變

出渾身解數，違心地安撫跋扈的叛鎮，稍有不慎，即有被殺的危險。聖諭剛下，滿朝文武皆知其危卻無人敢置一詞，唯獨元稹念及老朋友的安危，不顧一切地站了出來，冒著進犯天顏的風險立刻進宮面呈穆宗，求其收回成命。韓愈是當時名臣，更是一代文宗，穆宗聽了元稹的話後，心中亦悔，當即下詔令韓愈便宜從事，不必孤身犯險。

韓愈在元稹的幫助下得救了，但隨著王廷湊被朝廷昭雪，河北平叛最終亦以失敗告終，統領河北行營進討叛軍的裴度也被改拜為東都留守。戰事告一段落，李唐王朝又恢復了往日的歌舞昇平，而就在這個時候，曾經受裴度掣肘要脅的唐穆宗，為了還含冤受屈的「元才子」元稹一個公道，於長慶二年二月十九日發出了一道令所有朝臣側目的詔命——罷崔植相位，改任刑部部書，並諭令元稹以工部侍郎的身分同平章事。

同平章事！所有的人都不敢相信這是真的，一直排擠打壓元稹的裴度、王播，更是傻了眼。怎麼可能？剛剛才從翰林承旨學士位置上被他們拉下去的元稹怎麼可能會搖身一變，在沒有任何預兆的前提下，成了一人之下、萬人之上的宰相？非但他們不明白，就連當事人元稹也不明白，還沒等他搞清楚到底是怎麼回事，就在白居易等一幫朋友的簇擁下被擁到了中書省，糊里糊塗地當上了位極人臣的宰相。

這是真的嗎？回首前程往事，身為宰相的元稹長吁短嘆，忍不住涕淚四流。他想到了九泉之下的父母，想到了岳父韋夏卿，想到了撐起家裡一片天的二哥，想到了早逝的大姐二姐，想到了不能共自己到白頭的韋叢和安仙嬪，想到了過早棄世的女兒元樊、降真和兒子元荊，想到了與自己天人永隔的好朋友李顧言、李建、黃明府、竇群以及恩遇裴泊、鄭餘慶，想到了咫尺天涯的管兒和鶯鶯……

俱往矣，死者已矣，可活著的人還得好好活下去不是？他伸手拭去眼角的淚水，朝著摯友李景儉和制科同年獨孤朗貶謫的方向長長久久地眺

望，不管怎麼說，有生之年，他一定要儘自己的力量，把他們召回京師長安。是的，他就是這麼向白居易許諾的，無論前方等待著他的會是怎樣的危險和不測，他都要替朋友們盡一份心，出一份力。

第四折　琵琶淚

春風，依然。

他成了位極人臣的宰相，她也成了萬眾矚目的河東郡君，朝太后於興慶宮，猥為班首。白雲間翻捲著他的熾烈，所有的歡喜卻未曾淡去她眉間深藏的愁緒，憂慮與擔心，一陣陣潛入她凝重的夢魘，令她夜不能寐。

他不顧政敵的一再反對，不怕得罪將李景儉等人貶逐蠻荒之地的宰相杜元穎、王播，力排眾議，毅然下詔改遷還未行至漳州的李景儉為楚州刺史，後因物議激烈，認為李景儉凌忽宰臣，不宜改遷大郡，才在不得已的情況下撤回詔書，但時隔不久，還是將李景儉召還京師授為少府少監，從坐者獨孤朗等也全部得以重新返回京城任職。

她知道，李景儉、獨孤朗，都是他的故交摯友，他不可能坐視不救，可她的心一直懸著，總覺得哪兒有些不妥，可一時間又說不清道不明，只好一再勸他切忌招遙，不要惹禍上身。

「現在都是宰相夫人了，妳還有什麼好顧慮的？」他緊緊握著她的手，情深款款地盯著她略顯疲倦的雙目，輕輕安慰著她，「好了，我們已經苦盡甘來了，不要再想那些悲傷難過的事了。」

「可是⋯⋯」她輕輕搖搖頭，「微之，你不覺得這幸運來得太突然了？古語說得好，物極必反，我怕⋯⋯」

「怕什麼？」他瞪大眼睛怔怔盯著她，「我已經是宰相了，一人之下，

第四折　琵琶淚

萬人之上，還有什麼好怕的？」

「可這個宰相是皇上封的，皇上今天賞識你，就把你提拔到位極人臣的位置，可你想過沒有，一旦皇上厭倦了你，又會有什麼下場？」她緊緊咬一下嘴唇，「妾身覺得，相公不應該在這個時候召回李大人和獨孤大人，你這是火中取栗，是……」

「難道我能眼睜睜地看著致用兄他們被貶謫蠻荒之地坐視不管嗎？」他蹙起眉頭，不無憤然地說，「致用兄對我有恩，如果不是他，我恐怕早就死在江陵，屍骨無存了！妳說，我不救他們還要等誰去救他們？」

「妾身不是這個意思。」她輕輕抽出被他握住的手，皺一下眉頭說，「妾身只是覺得相公不該在這個時候出手相助，李大人尚未到達貶地，你就推翻前旨把他們通通召回，這樣豈不是明擺著在跟杜相公、王相公作對？你已經得罪了令狐相公和蕭相公，又因為科試案得罪了裴司徒，得罪了滿朝文武，現在又要為了不相干的人得罪杜相公和王相公，你覺得這樣做值嗎？你以為這是在伸張正義，可妾身卻覺得這是在拿性命和他們做賭注，你明白嗎？」

「夠了！致用兄不是不相干的人！」他狠狠瞪著她，「我希望這是第一次聽妳這麼說，但也是最後一次！如果一個人在他的恩人需要幫助的時候卻表現出無動於衷，不肯伸出援手，那他還是個人嗎？」

「妾身沒有讓你不向他們伸出援手。可相公你也得看清朝堂之上的局勢！」裴淑不無激動地盯著他說，「相公以為自己當上了宰相就可以為所欲為嗎？除了白居易白大人、李德裕李大人、李紳李大人、韓愈韓大人，整個朝堂之上幾乎全是你的政敵，大家都瞪大眼睛看著你，都恨不能在雞蛋裡挑出骨頭來，等著看你的笑話，甚至想一腳把你從相位上踹開，難道這一切你都看不明白嗎？你以為當上宰相是什麼風光的事，但在妾身眼裡就好比坐在血淋淋的刀尖上，坐不好就要身首異處的！」

第八本　仕途沉浮：裴淑

「妳以為我貪圖相位，貪圖眼前的榮華富貴嗎？」他痛心疾首地搖著頭，「我沒想到妳我夫妻多年，可到頭來妳還是那麼的不了解我。是的，能坐上宰相的位置，是所有讀書人夢寐以求的心願，我也不能例外，當接到任命的詔書，我的確興奮得幾天幾夜都不能闔眼，但我想得更多的不是自己的榮辱，而是在這個位置上到底能做出多少有利於國家，有利於老百家的事來。致用兄只不過是當著宰相的面說了幾句真話而已，他有什麼錯？就連朱克融、王廷湊那些叛軍都能被朝廷昭雪，又封官又晉爵的，為什麼真心為國家好，替老百姓著想的致用兄就要被貶斥到蠻荒之地？妳說我有私心也好，說我以權謀私也好，總之，我就是認為杜元穎、王播、崔植他們把致用兄一干人遠貶他地是個不能被原諒的錯誤，既然是錯誤，那我就要改正，即使為此得罪再多的人我也不怕！」

「可你也得替保子和小迎想想。你可以不為自己考慮，也可以不為妾身考慮，但保子和小迎呢？難道你忍心讓她們再跟著你流落大江南北，吃盡苦頭嗎？」想到年幼夭折的幾個孩子，裴淑不禁淚如雨下，望著他哽咽著說，「樊兒、降真、荊兒都不在了，你這鋒芒畢露的脾氣要再不收斂，遲早都要釀出禍事，到那時你叫保子和小迎怎麼辦？小迎才剛剛出生，我不希望她再遭受哥哥姐姐們的噩運，還有保子，她可是韋姐姐留在人世唯一的血脈，萬一她再有個什麼閃失，我們百年之後又有什麼面目去見韋姐姐，去見元家的列祖列宗？」

裴淑的一句話惹起了他深埋在心底的隱痛。是啊，柔之說得沒錯，這些年，孩子們跟著自己東奔西走，吃了上頓沒下頓，病了也不能得到及時的醫治，九個孩子夭折了七個，現在只剩下保子和小迎二女，而自己已是白髮滿鬢，這無情的事實又怎能不讓他傷心悲慟？

「就算為了保子，你答應我，不要再跟朝臣們作對了，好不好？」她伸手拭去他眼角渾濁的淚水，輕輕撫著他寫滿滄桑的面龐，伏在他的肩頭

第四折　琵琶淚

嗚嗚咽咽地哭了起來。「我不想一個人站在曲江邊看潮起潮落，也不願意子然一身守在元氏老宅裡看日出日落。微之，我求你，為了孩子，為了我們這個家，你不要再管那些閒事了好不好？坐一天和尚撞一天鐘，何必把自己牽涉到朝堂中那些恩恩怨怨裡去？以後，朝裡的事儘管交給杜相公他們處理去，你就做好你自己，閒下來寫寫詩作作賦，風平浪靜地度過餘生，好不好？」

「柔之……」他緊緊攥著她的手，囁嚅著嘴唇，想說些什麼，卻一句話也沒說。她終歸是個婦道人家，懂什麼治國齊家？坐上了宰相的位置就必須鞠躬盡瘁，為此，他已經做好所有的準備了，哪怕暴風雨再度降臨到他身上，他也會坦然面對。只是他已四十有餘，元荊夭折後，至今膝下無子，要說遺憾也就這點遺憾了，可這大概就是他的命，既然是命，又奈之若何？

她緊緊伏在他的肩頭，感受著他的溫暖如春。她不敢看他的眼睛，因那目光裡透出一種令她膽顫心驚的固執，甚至還有些冰涼的寒意。她並不知道自他登上相位的那日起，他已暗中立誓，一定要為民請命，為國盡忠，哪怕得罪再多的權貴也絕不會向他們低頭。是的，他已經做好了一切準備，甚至將生死置之度外，可她卻什麼也不知道，她只是在擔心，在害怕，害怕他終會把人生的荒涼如數交給她，害怕有一天，她終將會站在黃昏的地平線上遠視沒有阜稔人煙的荒城。

她的顧慮不是多餘的。就在元稹準備大展一番拳腳報效朝廷之際，因長慶元年科試案和河朔平叛事件，而與其發齟齬的司徒裴度，也於同年三月被召還京師。不久，唐穆宗罷王播相位，充淮南節度使，令裴度復入知政事，與元稹同朝為宰相。此詔一出，元稹本以為能與裴度這位昔日老友化干戈為玉帛，達成最終的諒解，沒曾想宰相位置的板凳還沒坐熱，半路上居然跳出個「程咬金」李逢吉，並迅速掀起一場軒然大波，結果導致元

第八本　仕途沉浮：裴淑

積、裴度同時被罷相。

李逢吉是穆宗在東宮時的侍讀，元和十一年四月，以朝議大夫、門下侍郎的身分同平章事，權傾一時。當時淮西吳元濟發生叛亂，朝廷用兵征討淮蔡兩地，恰逢淄青節度使李師道助紂為虐，派遣刺客刺死主張討伐的宰相武元衡，並砍傷時為御史中丞的裴度，憲宗即命裴度代武元衡為相，並將兵權交給他，令其主持討叛。李逢吉天性奸狡，妒賢傷善，生怕裴度成功後坐大，危及自己的地位，遂於私下裡想方設法地進行破壞，由此二人結怨。及裴度親征，時為翰林學士的令狐楚為裴度制辭，言不合旨，因令狐楚與李逢吉相善，帝皆黜之，罷令狐楚學士，罷李逢吉政事，出為劍南東川節度使、檢校兵部尚書。穆宗即位後，移李逢吉為襄州刺史、山南東道節度使，但李逢吉並不滿足於量移，一心求還京師的他祕密遣人潛回長安，厚賂宮中倖臣中尉王守澄，向穆宗進言，乞求還朝為官，穆宗念及侍讀之情，並於長慶二年三月召其入為兵部尚書。

與此同時，裴度亦自太原入朝復知政事，這就引起李逢吉的極度不滿。李逢吉自恃於穆宗有侍讀之恩，且念及元和年間與裴度的舊怨，恨不能立即把裴度從相位上拉下來，再由自己頂替上去，叵奈裴度勞苦功高，李逢吉一時也拿他沒轍，只好在暗中摩拳擦掌，等待時機。而就在這個時候，族子李仲言向其進謀，言說裴度在太原時曾三次上表疏論元稹奸邪，現在二人同居相位，勢必相傾，只要在他們兩人中間做些文章，要搞垮裴度還不是易如反掌？李逢吉本與元稹無隙，但為了打擊裴度，重返相位，也就管不了那麼多了，遂派人暗中監視元稹與裴度，這一下果然就被他們揪住了一個不是把柄的把柄。

……

她站在辛夷樹下盼著下朝歸來的他，看辛夷花在風中搖曳生姿，心中湧起一股莫名的惆悵。抬頭，看看天色，早就該是下朝回家的時候，為什

麼還不見他歸來的身影？他到底又在忙些什麼？想起剛回長安時，膽娘無意中在她面前提到過的那個在曲江畔賣笑為生的秋娘，她心裡開始忐忑不安起來，難道他又去找那個風韻猶存的秋娘花天酒地去了？

那個秋娘到底長成什麼模樣？裴淑微蹙著眉頭，伸手在辛夷樹蒼老的樹幹上點點劃劃，每一筆，每一劃，最後劃出的都是「秋娘」二字。怎麼了，自己怎麼也成了吃醋稔酸的世俗女子了？她輕輕地嘆，無論如何，秋娘終歸是倚樓賣笑的風塵女子，又怎能和貴為河東郡君的她相提並論？

秋娘。秋娘。她將她的名字唸了又唸，心裡還是不能釋然。要不是前日替他翻揀舊衣裳，無意間看到白居易當年酬和他的舊詩〈和元九與呂二同宿話舊感贈〉，她早就把膽娘提及過的那個秋娘給忘得一乾二淨了，可是冥冥之中似乎自有安排，偏偏再次讓她遭逢上了這個秋娘，又怎能不讓她疑竇叢生？

見君新贈呂君詩，憶得同年行樂時。

爭入杏園齊馬首，潛過柳曲斗蛾眉。

八人雲散俱遊宦，七度花開盡別離。

聞道秋娘猶且在，至今時復問微之。

——白居易〈和元九與呂二同宿話舊感贈〉

「聞道秋娘猶且在，至今時復問微之。」她反覆吟誦著白居易寫於十數年前的詩句，心裡越加不是滋味。說什麼公務繁忙，說什麼要為國為民鞠躬盡瘁，說到底不還是為他自己在曲江畔倚紅偎翠找的藉口？

想到這，她的心口劇烈疼痛起來，為什麼他寧可選擇流連在那個半老徐娘身邊，也不肯回家與自己歡聚，難道自己對他而言就真的那麼乏味？還是他嫌棄自己一直未能替他生下後嗣，生怕斷了元家香火才在外面不斷拈花惹草？莫非他想娶個小妾回來替元家傳宗接代？現在他貴為宰相，別

第八本　仕途沉浮：裴淑

說討一個小妾回來，就算討十個八個回來，她也無話可說，更何況她自己無出，要真遇上那麼一天，她也只能打落門牙往肚裡嚥了！

唉！她深深淺淺地嘆，看這世間人來人往的風起雲湧，所有的希望都在片刻裡升騰，又在剎那裡死亡，到底有哪一樁是靠得住的？都說男人富貴了就會忘了家裡的糟糠妻，看來微之也不能例外，要是他真的討回小來，那她以後的日子該怎麼打發？或許，她只能悄然轉過身去，揹著行囊，孤獨地躑躅在深夜的街頭，任寂寞與徬徨陪伴左右，任他從前的所有甜言蜜語都潰爛在潛藏的時光漩渦裡，不再憶起。

可這又怎麼可能？她怎能將他忘懷，又怎能走出他的世界？沒有他的日子，她的淚水也將徹底失去意義，她是一分一秒也離不開他的啊！她緊緊咬著嘴唇，試圖讓自己冷靜下來，或許，這一切都是她的疑神疑鬼，所有的所有都是她的幻想，可為什麼秋娘模糊的身影一再在她眼前浮現，任她如何努力都不能將之揮去？

膽娘的出現打斷了她凌亂的思緒。她一把抓住膽娘的手，翕合著嘴唇，想要問些什麼卻又難以啟齒。裴淑近日的微妙變化，膽娘早已看在眼裡，但因主僕有別，更兼自己是韋叢留下的婢女，新夫人不說，自己也不便多問，現在見她這副欲言又止的模樣，忍不住問她說：「夫人是有話想對奴婢說嗎？」

「我……」她微微頷首，「膽娘，妳是不是覺得我跟以前有些不一樣了？」

「啊？」膽娘賠著小心說，「夫人現在是一品夫人，自然與以往不同。」

「我是說，我是說……」情急之下，她又唸出了白居易那句舊詩，「聞道秋娘猶且在，至今時復問微之。秋娘，秋……」

「夫人是在為秋娘的事煩心？」膽娘輕輕扶著她，嘆口氣說，「秋娘的事夫人倒不必擔心，大人是和夫人共過患難的，他不會做出對不起夫人的事情來的，只是……」

第四折　琵琶淚

「只是什麼？」裴淑一下子緊張起來，盯著膽娘連聲問，「只是什麼，妳快說啊！」

「奴婢聽說大人最近跟和王府的司馬于方走得特別近，好像是為了牛常侍的事情，他們一直在祕密謀劃著什麼，說是要使什麼反間計……」

「反間計？」

「奴婢也不是很清楚，昨天我去白大人府裡看望他新納的姬妾小蠻，無意中聽小蠻提及此事，奴婢當時就生了心，纏著小蠻多問了幾句，這才知道大人和于方謀劃著什麼反間計，要救牛常侍於水火之中……」

「什麼？」裴淑一下子僵住了。最讓她擔心的事終於還是發生了，他怎麼就能把自己的一片好心當成驢肝肺呢？這才當上宰相幾天，就要使什麼反間計，不是正好授人以話柄嗎？怎麼辦？到底該怎麼辦？不行！說什麼也不能再讓他由著性子想做什麼就做什麼了，她再也顧不得體面，丟下膽娘，攜著倉皇，向著前方一路步履踉蹌地走了出去。一定要阻止他！一定！

她跑得氣喘吁吁，跑過靖安坊，跑過朱雀大街，跑過和王府，跑過曲江畔的茶樓酒肆，跑過春的明媚，跑過黃昏的瀲灩，看見溪水偽裝成湛藍的蒼穹，看見水中的魚兒扮成飛翔的藍鳥，所有的絲竹管絃都在瞬間戛然而止，只留下倉促的餘音。她惶惶惑惑地繼續前行，搖著頭喃喃自語著，說自己分不清是非辨不明真假，簡單明瞭的箴言她也看不懂，更弄不明白什麼家小國大的道理，她只是個婦道人家，在她眼裡，天大的事也大不過一家的和樂平安，如果微之再有個什麼三長兩短，那她以後就算在夢裡也無法安然的笑了！到那時，夢魘裡的自己會被世界壓垮，只留下無盡的恐懼與寂寞，還有一望無際的廢墟與之長相作伴！她不要，她不能就這樣眼睜睜地放任他自流，她一定要救他於水火之中，一定！

此時此刻，她並不知道，就在她四處尋找元稹之際，災難已然再一次

第八本　仕途沉浮：裴淑

降臨，身為宰相、位極人臣的元稹，居然因為李逢吉無中生有的「謀刺裴度案」，而被迫在禁中接受調查，成為任人宰割的羔羊。那麼所謂的「謀刺裴度案」到底又是怎麼回事？事情的起因，還得從被叛將王廷湊困於深州長達半年之久的常侍牛元翼說起。按理說，此時的朝廷已經先後昭雪朱克融與王廷湊，並為他們加官晉爵，王廷湊理應撤圍而去才對，但事實恰恰相反，朱克融和王廷湊非但沒有入朝謝恩，反而俱不奉詔，連兵圍困牛元翼於深州城中，情況萬分危急。身為宰相的元稹接到消息後，替身陷險境的牛元翼捏一把冷汗，欲有所立以報上，卻又無計可施，這時，他的好友，故司空于頔之子、和王府司馬于方向其進言，稱有奇士王昭、于友明二人，曾經客於燕趙之間，與賊黨都很熟悉，可以讓他們行反間計而解牛元翼之困。事未行，而計先洩，暗中跟蹤監視元稹的李逢吉已經掌握了他們的全部計謀，別有用心的他居然利用此事大做文章，勾結宦官王守澄等人在穆宗面前誣陷元稹、于方謀刺裴度，企圖把水攪渾，達到把裴度從宰相寶座上拉下來的目的。

沒想到穆宗得到密報後居然信以為真，立即命韓皋、鄭覃、李逢吉共同審訊于方獄，雖然最後得到的結果是「按驗無狀」，但為了達到排擠裴度的目的，李逢吉並沒有善甘罷休，而是揮起狼牙大棒，有模有樣地處置起一干「人犯」。而此時負責審訊的另外兩個官員，韓皋曾是元稹在監察御史任上曾經懲辦過的封杖決死安吉縣令的浙西觀察使；鄭覃是鄭朗的兄長，而鄭朗在長慶無年進士試中因元稹同意重試而被榜落，鄭覃本人也因此受到元稹代穆宗所撰詔文〈戒勵風俗德音〉的嚴厲指責，二人與元稹皆積怨頗深，自然不會站出來替元稹說話，加上李逢吉正受聖上恩寵，他們索性送個順水人情，任由李逢吉支配，以「莫須有」的罪名將于方配流端州，于友明配流新州，王昭流配雷州，為接下來罷去元稹、裴度相位，造起了先聲奪人的輿論攻勢。

第四折　琵琶淚

元稹怎麼也沒想到，自己一心報國，最後卻又落得如此下場。身為宰相，被三司按鞠，本就窩囊到了極點，沒想到背後有皇帝撐腰的李逢吉，居然以「莫須有」的罪名，將與自己同樣盡忠報國的于方遠流端州，這讓他無論如何也想不通。可想不通也只得打落門牙往肚裡咽，誰叫唐穆宗在面對他這個後進的宰臣和對其有侍讀之恩的李逢吉時，天秤明顯偏向了李逢吉呢？

屋漏偏逢陰雨天，就在他揮淚送于方離開長安之際，六月五日，朝廷居然降詔貶其為同州刺史充長春宮使，同罷司徒裴度為左僕射，而進李逢吉為同平章事，一心忠君報國的元稹，在強大的政敵面前再次輸得精光，只得帶著裴淑、膽娘和兩個僅存的孩子踏上遠去同州的貶途。

……

同州又名馮翊，位於長安東北，中條山隔河相望，渭河與涇水鄰州而過。雖然緊傍京畿，但土地的沙化情況相當嚴重，唐代詩人賈島曾有〈送殷侍御赴同州〉詩，記述了當地惡化的自然環境：

馮翊蒲西郡，

沙崗擁地形。

中條全離嶽，

清渭半和涇。

—— 賈島〈送殷侍御赴同州〉

被貶到這麼一個自然環境惡劣的地方，元稹心中自是悶悶不樂。望著懷抱幼女，被風沙吹得東倒西歪的裴淑，他的心更是痛到了極點。婚後七八年，她跟著自己從興元到通州，從通州到虢州，受盡了苦楚，吃盡了苦頭，本以為回到長安會讓她過上好日子，卻不曾想好景不長，又被貶到這窮山惡水的地方，這往後的往後，自己又該拿什麼溫暖她那顆支離破碎

第八本　仕途沉浮：裴淑

的心？元樊、降真、元荊的先後棄世對她的打擊非常巨大，雖然她什麼也不說，但他明白，這世上有哪個當娘的不疼自己的孩子？她只是不想讓他看到自己傷心難過的樣子，唯有和著淚水往肚裡咽罷了！

「柔之。」，他輕輕拍了拍她纖弱的肩頭，千言萬語都化作一句「對不起」。她伸過手緊緊攥著他冰涼的指尖，強打起精神望著他淺淺淡淡地笑，晶瑩的淚珠「叭嗒」一聲滴落在懷裡的幼女小迎臉上。

「又讓妳和孩子們跟著我受苦了。」他不無難過地盯著滿頭黃沙的她，「早知道這樣，我就……」

「你就怎樣？」她苦笑了一下，「要是皇上還讓相公坐在宰相的位置上，我想你還會像以前那樣的。」

「我……」他囁嚅著嘴唇，「都是我不好，我……」

「我不怪你。這輩子，只要能跟著你，妾身就心滿意足了。哪怕走到天涯海角，妾身也絕不會有半句怨言。」

「可是，樊兒和降真，還有荊兒，他們會怪我的，他們會怪我這個當爹的沒有照顧好妳這個娘。」想起早逝的幾個孩子，他忍不住淚雨如下，「都是我沒用，若不是我，樊兒、荊兒他們，興許就不會落下病根，就不會夭折……」

她伸手輕輕摀住他的嘴，搖著頭說：「這都是命，往後相公只要多分出一些心來對保子和小迎好，妾身便是死在這窮山惡水，也能夠安心了。」

說到動情處，夫妻二人抱頭痛哭。元稹不明白，為什麼老天爺總是要往他無法癒合的傷口上撒鹽，或許就像柔之說的那樣，這就是命，是他的命，也是他們的命，可他總得為他們做些什麼，可在這蠻荒之地，一個遭到朝臣排擠、朝不保夕的「罪臣」，又能替他們做些什麼呢？他還不敢告訴裴淑，由於李逢吉、王播等人的一再讒構，唐穆宗就連他「長春宮使」

第四折　琵琶淚

的頭銜也給削去了。長春宮是李唐王朝建在同州的重要行宮，按照朝廷以往的慣例，同州刺史應該兼任長春宮使，但政敵們還是不肯放過他，認為對他的處置過輕，昏庸的穆宗對王守澄等人的讒言言聽計從，於是很快便又下詔削去其長春宮使一職。他難以想像，接下來的日子，政敵們還會用怎樣卑劣的手段來對付他，也許會將其再次遠逐，也許會終身罷斥不用，也許會像武元衡那樣遭到政敵的謀刺……

他把所有能想像到的也許都想到了，在政敵們還沒有進一步對其採取行動之前，一個小小的州刺史能做的也只能是漫無目的地，繼續前行在布滿荊棘的叢林中，走一步算一步了。可是，身為人夫，身為人父，他該怎樣才能保護好妻子兒女？夏天很快過去了，轉眼間便是又一個冰天雪地的冬天，望著面容憔悴、日漸消瘦下去的妻子和女兒，他裹著滿心的悽惶與惆悵，卻又無可奈何，哭叫無門。

天哪，這樣的日子究竟還要熬到什麼時候？老天爺，求求您，錯的只是我元稹一個人，請您把所有的痛苦和災難都降臨到我一人身上，不要再折磨柔之她們了，好不好？天無語，地無言，他舉頭望著院外下個不停的蒼茫大雪，提著酒壺，一個人穿梭在無邊的黑暗裡，在黑色穹窿下走遍了整座孤寂的城。他路過了許多風景，在路過的時候，永遠都只有他一個人舉著酒壺痴痴呆呆地笑著蹣跚而行；他看見過去的自己在嘈雜的人群中荒涼的表情，所有的喧囂也無力掩蓋內心的滄桑與恥辱，再怎麼努力回憶，也絲毫看不見她在他身邊的蒼白過去。

躑躅在街頭的他一邊默默流著淚，一邊固執著為她尋找起最後一塊安寧的淨土。他想要為她在這滿目淒涼的荒山野嶺，畫一幅擁有生命的雄偉藍圖，要帶她脫離這無邊的寂寞與惶然，驀然回首，卻又發現，在準備好簡單的行囊之後，竟沒有一駕可以載著他們去向煙花深處的馬車。柔之，保子，小迎，還有膽娘，我到底該拿什麼來保護你們？

第八本　仕途沉浮：裴淑

他不知道。他劇烈地搖著頭，想把這世間所有的不快通通忘記，但一閉上眼睛，卻又看到摯友白居易、李德裕、李紳等人，在朝中與自己相似的遭遇。李逢吉用「一石二鳥」之計，從中書省排擠出元稹和裴度後，時御史中丞李德裕和戶部侍郎牛僧孺入相的呼聲都很高，但李逢吉因與牛僧孺關係密切，遂想方設法排擠李德裕，於九月出其為浙西觀察使，同時援引牛僧孺同平章事；白居易則為自己無力救助元稹感到既無奈又悲憤，只好主動要求出守外地躲避新的打擊，於同年七月自中書舍人出為杭州刺史；而剛從翰林學士轉任中書舍人的李紳也遭到李逢吉黨徒的多方打擊排擠，幸虧有穆宗祖護才免遭不測。

想到自己和故交摯友的不平遭際，元稹心裡更是湧起無限惆悵。往日在曲江畔流連唱和的歡樂，早已一去不返，留給他們的卻是無盡的傷痛與悲慟。以後的以後，他究竟該何去何從？明哲保身，還是繼續與黑暗勢力作鬥爭？不，他不能再任由著性子想怎樣就怎樣了，就算不為自己著想，也總得為妻子和年幼的女兒著想吧？

既然不能為國盡忠，不能替皇上分憂，身為朝廷命官的他總得為同州的老百姓做些什麼吧？從那天開始，他化悲痛為力量，在同州任內著手為轄下的子民們做起了一樁又一樁的好事，不僅提出「均田平賦」的口號，為老百姓謀取真正的福利，甚至因為持續不斷的旱情，而親自帶領百姓向龍神求雨，在旱災面前自譴自責，並作詩祈求老天災於自身，不要為禍百姓：

吾聞上帝心，降命明且仁。臣稹苟有罪，胡不災我身？

胡為旱一州，禍此千萬人？一旱猶可忍，其旱亦已頻。

臘雪不滿地，膏雨不降春。惻惻詔書下，半減麥與緡。

半租豈不薄，尚竭力與筋。竭力不敢憚，慚戴天子恩。

纍纍婦拜姑，吶吶翁語孫。禾黍日夜長，足得盈我囷。

還填折粟稅，酬償貰麥鄰。苟無公私責，飲水不為貧。

第四折　琵琶淚

歡言未盈口，旱氣已再振。六月天不雨，秋孟亦既旬。
區區昧陋積，禱祝非不勤。日馳衰白顏，再拜泥甲鱗。
歸來重思忖，願告諸邑君。以彼天道遠，豈如人事親。
團團囹圄中，無乃冤不申。擾擾食廩內，無乃奸有因。
軋軋輸送車，無乃使不倫。遙遙負擔卒，無乃役不均。
今年無大麥，計與珠玉濱。村胥與里吏，無乃求取繁。
符下斂錢急，值官因酒嗔。誅求與撻罰，無乃不逡巡。
生小下里住，不曾州縣門。訴詞千萬恨，無乃不得聞。
強豪富酒肉，窮獨無芻薪。俱由案牘吏，無乃移禍屯。
官分市井戶，迭配水陸珍。未蒙所償直，無乃不敢言。
有一於此事，安可尤蒼旻。借使漏刑憲，得不虞鬼神。
自顧頑滯牧，坐貽災沴臻。上羞朝廷寄，下愧閭里民。
豈無神明宰，為我同苦辛？共布慈惠語，慰此衢客塵。

——〈旱災自咎貽七縣宰〉

元稹的努力與辛苦，裴淑看在眼裡，疼在心裡。他鬢角的白髮又添了幾綹，卻為了轄下百姓的生計終日奔波勞碌，不得片刻清閒，甚至過家門而不入，到了廢寢忘食的地步，就連她剛從胡人那裡學來的琵琶新曲，他也抽不出工夫細聽：

學語胡兒撼玉鈴，
甘州破裡最星星。
使君自恨常多事，
不得功夫夜夜聽。

——〈琵琶〉

第八本　仕途沉浮：裴淑

　　捧著他新寫的〈琵琶〉詩，她哽咽無語。雖然遠離了政治角逐的中心，但他還是改不了那個老脾氣，雖說他搞的那一套「均田平賦」，本與朝臣們沒有多大關係，但畢竟還是損害了屬下奸吏們的利益，杜絕了那些巧取豪奪之人自肥私囊的路徑，又怎能不引起下級官僚和富豪之家的嫉恨？為了減輕老百姓的賦稅，他甚至將原來同州官員每年例行送給唐穆宗的成千上萬錢財充作亡戶的租賦，從而保證了朝廷的正常收入，但這樣一來，自然又給了李逢吉、王守澄那幫人詆毀他的機會，穆宗對其的不滿也愈來愈烈。

　　同州的老百姓因為感激他的恩德，甚至替他塑起了泥像，供入當地的名宦祠，長期供奉禮拜，但她心裡的隱憂，卻隨著百姓們此起彼伏的稱頌聲一日多於一日。他這是飛蛾撲火，遲早有一天會引火自焚的。她顫抖著身子，把馬上又要出門的他攔在了房內，嗚咽著求他看在保子和小迎的份上，不要再跟當地的富紳豪門作對。

　　「柔之，妳這是⋯⋯」

　　「相公，你不能再這樣下去了。妾身不能看著你一點一點地毀掉自己的前程。你這樣，我的心真的很痛很痛，你到底明不明白？」

　　「柔之⋯⋯」

　　「答應我，別再搞什麼均田平賦了好不好？你已經得罪了滿朝文武，難道還要得罪所有的下屬官僚和一州的豪門富紳嗎？我知道你是為了百姓好，可老百姓的千萬句叫好能抵得上朝臣的一句詆毀嗎？你已經四十好幾的人了，沒時間再讓你蹉跎下去了！」

　　「柔之⋯⋯」

　　「妾身早就說過，做一天和尚撞一天鐘，你為什麼總是不能讓人省心？天底下有那麼多的刺史，為什麼偏就你站出來搞什麼均田平賦？誰都不是

傻子，誰都知道這是個得罪人、吃力不討好的差事，可為什麼你就……」

「我是一州七縣的父母官，難道妳認為眼睜睜看著那些富紳欺凌手無寸鐵的老百姓才是應該的嗎？」

「可你也要替保子和小迎想一想，難道你還想讓她們繼續跟著你過顛沛流離的生活？」

「妳多慮了，夫人。」他抬手拭去她眼角的淚水，「沒有那麼嚴重的。在同州搞均田平賦是得到當今聖上支持的，又怎會招惹禍事呢？」

「當初相公在朝中的所作所為又何嘗沒有得到聖上的支持，可結果呢？皇上不照樣聽信奸佞的讒言，把相公貶斥到這窮山惡水的地方來了？」

「這不一樣。」

「有什麼不一樣？」他的堅持令她失去了最後勸說的勇氣，在心底唱了多年的戀歌，也在這一瞬間失去了曾經一再重複的旋律。她對他徹底失望了，記憶那張裂帛不知在何時被裁剪掉了一大塊，她緊緊握住那些碎片卻不知道應該往哪裡拼湊，於是只能把它們點燃，而後將灰燼散在空中，拖著被灼傷的翅膀，向著一泓碧清的溪水疲憊地走去，任斷裂的歲月，在沾染餘燼的小徑上，留下她蒼茫的腳印。

她了解他，更愛他勝過自己的性命。她對他心死並非不愛，而是緣於心中熊熊燃起的恐懼，那恐懼拽著她滑向無邊的深淵，黑暗迅速吞沒了身邊所有的光明，她只能懷抱一滴曾經為他滴落的淚水，仰起臉觀望他隨同遷徙的飛鳥跋涉千里，卻不知他最終去向的方向。

微之，我到底該拿你怎麼辦呢？她沒有辦法，唯有和著淚水默默等待，將那聲聲淒厲的琵琶彈了又彈。長慶三年秋，她的擔心終於在一紙詔書中得到證實，由於朝臣和當地豪紳的排擠，剛剛在同州做出點政績的元稹突然接到調離同州，出任浙東觀察使的詔令。雖然從一州刺史升任六州

第八本　仕途沉浮：裴淑

觀察使，官階有了大大的提升，但越州地處偏僻，更加遠離政治中心，這對一心想重新回到長安，回到穆宗身邊伸張冤屈的元稹來說卻是又一個致命的打擊。丈夫的不滿，裴淑一一瞧在眼裡，望著懷裡嗷嗷待哺的幼女小迎，她滿心積壓的悲憤終於到了極點，說什麼也不肯再隨他同行。

她是真的受夠了。她鍾愛的兩個女兒都因為他的一再貶謫而客死他鄉，如果小迎再有個什麼閃失，還叫她如何活得下去？她不想再跟他說一句話，不想再看他一眼，甚至想起他就會滿心煩惱，唯有拉著同樣悲愴的保子的手泣不成聲。望著她潸然的淚眼，他的心也痛到了極點，可是，此時此刻他卻什麼話也不能說，所有的言語都被傷感的氣氛淹沒在無盡的黑暗裡，轉過身依然看不見她曾經溫婉如花的笑靨，唯有揮筆寫下一首詩，輕輕丟到她的手裡：

嫁時五月歸巴地，今日雙旌上越州。
興慶首行千命婦，會稽旁帶六諸侯。
海樓翡翠閒相逐，鏡水鴛鴦暖共遊。
我有主恩羞未報，君於此外更何求？

────〈初除浙東妻有阻色因以四韻曉之〉

捧著他墨跡未乾的詩箋，她整顆心都要碎掉了。「嫁時五月歸巴地」，想起那年五月，懷抱元樊、降真，跟隨他從客地興元遠上通州，雖在貶謫途中，但心情卻是萬分愉悅的，而如今「今日雙旌上越州」，她卻怎麼也高興不起來。可是她還能說些什麼？嫁雞隨雞，嫁狗隨狗，嫁了他這樣的丈夫，也只能再次隨他「海樓翡翠閒相逐，鏡水鴛鴦暖共游」了。

手合十，眼微閉，曾經溫暖的記憶，在她緊蹙的眉間燃起熊熊烈火。只是，他還會不會轉身接住那些塵埃，然後附在她的耳畔，說要與她一起回到過去，將那些丟失的記憶一一拾起？「我有主恩羞未報，君於此外更

何求？」都到了這個時候，他心裡想的居還是國家和君主，這讓她剛剛溫暖起來的心緒，又迅速冷落到了冰點，在戰慄中失去了所有欣慰的想念，唯有和著淚水，彈起琵琶，尋覓起往昔同行影子裡相似的感念，了卻去曾經的滄海桑田。

第八本　仕途沉浮：裴淑

第九本
紅顏流年：商玲瓏與劉采春

第一折　玲瓏女

　　深藍的夜，月明星稀。月華清冷地靜靜流淌於濃密的樹蔭上，一條蜿蜒的小溪，蛇一般悠然地臥於樹叢的擁抱中，溪面上有薄薄的霧氣靄靄升起。一陣風緩緩掠過，霧氣在風中輕輕搖晃著，傾耳，一絲飄緲的歌聲隨風而行，漸行漸近，她模糊的身影，終於在月光下漸漸清晰起來。一襲白衣，纖腰如握，青絲如緞，臨水而立，迎風而歌，和影而舞，好一個遺世獨立的青春女紅嬌。

　　她原是杭州府城好人家的女兒，小字青青，十歲那年迫於生計，流落於秦樓楚館，成為迎階賣笑的樂伎，因長得嬌小可愛而又機靈活潑，那些仰慕她的騷人墨客，便替她起了個「玲瓏」的花名。按理說她自幼出沒於風塵陣中，在男人堆裡長大，應該早就練就一身八面玲瓏的本事，可隨著年齡的痴長，昔日的玲瓏卻變得愈加反應遲鈍，所有的應酬能推的就推，實在不能推的才勉強起身隨行，尤其是面對那些垂涎她美色的男人，她總會感到徹骨的疼痛，甚至見了男人就會覺得心有餘悸，直到長慶二年秋天，他遇到新任杭州刺史白居易，這樣的情況才有了改觀。

　　那年的白居易已年屆五旬，而她正是風華正茂的二八年華。在他面前，她開始變得豐姿綽約、聰慧狡黠，完全脫胎換骨變成了另外一個人。可他已經有了能歌善舞的姬妾樊素和小蠻，那都是傾國傾城的絕代佳人，

第九本　紅顏流年：商玲瓏與劉采春

就連自詡國色天香的她，在她倆面前也覺得自慚形穢，又拿什麼去跟她們在那個才華橫溢的男人面前爭寵？

汴水流，泗水流。

流到瓜洲古渡頭，吳山點點愁。

思悠悠，恨悠悠。

恨到歸時方始休，月明人倚樓。

—— 白居易〈長相思〉

樊素又站在花下，唱起他在貶謫途中為她寫下的那首〈長相思〉。每當聽樊素用悠揚婉轉的歌喉唱起〈長相思〉時，她的心就宛如刀割般疼痛。他長長的相思是留給樊素，而非她商玲瓏的，可為什麼他還要把她留在府衙侍候？是貪戀她的美色，還是真把她當成了昔日的初戀湘靈？

長袖擅舞的小蠻在月下跳起綠腰舞時，曾經不無落寞地告訴過她，現在整個白府，除了她商玲瓏，就沒有第二個人能分享到白大人一點一滴的憐愛了。為什麼？小蠻望著她淺淺地笑：因為妳長得像湘靈啊！湘靈？她抬起頭，百思不解地盯著小蠻，不無忐忑地問起：湘靈又是誰呢？

湘靈是他今生最愛的女人，也是他深埋心底最大的痛。他也曾為湘靈寫下另一首〈長相思〉，可當她纏著他，也要他為自己賦一首〈長相思〉時，看到的卻是他一張蒼白無語的臉。他什麼也不說，輕嘆著，揹著手踱了出去，只留下她一人不知所措地靠在窗下，任淚水湮溼她剛擦過的胭脂。為什麼？他說過他喜歡她的，可為什麼她連要求他替自己賦一首〈長相思〉的資格都沒有，難道正如小蠻所說，他心裡真正愛的女人只有湘靈一個嗎？

「汴水流，泗水流。流到瓜洲古渡頭，吳山點點愁。」樊素的歌聲響徹小樓，她孤寂的心也冰到了極點。好不容易才遇上一個令自己真正動心的男人，可他卻絲毫不曾顧及到自己的感受，又怎能不讓她陡然升起「吳山

第一折　玲瓏女

點點愁」的心緒？他到底愛的是誰？湘靈？樊素？小蠻？還是她商玲瓏？她百思不得其解，終究只能在夜間流連於寂寥的溪畔，任所有的哀傷都順著東去的水流飄逝，卻又未曾一去不返。

從小到大，她無數次孤孤單單地穿梭在紅塵的夜色裡，路過旖旎，路過冷清，也曾看到很多故事在夜深人靜後上演，卻總是猜不到結局，這使得她越發地好奇，難道這人間的悲歡離合還有許多情節是要在白天上演？

作為承歡人前的樂伎，她更多的應酬都在晚間，雖然有足夠的時間閱盡人生百態，卻無法真切地體會人世的冷暖，所以他早就習慣了把夜晚當成白天來過的日子，直到白居易那個款款情深的眼神，穿過在杯盞下的燈紅酒綠，義無反顧地落到她不苟言笑的臉上，她冰冷的心才逐漸溫暖起來。

「思悠悠，恨悠悠。恨到歸時方始休，月明人倚樓。」她和著樊素的歌聲輕啟朱唇，將心底的怨恨向著一溪流水低低傾訴。曾幾何時，她根本不知道什麼叫愛，什麼叫情，弄不懂那些比自己痴長幾歲的樂伎，在和那些逾窗而入的白面書生悄聲話別時，為什麼總是哭著不肯撒開對方的衣袖，更弄不懂明明是兩個人超越了時空的阻礙，歷經辛萬苦才走到一起四目相對時卻又了無愛意。

「愛情？」她總是瞪大眼睛，不無幸災樂禍地笑話那些沉陷愛情的女子，「愛情是什麼？活著最重要的就是吃飯穿衣，沒衣穿沒飯吃，看妳們一個個地還談什麼情說什麼愛？」「死丫頭，等妳遇到那個讓妳著魔的男人後就知道什麼叫做愛情了！」是嗎？愛是什麼？她不置可否地笑著，隨手翻開一個剛剛死去的老樂伎留下的詩書，卻看到扉頁上赫然寫著：愛是心痛。她的眉頭不禁皺了一下，瞪大眼睛盯著書頁上面的幾個大字，到底，心痛會是什麼？是沒有飯吃沒有衣服穿，還是沒有爹娘的疼愛？她搖搖頭，很顯然，老樂伎寫下的四個字不是在說這些，那她究竟想說什麼？

第九本　紅顏流年：商玲瓏與劉采春

　　愛是心痛，心又是什麼？她伸手探了探自己的胸口，悚然一驚，居然沒有感覺到心跳！她是心死了，還是根本無心？

　　她當然是有心的，在她遇到白居易時。她為他心痛，為他徬徨，為他憂傷，為他哭泣，可就在她以為自己終究會像樊素、小蠻那樣，獲取他萬般寵愛之際，他卻將她推到那個叫做元微之的男人面前。微之，微之，這個名字一再被他掛在嘴邊，從秋到春，又從春到秋，聽得她耳朵都快生出繭子來了。小蠻說那是個為情而痴的男人，說他是人間至情至性的情種，可小蠻從前也這麼形容過痴戀湘靈的白居易，縱使他們都是天下最痴情的男子，那也與她玲瓏沒有絲毫的關係，她只不過是一樽若有若無的漂亮花瓶，甚至無足輕重得不曾在任何男人心底留下過深刻的印記。她輕輕淡淡地笑，深深淺淺地嘆，自己只是個任人驅遣的樂伎，卻在紅塵中奢望起一份不可能的愛情，豈不是荒唐而又不自量力？

　　元微之來的時候正是桂子飄香的季節，而他深愛的那個男人也是在這樣的季節與她在西湖的花舫上邂逅。本以為能共他一世煙花，卻不料，所有的風花雪月，終在她眼底，流連成一場一廂情願的悼。她奉他之命，在那個叫做元微之的男人面前輕歌曼舞，一曲接著一曲，一直唱到天放明，他才肯放她離去。也就在那個拂曉，他第一次為她鋪開詩箋，揮毫賦下〈醉歌〉相贈：

罷胡琴，掩秦瑟，玲瓏再拜歌初畢。

誰道使君不解歌？聽唱黃雞與白日。

黃雞催曉丑時鳴，白日催年酉前沒。

腰間紅綬繫未穩，鏡裡朱顏看已失。

玲瓏玲瓏奈老何？使君歌了汝更歌。

　　　　　　　　　　── 白居易〈醉歌‧示妓人商玲瓏〉

第一折　玲瓏女

　　這是真的嗎？手捧他賦就的新詩，她有些愕然，眼淚止不住奪眶而出。「罷胡琴，掩秦瑟，玲瓏再拜歌初畢。」他居然把自己的名字寫進了詩句，這對她來說是多大的榮耀啊！看來他心裡還是有她的，雖然最近他又迷戀上了西湖名伎謝好好、吳娘，甚至替吳娘賦詩〈吳宮辭〉一首，其中更有「半露胸如雪，斜回臉似波」的香豔詞句來讚美她的美豔，但他始終還是沒把自己拋諸腦後，一個女人能被自己心愛的男人記掛心間，便是死了也值了，那她還有什麼好懊惱的呢？

　　她滿懷歡喜地將詩箋小心翼翼地收攏進袖中，剛要離席而去，卻被他悄悄叫到了門廊下。望著醉眼迷離、滿面春風的他，她的心也變得格外溫暖起來。她含羞帶怯地瞟他一眼，翕合著嘴唇，想說些感激的話，卻又不知從何說起，直到他將她纖若柔荑的手指攬在滾熱的手心裡，她才戰戰兢兢地抬起頭，低低喊了他一聲「白大人」。

　　「我想讓妳陪元大人到越州住一陣子。」他輕輕捏著她的手指，望著她一字一句地說。

　　「什麼？」她渾身猶如被電擊了一般，不由自主地往後退了一步。

　　他伸過手臂將她緊緊扶住：「元大人明天就要到越州赴任，我想讓妳陪他一塊過去。」

　　「我？」她囁嚅著嘴唇，「大人……」

　　「元大人風華正茂，又是當今文壇泰斗，妳跟了他不比跟了我這半老頭子強了許多？」他望著她的目光裡閃出一絲不羈的溫柔，「妳知道，元大人是我最好的朋友，這些年他一再遭受弄臣的讒構，半生顛沛流離，我怕他無法適應越州的生活，所以……」

　　「所以大人就要把妾身當成玩物一樣送人，供人驅使？」她不敢相信他居然會要自己去侍奉另一個男人，所有的喜悅都在一瞬間化為烏有，忍不住涕淚交流地盯著他問，「大人是因為謝好好和吳娘的緣故，才要把妾

身送給別人的嗎?」

「玲瓏!」他目光如炬地盯著她,「我這麼做,既是為了元大人好,也是為了妳好。」

「為我好?為我好就要把自己心愛的女人送去侍候別的男人?」

白居易搖搖頭:「我已經決定了,明天妳就跟元大人夫婦一起上船。」

「不!妾身……」玲瓏哽咽著求道,「大人就不能派別人過去侍候元相公嗎?」

「除妳之外,沒有誰還會比妳更加合適。」白居易嘆口氣,伸手拍拍她的肩,「回去準備準備,今晚就不要再出來陪客了,明天一早……」

她知道,他是一州刺史,說出的話一言九鼎,這時候縱使她有再多的不情願也都是枉然,只能將自己的淚水一起收拾起行囊,跟隨元稹夫婦一起踏上了東去越州的路途。他們在岸邊依依惜別,不忍分手,而他卻不多看她一看,彷彿這世上早已沒了她這個人的存在,她只能收拾起滿腔悲慟,踱進艙裡幫著裴淑照看起年幼的小迎。

等閒相見銷長日,

也有閒時更學琴。

不是眼前無外物,

不關心事不經心。

——〈贈樂天〉

她聽到樊素在艙外唱起元稹剛剛寫好的離別詩〈贈樂天〉,正待細細推敲,立刻又聽到樊素唱響了他寫給元稹的〈答微之上船後留別〉:

燭下尊前一分手,

舟中岸上兩回頭。

歸來虛白堂中夢，

闔眼先應到越州。

— 白居易〈答微之上船後留別〉

　　樊素的歌喉猶如韓娥之聲，繞梁不絕，卻在她心裡留下永恆的痛。他和他在舟中岸上兩回頭，卻完全無視自己的存在，難道在他心裡，美貌嬋娟的她連一個男人也比不上嗎？她抱著小迎瑟縮在黯淡的窗下，偷偷望著躑躅岸邊的他，忍不住淚溼衣衫。她輸了，徹底輸了。輸給了謝好好、吳娘，輸給了樊素、小蠻，輸給了站在船頭與他揮手告別的元稹，輸給了天底下所有他認識的人。

　　流年花寂，素顏幽魅，她舉頭望天，指尖瞬間顫出一場桂枝，淺溼了眉角溫潤，卻不知滲進了誰的白髮紅顏，誰的珠淚哀怨。樂天，她輕輕念著他的字，這個名字她在心底叫了千遍萬次，卻一直未曾敢在他的面前喊起，而今，她即將踏上別人的紅塵，沒有他的日子裡，誰又會為誰許下一場天荒地老，誰又會為誰眉怨深織？問世間情為何物，終不過是，一場繁華散落後的如花美眷，在孤寂亂成夢魘的面具後，傷成了一個晴天的幽月妒恨！

第二折　月落潮平

　　一懷愁緒，幾年離索，嘆息沉重了鏡湖畔深宅的白粉牆，愛濃題詩，卻憔悴了她的紅酥手黃縢酒滿園春色宮牆柳。

　　是否所有的女人都會為情所傷，為愛成殤？或許，痴心戀上一個男人的時候，女人就會變得瘋狂、痴迷，但為什麼那個男人卻從來都不曾了解過她心底隱藏的那份劇痛？身居越州觀察使府衙的玲瓏斜倚窗下，輕輕淺

第九本　紅顏流年：商玲瓏與劉采春

淺地嘆著氣，看來老樂伎們說得沒錯，情字一字，著實令人著魔。有人為之心碎，有人為之心醉，有人為之遁世，有人為之自虐，有人為之死生相許，有人為之朝三暮四……人一旦有了情，在幸福的外衣下深藏的往往是支離破碎的內裡，在世俗所不齒的鄙夷下卻看得到天使的光輝，一切的一切，僅僅，僅僅只是因為心裡有情，有愛。她玲瓏不能例外，那個貴為數州觀察使的元大人也不能例外。

隨他同來越州已有半月的時光，每至月上西樓之際，裹挾著一身惆悵，走在寂寞深院裡的她，總能聽到獨坐書房裡的他發出深深淺淺的嘆息聲。他還在思慕著普救寺裡那個驚若天人的女子鶯鶯嗎？那是二十多年前的舊事了吧？他和鶯鶯的故事，她曾聽小蠻提及過無數次，只是她弄不明白，既然相愛，為何不能相守？還有白大人和湘靈，明明彼此深深眷戀著對方，為什麼最後的結局總是支離破碎？唉，她輕輕嘆一聲，自己和白居易的景況不也如出一轍？到底是愛得不夠，還是別有無奈？或許只有老天爺才心知肚明吧？

「大人，」她推開門，捧著一碗上好的龍井茶送了進去，卻看到元稹披著單薄的衣裳，在昏黃的燈光下伏案疾書著什麼。這都已經是深秋季節了，大人怎麼還能穿得這麼單薄？夫人和膽娘只顧著侍候小迎，似乎誰也沒把過多的精力放到家裡這個唯一的男丁身上，望著日漸消瘦下去的他，她心裡不禁湧起一股莫名的酸楚，在心底輕輕抱怨起夫人的粗心來。「剛沏好的上等龍井，大人趁熱喝了它吧。」

「玲瓏？」元稹回過頭，從她手中接過茶碗，輕輕呷了一口，「不錯，妳煮茶的手藝越加精到了。」話完，又回過頭去繼續奮筆疾書起來。

「大人……」

「怎麼？」元稹抬起頭，輕輕盯了她一眼，「妳還有事？」

「不……奴婢……」她輕輕咬一下嘴唇,「奴婢只是想提醒大人,更深露重,不要著涼了才好。」

　　「看來樂天兄說得沒錯。」他望著她淡然一笑,又回過頭繼續忙自己的事去了。

　　「白大人說什麼?」

　　「說妳是朵解語花啊!要不他怎麼捨得把自己愛如珍寶的美人派到越州來侍奉我?」

　　「大人……」她頓時滿面羞紅,「大人您也取笑奴婢。」

　　「我說的是真心話。」元稹輕輕擱下筆,回頭望著她認真地說,「雖然妳我相識還不到一個月的時日,可這些日子的相處,我已經發現了妳身上很多與眾不同的好處,難怪樂天兄一再在我面前誇讚妳,說他身邊的姬妾沒有一人是比得過妳玲瓏的。」

　　「什麼?」她傻眼了,「白大人真這麼說?」

　　「樂天兄是禮佛的人,從來不說誑語。」

　　「可是……」她眼裡湧出了晶瑩的淚花,既然他知道自己這麼好,為什麼又要把她從身邊支開,讓她去侍奉別的男人呢?

　　元稹似乎望穿了她的心意,嘿然嘆口氣說:「樂天兄是見不得我在越州受苦,所以才讓妳過來陪我,其實他讓妳來,心裡也是捨不得的。」

　　捨不得?他真會捨不得自己?自己終究只是個沒有人身自由的樂伎,能得到他的眷顧已然是今生萬幸,更何況元大人風流倜儻、一表人才,自己前來侍候他本是無上的福分,又有什麼心不甘情不願的?

　　「我知道,讓妳過來侍候我是委屈了妳。」元稹起身,輕輕踱到她的身邊,「妳的心意我都明白,可是……」

第九本　紅顏流年：商玲瓏與劉采春

「大人！」她立即撲倒在他面前，驚惶失措地說，「能服侍大人是玲瓏的福分，玲瓏別無所求，只求大人不要把玲瓏當成外人，便是死了也心甘情願。」

他輕輕扶起她：「我懂，我都懂。」

他懂什麼？他懂自己對白大人的那份愛嗎？她只是個樂伎，有什麼資格配去愛，又拿什麼配得到白大人對她的愛？

「樂天兄他怕見到妳。」他滿眼憐愛地望著她，卻在她眼裡看到那年鶯鶯惆悵中憔悴的身影，立即迴轉過身，淺淺淡淡地說，「他說妳長得很像他年輕時真心愛過的一個女子。他每次看到妳都會又愛又怕，他怕……」

「他怕他會把奴婢當成湘靈的影子，對嗎？」她蹍到他面前，脫口而出。

「妳知道湘靈？」

她點點頭，望著他苦笑著說：「奴婢只是個樂伎，白大人怕奴婢做什麼？他只不過是怕自己會真的愛上奴婢，他怕他會辜負湘靈對他的一片痴心。」

「玲瓏……」他瞪大眼睛望向她，不覺渾身一顫。她哪裡只是長得像樂天兄的湘靈，那眉眼，那神態，簡直像極了鶯鶯，現在不僅是樂天兄怕她，就連自己也覺得心驚膽寒起來。

「大人，您……」

他輕輕拂著衣袖，深深嘆口氣說：「現在不光是樂天兄怕見到妳，恐怕連我也不敢再面對妳了。」

「大人是嫌棄玲瓏了嗎？」

他背過身搖著頭說：「妳不僅長得像湘靈，還有些像，像我過去認識的一個人……」

第二折　月落潮平

　　他沒有把話說完，揹著手輕輕踱了出去，只留下她一人呆呆站在窗下，驚魂未定。像他過去認識的一個人？難道是……微風襲來，把案上的紙張吹亂，她立即踱到案邊，拿紙鎮將他剛剛寫好的文書壓好。

　　「浙東論罷進海味狀」，那是一份剛剛寫好的奏章，精通文墨的她，禁不住好奇心的驅使，多看了幾眼，望著墨跡未乾的文字輕輕唸了起來，「浙江東道都團練觀察處置等使當管明州，每年進淡菜一石五斗、海蚶一石五斗……假如州縣只先期十日追集，猶計用夫九萬六千餘功，方得前件海味到京……斯皆陛下遠法堯舜近法太宗，減膳恤災愛人異費之大德也……」

　　看著他新寫的奏章，她的眼睛溼潤了。九歲那年，她的父母就是因為當地官僚為替朝廷進貢海味被迫徵為役夫，才落得客死他鄉的結局，沒想到元大人剛剛上任浙東就替老百姓著想，要求朝廷罷免勞民傷財的海味進貢，這怎能不讓身同感受的她感激得涕淚交流？早就聽說元大人是個愛民如子的好官，今日一見果然名不虛傳，這樣的男人自然深得女人的青睞，若是自己早些認識他，怕不也會像鶯鶯那樣痴戀上他吧？

　　她是愛著白大人的，她一直這樣提醒著自己。直到有一天，她一人獨坐溪畔，嚮往地看著對岸的裊裊炊煙，聽流水潺潺而無止息，心中忽有所動，才明白自己已經對那個日夕相伴的男人有了別樣的感覺。她是愛上了他？怎麼會？她狠狠咬著嘴唇，她明明愛的是白大人，怎麼可能會對別的男人產生異樣的感覺？不會的！不會！舉頭望空，她悵然所失，這究竟是自己的錯覺，還是她的迷惘？微之，她望著一溪清流，輕輕唸出他的名字。不，不可能！她不可能會愛上他的！她只是被白大人派來侍奉他的，她怎麼能愛上他，怎麼能呢？

　　朦朧中，一個飄忽的身影從遠處涉水而來，最終停佇在思緒紛亂的她身旁。

第九本　紅顏流年：商玲瓏與劉采春

「妳愛上了他？」那飄忽的聲音發出了低啞深沉的問話。

「不。」她不敢抬頭，只是強迫自己把他的容顏摒於腦後，未曾想嘴裡輕輕唸出的仍是「微之」二字。

「還說沒有？」他望著她淺淺淡淡地笑，「愛上便不是錯。既然已經愛上，那就放心大膽地去愛吧。」

「可是，可是我……」

「妳擔心什麼？是因為白大人嗎？不，妳對他的感情並不是愛，而是一種依戀，可妳對他，對元微之，卻是真情的流露。難道妳還不明白愛和喜歡永遠都不是一回事嗎？」

「我不愛白大人？」她喃喃自語著，「我不愛白大人？」

「是，妳心裡愛的人是元微之。」

「可我……」

「可妳只是一個卑賤的樂伎，對嗎？元大人並不計較這些，他也在偷偷喜歡著妳，難道妳都沒有察覺？」

「他……」

「妳想不想體會一份紅塵之戀的味道？如果想，妳就不要害怕，不要顧慮。」他微笑著，「其實他已經喜歡妳很久了，他一直在關注妳，他在嗔怪妳偷了他的心卻不肯把妳自己的心交給他。既然你們彼此心中有情，又為什麼不把它說出來呢？」

「說出來？」可是許多話，一出口便是錯，他又能接受她這份萍水相逢的愛嗎？她抬起頭，潸然淚下地盯著長相酷似他的男人，猶不敢相信地問，「你說我心裡愛的人是元大人？」

「妳不愛他，又為什麼會為他以淚洗面？」

「我……」她伸手拭去臉上的淚花，「我……」

第二折　月落潮平

「別再欺騙自己了。」他抬頭長吁一口氣說，「知道嗎？妳的前世曾與他糾葛，妳欠了他的情債，所以今生就要竭盡所能還報於他。只有妳走進他的世界，成全他愛妳的心願，他才會得到幸福，妳也才能贖清前世欠他的所有。」

「我真的愛上了元大人？」她輕輕站起身，舉目四顧，卻發現那人早已失其所在，只能踱著碎步，緩緩朝他的書房走了過去。日落黃昏，她替他點上燈燭，看他緊握狼毫，寫下一張又一張有關均田平賦、興修水利的奏章和公文，眼裡不禁滿噙了一汪淚水。

「怎麼了這是？」他起身，掏出絹帕替她拭去眼角的淚水，冰了的手冷不防卻被她緊緊攢在了她溫暖的手心裡。

「玲瓏……」他心驚地盯了她一眼，立刻抽出被她緊攢的雙手，囁嚅著嘴唇，顯得不知所措起來。

「大人！」

他迅速轉過身踱到窗下。她也緊步跟了上去。

「玲瓏，以後我的書房妳就不用進來了。」他努力克制著內心起伏的波瀾，身子微微打著顫，「我不想，我……」

「大人是嫌棄玲瓏微賤的出身嗎？」她流著淚，把整個身子緊緊朝他胸前貼了過去，「難道大人對妾身就一點也沒有動心？」

「玲瓏！」他一把推開她，正色瞪著她說，「妳是樂天兄的愛姬，俗話說，朋友妻，不可欺，妳……」

「我是白大人的愛姬？」她不無心痛地笑著說，「大人是抬舉妾身了吧？妾身只不過是個沒有人身自由的樂伎，要不白大人又怎能把我從杭州派來越州侍候大人？」

「玲瓏……」他驚惶失措地睃著她，「不，妳別這樣，我們……」

329

第九本　紅顏流年：商玲瓏與劉采春

「大人覺得妾身配不上你嗎？」她強忍著淚水，痴痴望著他俊美如玉的面龐，「還是大人打心眼裡就瞧不起我，覺得玲瓏早就是殘花敗柳，不值得你再眷顧？」

「我不是這個意思。」

「那你是什麼意思？」她趁他不備，迅速滑進他的懷裡，淚眼迷離地望著他哽咽著問，「妾身只想知道，大人的心裡到底有沒有玲瓏的位置？」

「我……」

「妾身在教坊時一直覺得自己的心是空的，可自從遇見了白大人，妾身的心就變得滿滿的了。我本以為白大人會是妾身一生一世的依靠，可直到現在我才明白，我對白大人的愛只是一種依戀，而我心裡真正愛的人卻是……」

「不，不要……」他伸出手，輕輕捂著她的櫻桃小口，「不要，玲瓏……」

「你怕了？」她望著他哭哭又笑笑，「我是真心愛著大人的。妾身不求長相廝守，不求任何名分，只要大人心裡有玲瓏的位置，玲瓏便是現在就死在大人面前也會覺得此生足矣。」

「玲瓏……」他緊緊握著她的手，「妳，真的……愛上了……我？」

她點點頭：「妾身不敢言愛，妾身只想在一生之年追隨於大人身前腳後，縱是天涯海角，也絕無半句怨言。」

「可我怕妳會對我失望。」他將她緊緊摟進懷中，蹙著眉頭說，「妳知道，我連自己的妻兒都保護不了，妳跟著我會吃盡苦頭的。」

「我不在乎。」她伸手撫平他緊蹙的眉頭，望著他溫溫婉婉地笑著，「只要跟著大人，吃再多苦，妾身也會覺得是一種幸福。」

她終於成了他的紅顏知己。不是妾，勝似妾。冬天來了，她卻看到春

第二折　月落潮平

風翻飛著花影輾轉在窗下,放眼都是花紅柳綠。刺骨的寒風宛若和煦的春風,在他輕輕吻過她雙眸的時候,輕輕拂過她紅潤的雙頰,讓她感覺到一個與以往不同的溫暖的隆冬。多情的歲月裡,陽光明媚,她久久地佇立在用柔情蜜意編織的愛戀裡,為他唱起一曲又一曲的〈長相思〉,旁若無人,每天都沉浸在無邊的快樂中無法自拔。

可是,數月的纏綿,終究逃脫不了命運的輪迴。為了給她長久的幸福,他毅然決定將她送回杭州,送到白居易的身邊。送行的岸邊,她羅袖掩面泣徘徊,就是不肯登船而去。為什麼?他不是說過會愛她一生一世的嗎?為什麼到頭來,他也像白居易那樣無視她的感受,想要就要,想棄就棄?

休遣玲瓏唱我詩,

我詩多是別君詞。

明朝又向江頭別,

月落潮平是去時。

——〈重贈樂天〉

臨行前,他將昨夜寫給白居易的新詩輕輕塞到她手裡,不忍看她淚眼漣漣,毅然決然地轉身離去。

「休遣玲瓏唱我詩,我詩多是別君詞。」都是別君詞?為什麼不能夠是別玲瓏的詞?捧著他寫給白居易的詩箋,她悲慟得死去活來。原來她在他們兩個男人眼裡只不過是件玩物罷了!他倒知道不要讓白居易遣她唱他的詩,為什麼就不知道她心裡纏綿著多少痛多少怨呢?

「明朝又向江頭別,月落潮平是去時。」她去了,他還會將她想起嗎?不,他根本就不曾愛過她,否則他又如何能忍下心來遣她重返杭州?微之啊微之,你可知,沒你在的日子,即使捱過了淒雪寒冬,我也不會再有花

331

前月下的嫋娜，失去了你，我的心會在孑孓裡老去，從此後，它會像天山上綻開的雪蓮被長長久久地冰封，再也走不出泥濘的沼澤，再也攜不起一縷搖曳的春風，只能在無盡的深淵裡隨同無人彈起的音符沉入永恆的落寞……

第三折　踏搖娘

憑仗江波寄一辭，

不須惆悵報微之。

猶勝往歲峽中別，

灩澦堆邊招手時。

————白居易〈重寄微之〉

長慶四年五月，白居易在杭州任滿，即將返京，臨別前賦詩〈重寄微之〉一首，託友人送達元稹在越州的寓所。消息傳來，元稹內心的傷感自是無法言述，當即賦詩還贈，將離別的苦痛都鎖進飽含血淚的字句中：

卻報君侯聽苦辭，

老頭拋我欲何之。

武牢關外雖分手，

不似如今衰白時。

————〈酬樂天重寄別〉

憶往昔，元稹徒生惆悵。想當年，他們風華正茂，日夜連流於燈紅酒綠的曲江之畔吟詩作賦，好不快活，但如今自己早生華髮，友人們更是一個個離己而去，如今白居易也要離任返京，以後的以後，還會有誰共他將

那離別聚首的詩詞唱了又唱？李顧言走了，黃明府走了，竇群走了，柳宗元走了，李建走了，就連崔韶也已於他被貶同州的那年離世，故交好友所剩無幾，怎能讓他不心生悲慟？

他輕輕嘆息著，把尚存於人世的友人的名字放在嘴邊唸了又唸。韓愈，楊巨源，李德裕，張籍，劉禹錫，李景儉，白居易，還有李紳。想起李紳，他更加心痛莫名，就在這年正月二十二日，時年三十歲的唐穆宗因長期服食丹藥，慢性中毒而駕崩於寢殿之中，年僅十六歲的太子李湛被權臣李逢吉扶上皇位，是為唐敬宗，敬宗登基後，繼續重用李逢吉與其黨徒牛僧孺，在李逢吉的瘋狂打壓下，一直深受唐穆宗禮敬的李紳卻被貶為端州司馬，同時被貶的還有他們在朝中共同提攜過的龐嚴、蔣防等人。李紳和白居易同歲，年逾五旬，卻被貶斥到端州那樣的蠻荒之地，孤身一人上路的他到底能不能挺得過去？

對了，還有李諒。白居易雖然走了，但青年時結識的老朋友李諒還在蘇州刺史任上。想起李諒，他冰冷的心才稍稍溫暖了起來，去年從長安赴越州任，途經蘇州時的一幕一幕便又迅速浮上了眼簾。那晚，李諒為他接風洗塵，特地遣樂伎翠娥相伴，但卻被心情鬱悶的他委婉拒絕。他記得他曾賦詩一首送給李諒，表達了自己當時有志難伸的心緒：

經過二郡逢賢牧，聚集諸郎宴老身。

清夜漫勞紅燭會，白頭非是翠娥鄰。

曾攜酒伴無端宿，自入朝行便別春。

潦倒微之從不占，未知公議道何人？

——〈再酬復言和前篇〉

翠娥再好，也難抵他被貶異鄉的落寞，更何況自己已是白髮斑斑的老朽，又哪有心思共二八年華的翠娥花前月下？不知李諒什麼時候也會離任

第九本　紅顏流年：商玲瓏與劉采春

而去,他望著窗外的春花深深淺淺地嘆,要是復言也走了,那他在江南就真的是孤家寡人一個了。

樂天啊樂天,你怎麼就不留在杭州多陪陪我?他無可奈何地翻揀起這大半年裡和白居易、李諒三地酬唱的詩作,一首一首默默唸著,冷不防看到白居易寫於初春時節的一首題為〈寄李蘇州兼示楊瓊〉的舊詩,眼中的淚水再也抑制不住地流了出來：

真娘墓頭春草碧,心奴鬢上秋霜白。

為問蘇臺酒席中,使君歌笑與誰同?

就中猶有楊瓊在,堪上東山伴謝公。

——白居易〈寄李蘇州兼示楊瓊〉

「就中猶有楊瓊在,堪上東山伴謝公。」他輕輕唸著白居易的詩句,卻想起去年過蘇州時意外邂逅楊瓊的舊事。那夜,李諒以為他不喜歡嬌小可愛的翠娥,第二天宴飲時特地將早已流落蘇州的楊瓊叫出來應景,沒料到他們早在江陵就是舊識,倒成全了一段風月佳話。

那時的楊瓊已經老了,早已不是在江陵時侍候他和李景儉、杜元穎喝花酒時的嬌俏模樣,只是楊瓊還在,她的好姐妹安仙嬪卻早已長眠地下,芳魂不再,就連她唯一的愛子也早已病逝長安,睹瓊思嬪,他又怎能不愁腸百結?

楊瓊,楊瓊,妳現在還好嗎?他輕輕放下白居易的詩箋,迅速翻揀起自己當初酬和樂天,追述在蘇州巧遇楊瓊經過的〈和樂天示楊瓊〉詩,和著淚水,用剛剛學會的吳儂軟調輕輕吟唱起來：

我在江陵少年日,知有楊瓊初喚出。

腰身瘦小歌圓緊,依約年應十六七。

去年十月過蘇州,瓊來拜問郎不識。

第三折　踏搖娘

> 青衫玉貌何處去，安得紅旗遮頭白。
> 我語楊瓊莫語，汝雖笑我我笑汝。
> 汝今無復小腰身，不似江陵時好女。
> 楊瓊為我歌送酒，爾憶江陵縣中否。
> 江陵王令骨為灰，車來嫁作尚書婦。
> 盧戡及第嚴潤在，其餘死者十八九。
> 我今賀爾亦自多，爾得老成亦白首。

──〈和樂天示楊瓊〉

　　多愁善感的性情幾經歲月的磨礪，卻仍然抵不過纏綿心頭的點滴溫柔，終是傷感成殤。如果不是去年在蘇州偶然邂逅，他幾乎已將她忘得一乾二淨，但當風韻猶存的她路經他祈盼的眼簾之際，他卻竭力將灰暗的目光擦亮，踮起腳尖看她笑靨如花的那抹嫣紅，也才知道她曾經一直站在自己身邊守候，千萬次在夢中徘徊，等他一親芳澤，卻逃不過一個「命」的糾纏，只能於陌路將他相送。

　　他明白，他和她終是落花流水春去也，沒有開始已然結束，一旦結束，便永遠無法走入對方的世界。他起身輕倚窗下，久久地佇立，恍惚間看到她少時嬌嗔的笑容，再回首，春風依然，山依舊，水依舊，只是容顏早已改變，不免替她心生憐惜。他知道，這一路之上，她仍然願意攜著春風共他搖曳，可他呢？他願意將哭泣的故事在她胸前深埋嗎？不，他不能，他沒有那樣的勇氣，他只想把她再次忘得一乾二淨，忘掉她曾經真實存在過的所有消息。

　　副使竇鞏推開虛掩的房門走進書房的時候，他渾然沒有察覺。他沉浸在自己的悲傷裡無法自拔，彷彿血管裡流著的是千年不暖的雪水，整個身子冰到了極點，找尋不到一絲一毫的暖意。一曲悲慟的〈和樂天示楊瓊〉

第九本　紅顏流年：商玲瓏與劉采春

唱完，寶鞏也早聽得老淚縱橫、不能自已，輕輕踱到他面前，發出一陣深重的嘆息，這才將深陷悲痛之中的他驚起。

「大人……」

「友封兄……」

寶鞏望著他關切地說：「要不我派人去蘇州把楊瓊接過來小住一陣？」

他搖搖頭：「接她來做什麼？徒生傷感罷了！」

「那……」

「我是在替公垂兄難過，還有先帝穆宗……」他潸然淚下地望著寶鞏，「他們一個個地離我而去，現在就連樂天兄他也……」

「白大人只不過是返回京師任職，大人應該替他感到高興才是。」

「是啊，樂天兄返京，我應該替他感到高興，怎麼卻難過起來了？」他伸手拭去眼角的淚水，「看來我真是老了，不中用了啊！」

「大人正是年富力強的好時候，說什麼老不老的？」寶鞏看著他傷心難過的樣子，心裡也泛起陣陣酸楚，忽地想起近來一個從淮甸南下的戲班在越州很是轟動，於是心生一計，立即拉著元稹火急火燎地往外走去。

「友封兄，你這是……」

「走，看參軍戲去！」寶鞏二話不說，直接拽著他出了院門。

他就這樣被寶鞏拽到了那個因表演參軍戲而在越州紅極一時的伶人劉采春面前。那晚，劉采春和丈夫周季崇以及夫兄周季南在臺上繪聲繪色地表演著保留節目「參軍戲」，他卻緊緊挨著寶鞏坐在臺下，神情黯然，絲毫沒有因為身旁觀戲人的陣陣笑語以及此起彼伏的掌聲，而對臺上全神貫注的她投去關注的目光。他只是一味地沉浸在離別的傷感中，對臺上臺下的所有溫馨歡娛都置若罔聞，直到寶鞏悄悄用手臂搗了搗他，告訴他那個在臺上扮演蒼鶻戲弄參軍的人是個女子時，他才在萬分的訝異中朝她投去

第三折　踏搖娘

震驚的一瞥。

那是個女人？他疑惑的目光在梳著「蒼鶻」的劉采春和周季崇扮演的戴著幞頭、穿著綠衣服的參軍之間來回穿梭，雖然她穿著男人的衣裳，一副男人的裝扮，但仍掩飾不住深藏在角色之下的國色天香。她真是個女人？他搖著頭，怎麼也不敢相信那個在臺上把滑稽角色表演得遊刃有餘的伶人竟會是位紅顏。對於參軍戲，他早就熟悉得不能再熟悉，這種在唐代盛行的滑稽戲，演員歷來都是男人，怎麼到了越州就會變成女人了呢？

「不信？」寶鞏輕輕瞟著他，「馬上就要開唱了，不信你聽。」

開唱？這還要唱上了？將信將疑間，那扮演蒼鶻的伶人果然輕啟朱唇，唱出一曲婉轉醉人的小調來。歌聲響遏行雲，餘音繞梁不絕，他一下子便驚得呆了，伸出手指著她的方向低聲問著寶鞏：「她，她真是個女人？」

寶鞏點點頭：「要不是個女人，參軍戲到了越州怎麼會火到這種程度？」邊說邊瞟著四周叫好聲震天的觀眾，「歷來都只有男人才會出來演戲，但自從有了女人的加入，參軍戲便多了一絲柔媚，再加上她心思細敏，在演出過程中不斷創新，又在原先過於平庸的表演中加入了歌舞元素，大家都覺得新鮮好玩，所以才引得老百姓爭先恐後地前來觀戲，不過，他們這個團隊如今在越州能火到萬人空巷的地步，最大的功勞還是要歸於她那副夜鶯般的好嗓子。」

元稹一邊聽著寶鞏的介紹，一邊聚精會神地觀看著她的表演，看到精采處不禁由衷讚嘆道：「長安教坊司的那些伶人比起她來也不過爾爾，她要不去宮裡演出才是真的可惜。」

「進宮又哪裡比得上現在這樣自由？」寶鞏嘆口氣說，「大人你看，他們一家三口風裡來雨裡去，今天到這裡，明天到那裡，縱使天涯海角，也是一家人守在一起，豈不比那些困守教坊司的伶人強了許多？」

第九本　紅顏流年：商玲瓏與劉采春

「這麼說來，她倒比你我還要瀟灑自在。」元稹忽地想起什麼，「對了，你剛才說什麼？他們是一家人？」

寶鞏點點頭：「是，他們是從淮甸來的一家人。那個在臺後拉琴的是班主，叫周季南，演參軍的是他的弟弟周季崇，那個演蒼鶻又會唱歌的女子便是周季崇的妻子。聽說他們從淮甸南下途經揚州表演時，也引得全城的老百姓趨之若鶩。」

「她成親了？」元稹的眉頭掠過一絲不易察覺的失落感，但還是被寶鞏悄悄看在了眼裡。

「要不明天我讓他們到衙門裡單獨替大人演一場踏搖娘？」

「踏搖娘？她還會唱踏搖娘？」

「她會的可不止這些。」寶鞏淡淡笑著，「就這麼說定了，等散場後，我去找他們的班主談談。」

「這……」他顯得局促不安起來，目光卻定定落在她緋紅的面龐上，「還是不要驚動他們的好。」

「大人放心好了，我一定把這事辦得妥妥貼貼的。」寶鞏已然看出他對她的好感，為排遣他內心的孤寂之感，他決定把她引進他的生活，讓她來撫慰他那顆支離破碎的心，而這一切現在還不能向他言明。

「她叫什麼？」

「劉采春。」

「劉采春？」他把劉采春這三個字在心裡翻來倒去地念了又念。采春，多麼富有詩情畫意的名字啊！可惜她枉生了這張如花似玉、閉月羞花的臉蛋，卻做了跟隨丈夫顛沛流離、風餐露宿的伶人，只是一個「命」字卻糟賤了世間多少好女子啊！楊瓊如是，安仙嬪如是，商玲瓏如是，如今卻又多了個劉采春。唉，望著她如花般淺笑的紅顏，他輕輕地嘆，如期而至的

第三折　踏搖娘

春風拂過他的雙頰，卻沒將寒冬留下的所有冷涼盡數吞噬，在她略微蹙起的眉間，落寞中的他卻讀懂了她深藏心底的那份相似的哀婉。這是個有故事的女人，可那些有她的故事裡究竟上演過些什麼令她心驚膽顫又令她歡欣鼓舞的情節，他都一無所知，他只是莫名的驚悸，擔心自己會走進她又一個憂傷的故事裡，而這卻是他不情願的。

……

她如約而至，從柳色青青的世界走出，帶著秦磚漢瓦的顏色，撐起魏晉南北朝的詩風，繞著途中的炊煙裊裊，一路旖旎來到他的面前。她和丈夫周季崇，還有她的夫兄周季南，一起在他的府衙裡，聲情並茂地演起了他們的看家大戲〈踏搖娘〉。

〈踏搖娘〉，又名〈談容娘〉、〈蘇中郎〉，起於北齊。故事裡講的是北齊時一個姓蘇的男人，因自命不凡，從未做過官的他卻自稱為郎中，鄰里都非常討厭他。這倒也罷了，偏就他還生就的嗜酒如命，長著一個非常難看的酒糟鼻子，每次喝得爛醉回家後，總是要毆打自己的妻子出氣。他的妻子被打以後，便踏著舞步，向鄰里哭訴，鄉親們聽她哭訴完後都十分同情地唱道：「踏搖，和來；踏搖娘苦，和來！」

踏搖娘的表演和參軍戲一樣，最初都是由男伶扮演，甚至戲中的女性角色也都是男扮女裝，也是從她開始，才有了女子出演的先例。她扮演的妻子戚戚婉婉，且步且歌，在他和觀戲的裴淑、膽娘、保子等家眷面前，不斷手舞足蹈，搖擺著柔軟的身軀，向著虛擬的鄉鄰訴說著心中深藏的萬般苦痛，每唱完一句詞，都會惹得裴淑、膽娘陪著她掉下大把珠淚。

自那後，她成了元府的座上賓，在寶鞏有意無意的撮合下，浙東觀察使府衙的每一個角落都留下了她青春的倩影，伴著他溫柔的笑靨，在花開花落的日子裡輕舞飛揚。她曼妙的舞姿，珠圓玉潤般的歌喉，青春四溢的身體都令他著迷，然而他明白，她終究是有夫之婦，縱使再令他心曠神

第九本　紅顏流年：商玲瓏與劉采春

怡，也只能遠觀而不能有所褻瀆。

日子一天天蹉跎了過去，她來了又去，去了又來，很快便又到了年尾。夜深沉，端坐案下的他想起了剛剛在長安去世的老友吏部侍郎韓愈，想起了他們在長安、洛陽共同度過的無數個美好的歲月，不覺淚眼漣漣，肝腸寸斷。低頭，翻揀起年曆，卻又想起明年敬宗皇帝便要祭天改元，長慶年號不復存在，心不禁隱隱作痛起來。穆宗皇帝雖然對自己無情，聽信奸臣李逢吉之言將他遠斥外鄉，但要不是他，一個被放逐遠州十年之久的謫臣又如何能成為位極人臣的宰相，如何能成為宮人念念不忘的「元才子」？

殘歷半張餘十四，

灰心雪鬢兩悽然。

定知新歲御樓後，

從此不名長慶年。

——〈題長慶四年曆日尾〉

他只能將滿心的惆悵，和著縱橫的老淚，在淡淡的詩箋上無語訴說，然，這份揪心的傷感究竟又有何人才能看得明白？

她穿著一身素色的緞襖飄忽而至，在他腳邊小心翼翼地燃起一個火爐，淺淺淡淡地望著他，眉宇間藏著一份隱隱的哀愁。

「采春？」他彎身，將她纖弱無骨的手緊緊攢在冰涼的手心裡，肆意感受著從她體內散發出的溫暖，囁嚅著嘴唇輕聲問她，「這麼晚了，妳怎麼還……又是竇大人叫妳過來的吧？」

「是妾身自己想來的。」她輕輕翕合著嘴唇，「大人好些日子沒叫我們進衙內演戲了，妾身放心不下，所以就不請自來了。」

「看過夫人了嗎？」他輕輕放開她的手，滿含深情地盯著她一對溫柔

如水的鳳眸,「保子就要出嫁了,這些日子柔之忙得連跟我說句話的工夫都抽不出來,只是保子這一去,她便要寂寞了,妳若閒了就過來陪她說說話,在越州,她最喜歡見到的人就是妳了。」

「妾身剛從夫人和小姐那邊過來。」她蹲下身子,一邊替他捶著腿,一邊心疼地盯著他說,「夫人再忙,心裡繫掛的不還是大人?她知道這些日子為了小姐的事疏忽了您,所以千叮嚀、萬囑咐,非要妾身過來陪大人您說話話不可。」

「是柔之讓妳來的?」

「嗯。」她點點頭,「妾身從沒見過像夫人這樣氣度大的女子,若是換了別人,還不⋯⋯」

「還不怎樣?」他故意逗趣地望著她,「把妳打將出去?」

「大人⋯⋯」

他忽地意識到自己說了不該說的話,慌亂中抬眼望向窗外,但見月色西沉,連忙嘆口氣說:「夜深了,快回去吧。季崇還在家等著妳呢。」

她沒有說話,只是加快了替他捶腿的節奏。她不明白,為什麼每次來,他總是迫不及待地要將她支走,難道在他眼裡,她從來都只是個微不足道,不曾在他心裡留下任何漣漪的戲子嗎?他可知,她心裡已經偷偷有了個他?又可知,她一直守在無邊的相思裡,將他漸漸老去的容顏深深淺淺地憶起?

他是她這輩子遇到的最好的男人,從小到大,從沒一個男人像他那樣關心過她憐愛過她,哪怕是她的丈夫周季崇和伯兄周季南。她自幼受盡別人的冷眼,歡喜時如雲而來熱鬧喧譁,冷清時離群索居,沒人關心過她的去處,所以對那一雙雙注視過她的眼睛才總是過目難忘。那些眼睛,有的炯炯,有的晦暗,有的狂妄,有的貪婪,有的淫穢,有的冷絕,所有的目

第九本　紅顏流年：商玲瓏與劉采春

光都是淡定而虛無的，從來都沒有誰能夠看得清楚彼此的真實，可在和他邂逅的日子裡，她卻在和他眼神交會的瞬間感覺到了人間的真實，看到了他心底的柔情，也就在那一剎，她便拋棄了世間慣有的法則，如痴如醉地愛上了本不該愛上的他。

她愛上了他。是的，一個有夫之婦愛上了一個有婦之夫。愛得刻骨銘心，愛得痛徹心腑。然而，巧手難織思慕的霓裳，鵲橋難接一簾相思氾濫的七夕雨，縱是她西窗有夢，夜夜的輾轉，卻疊成了一個無眠的心悸。她明白，她對他的愛不是銀河相隔的哀怨苦澀，只不過是一場流連於桃花源的陌上春夢，可是她願意，她願意在忘川河邊痴痴纏纏地等，任蓑衣等成一個輪迴的傷痕，只要能換回他一個淺淺的微笑，此生此世，她便不枉生為人。

順著他錯亂的目光，她抬頭朝窗外望去，望向那輪昏黃的月亮，心裡卻裹滿了惆悵與失落。月亮缺了還有再圓的時候，傷口潰膿也終有癒合的一天，可人生的遺憾卻是永遠難以彌補的。如果再次錯過，她將永永遠遠地退出他的世界，可是，這真的是她想要的結果嗎？窗外的柳枝萌生了早春的溫柔，她迷離的眼一直跟著他的視線變換著目光所能觸及的事物，只是，書院深深，十里長亭，是否還能憶起她無數個日日夜夜的守候嗎？

她知道他不是不愛，而是不敢。究竟是夢境還是現實將他們隔得如此遙遙？她輕輕皺起眉頭，雖然無法預料將來會發生些什麼，但此時此刻，卻不想讓他的神思有片刻的溜走。

「大人……」她含著滿眶晶瑩的淚水，一下一下地替他捶著腿，每一個起起落落的手勢都包融了她無限濃情蜜意。

「妳該回去了。」他輕輕抓起她的手，卻不回頭看她，「走吧，叫門房的衙役送妳回去。」

「大人……」她轉到他目光能看到她的位置，心痛猶如刀攪。她不要

一個沒有他沒有夢的星夜浪漫，只願守候在他身邊，織一個宮裝錦暖紅袖添香。可他為什麼總是對自己這份愛意視而不見，難道是嫌棄自己卑微的身分，嫌棄她是個有夫之婦？或許在他眼裡，她跟那些承歡賣笑的女子根本沒有半點區分，同樣的殘花敗柳，同樣的人盡可夫，這樣的女子又能拿什麼來做他夢裡的天涯芳草？

她痴痴地笑，傻傻地哭。那聲聲婉轉的悲啼卻在他眼底瘦了江南的風花雪月，老了南旋的蝴蝶。時間鎖住了一個時間的傷口，他為她心底的殤痛心疾首，卻不能為她摘一夜天上凡間情牽的曖昧，只好強忍著不捨，陡地鬆開她的手，忽喇一聲站起身來，指著虛掩的房門，示意她立即離開。

她跟蹌著往後退去，退一步哭一聲，哭一聲又往前移一步，終是不肯就這樣在他面前消失。「大人！」她忽地撲倒在他身前，對著他磕了三個響頭，早已泣不成聲。

「妳……」他頓時亂了方寸，「采春，妳這是做什麼？」

「采春是在向大人辭別。」她低著頭嗚咽著說，「采春這一去就不會再回來了。」

「不再回來？」他不無緊張地盯著她，「不回來，妳要去哪？」

「回淮甸去。」

「回淮甸？你們在越州不是待得好好的嗎？為什麼突然想起要回淮甸去？」

「這不還得要問大人嗎？」她輕輕抬起頭，淚眼模糊地盯向他，「既然大人這麼討厭采春，那采春就只好徹徹底底地從大人眼前消失了。」

「誰說我討厭妳了？」

「大人說的！」

「我？」

第九本　紅顏流年：商玲瓏與劉采春

「是的，大人的眼睛出賣了大人的心。妾身不想為難大人，儘管心裡有一萬個不情願，也總比繼續留在越州惹大人不快活的好。」話完，她迅速起身，大步流星地朝門外走去，只留下他一人站在惆悵的寒風中瑟瑟發抖。

其實他不願意她走遠。他瞪大眼睛望著她遠去的背影，心裡卻在祈盼著奇蹟的發生，希望她不要走遠，希望她回過頭來，希望她拋開所有的心結撲進他期待已久的懷中。直到現在，他才明白，原來他並非不愛，而是一直恐懼著這份愛會毀掉他們的一切，所以他一直克制，始終不肯在她面前流露出半分愛意，可現在，他卻把持不住了。是的，他愛她，他已經默默喜歡她很久很久了，可她馬上就要離開越州離開他了，這個時候他還能再掩飾再裝模作樣下去嗎？

「采春！」他按捺不住地衝到門邊，踮起腳尖，對著她嬌弱的背影大聲喊出了她的名字。柔情款款，纏纏綿綿。

她停住腳步，卻不敢相信這是真的。一切的一切都發生得太過突然，甚至都來不及讓她細細體會，這份遲到的愛情便以誰也無法預料的方式降臨了。這是真的？是他在叫我？她伸手狠狠掐了自己一把，很痛，是真的，他真的叫她了啊！那一瞬間，所有的委屈都和著感傷的淚水噴湧而出，為了這一天，這一刻，她已經等了太久太久，現在她終於等到了，卻又顯得不知所措起來，不知道到底是該回轉過身，迎向他敞開的懷抱，還是繼續向前，將他永遠拋在腦後。還猶豫什麼，她不想失去這千載難逢的機會，所以來不及細想，就迫不及待地掉轉轉身，一頭紮向他為她敞開的懷中。

「采春……」他佝僂著身子飛快地踱到她身邊，張開雙臂，緊緊擁著她顫抖的身子，「我，我們……」

「大人！」她緊緊偎在他懷裡，嗚咽聲代替了一切的柔情蜜語。

「還要回淮甸去嗎？」他輕輕吻著她冰涼的額頭，「留下來，留下來陪

著我，好不好？」

她抬起頭，潸然淚下地望向他問，「你真的不嫌棄我嗎？」

他搖著頭：「妳是我的寶貝，比海裡的珍珠還要寶貝，我又怎會嫌棄妳呢？」

「可我是有夫之婦，我還是個戲子，我……」

「我不在乎。」他輕輕撫著她的背，「其實我一直都在擔心，擔心妳會在乎，所以我不敢，我……」

「我不在乎。我知道這世上只有大人才是真正對我好，為了大人，妾身什麼都可以放棄，哪怕給大人做個洗腳婢，妾身也心甘情願。」

春風輕輕吻過她的雙眸，在他溫情的目光裡，歷經世態炎涼的她，終於感受到一個與眾不同的春天。就在這個春天裡，她擁有了一份驚天地、泣鬼神的愛情，那份愛伴隨著他溫柔的笑靨，輕輕棲息在鏡湖畔的柔枝上，沁入心扉，掠過大地，在春雨濛濛的日子裡，終結成一片盎然的綠，抹去她心間的痴痴憂愁。

第四折　望夫歌

春天到了，在陣陣歡慶的鞭炮聲，和劉采春美妙絕倫的歌喉中，客居越州的元稹迎來了又一個新年。

這一年年初，唐敬宗改元寶曆，不久，唐廷詔除在洛陽分司的太子左庶子白居易為蘇州刺史，五月五日到任。白居易前時授職杭州刺史，實現了幼年「兩郡得一即願足」的心願，現在又喜出望外地出任蘇州刺史，心情之愉悅自是不難想見，而與他同樣高興的還有身為越州觀察使的元稹。

雖然蘇州與越州相隔四百里之遙，比杭州與越州比鄰而郡稍遠，但兩

地有運河相連，交通相當方便，所以這段時期，兩人鴻雁傳書，一封接著一封，倒也不覺寂寞。

可白居易的到來也給元稹捎來了不好的消息。寶曆元年初，唐敬宗進封宰相李逢吉為鄭國公，並於四月大赦天下，但李逢吉卻於赦文中玩起文字遊戲，竭力阻止被他貶斥的李紳等人因大赦而量移進京。李紳的遭遇已經夠讓元稹窩心的了，但相比起李景儉已經在京去世的消息還是小巫見大巫。想起自己與李景儉數十年的患難之交，他心痛莫名，對其壯志難伸、懷才不遇的遭遇深表同情，然而面對刁鑽的奸相李逢吉，身為外臣的他卻又無可奈何，只好借替李景儉撰寫悼文〈祭亡友文〉時，於文中對李逢吉之流的卑鄙行徑痛加抨擊，並以「埋萬恨於深心，灑終天之別淚」的痛惜哀悼好友的去世。

李景儉的棄世，對元稹的打擊非常之巨，為此，保子的婚事也被耽擱了下來。裴淑知道他和李景儉感情深厚，自知無法勸慰，只好一邊和著眼淚偷偷哭泣，一邊繼續默默打理著保子出嫁要準備的嫁妝。

保子的婚事，是元稹的老朋友和州刺史劉禹錫保的媒，夫婿是永貞革新時期遭棄的宰相韋執誼之子韋絢，也是劉禹錫的得意門生。劉禹錫和韋執誼一樣，同是永貞革新的主力成員，所以數十年來一直遭遇權悻的排斥，半生潦倒，終生坎坷，儘管自己仕途不順，但他和同樣多次被貶遭斥的元稹的友情卻愈加濃烈，在元稹被罷相出使浙東後，他就將其比為「臥龍」，稱之為「同心友」，與其唱和甚多，其中〈遙和韓睦州元相公二君子〉詩云：

玉人紫綬相映輝，
卻要霜鬚一兩莖。
其奈無成空老去，
每臨明鏡若為情？

——劉禹錫〈遙和韓睦州元相公二君子〉

而白居易還在杭州刺史任上時，他也有詩篇相贈，以「騷人」、「文星」讚譽元稹：

錢塘山水有奇聲，暫謫仙官領百城。

女妓還聞名小小，使君誰許喚卿卿。

鰲驚震海風雷起，蜃鬥噓天樓閣成。

莫道騷人在三楚，文星今向斗牛明。

——劉禹錫〈白舍人自杭州寄詩有柳色春藏蘇小家之句因以戲酬兼寄浙東元相公〉

由此可見，劉禹錫和元稹、白居易的感情，並沒有因為他們的仕途浮沉而淡化，而是隨著歲月的流轉變得更加與日俱增。後來，當劉禹錫聽說元稹於長慶年間在翰林承旨學士和宰相任上穿過的朝衣，因為南方連綿不斷的梅雨而被損壞時，聯想到元稹的實際遭遇，他又賦詩〈浙東元相公書嘆梅雨鬱蒸之候因寄七言〉一首寄往越州，表達了自己仍將永貞革新時期開創的「維新之命」寄託在元稹身上，希望他馬上次朝任職，發揮才幹大展宏圖：

稽山自與岐山別，何事連年鷙鷟飛。

百辟商量舊相入，九天祇候老臣歸。

平湖晚泛窺清鏡，高閣晨開掃翠微。

今日看書最惆悵，為聞梅雨損朝衣。

——劉禹錫〈浙東元相公書嘆梅雨鬱蒸之候因寄七言〉

不僅如此，劉禹錫還讓自己的姪子劉蔚前往越州為元稹當起了幕僚，這份歷久彌新的友情，在兩位劃時代的大詩人晚年變得愈加堅固，所以當劉禹錫寫信替自己的門生韋絢保媒之際，元稹自是二話沒說，立即應允了這門婚事。可眼下，因為李景儉的去世，保子和韋絢的婚事也耽擱了

第九本　紅顏流年：商玲瓏與劉采春

下來，裴淑是急得團團轉，只好把已經留在元府侍候元稹的劉采春找了出來。現在，也只有這個女人能將丈夫從強烈的悲悼中拉回到現實世界來了。

為了安撫元稹那顆支離破碎的心，裴淑默許了副使竇鞏的安排，給了劉采春靠近丈夫的機會，並最終接納她成為元府的一員。但劉采春畢竟是有夫之婦，元稹無法給其名分，只能讓她以家伎的身分出現。

為了擺平周季崇，竇鞏私下給了周季南兄弟一大筆錢，讓他們遠離越州，離得越遠越好，周季崇難捨嬌妻，自是心不甘情不願，但閱盡世事的周季南明白，自己兄弟只不過是一對無依無靠的伶人，要真跟元稹玩硬的，最後的結局當然是自討苦吃，與其鬧得不可開交，還不如拿了錢財一走了之，並主動做起了勸說兄弟的工作，說劉采春只不過是個人盡可夫的淫婦蕩女，又有什麼值得留念掛懷的？現如今他們有了錢，還怕娶不到比劉采春更嬌豔的女子不成？周季崇聽了哥哥的話，知道木已成舟，只好隔著越州府衙那堵又高又深的牆深深淺淺地嘆，和著淚水，揹著樂器家什，和哥哥周季南一起踏上了北上長安的征途。

周季崇走了，劉采春卻變得鬱鬱寡歡起來。她不明白自己是怎麼了，這條路明明是自己選擇的，為什麼他走了，她卻又按捺不住地將他想了又想，念了又念？莫非她還對他還餘情未了？怎麼會，她現在心裡明明愛的是元大人，雖然在元府，她的地位甚至連膽娘都比不上，可她畢竟是元稹的女人啊！她進元府的那天起就在夫人面前起過誓，以後再也不會心有旁騖，會一心一意地對大人好，哪怕是死，也絕不會再生半點非分的念頭，為什麼現在她又一而再、再而三地，將那個不該想起的男人想起？

和他在一起的日子裡，他總是惹她傷心難過，自己每天使出渾身解數，在觀眾面前賣力地表演，今天蒼鶻，明天踏搖娘，唱啞了嗓子，舞疲了腰肢，還要替他們洗衣裳做羹湯，忙得一刻也閒不下來，可他非但從未對自己說過一句柔情蜜意的話，就連自己被伯兄訓斥時也都一聲不吭，不

第四折　望夫歌

敢站出來替自己分辨一句。

她曾經和著淚水，指著他的鼻子，問他到底是不是她的男人，如果是她的男人，為什麼眼睜睜看著她受盡委屈，卻從來都不曾替她出過頭，說過半句安慰她的話？他只是怔怔盯著她，一句話也不說，直到她發洩完了，才端過一盆洗臉水，默默替她擦洗被彩妝弄花了的臉，然後便嘿嘿一笑，掀開被子睡自己的大覺去了。這樣的男人簡直就是個窩囊廢！她無數次躲在被窩裡無聲地哭泣，抱怨上天不公，讓她攤上這麼一個沒有作為的男人，直到元稹出現，她才意識到是自己選擇錯了，於是義無反顧地撲進了元稹懷裡，心甘情願地當起了他的情人。

季崇。她輕輕念起他的名字，渾身猶如電擊般地打起顫來。為什麼這個名字在她心裡還能激起如此巨大的漣漪，甚至讓她有震顫的感覺？她輕輕踱到院裡，任綿綿細雨打溼眼眶，心莫名地揪痛起來。離別的那天，靦腆的他將她的手輕輕握住，只是囁嚅著嘴唇對她說了「別走」兩個字，而她卻迅速抽回被他拉住的手，毅然轉身離去，步履匆匆，只留下一個絕情的背影，任在風雨中獨自飄零的他默默傷心，獨自徘徊。

她走得決絕而凜冽，甚至一滴淚水都沒流出來。那時的她只是在心裡默默唸叨著：季崇，別怪我無情，如果這輩子就是命中注定，也只能說這是命運給你我的最後一次回眸。過了今天，你我便是咫尺天涯，再也沒有夫妻的名分了。雨還在下，那個卸了妝，見到陌生人就會臉紅的男人的面孔，卻一直在她模糊的淚眼前騰挪閃爍，任她怎樣努力，也無法將他的容顏從雨幕中剔除。

憶往昔，初相見時，他青衫素面，摺扇綸巾，雨後斜陽把他們身後的湖面映得波光瀲灩，藍色的天幕下留下他們無盡的歡聲笑語。他喊她采春，深情款款；她叫他季崇，柔情萬種。那年那月，書生意氣遇見了款款溫柔，他們一起走過一片叫做光年的風景，劃上遠山的距離，看春時鶯歌

第九本　紅顏流年：商玲瓏與劉采春

燕舞的清流上，錦鯉戲青萍，蕩漾起無限真情，也看層林裏翠，蘊含了樵夫魚郎的筋骨，忘記世事更迭，只願與之廝守在藍天白雲之下。

那是一段無憂無慮的歲月，雖然他放棄了科考，跟著哥哥一起演戲餬口，她也不覺得他卑微寒磣，毅然端坐在季節的尾端，任粗布舊綢在針線的穿引下改成一襲端莊的嫁衣，而後枕著月光，抱著他的諾言安然睡去，第二天就穿著嫁衣，跟著他和伯兄踏上離家背井的旅途，一路走走唱唱，雖然貧苦，卻也其樂融融。

不喜秦淮水，生憎江上船。
載兒夫婿去，經歲又經年。
借問東園柳，枯來得幾年？
自無枝葉分，莫怨太陽偏。
莫作商人婦，金釵當卜錢。
朝朝江上望，錯認幾人船。
那年離別日，只道在桐廬。
桐廬人不見，今得廣州書。
昨日勝今日，今年老去年。
黃河清有日，白髮黑無緣。
昨日北風寒，牽船浦裡安。
潮來打纜斷，搖櫓始知難。

——劉采春〈望夫歌〉

風雨中，她唱響了曾讓她紅透大江南北的〈望夫歌〉。歌聲響徹行雲，激起她心海的陣陣漣漪，對他的思念愈來愈濃。曾經，淮甸鄉間相偎的日子裡，塘中蓮花繁漪，蓮下藕魚相戲，她共他，春綠碎影醉卻清陽，夏燕啣泥夫唱婦隨，秋夜闌珊海棠相酣，冬夜圍爐聽雪唱詩，而今，卻只剩她

第四折　望夫歌

含著如菡萏池邊的顧影自憐，只能獨自坐在黑夜中聆聽一曲思念，任那份逝去的愛，默默沉醉在迷離的夢境中。

「妳還放不下周季崇嗎？」裴淑踏著她哀怨的歌聲緩緩而來，任雨水打溼她烏亮的鬢髮，目無表情地盯著這個令她又憐又嫉的紅顏歌女。

「夫人……」

「妳忘了當初進府時是怎麼向我保證的嗎？」

「妾身不敢忘。」她含著熱淚，不敢望向裴淑冷漠的目光，身子不由自主地打著顫。

「別忘了妳現在的身分。」裴淑輕輕嘆息著，「只有侍候好了大人，妳才會有一條好的出路。做人要知恩圖報，若不是大人，妳現在還是一個流落紅塵的戲子，若是妳還存了非分之念，第一個饒不了妳的就是我。」

「不，妾身不敢。」

「不敢就好。」裴淑目光如炬地盯著她日漸憔悴的容顏，「妳哭什麼？這副憔悴的樣子還怎麼侍候大人？大人正因為李諫議的棄世傷懷，這個時候要是讓他看到妳這副模樣，豈不是雪上加霜？」

「妾身……」

「好了，趕緊梳洗打扮一番，好好侍候大人去。小姐的婚事已從春天拖到了秋天，再也不能繼續拖下去了，妳要勸大人節哀順便，高高興興、風風光光地把小姐嫁出去，明白嗎？」

她點點頭，立即轉身進屋，描眉施粉，裊裊娜娜地閃進元稹的書房。看他枯坐案下凝神思慮的模樣，她的心也跟著痛了起來。到底，她對這個男人有著怎樣的感情？她卻是越來越糊塗了。難道自己當初撲進他懷裡的時候，只是想要一份木訥的周季崇無法給予她的溫情嗎？周季崇雖然事事以伯兄為尊，從來不敢忤逆伯兄半句，讓她受盡委屈，可他畢竟還是深深

第九本　紅顏流年：商玲瓏與劉采春

愛著自己的啊！他只是不擅將自己內心的情感表露出來而已，可自己卻因此背叛了他，背叛了他們的愛情，背叛了他們曾經的花前月下，背叛了他們長相廝守的諾言，這到底又是誰的錯呢？

「妳來了？」他抬頭望她一眼，又迅速低下頭去，掰弄著手指，發出深重的嘆息聲。

才一年的工夫，他一下子便蒼老了許多。她輕輕踱到他身邊，替他捧上一杯熱茶，卻又不知道說些什麼才好。

「白大人來信了。」他伸手指著擺在案頭的信箋，忽地抬起頭，目光炯炯地盯著她問，「妳會〈霓裳羽衣曲〉嗎？」

她搖搖頭：「妾身不會。」

「白大人興致所至，要我幫他整理〈霓裳羽衣曲〉的舞譜。可惜真正的舞譜早在天寶年間就遺散了，可這老傢伙，老都老了，居然還有這樣的雅興！」

「白大人是人老心不老。」她勉強擠出一絲笑容，轉到他身後，一邊替他捶著背，一邊附在他耳邊小聲嘀咕著說，「小姐這些日子整天愁容滿面，依妾身之見，她的婚事恐怕再也拖不得了。」

「急什麼？」他伸手捏著她的手背，「保子還小，晚個一年半載的有什麼關係？等我替白大人整理完曲譜再辦不遲。」

「那得等到猴年馬月？」

「妳真以為我老了啊？」他淺淺淡淡地笑，「〈霓裳羽衣曲〉的舞譜我自幼就稔熟於胸，白大人這回算是找對人了。」

「大人會這個？」

「豈止是會？我年輕那會，曾經聽過無數遍，就是自己也能即興彈上

第四折　望夫歌

一段。」他的思緒陡然回到從前，管兒和鶯鶯的面容剎那映入眼簾，禁不住又是好一番傷感，「妳沒聽說過我年輕時的故事？」

她搖搖頭：「妾身願聞其詳。」

「我年輕時曾經深愛過兩個姑娘，那會她們也和妳一樣青春美貌，她們一個會彈琵琶，一個會彈古琴，尤為難得的是，她們都擅長彈奏〈霓裳羽衣曲〉，所以我便近水樓臺先得月，只是……」

「大人是想她們了？」

「罷了，不提她們了」，他輕輕嘆息著，「妳趕緊替我研墨，我好把曲譜默寫出來寄給白大人，也才能騰出精力把保子風風光光地嫁出去啊！」

「妾身遵命！」她替他研墨，替她鋪開宣紙，望著他蒼白的鬢髮，心裡想到的卻是遠在他鄉的周季崇。又是一年秋雨涼，思念亂了眉睫，衣裳薄涼，嬌指纖弱，欲捲珠簾卻是恨意綿長，這漫天的飛雨，又染重了誰人心底被翻疼的寒潮？他瘦弱的身影早已離開越州，獨留她痴守在鏡湖邊，日夜遙望，卻是無緣再見溫顏。想他，念他，唱不盡情歌衣帶消瘦，到最後卻瘦了她一個人的思念，於是，唯有守著憂傷，夜夜孤酒望月明，終是再也無法畫出一次明月青山的相遇，縱使有他微笑夢裡相伴，也暖融不了她夜空裡的啞暗。

她的心疼，都被他看在了眼裡。他只是不動聲色，想盡辦法，要替她驅趕盡淚痕流溼枕邊殘留的寒，卻終是有心無力，只能在她期盼的目光中迎來送走一個又一個日昇月落，將滿腔的失意譜進新補的〈霓裳羽衣曲〉中。

愛她就讓她去遠方，青春是條奔流不歇的江河，即使高山萬丈也不能阻隔。新補的曲譜在她的幫助下順利完成，按期寄到了白居易的任所，保子和韋絢的婚事亦已塵埃落定，也該是放她回去與周季崇團聚的時候了。

第九本　紅顏流年：商玲瓏與劉采春

他坐在窗下輕輕撫弄起蒙了灰塵的琴弦，聽一曲霓裳，譜一曲魚與水的痴戀，在送她離去的日子裡，醮淚為墨，賦一首江南煙雨、楚辭雅音唱不盡的牽腸掛肚，寄於她蹙起的眉頭，唯願相思為媒，來生再聚：

> 新妝巧樣畫雙蛾，謾裡常州透額羅。
>
> 正面偷勻光滑笏，緩行輕踏破紋波。
>
> 言辭雅措風流足，舉止低迴秀媚多。
>
> 更有惱人腸斷處，選詞能唱望夫歌。

——〈贈劉采春〉

她走了，踏上遠去的小舟，逆流而上，奔向那讓她魂牽夢繞的地方。那裡有她的伶人丈夫周季崇，有她熱愛的參軍戲，有能任她揮灑綿綿情意的舞臺……她願意為他再跳一支〈踏搖娘〉，再唱一曲〈望夫歌〉，共他攜手同遊，和青春一起上路，山一程，水一程，抑或擇一僻靜村落，蓋一青樓小舍，任時間在歌聲中流淌，歲月在手指間滑落，卻是無怨無悔。

第十本
落輝暮色：晚年元稹

第一折　別鶴操

別時十七今頭白，

惱亂君心三十年。

垂老休吟花月句，

恐君更結後身緣。

——白居易〈和微之十七與君別及朧月花枝之詠〉

　　他的眼前總是翻飛著她青春的影子。折一段秦風漢韻的磅礡端莊，唱一篇古樂府的嫵媚凋零，她的柔情，如畫般在他指尖緩緩流過。記得那是一個牡丹花開，風吹柳絮綠小徑的季節，她身掛紫色鈴鐺在他面前悠然走過，虔誠地匍匐跪拜於開元寺大佛前，雙手合十，口中唸唸有詞，只是那一瞥，便成就了他和她前世今生的相依相偎。再回首，筆墨紙硯上的牽掛，一段佳話，一個故事，都在四十七歲的他的眼底，淋漓成生生世世的期盼。

　　管兒。與她離別已經太久太久，猶記那年細雨打溼琉璃涼亭，在洛陽仁風坊李建宅中乍然相別，彈指一揮，到如今卻已過去了整整三十個年頭。那年的管兒不願連累於他，再次不辭而別，數年間杳無蹤跡，直到十五年後，他以監察御史分司東臺的身分前往洛陽任職，辦完妻子韋叢的喪事

第十本　落輝暮色：晚年元稹

後，才又在李著作宅中，意外邂逅了已經成為洛陽第一琵琶歌女的她。

那夜，暗香浮動，流水溯影，月下琵琶咽雨，繁花舖滿小徑，她悅耳的歌聲，頓時羞了亭外百花湧笑青衣拉扯的喧譁，一簾幽夢只亂了他的心上眠。相思不解情寄，又是一年傷感悽婉，剪不斷，理還亂。他痴痴纏纏，望著鬢髮斑白的她，唯願愛意在花間盈一曲小弦輕撥，亂了江心明月，沒了天上行舟，只與她素顏神遇，吹拂起春的驚蟄，卻又害怕酒意難消，讓她一人流浪在沒有他的世界裡，空錯過春的花紅，殘了秋的相思葉。然，驀然回首，她卻早已在那燈火闌珊處，高樓望盡，流連徜徉，任瑩瑩淚光再次溼了他的心房。

心事相逢醉風中，春月話語微凄涼，淚眼相看終無言。他知道，他等不起，更愛不起，也明白，與她終是蝴蝶難渡滄海。或許，這一生只有化為塵土，才能共她在風中，融合今生今世的夙願，粉飾黃粱一夢的美麗。南貶的日子，來不及與她天津橋畔話別離，卻只能在江陵對著波濤起伏的漢江，幻想著她輕倩的身影，為她寫下千古絕響〈琵琶歌〉，希望終有一天能與她再度重逢。只是，這份等待又是一個十五年，曾經的難捨難分，都已化為鏡湖畔的一溝落花，在他心頭悠悠纏綿起無盡的悽婉。

捧著白居易剛從蘇州寄來的和詩，他又將管兒深深憶起。三十年了，當年那個青春嬌俏的管兒又會變作什麼模樣？只記得十五年前，在洛陽最後一次聚首，她已是白髮叢生，莫非今時今日的她，也變得和他一樣衰老不堪入目了嗎？他搖頭嘆息，愛情在他眼裡就像一盤棋，一杯苦酒，一場春夢，雖然這東西奇妙得不可捉摸，但是一旦投入便無法自拔，只有迷戀紅塵的人，才能品啜出其間深藏的內涵，也才能懂得他對管兒那份至死不渝的情，而這世上，真正能夠懂他的也就只有那個活到老風流到老的白居易了吧？

問世間情為何物？只教生死相許。活到四十七歲，他總算活明白過來

第一折　別鶴操

了，只是不知，遠在蘇州逍遙快活的樂天兄是否也活明白了。聽說他最近又納了小玉、阿軟兩個姬妾，不知又該將樊素和小蠻那樣的舊人往何處擺？還有湘靈，那個令他心碎的女人，不知又流落向何方，為什麼有情人終是不能成其眷屬？

白居易啊白居易，你可真是牡丹花下死，做鬼也風流啊！只可惜了為你矢志終身不嫁的湘靈，此時此刻，倚紅偎翠，沉醉於溫柔鄉中的你，又怎會將那淪落天涯的舊人想起？他低低地嘆息，或許樂天兄只是想麻醉自己，就像自己一樣，每當想起管兒和鶯鶯，他就舉杯消愁，杯杯盞盞，醉裡尋芳，卻又更添新愁，舞冷越宮煙花殘。然，樂天兄真的能在花紅柳綠的鶯鶯燕燕中，拋卻內心糾結的愁腸嗎？

平淡如水的日子在百無聊賴中一天天逝去，轉眼間便又到了寶曆二年。這年二月，白居易外出時意外落馬受傷，五月末又因為肺病請了百日長假，產生了不如歸去的念頭，到了秋天更不幸染上了眼病，無法處理郡務，本來就有去意的他便上書朝廷，請求離職回歸故里洛陽。

他很快就接到了白居易離別的消息，以及敘寫離情的詩箋：

浩浩姑蘇民，鬱鬱長洲城。
來慚荷寵命，去愧無能名。
青紫行將吏，班白列黎氓。
一時臨水拜，十里隨舟行。
餞筵猶未收，征棹不可停。
稍隔煙樹色，尚聞絲竹聲。
悵望武丘路，沉吟滸水亭。
還鄉信有興，去郡能無情。

—— 白居易〈別蘇州〉

第十本　落輝暮色：晚年元稹

　　於時久與本心違，悟道深知前事非。
　　猶厭勞形辭郡印，那將趁伴著朝衣。
　　五千言裡教知足，三百篇中勸式微。
　　少室雲邊伊水畔，比君較老合先歸。

—— 白居易〈留別微之〉

　　這才一年多的時間，沒想到樂天兄又要走了。只是不知這一別，究竟何時才能重在京師相聚？捧著他寄來的詩箋，唸著他字字含淚的詩句，元稹深切地體會到白居易在蘇州任上憂愁而灰暗的心情。

　　罷了，走了也好，興許洛陽的風土人情，能療好他心裡糾葛了數十年的隱痛也未嘗可知，只是不知，他自己夢著管兒的那份痛，究竟什麼時候才能醫好。抬頭，望向窗外，但見雲霧迷茫，冷月無情，或許，今生今世，他與她的緣分，便如同這月亮和雲朵般若即若離，以後的以後，案邊形單影隻的他，也唯有孤寂的夜風會與之長相作伴了。

　　就在白居易離任蘇州幾個月後，這年冬天，朝廷卻又發生了一樁驚天動地、震驚中外的大事。十二月初八夜，宦官劉克明等人，竟然將年僅十八歲的唐敬宗弒殺於更衣室中，並偽造遺旨，迎唐憲宗子絳王李悟入宮為帝，朝野上下一片譁然。

　　敬宗之所以被弒，自有其深層次的原因，這還得從他即位初說起。生性貪玩的敬宗登基後，壓根不把軍政大事放在心上，即位後的第二個月，便開始顯露了他頑劣的本性，一天到晚，不是在飛龍院擊球，就是在中和殿大擺宴筵，快活得忘乎所以。他不僅自己喜歡打馬球，還要求禁軍將士、三宮內人全部加入其中，為此還特地豢養了一批力士，晝夜不離左右。

　　除此而外，敬宗還喜歡打獵，平時白天玩不夠，就於深夜帶人出宮圍捕狐狸以為取樂，宮中稱之為「打夜狐」。隨著時間的推移，敬宗將這種

第一折　別鶴操

沒有節制的遊樂發展到了極點，居然於寶曆二年六月，在宮中舉行了一次體育盛會，馬球、摔跤、散打、搏擊、雜戲等項目，應有盡有，參加者也很踴躍。最有創意的是，敬宗命令左右神策軍士卒，還有宮人、教坊、內園分成若干組，騎著驢打馬球，因為皇帝興致很高，眾人一直折騰到夜裡一二更方肯罷休。

這樣的日子簡直快活勝神仙，可敬宗玩興一來，也就沒有了什麼顧忌。身邊的力士們，有的恃恩不遜，敬宗動輒就將其配流、籍沒；不少宦官小有過犯，輕則辱罵，重則捶撻，搞得這些人滿懷畏懼，心中積蓄了很多怨憤。宮中宦官許遂振、李少端、魚弘志等人，還曾因為與他「打夜狐」時配合得不好而被削職。

非但如此，一味追求享樂的他，就連皇帝例行的早朝也不放在心上。寶曆元年三月的一天，群臣來到朝堂準備入閣議事，可敬宗一直延宕到日上三竿還是沒有上朝。大臣為了參加朝會，天不亮就要起床準備，皇帝遲遲不到，時間長了，臣僚們堅持不住，以至於有昏倒者出現。對新君的這一有悖祖制的行為，諫議大夫李渤提出了勸諫，敬宗在大臣的催促下，過了很長時間才姍姍來遲；退朝以後，左拾遺劉棲楚對皇帝的這一做法更是極力勸諫，他頭叩龍墀，血流不止。敬宗當時表現出很受感動的樣子，但事後仍然我行我素，甚至發展為一個月也難得上朝兩三次。為了使敬宗能夠上朝理政，時出貶為浙西觀察使的李德裕，進獻〈丹扆箴〉六首，提出勸諫，敬宗命令翰林學士韋處厚起草了一道詔書表揚了李德裕，但他對自身存在的問題，卻仍然無動於衷。

大臣們拿敬宗沒辦法，但被他動輒打罵的宦官們卻有辦法對付他。就在他繼續肆無忌憚地遊樂之際，深受其害的宦官們開始了祕密籌劃。寶曆二年十二月初八日，敬宗又一次率領力士們出宮「打夜狐」，還宮之後，興致昂然，又與宦官劉克明、田務澄、許文端，以及擊球軍將蘇佐明、王

第十本　落輝暮色：晚年元稹

嘉憲、石從寬等二十八人飲酒。酒酣耳熱之際，敬宗起身入室更衣，這時大殿上燈燭忽然熄滅，劉克明與蘇佐明突然闖入，將其亂刀砍死。

劉克明與蘇佐明殺害唐敬宗後，假冒敬宗旨意，選立了唐憲宗之子絳王李悟「權勾當軍國事」。這麼做本是宦官們擁立新君的慣用伎倆，大臣也都見怪不怪了，但劉克明等還不以此為滿足，又商議著要剝奪其他宦官手中的權力，這樣就惹惱了內樞密使王守澄、楊承和，以及神策軍左右護軍中尉魏從簡、梁守謙。

唐末，出任左右樞密使，和左右神策軍中尉的四位大宦官，被稱為「四貴」，他們是宦官中的實力派，自然不會容忍別人對他們的肆意踐踏，於是，這四人很快拍案而起，由王守澄牽頭密謀商定，聽從了翰林學士韋處厚的主張，在得到三朝元老大臣裴度等朝廷官員的大力支持下，動用了所掌握的禁軍力量，將穆宗次子江王李涵迎入宮中，並以江王的名義宣告平叛。而神策軍中尉派出的精銳禁軍，更是一鼓作氣，將劉克明、蘇佐明一夥逆賊全體誅殺，絳王李悟也死於亂兵之手。就這樣，在百官再三上表勸進，太皇太后郭氏頒布冊文，下令指定江王為合法的皇位繼承人後，李涵於寶曆二年十二月十二日，在宣政殿即位稱帝，更名李昂，並於次年年初改元大和，是為唐文宗。

新君甫立，朝廷內又是一番新的氣象。唐文宗與父親穆宗及哥哥敬宗不同，他不喜聲色犬馬，博覽群書，見識很是淵博。即位後，銳力改革父兄兩朝的弊政，放宮人，停羨餘，減冗員，貶斥李逢吉的黨徒李續與張又新等人，陸續召回與重用崔群、李絳、白居易、張正甫等正直官員，進封已於寶曆二年由和州刺史任上歸京的永貞革新派重要成員劉禹錫為主客郎中，並於大和元年九月下旨授予被李逢吉黨徒排擠的李德裕、元稹「就加檢校禮部尚書」的榮銜。

……

第一折　別鶴操

　　所有的煙雲，似乎都隨著新君的繼位悄然消散，可卻沒人知道元稹內心的疼痛。寶曆二年、大和元年前後，夫人裴淑連續替他誕下二女道衛、道扶，轉眼間便又到了大和二年。望著終日啼哭不休的道衛、道扶，和懵懂無知的小迎，年屆五十尚膝下無子的他，忍不住老淚縱橫，悲慟欲絕，於昏黃的燭火中奮筆疾書，寫下滿紙血淚的〈感逝〉聊以自慰：

頭白夫妻分無子，誰令蘭夢感衰翁？

三聲啼婦臥床上，一寸斷腸埋土中。

蜩甲暗枯秋葉墜，燕雛新去夜巢空。

情知此恨人皆有，應與暮年心不同。

——〈感逝〉

　　「情知此恨人皆有，應與暮年心不同。」早已知道喪子的疼痛人人皆有，只是老年無子，更是痛上加痛。難道這輩子，他和柔之，真的是「頭白夫妻分無子」嗎？八月的清風吹入柳梢頭的江月，他輕輕回眸，滿眼桂花燦黃，終不見活潑可愛的小兒承歡膝下，這漫漫長夜，究竟「誰令蘭夢感衰翁？」痴也好，淚也罷，留下的，不過是一篇又一篇斷腸詩賦。

　　念去，詩已盡，文思驟然停住。他放下手中的筆，任淚水浸透紙背，頓生滿心淒楚。荊兒，你在哪？黃泉路上是否已與你娘攜手相逢？你可知，爹一直在想你，一直守候在你身邊，從沒有離開，但為何你總是若有若無、朦朦朧朧，甚至模模糊糊？回來吧，荊兒！想你的時候，爹無拘無束，爹心懷感恩，爹每天都在大門前等你，那些灰暗的日子已經遠去了，那些磨難的日子已經消失了，爹始終希望在一個明媚的日子裡，看到你陽光般幸福地微笑著，然後靜靜地朝我走來。可是，你為什麼不肯對著我笑，對著我念起爹從前教過你的那些詩句呢？

　　燈火闌珊，夜深人靜。當一切都靜如止水時，寂寞深院中又響起了淒

第十本　落輝暮色：晚年元稹

　　清凜冽、任人腸斷天涯的琴聲。是裴淑在彈〈別鶴操〉，日復一日，年復一年，她已將這首源於東漢的古老哀曲，彈奏到出神入化的地步。為什麼又是這首曲子？他輕輕踱至她的房中，瞥一眼窗外灑滿江天的瀟瀟暮雨，正待開言，最終卻與她相對哽咽無語。悠悠琴聲中，霜風悽緊，關河冷落，秋花凋謝，是處紅消翠減，苒苒物華休。所有的物事，都零落在她緊蹙的愁眉下，抹去眼中的淚痕，扯斷衣襟上的傷痛，卻又見長江之水無語東流，好不悽惶。他潸然淚下，伸手輕輕撫著她髮髻邊沾滿的愁緒，不禁深深地嘆起：窮居他鄉的羈絆，老年無子的苦痛，究竟要到何時才休？

　　別鶴聲聲怨夜弦，

　　聞君此奏欲潸然。

　　商瞿五十知無子，

　　更付琴書與仲宣。

——〈聽妻彈別鶴操〉

　　落花隨風，風攜香落，撥開千般萬般的愁思，他和她登高遠望，望盡生命裡所有的折磨與苦痛。一番曲折，一番情致，一番用暮雨洗出的清愁，都付與這餘音裊裊怨夜弦的別鶴聲中，幻化為他們執手相看淚眼的難捨難分。

　　「微之！」她淚眼模糊地望向白髮蒼蒼的他，心痛莫名。他已經五十歲了，可卻不得不接受老年無子的事實，又怎能不讓他別滿愁緒暗憔悴？「都怪我，微之，我看你還是納妾吧。」

　　「納妾？」

　　「自從劉采春走後，相公身邊再也沒個可心的人侍候著，如今妾身年歲也一天老去一天，恐怕再也不能替相公誕下麟兒，與其這樣斷了元家的香火，不如像白大人一樣廣納妾媵，總有能生出兒子來的不是？」

第一折　別鶴操

「妳這說的什麼話？」他拭去她眼角的淚水，「妳還年輕，怎麼知道以後就不能替我再生下一男半女了？」

「可是……」裴淑萬分難過地說，「妾身嫁給相公十數年間，接連生了五個女兒，卻未曾能替元家添半個男丁。想必這是妾身前世作了孽，所以老天爺便要責罰於我，不肯讓妾身遂了心願，可是妾身不能連累了相公，更不能拖累元家後繼無人啊！」

「妳別亂想。」他緊緊攢著她的手，深情款款地盯著她說，「我不怪妳。真的，這都是命，一切都是命中注定，如果份內無子，縱是納再多的妾媵也是枉然。」

「不試試怎麼知道？」

「我說了，妳還年輕，我們還有機會的不是嗎？」

「可……」她低聲哽咽著，「可我真的害怕，相公，你已經五十歲了，妾身不能害你到臨了都沒兒子替你送終，要那樣，妾身便是死了也無顏去見元氏家族的列祖列宗！」

「不會的。」她抓起她的手放到嘴邊深情地吻著，「這麼多風風雨雨，我們都挺過來了，難道這個坎我們就不能邁過去了？」

「微之……」

「別說了。」他微瞇起雙眼，仰起頭，任雨水和著淚水打溼他憂鬱的面龐。難道兒子還能比柔之重要？不，他絕不能為了傳宗接代，委屈了善良嫻淑的柔之，這些年她跟著自己四處飄零，受盡了委屈，吃盡了苦頭，這個時候他又怎能做出傷她心斷她腸的無情之事來？

問世間情為何物？直叫人生死相許。此時此刻，他只想讓她溫柔地靠在自己的肩頭，共數一簾煙雨，將一個個美好的祝願，寄託在斜風細雨之中。人生風雨有幾多，人間真情有幾許？縱使今生無子又何妨？他只要還

363

能站在每個季節裡靜靜地看她,看她的歡欣,看她的幸福,看花開花落的絢美,看日落夕陽的美好,和她一起泛舟鏡湖,聽她吟出古老《詩經》中的相思,不就足夠了嗎?

第二折　別樂天

大和三年九月,元稹終於接到聖諭,由浙東觀察使改授尚書左丞,在被貶八年之後,終於踏上了回歸京師的旅途。

一路上,小村的炊煙繞著喬月歡舞,阡陌上風吹草動描摹著白雲的衣袂,有暗香撲面而來,輕輕拂響那些塵封的過往,迅即醉了柔腸,只留下一張張甜美的笑靨,慢慢鋪展在清新的晨露中,用輕靈與豁朗,盛載起所有的沉鬱與渾厚。

他歸來的消息早已傳到了白居易耳裡。白居易於寶曆二年離開蘇州後,又於大和二年春,由祕書監官拜刑部侍郎,卻又於大和三年春因病再次請辭,此時正以太子賓客的身分分司洛陽。元稹從越州赴京必須先經過洛陽,這不禁讓年近花甲的白居易欣喜若狂,當即賦詩一首,表達了自己對尚在歸途之中的元稹的深切思念之情:

世間好物黃醅酒,天下閒人白侍郎。
愛向卯時謀洽樂,亦曾酉日放粗狂。
醉來枕麴貧如富,身後堆金有若亡。
元九計程殊未到,甕頭一盞共誰嘗?

—— 白居易〈嘗黃醅新酎憶微之〉

已經很久很久沒來過洛陽了。一路風塵僕僕的元稹,緊緊攥著即將再次臨盆的嬌妻裴淑的手,屹立於芬芳鬥豔的天津橋頭,卻是百感交集。

第二折　別樂天

　　放眼望去，洛陽城依舊璀璨繁華、花團錦簇，一片歌舞昇平之象，可他仍能感受到當初妻離子別，被迫離開東都的淒涼與徬徨。蕙叢便是在這裡撒手人寰的，到如今已整整過去了二十個年頭，只是不知今夜裡，她是否會挑起一盞紅燈籠，再次來到與他前生相約的古橋上，倚住一闋古樂府，任他把她折了又疊，疊了又折？

　　月光披著初冬的寒意直透骨髓。平靜如水的湖面下，傷懷高遠的情致，或濃或淡；離愁別恨的牽掛，或輕或重。恍惚中，他聽得她一遍遍在書頁裡泣說，是否前生曾在一首詩中與他邂逅？卻又如才子佳人安坐桃花叢中醉讀〈孔雀東南飛〉，有語不成句。也許，這只是一則隔世的傳說；也許，他就是天柱山下的小吏焦仲卿，日日流連於萬花叢中尋覓那一管箜篌的愜意；也許，她便是那寂寞深院裡的劉蘭芝，宛若一片落花，終將零落成時光深處那一首首平平仄仄的相思調，化作塵埃，與他剎那永訣。也許的也許，在某年某月的某日，他會牽起白馬重新路過顰別的離城，只是不知，那時的她，還會不會踮起腳尖，替他抹去眼角眉梢深藏的愁緒？

　　他臉上布滿離別的驚恐和離散的痛楚。猶記那年繁華盛世，花轎款款過，鑼鼓聲聲響，卻不意，驀然回首間，終注定他只是一個落寞的看客。俱往矣，洪荒的往事已遠，恍若隔世。而今，東都繁華的車水馬龍裡，故事依舊在輪迴中演繹，只是聽不清任何對白。晝夜長揚的水袖，做作虛假的微笑，相思，終不過是痴人對月獨酌，附庸風雅的無聲微吟罷了！相愛又如何？執迷又能怎樣？歲月如刀，清風吹動一樹的花雨，回首處，一切皆不復當初舊模樣。斜望一池冬水，他深深淺淺地嘆，如果還有來生，當他與她再度隔岸相見的時候，天若憐見，他還能否用一世的風情，來償還欠她眉眼間堆積起的所有前塵今世？

　　他不知道。是的，他什麼也不知道，不知道自己還能否再在夢中借她一宿，讓流年重生，溫暖他支離破碎的心？離歌暗寫，寒壁獨熒，所有的

第十本　落輝暮色：晚年元稹

悲悵，都在白居易夫婦替他接風的宴飲中，鎖入眼底的燈火闌珊處。席間，七絃錦瑟撥冷月，嚦嚦鶯聲作歡歌，一曲琴歌餘音落，滿樓采聲驚雷動。他卻慨了心緒，轉了身，一個人，默默躑躅在長廊下，看那樓閣內雕紅鏤翠，看那氤氳的檀香幽幽散發著紫氣，身裡身外都裹了重重的惆悵。

蕙叢與自己早已天人永隔，這次回歸長安雖是天大的恩賜，卻也是前程未卜。煙霧繚繞中，他偎欄而坐，悵望長天，卻是千般愁苦欲斷腸，一切的一切，都宛如一場醒不來的幽幽夢魘。樓內陣陣攘攘的喧譁聲，雜沓的腳步聲，樊素的歌聲，小蠻的舞聲，小玉的琴聲，阿軟的勸酒聲，孩子的爭鬧聲，以及碰撞酒杯的哐啷之聲，都讓他覺得驚心動魄。一切的聲響，似乎都籠罩在某種不祥的氛圍之中，可那究竟又會是什麼呢？

他輕輕起身，卻看到倚在對面廊下，同樣愁眉不展的白居易。故人相見，自是淚眼汪汪。懷想前塵後事，喜憂參半的他望著老淚縱橫的白居易，當即情不自禁地吟出一首充滿惆悵之調的〈逢白公〉詩，暗示自己做好了分司東都、退隱山林的心理準備：

遠路事無限，

相逢唯一言。

月色照榮辱，

長安千萬門。

──〈逢白公〉

「大好的日子，為何這般傷感？」聽了他的詩，白居易連忙抬手拭乾眼淚，拉著他的衣襟就往自己的書房跑去。

「樂天兄⋯⋯」

白居易鬆開他的衣襟，從案下翻出一張半新的詩箋，迅速塞到他手裡說：「是夢得兄寄來的詩。」

第二折　別樂天

「夢得兄？」想起已在京任職的劉禹錫，元稹更是一番感慨唏噓，不由得輕輕念起他，於大和二年再遊玄都觀時，寫下的那首聞名天下的〈再遊玄都觀〉詩：

百畝庭中半是苔，
桃花淨盡菜花開。
種桃道士歸何處，
前度劉郎今又來。

── 劉禹錫〈再遊玄都觀〉

字裡行間，無不充斥了對當年扼殺「永貞革新」政敵的輕蔑與嘲諷，顯示了夢得兄的不屈與樂觀，以及將繼續與奸臣權貴戰鬥下去的決心，絲毫不比他作於元和十年的那首〈玄都觀桃花：元和十年自朗州至京戲贈看花諸君子〉詩遜色。

「你好好看看，夢得對你的思念之情溢滿字裡行間，他早就盼著能在長安見到你了啊！」白居易哽咽著說，「你看，他還妒忌我能在洛陽比他早日見到你呢！」

松間風未起，萬葉不自吟。
池上月未來，清輝同夕陰。
宮徵不獨運，埙篪自相尋。
一從別樂天，詩思日已沉。
吟君洛中作，精絕百鍊金。
乃知孤鶴情，月露為知音。
微之從東來，威鳳鳴歸林。
羨君先相見，一豁平生心。

── 劉禹錫〈樂天寄洛下新詩兼喜微之欲到因以抒懷也〉

第十本　落輝暮色：晚年元稹

　　捧讀著劉禹錫思懷自己的詩句，元稹再次哽咽住了。雖然與夢得兄分貶之地由來相隔遙遙，長年不能會面，但他們的友誼卻情比金堅，無論在江陵，在興元，在通州，還是在越州，每當看到夢得兄寄來的詩句，他就倍感溫暖。想他元稹何德何能，一生能得夢得、樂天、杓直、公垂、退之、致用、友封幾個知心摯友，夫復何求？只可惜杓直、退之、致用相繼棄世，只餘下他和樂天、夢得、友封、公垂幾個垂垂老矣的白頭翁苟活人世，怎能不讓他頓生悽然之感？

　　「你得振作起來。」白居易正色盯著他說，「這世上沒有過不去的坎，就算前面等著我們的還是萬鈞雷霆，你也不能輕言放棄。」

　　「我……」

　　「不為別的，就為柔之肚裡的孩子。」白居易輕輕嘆息著，「我相信這回柔之懷的一定是個男孩。」

　　「男孩？」

　　「嗯。」白居易緊緊握住他的手，「相信我，一定會的。為了這個孩子，你一定不能放棄，一定要完成裴泊裴老相公未盡的事業，以慰他老人家在天之靈！」

　　白居易一語點醒夢中人，為了讓裴淑平平安安地生下孩子，元稹特地在洛陽履信宅購得新房一所，讓裴淑在粉刷一新的新居裡待產。千盼萬盼，左等右等，就在這年年尾，裴淑果然不負眾望，在給元稹連續生下五個女兒後，誕下了他們唯一的兒子道保。無獨有偶，就在裴淑生下道保之際，已經年屆五十八歲卻一直無子的白居易居然也喜獲一子，取名阿崔。二人皆是暮年得子，自然喜出望外，興奮之餘，更是忘不了作詩相賀，可惜由於年代久遠，當年元稹的詩作多有散佚，但透過白居易留下的詩，我們仍然可以深切地感受到他們當時的喜悅之情：

第二折　別樂天

相看鬢似絲，始作弄璋詩。

且有承家望，誰論得力時。

莫興三日嘆，猶勝七年遲。

我未能忘喜，君應不合悲。

嘉名稱道保，乞姓號崔兒。

但恐持相並，蕪菨瓊樹枝。

——白居易〈和微之道保生三日〉

常憂到老都無子，何況新生又是兒。

陰德自然宜有慶，皇天可得道無知。

一園水竹今為主，百卷文章更付誰。

莫慮鵷雛無浴處，即應重入鳳凰池。

五十八翁方有後，靜思堪喜亦堪嗟。

一珠甚小還慚蚌，八子雖多不羨鴉。

秋月晚生丹桂實，春風新長紫蘭芽。

持杯祝願無他語，慎勿頑愚似汝爺。

——白居易〈予與微之老而無子發於言嘆著在詩篇今年冬各有一子戲作二什一以相賀一以自嘲〉

因為道保和阿崔的降生，元白兩府自是日日張燈結綵，夜夜管竹笙簫，好不熱鬧，元稹和白居易更是縱情流連於山水之間，放浪形骸，酬唱不斷。然而皇命在身，元稹也不敢過多停留，最終不得不與白居易依依惜別，揮淚寫下〈過東都別樂天二首〉以寄情懷：

君應怪我留連久，我欲與君辭別難。

白頭徒侶漸稀少，明日恐君無此歡。

第十本　落輝暮色：晚年元稹

自識君來三度別，這回白盡老髭鬚。

戀君不去君須會，知得後回相見無。

——〈過東都別樂天二首〉

「自識君來三度別，這回白盡老髭鬚。」自與樂天相識相知以來，他們已經有過三度分別的記憶。第一次是元和十年出貶通州司馬時在澧西的痛苦離別；第二次是從通州赴任虢州長史時在長江裡偶然相遇後的難分難捨；第三次是從長安赴越州任浙東觀察使時與之在杭州相會，最後在錢塘江邊不得已的淚別。沒想到現在剛剛重逢，轉身卻又要別離，只是，這回兩個悵然分別的人，卻都是白盡老髭鬚。

「戀君不去君須會，知得後回相見無？」分手的驛口，執手難棄。淚雨潸然，他深深眷戀著對面同樣涕淚交流的樂天兄，卻唯有暗自傷懷嗟嘆的份。他們都已年近花甲，像今天這樣相見的日子，不知道以後還有沒有了。究竟，什麼時候，他們才能夠再度徜徉於曲江之畔、灞橋之上，共那頭髮亦已花白的秋娘，閒看庭前花開落，漫望天外雲捲舒？

第三折　驚夢遠地花

初春時節的長安城，陽光在薄薄的雲隙間穿梭而過，懶散地照耀下了一地的碎片，斑駁的樹影裡有著零星的溫暖在散落。空氣中不時有陣陣寒風掠過，漫捲起滿地零落的枯葉，頓時平添了幾分冬的蕭瑟。季節輾轉而過，原來，不覺間，冬，早已遠去，乍暖還寒的春，卻也未能給悵坐元氏老宅辛夷樹下的元稹帶來點滴暖意。

大和四年正月，剛從洛陽回到長安任尚書左丞不瘉月的元稹，就被目為李德裕的同黨，遭到時相李宗閔的排擠，心緒敗壞到了極點。李德裕長

第三折　驚夢遠地花

慶初年與元稹、李紳同拜翰林學士，時人目為「三俊」，權傾朝野，所以李逢吉還朝後，立即與其黨徒對他們展開了瘋狂的排擠打擊，不僅用卑鄙伎倆將元稹與裴度同時拉下相位，更將李德裕、李紳先後貶斥出朝堂。李德裕於長慶二年出為浙西觀察使兼潤州刺史，直到大和三年七月才被召還長安任兵部侍郎，但好景不長，就在時相裴度欲薦其同朝為相之際，時任吏侍郎的李宗閔卻得到宦官的助力，於同年八月入相。李宗閔拜相後，也學起李逢吉的手段，立即打壓排擠異己，於九月以檢校戶部尚書的頭銜，出李德裕為滑州刺史兼義成軍節度使。元稹與李德裕同為「三俊」之一，又同為浙江道觀察使，他重新回到皇帝身邊自然會引起李宗閔的妒恨，所以還朝後的元稹，事事受其掣肘，很不得志。

讓元稹傷心難過的，李宗閔本是他的少年知交，早年前他們之間的關係很是融洽，有其作於元和五年寫給李宗閔的〈臺中鞫獄憶開元觀舊事呈損之〉詩為證：

憶在開元館，食柏練玉顏。疏慵日高臥，自謂輕人寰。
李生隔牆住，隔牆如隔山。怪我久不識，先來問驕頑。
十過乃一往，遂成相往還。以我文章卷，文章甚嫻爛。
因言辛庚輩，亦願放羸孱。既回數子顧，展轉相連攀。
驅令選科目，若在闤與闠。學隨塵土墜，漫數公卿關。
唯恐壞情性，安能懼謗訕。還招辛庚李，靜處杯巡環。
……

——〈臺中鞫獄憶開元觀舊事呈損之〉

元稹平生最好的朋友白居易，也有詩作可以間接證明元稹與李宗閔、王起等人的交情很深。其作於元和十三年的〈夢與李七庚三十三同訪元九〉，以及作於元和十五年年末的〈初除主客郎中知制誥與王十一李七元

第十本　落輝暮色：晚年元稹

九三舍人同宿話舊感懷〉詩，都可以說明他們之間的親密關係：

夜夢歸長安，見我故親友。損之在我左，順之在我右。
雲是二月天，春風出攜手。同過靖安里，下馬尋元九。
元九正獨坐，見我笑開口。還指西院花，仍開北亭酒。
如言各有故，似惜歡難久。神合俄頃間，神離欠伸後。
覺來疑在側，求索無所有。殘燈影閃牆，斜月光穿牖。
天明西北望，萬里君知否。老去無見期，踟躕搔白首。

——白居易〈夢與李七庚三十三同訪元九〉

閒宵靜話喜還悲，聚散窮通不自知。
已分雲泥行異路，忽驚雞鶴宿同枝。
紫垣曹署榮華地，白髮郎官老醜時。
莫怪不如君氣味，此中來校十年遲。

——白居易
〈初除主客郎中知制誥與王十一李七元九三舍人同宿話舊感懷〉

元稹詩題中的「損之」，即李宗閔的字，白居易詩題中的王十一，是元稹、白居易元和元年吏部科試同年，而李七便是李宗閔。元稹和李宗閔相識在貞元末年，曾經攜手於開元觀中讀書閒遊，情同手足，但二人卻因為發生在長慶元年的科試弊案產生隔閡，積怨頗深。

當年元稹旗幟鮮明地，支持宰相段文昌及李紳的倡議，唐穆宗才決定任命白居易和王起為主考官進行重試，從而榜落已經及第的李宗閔之婿蘇巢，並連累李宗閔被貶劍州刺史，因而導致李宗閔對元稹懷恨在心，終是無法釋然。這次元稹還朝，已經身為宰相的李宗閔自然不會待見他，再加上其與李德裕的相位之急，李宗閔更是把元稹恨了個底朝天，並將其目為李德裕的同黨，時刻準備找碴將其貶斥出朝堂。

屋漏偏逢連夜雨。當時和李宗閔同在相位的，還有年已七十二歲的王播。王播於長慶初年，為登相位，曾經故意挑唆裴度與元稹的關係，惹得裴度臨上三奏彈劾元稹與宦官交接，誣衊其阻止討伐叛軍，其與元稹的關係自然也不可能好到哪去。另外，李宗閔入相後，一心想援引已於寶曆二年由宰相位出為武昌節度使的同黨牛僧孺再次還朝為相，生怕元稹搶了牛僧孺的位置，利用王播病入膏肓的機會大造謠言，誣衊元稹謀復相位。

此言一出，立即引起朝野上下一片譁然，自然也引起同因科試案與元稹結下怨隙的裴度的關注。裴度身為幾朝元老，又手握重兵，還是擁戴文宗登基的大功臣，他的話在朝中起著不可小覷的作用，而這個時候他偏偏也選擇了站在李宗閔一邊，元稹在朝中的日子過得有多艱難，自然可以想像了。

就這樣，剛剛還朝的元稹，處在內外夾攻的危險境地，稍不留神便會授人以話柄，再次被貶出朝，但身性耿直的他並沒有選擇退避三舍，而是記住了白居易在洛陽分別時和他說的話，要擔負起永貞革新派成員所無法履行的責任，完成恩師裴洎未竟的事業，為實現他們的政治主張而努力。於是，身為尚書左丞，有著通判都省事職權的他，果斷地選擇了繼續與朝中那班違法亂紀的朝臣交鋒鬥陣，不踰月間就出郎官尤無狀者七人。他大刀闊斧的行為，很快便引起了朝中權臣的側目和夫人裴淑的不解，面對咄咄逼人的李宗閔和懷抱幼子的裴淑，他陷入了深深的矛盾之中。

到底該怎麼辦？望著眼前一天老去一天的辛夷樹，他深深淺淺地嘆。這兩株辛夷樹已經很老很老了，可它們歷經風霜雪雨，歷經滄桑變故，幾百年的時間過去了，卻依然長得如此蒼勁茂盛，難道不和它們堅強不屈的高尚氣節有著很大的關聯嗎？

是的，這兩株樹是他的六世祖，隋文帝朝兵部尚書、平昌郡西元巖親手栽下的，元巖以剛正耿直有度量聞名於當世，難道作為他的子孫，反而

第十本　落輝暮色：晚年元稹

倒要做出令家族、先祖蒙羞的事來嗎？他重重點著頭，他沒有錯，被他貶斥的七位郎官都是輕佻無狀者，留那樣的人在朝廷共事才是上對不起君國，下對不起先祖，自己行得正走得端，為什麼又要前怕狼後怕虎呢？不，他不怕，不就是會再次遭貶嗎？他元稹半生飄零，老了老了還怕他們再折騰嗎？他倒要看看，這次李宗閔和裴度還會把他貶斥到什麼蠻荒之地！在他們還沒有行動之前，他就得繼續效法六世祖元巖，為國為君鞠躬盡瘁、死而後已！

淚水模糊了他日漸昏花的雙眼。過了年他已經五十二歲了，是真的老了。伸出日趨老態的雙手，撫著辛夷樹斑駁的樹幹，往事禁不住一幕幕浮上心頭。辛夷花還沒有開，可二姐仰娟青春美貌的身影卻又映入他的眼簾，那時的二姐是那麼開朗活潑，總是牽著他稚嫩的小手，在樹下的牡丹花叢中穿梭遊戲，發出銀鈴般的笑聲，宛若天女下凡，而今四十多年過去了，二姐是不是早已在天堂之上找到了屬於她的幸福？

二姐咯咯笑著走了過去，他又望見韋叢抱著襁褓中的保子從屋裡裊裊娜娜地走出來，一直走到辛夷樹下，一邊輕輕拍著保子的背，一邊斜倚在古老的樹幹上低低唱起甜美的催眠曲，淺淺淡淡的一個回眸，頓時痛了他一生的殤。蕙叢，他大聲喊著她的名字，她卻早已失其所在，取而代之的卻是正襟危坐的二哥元矩，在樹下的長幾邊教導年幼的他讀書識字的景象。二哥，還沒等他走到二哥身邊，母親鄭氏在二嫂崔氏和大姐采薇的攙扶下緩緩走到樹下，姑嫂婆媳三人在濃密的樹蔭下交頭接耳，說著些許悄悄話，並不時朝他投來看似不經意的一瞥，卻又對他不理不睬，彷彿他是個透明人一般。

「娘！二嫂！大姐！」他望著她們情不自禁地叫了出來。

「是微之回來了！」崔氏望著他嫣然一笑，伸手推了推鄭氏的手臂，「娘，您看誰回來了？」

第三折　驚夢遠地花

「是九兒嗎？」鄭氏滿眼含淚地望向他，「九兒，我的九兒，娘可把你給盼回來了啊！快，快來讓娘看看！」

他怔怔望著鄭氏，可腳底下卻像有千斤重擔拽著他似的，任他怎麼努力，也挪不動半步。

「小九，還愣在那兒幹嘛？」大姐瞪大眼睛瞟著他，「娘叫你過來呢！」

他憋足勁往前挪動著腳步，可無論如何，還是一步也挪動不得，不禁心生恐慌，張大嘴想叫她們過來幫忙，卻是什麼話也說不出來。怎麼了這是？為什麼自己連話也說不出來了？難道是娘怪他這麼晚才回來看她，還是六世祖元巖認為他不該為這些事情煩憂，所以要故意責罰於他？他緊蹙著眉頭，他們對他的責罰是對的，他本就不該為自己的所作所為感到矛盾，因為那是他應該做也必須做的，可他竟然為了裴淑和襁褓中的道保左右徘徊，拿不定主張，這樣的首尾兩端，又豈配做以剛正耿直聞名的元氏家族的子孫？

「娘！」他憋足勁，終於把「娘」字重新喊出了口，舉目張望，辛夷樹下卻變得空空蕩蕩，除了他，哪裡還有半個人影？原來一切都是幻覺，他捶胸頓足，就算為了娘，為了大姐二姐，為了蕙叢，他也應該繼續執法不阿，才能對得起她們對自己的那份深重的情意啊！

「姑爺！」他正傷感著，亦已花白了頭髮的膽娘，皺著眉頭慌慌張張地跑了過來，見到他未開言，就流下了兩行傷心的淚水。

「怎麼了，膽娘？」

「姑爺……」膽娘盯了他一眼，又望向剛剛綻出嫩芽的辛夷樹，一句話也沒說，卻嗚嗚咽咽地哭了起來。

「膽娘……」他踱上前，輕輕拍著膽娘的背，「到底怎麼了？是不是夫人她讓妳受委屈了？」

第十本　落輝暮色：晚年元稹

「夫人……不……姑爺……」膽娘哽咽著,「夫人她,她在前院哭得死去活來,您還是趕緊過去看看她吧!」

「夫人哭什麼?」他怔怔盯著膽娘,不解地望著她問。

「剛剛朝內有人捎來了口訊,說牛相公已經還朝,明天一早就會被任命為相,還有,還有……」

「還有什麼?」元稹心咯噔了一下,卻故作鎮定地問,「莫非是我的貶書也要下來了?」

「姑爺……他們說,說是要把姑爺貶到鄂州去當節度使,夫人說這才回來不到一個月,長安的親戚還有大半都沒來得及走動,這下就又要帶著道保跟您一起出貶,她心裡難受,所以撲倒在地上哭個不停,誰也勸不了她。」

「知道了,我這就過去。」他怔愣了一下,雖然政敵對自己的打壓是遲早的事,但發生得如此之快還是令他感到措手不及。不過這樣也好,與其和李宗閔、牛僧孺他們同朝為官受他們的氣,還不如離得他們遠遠的好。

想到這,他立即抬腳往前院走了過去。可他到底該拿柔之母子怎麼辦才好?他並非故意要連累他們,可身為朝廷命官,他有他應盡的本份,元氏族人的身分也讓他不得不那麼做,看來這回他只能聽天由命了。

望著哭成淚人的裴淑,他心亂如麻,一句安慰的話也沒說出口,只是和著淚水寫下一首飽含離愁別緒的詩,輕輕丟到她的身邊:

窮冬到鄉國,正歲別京華。

自恨風塵眼,常看遠地花。

碧幢還照曜,紅粉莫諮嗟。

嫁得浮雲婿,相隨即是家。

──〈贈柔之〉

第三折　驚夢遠地花

　　他心裡的痛其實比她更甚。但他不能說出來，只能用「自恨風塵眼，常看遠地花」這樣自嘲的字句，來勸慰剛剛分娩不久的妻子。「嫁得浮雲婿，相隨即是家。」雖然知道裴淑心裡千千萬萬個不願意追隨他同去鄂州，也曾做好不帶她上路的心理準備，但還是希望知書達理的她能帶著兒女隨行，因為有她，有兒女相隨在側，他們才會有一個完完整整的家啊！

　　裴淑的心已經碎了，雖然心裡恨他不聽自己的勸，非要以石擊卵，搬起石頭砸自己的腳，但事情已經到了這個地步，她亦明白丈夫無力改變這一切，只好「王顧左右而言他」，哽咽著寫詩作答，以表達自己悲痛惆悵的心緒：

侯門初擁節，御苑柳絲新。
不是悲殊命，唯愁別近親。
黃鶯遷古木，朱履從清塵。
想到千山外，滄江正暮春。

——裴淑〈答微之〉

　　次日，即大和四年正月十六日，武昌節度使牛僧孺被再次召入為相；十九日，宰相王播因病卒於長安第；二十一日，元稹也接到了以檢校戶部尚書兼鄂州刺史御史大夫的頭銜出鎮武昌的詔書，再次攜妻抱子，踏上了遠去的征途。

　　時白居易正在洛陽分司，不能前來送別，唯有劉禹錫等在京的幾個摯交故友前往滻水相送。這次分別有劉禹錫於大和六年作於蘇州的〈虎丘寺見元相公二年前題名愴然有詠〉詩提及：

滻水送君君不還，
見君題字虎丘山。

第十本　落輝暮色：晚年元稹

因知早貴兼才子，

不得多時在世間。

　　　　　——劉禹錫〈虎丘寺見元相公二年前題名愴然有詠〉

第四折　月入斜窗

鳳有高梧鶴有松，偶來江外寄行蹤。

花枝滿院空啼鳥，塵榻無人憶臥龍。

心想夜閒唯足夢，眼看春盡不相逢。

何時最是思君處？月入斜窗曉寺鐘。

　　　　　——〈鄂州寓館嚴澗宅〉

「鳳有高梧鶴有松，偶來江外寄行蹤。」春天到了，元稹閒步在摯交故友嚴澗倚江而建的大宅內，望著院內高大的梧桐和蒼鬱的松樹，心裡忽地湧起莫名的惆悵和巨大的失落。

眼下已是大和五年的春天，到鄂州都整整一個年頭了，看著身邊的親朋故交一個個被召還長安，而他卻還遠謫他鄉，連棲居梧桐之上的鳳凰和盤旋松樹之上的仙鶴都還不如，不覺傷心難禁，淚眼模糊。他已經五十三歲了，人生最好的青春都已在不斷的貶謫中虛度過了，難道老了老了都還不能回歸長安頤養天年嗎？

「花枝滿院空啼鳥，塵榻無人憶臥龍。」漫步漢江之畔，隱約間，他彷彿聞到一抹似有若無的桃花香，清幽淡雅，沁人心脾，便又在這抹依稀的淺香裡，想起遠方那個若桃花般清靈脫俗、飄逸出塵的女子，那一個他所鍾情偏愛了一生一世的曼妙女子。

其實他一直想回到那年春天經過的地方，找尋曾經遺落在普救寺的那

朵桃花。然,所有的夙願卻仿如一個晝夕間老去的舊夢,還來不及細品成一闋寂寞的瘦詞,就已藏得無影無蹤,再也尋覓不到來時舊路。

《詩經》裡說:「桃之夭夭,灼灼其華,之子於歸,宜其室家」,而那個畫地為牢的女子偏偏以桃花為詞,兜兜轉轉總走不出他的春天。過往的煙雲已遠,昔時昔地昔人,總歸撰寫著一個「昔」字,而今時已非昨日,於他於她,只有仰望的緘默,無從選擇。

他不是江畔那個浣花的痴人,只能唱起離歌,鋪開錦書,修剪著前世今生裡的枝枝葉葉,把愛情輕倚在一朵桃花裡,藏進平仄押韻的詩章,站在流水的春光裡,安放與她擦肩而過的緣,訴盡似是而非的憂愁,看遠方良人飛揚的青衫,輕拂起眼角眉梢的荒涼,任那老去的故事,和著一縷馨香,醉在希冀的枝頭,似遠在天邊,又近在咫尺。

陌上,花開,花復落。凝暮痴遠,風情流轉夕陽下。黃昏中,幾縷青絲繚繞著桃木梳,蛾眉淡掃的她偎幾而坐,靜凝窗外,從容地守候著一份漫天的靜默,依舊是滿眼的殘陽,依舊是滿院的落花,依舊是輕搖絹扇,挽回憶的長髮成一個憂傷的髻,只等他輕叩深掩的重門,帶著輕倦的笑顏,採一枝古樂府長調別插於髮間,輕叩開她柔軟的心扉,吟風唱月,隱約裡,與她彈落三朝的情思,撥斷五代的琴弦。

她是個喜歡沉浸在古樂府裡暗自神傷的女子,闌珊中,脫下百蝶穿花的霓裳蟬衣,換一身藕色素裙,鉛華褪盡,粉黛不施,慵懶地蜷在繡榻裡,望流年的盡頭,細數憑欄處的幾許飄渺,任冗長的髮零落滿肩,那些淺淺盈盈的心事,全在他溫柔的眸中,化為山澗裡的一縷明月清風。

輕輕地,他走近她,看她坐在水之湄,剪下一段歲月的錦,織成一襲夢想的霓裳,漫看雲捲雲舒,淡忘點點離殤。十指纖纖,於水波紋中描摹成一闋櫻桃小令,綴入歲月的書簡,在唯美的歌聲裡,刻劃下他和她千年輪迴的繾綣。

第十本　落輝暮色：晚年元稹

　　櫻桃花，

　　一枝兩枝千萬朵。

　　花磚曾立採花人，

　　破羅裙紅似火。

——〈櫻桃花〉

　　回眸間，她穿越浮華塵煙透迤而來，在他眼前臨風而舞，依水而歌。但見她高挽雲鬢，青絲間斜插金步搖，眉如遠山，眸如秋水，嫣然淺笑，百媚叢生；又見她膚若凝脂，肌似玉骨，瀲灩嫵媚，清雅逼人，不施粉黛卻透著絕世的俏麗。遙遙，似見，高山流水，她輕盈地飛舞著纖纖蘭花指，正將七弦琴輕攏慢挑，櫻唇輕啟，吹氣如蘭，看似信手拈來的唱詞，於她寂寞的指尖下彈奏出的，卻是一曲清麗香冷的絕美華章，似花亦似非花，不覺間，便醉了那一澗嬉戲的魚兒，羞紅了那天邊飄飛的雲霞。

　　「櫻花花，一枝兩枝千萬朵。花磚曾立採花人，破羅裙紅似火。」他和著她的婉轉歌喉，在她身後輕輕唱起任職校書郎時，為深居普救寺的她寫下的〈櫻桃花〉詞，儘管彈指芳華，三十個年頭悠然過去，但那些平平仄仄的詞句裡，卻依然唱不盡她柔情似水、馨香如蘭的心間事。鶯鶯，將她的名字深深淺淺地念起，聽她淺吟低唱，他任所有的過往，都在微蹙的眉間輪迴，穿越千年的滄桑，在她眼底尋覓著那份遺失在雲煙深處的唯美，宛如掀啟一闋婉約唯美的墨卷，卻織錦不成他今生的一簾幽夢。

　　他輕輕地嘆，左顧右盼間，看自己置身的這座深宅大院，卻是煙水兩茫茫，蒹葭復蒼蒼。再回首，江南的山水寫意，在她輕舞水袖的身影中，不禁意地悄然洇開於眼前，好似聞著另一時空裡的那抹經久的淺香，淡至無痕，卻是醉人心房。這明明是他在鄂州的友人嚴澗的府宅，為什麼兜兜轉轉，到處都充斥著她的影子？唉，紅塵若夢，與她的相遇，冥冥之中，似是趕赴一場前生的約定。猶記那年普救寺陌上初識，卻沒有一絲一毫的

第四折　月入斜窗

生疏，彷彿彼此早已相識於千年之前的洛水之濱；而今，依稀恍惚間，卻又見她纖弱的身姿，踩著古典婉約的節拍，雲袖輕舞，攜著秦風漢雨醉人的古韻情懷，宛若驚鴻，翩然而來。

「心想夜閒唯足夢，眼看春盡不相逢。」寂寂長夜，滿懷惆悵的他，在想念的日子裡端坐如雲，對風鋪開一方繡滿心事的詩箋，把離愁輕憂，捻成絲絲縷縷，填進漢魏古風，繞千古的情絲於指尖，在字裡行間揮舞婉約的長袖，行文猶如落絮。紅塵的調絃，在寂寞樓臺之上，撥動心弦的姿勢，那一首首婉約的清詞麗曲，吟哦聲聲，放任韻味的詠嘆，平平仄仄的訴說，又似見她隔空離世的紅顏只為等得夢中人兒來，只是眼看春盡不相逢。

「何時最是思君處？月入斜窗曉寺鐘。」月色如水，思念如水。他一遍遍翻閱著從前為她寫的那一篇篇古色古香、韻味十足的詩賦，如見她於這些字裡行間且歌且吟，且舞且行。行雲流水般的文字，呢喃著他的情感，心香一瓣，譜寫下那古老傳說裡的點點清愁，仿如眉間胭脂。

愛來臨的時候，都和桃花一樣燦爛美麗，但當它凋謝的時候，卻又有幾人經得起哭泣、傷感、冷漠、無情，甚至背叛？夢裡的相思難聚首，落花飄蕩離了枝頭，想念著她秀媚的容顏，徜徉遨遊在她婉轉甜美的歌喉裡，飲醉於甘之若飴的字裡行間，他始知遙遠的距離從來都隔不開他們心靈的交會，時空的阻擋更是羈絆不了任何緣分的呼喚。只是，他早已遠去了她的世界，現在的她又會像當初那樣，將他再次深深眷戀起嗎？

清風明月西窗下，她在月色中舞盡闌珊，笑吟千年的絕唱，身後花瓣紛飛如雨，傾絕一世水袖風情；他卻躲在一頁古書深處，鋪開詩箋，水墨橫行，任風吹落滿紙謊言，練一技詩情狂烈，寫一片痴情深深淺，任燭影殘酒舞醉相思，憔悴柳絮妙曼舞天涯，羞了沉魚醉了落雁，驚卻了閉月與羞花，卻不料壓不住的韻腳，通通落入江南搖曳的烏篷船邊，隨風隨水招

第十本　落輝暮色：晚年元稹

惹起一江閒愁。

或許人生如戲，看著她靜靜遠走不曾回眸，那簾幽夢在他眼底便成了無法落腳的相思。月入斜窗，曉寺鐘聲又起，秦時明月羞了當時的伊人如花，回望三十年前普救寺中的曖昧情事，冥絕一個沒有盡路的故事，卻是瘦了梨雪亂了芳草心事，只為伴她共看流年水淺、紅塵有情。她走了，可她還會回來嗎？愁痕壓黛掛滿枝頭，孤身隻影的他只剩下期盼，剩下等待，欲化蝶飛舞，卻不知能否飛出婉轉別情，飛成一片繁華美景，尋得她的另一季春？

鶯鶯，他站在漢江之畔，一遍一遍唸著她的乳名。念她，只為千年相遇，令他流連其中；念她，只為虛構一場情事，讓他找到不捨離去的理由。對她的思念纏繞在孤枕難眠的心間，他長長久久地守在一抹清風裡，想著她溫婉的容顏，看人間悲喜，疼著她的疼，快樂著她的快樂，流著她流過的淚水，和她一起感同身受，只是不知遠方的她現在過得好不好，不知她是否還記得起那曾經共同擁有的愛的誓言？

輕輕，伸手撥弄一江春水，看她恬淡婉轉的從容宛在水中央，他在沒落的滄桑裡笑語低喚，願只願，來生共她涵一口兩情若是久長時又豈在朝朝暮暮的海枯石爛地久天長，續一個有她相伴的圓滿佳話，不再遺失曾經美麗的過往，頃刻間傾國傾城，在有她有他的世界裡，淋她淋過的雨，走她走過的街，十指緊扣，說著呢喃情話，永不離棄。

……

他已經心力交瘁。大和四年夏，鄂州、岳州等地頻發大水，到處白浪滔天，數以萬計的農田房舍被毀，過路商旅船翻財沉，溺死的牛羊四處漂浮，百姓更是死傷無數，倖存者哭天天不應，叫地地不靈，無家可歸、嚎嚎空腹者比比皆是，一片悽慘之象。身為武昌節度使的元稹，面對如此巨大的災難，不敢有絲毫懈怠，為救護轄下百姓，他立即上奏朝廷，並開倉

出官米賑災，解決了災民的燃眉之急，有詩〈遭風二十韻〉為證：

洞庭瀰漫接天回，一點君山似揩杯。暝色已籠秋竹樹，夕陽猶帶舊樓臺。

湘南賈伴乘風信，夏口篙工厄溯洄。後侶逢灘方拽筊，前宗到浦已眠桅。

俄驚四面雲屏合，坐見千峰雪浪堆。罔象睢盱頻逞怪，石尤翻動忽成災。

勝凌豈但河宮溢，坱軋渾憂地軸摧。疑是陰兵致昏黑，果聞靈鼓借喧豗。

龍歸窟穴深潭漩，蜃作波濤古岸頹。水客暗遊燒野火，楓人夜長吼春雷。

浸淫沙市兒童亂，汨沒汀洲雁鶩哀。自嘆生涯看轉燭，更悲商旅哭沉財。

檣烏斗折頭倉掉，水狗斜傾尾纜開。在昔詎慚橫海志，此時甘乏濟川才。

歷陽舊事曾為鱉，鯀穴相傳有化能。閉目唯愁滿空電，冥心真類不然灰。

那知否極休征至，漸覺宵分曙氣催。怪族潛收湖黯湛，幽妖盡走日崔嵬。

紫衣將校臨船問，白馬君侯傍柳來。喚上驛亭還酹酒，兩行紅袖拂樽罍。

——〈遭風二十韻〉

他把對鶯鶯不盡的思念，和遭受朝中權臣排擠的悲憤，通通化作了為老百姓辦實事辦好事的動力。在這一年多的時間裡，他不僅身先士卒，帶領轄下的官民一起與洪水猛獸作鬥爭，還把關注的目光對準了百姓的衣食

第十本　落輝暮色：晚年元稹

住行問題。

當地老百姓因為生活困苦，所住的房舍都是以山竹為架、茅草為頂、黃泥塗壁，屋簷低矮而街道狹窄，一家緊挨著一家，如遇長期乾燥，則易引起火災，一家起火，往往會波及到千家萬戶跟著一起遭殃。殫竭思慮的元稹，為把潛在的危險降低到最低點，決定仿效岳父韋夏卿從弟，前江南西道觀察使韋丹，於元和二年至五年間駐節在洪州期間的做法，召來工匠教他們燒製磚瓦，以青磚黑瓦代替茅頂泥壁，並把建築用的材料聚放在場上，根據製造它們的費用定出價格進行出售，不要營利。有能力建造瓦屋的百姓，從官府領取木材磚瓦，可以免除一半的賦稅，以後慢慢地歸還欠款；逃亡異鄉沒有回來的百姓，官府則負責替他們蓋房；貧窮不能蓋房的，則給予他們錢財令其造屋。

為及時貫徹這項惠民政策，元稹還不辭辛勞，於繁忙的政務之餘抽出時間，親臨第一線勉勵監督工人，使得由韋丹引領的這項古代「拆遷改造」工程，在鄂州境內也得以順利進行。因為韋丹在洪州施行這項政策時先行建築的並非民宅，而是與老百姓民生毫無關聯的臺榭廟觀等地方形象工程，還因為督工太急，工徒冤吒不已，改造過程中又值韋丹突然病卒，最終導致工程不得不半途而廢，根本就沒來得及完全治理百姓的居所，留下了一堆「爛尾樓」，所以元稹認為韋丹的做法是本末倒置，決定把改造老百姓的房舍放到整個工程的最前面，而臺榭廟觀的改造則放到最後。另外，在改造過程中，他還制定出取材有價、役民付酬的規定；為不影響農活，他還特地下令把改造的工期放到農閒時節進行，這樣也就避免了因造房舍而荒廢老百姓賴以生存的各種農事，其〈茅舍〉詩云：

楚俗不理居，居人盡茅舍。茅苫竹梁棟，茅疏竹仍罅。

邊緣堤岸斜，詰屈簷楹亞。籬落不蔽肩，街衢不容駕。

南風五月盛，時雨不來下。竹蠹茅亦乾，迎風自焚炧。

防虞集鄰里，巡警勞晝夜。遺爐一星然，連延禍相嫁。
號呼憐穀帛，奔走伐桑柘。舊架已新焚，新茅又初架。
前日洪州牧，念此常嗟訝。牧民未及久，郡邑紛如化。
峻邸儼相望，飛甍遠相跨。旗亭紅粉泥，佛廟青鴛瓦。
斯事才未終，斯人久雲謝。有客自洪來，洪民至今藉。
惜其心太亟，作役無容暇。臺觀亦已多，工徒稍冤吒。
我欲他郡長，三時務耕稼。農收次邑居，先室後臺榭。
啟閉既及期，公私亦相借。度材無強略，庀役有定價。
不使及僭差，粗得禦寒夏。火至殊陳鄭，人安極嵩華。
誰能繼此名，名流襲蘭麝。五袴有前聞，斯言我非詐。

——〈茅舍〉

除此之外，元稹還注意到當地特殊的民風民俗，如沿襲了千年的競舟活動。競舟一般都在每年的四五月分進行，元稹認為競舟時節是正插秧、割麥、收繭的大忙季節，這項幾乎人人都會參加的活動不僅規模巨大，而且連綿數十天，這樣一來便會影響到正常的農事，所以聽從了「岳陽賢刺史」的建議，進行了巧妙安排：允許這項綿延了數千年的活動繼續存在，但卻要求百姓將競舟活動的整體規模縮小，以「百船」選「一船」的方式參加競舟活動，比賽也以一次為限，既滿足了百姓的傳統習俗，又不至於影響到正常的農業生產。不僅如此，元稹還明確表態自己不會參加這類民間活動，以表明官府對競舟這項古老的風俗，雖不反對但也不予提倡的態度，同時還鼓勵屬下的其他州縣加以仿效，將精力用到正經的農事活動上。其〈競舟〉詩云：

楚俗不愛力，費力為競舟。買舟俟一競，競斂貧者賕。
年年四五月，繭實麥小秋。積水堰堤壞，拔秧蒲稗稠。

第十本　落輝暮色：晚年元稹

此時集丁壯，習競南畝頭。朝飲村社酒，暮椎鄰舍牛。
祭船如祭祖，習競如習仇。連延數十日，作業不復憂。
君侯饌良吉，會客陳膳羞。畫鷁四來合，大競長江流。
建標明取捨，勝負死生求。一時歡呼罷，三月農事休。
岳陽賢刺史，念此為俗疣。習俗難盡去，聊用去其尤。
百船不留一，一競不滯留。自為裡中戲，我亦不寓遊。
吾聞管仲教，沐樹懲墮遊。節此淫競俗，得為良政不？
我來歌此事，非獨歌此州。此事數州有，亦欲聞數州。

——〈競舟〉

　　無獨有偶，他還認為於每年十月底開始進行的賽神，正處在收割稻穀的農忙月分，連綿數十天的活動，會讓即將被收穫的稻穀白白丟棄在霜雪之中，既不利於百姓來年的生活，也不利於國家稅收的正常收繳，所以當「岳陽賢刺史」認為狂熱的民風民俗活動不可能一朝根除，只能慢慢引導，提議將賽神活動的時間由從前的「數十日」縮短為一天之際，立即就得到了他的響應，並對其大加讚賞，其〈賽神〉詩云：

楚俗不事事，巫風事妖神。事妖結妖社，不問疏與親。
年年十月暮，珠稻欲垂新。家家不斂穫，賽妖無富貧。
殺牛貰官酒，椎鼓集頑民。喧闐里閭隘，凶酗日夜頻。
歲暮雪霜至，稻珠隨隴湮。吏來官稅迫，求質倍稱緡。
貧者日消鑠，富亦無倉囷。不謂事神苦，自言誠不真。
岳陽賢刺史，念此為俗屯。未可一朝去，俾之為等倫。
粗許存習俗，不得呼黨人。但許一日澤，不得月與旬。

第四折　月入斜窗

> 吾聞國僑理，三年名乃振。巫風燎原久，未必憐徙薪。
> 我來歌此事，非獨歌政仁。此事四鄰有，亦欲聞四鄰。
> ——〈賽神〉

就在鄂州、岳州等地的生產剛剛恢復，元稹為讓轄內的老百姓過上幸福美滿的生活而忙得不亦樂乎之際，任誰也沒想到的是，大和五年夏，於去年曾經肆虐過荊楚大地的洪水猛獸再度席捲而來，造成空前的災難，當地老百姓的生活再次陷入無邊的困境中。憂心如焚的元稹察知轄地實情後，立即上表朝廷，請求捐免百姓的當年秋租。為進一步弄清災情，他還不顧下屬及裴淑的勸說，頂風冒雨、餐風露宿，帶著屬下親自巡視岳州災區，忙得三天兩頭地不著家，大有古時大禹治水三過家門而不入的風範，其有詩〈洞庭湖〉、〈鹿角鎮〉為證：

> 人生除泛海，便到洞庭波。
> 駕浪沉西日，吞空接曙河。
> 虞巡竟安在，軒樂詎曾過。
> 唯有君山下，狂風萬古多。
> ——〈洞庭湖〉

> 去年湖水滿，此地覆行舟。
> 萬怪吹高浪，千人死亂流。
> 誰能問帝子，何事寵陽侯？
> 漸恐鯨鯢大，波濤及九州。
> ——〈鹿角鎮〉

望著眼前白茫茫一片水的世界，五十三歲的元稹怎麼也輕鬆不起來。「誰能問帝子，何事寵陽侯？」出任武昌節度使兩年的時光，轄下便接連遭遇了兩次百年不遇的大水，這究竟是上帝寵幸水神陽侯之錯，還是自己

第十本　落輝暮色：晚年元稹

德薄之錯？「漸恐鯨鯢大，波濤及九州。」現在水災還僅限於鄂嶽兩州，如果任其蔓延下去，洶湧的波濤勢必侵襲九州，可除了茫然嗟嘆，帶領官民日夕奔波在江堤之上鞏固堤坊外，滿頭白髮的他又有什麼辦法可以阻止這暴虐的大水？

他已經老了。面對濤濤的洪水，他束手無策，就像他無法抵禦李逢吉的陷害、李宗閔的排擠一樣，他能做的只是靜靜地面對，無聲地抵抗，可這又管得了什麼？被水淹沒的百姓、牲畜，屍積如山，他只能拖著年邁的身軀，夾在人群中繼續奮戰在抗洪救災的第一線，卻絲毫不能減輕老天爺加諸他們身上的所有傷痛，不禁仰問蒼天，老百姓要他這樣的父母官究竟有什麼用？！

望著眼前流離失所的子民，他痛苦地閉上了雙眼，任兩行老淚在清瘦蒼老的面龐上肆意縱橫，收拾不了內心的點滴滄桑。淚眼模糊裡，急促的蟬聲，伴著撕心裂肺的哭喊聲、搶險的號子聲，在江畔最高的音符處突地戛然而止，彷彿一篇錦繡文章被猛然撕裂，頓時散落一地的鏗鏘字句，擲地如金石聲，而後便寂寂寥寥成了斷簡殘篇，卻在他心裡留下無法排遣的悵惘與感傷。

中秋已近，蟬鳴依舊平平仄仄平，彷彿在他耳畔評說著天荒地老的虛詞。淚光瑩瑩處，輕捻記憶中的一片，朦朧中，又見她閒憑小樓，在舊時明月裡翻紅浪懶梳妝，把夜色抱成一懷琵琶，為遠方的他彈奏起一曲〈長相思〉。「何時最是思君處？月入斜窗曉寺鐘。」時光飛逝，念起相思的詩句，伴她彈落三朝音五代弦，美麗的蒲州不老，永恆的記憶不褪，縱使明知這是一場夢景，明知自己會在這縷哀怨的琴瑟中慢慢老去，他終是欣悅的嘆惋，要挽一朵花兒微笑相向。

鶯鶯。原諒我，不是我不愛，而是我無法去愛。老淚縱橫的他舉頭望月，深深淺淺地嘆：千年之前，我是妳彈斷的那根琴弦；千年之後，我帶

著妳手指的餘溫轉世與妳相遇,不求奢華片段,只求平凡溫暖。只是千年之外的妳,也許從來都不曾知曉,從弦上經過的人,才會明白琴弦終不過是一根會生繡的鐵絲繩索,卻依然甘願委身一生斜抱在懷,期待與妳在遊人如織馬蹄淺的青柳岸邊,再將那曾經的相思淺淺拾起。

他走了,走在洪水肆虐的季節裡,帶著她的微笑,帶著她的憂傷,帶著她的期盼,帶著她所有的疼與痛,走過了一世的輪迴。

他緊閉雙眼朝向遙遠的北方,那是她居住的方向。他讓自己在冥冥之中,猶如花開花落般自由自在,嘴角溢著淺淡微笑,不再讓相思的淚水為別離悲泣,不再讓失去的憂傷為不捨心痛,唯用花落之理領悟世界的空明。直到這時,他才明白,原來天涯並不遙遠,有著心的相連,有了情的牽絆,他和她縱使相隔天涯,也只在咫尺之間。於是,他便要去尋她,在另一個世界,等她在一湖煙雨裡,再將她深深地眷戀深深地愛。

第十本　落輝暮色：晚年元稹

尾聲

第一折　竇鞏

　　西元 831 年，唐文宗大和五年七月二十三日晨。鄂州武昌軍節度副使大院內。

　　一個白髮蒼蒼、面容憔悴的男人，在荷塘邊流連徘徊，臉上寫滿無盡的憂傷與悲痛。風乍起，流年遠逝，一滴清露在陽光下刺傷他的靈魂，驚起晒痛的思緒，無處躲藏，只好在惆悵裡仰天嘆問，那滴清露，到底是在留戀最後的光陰，還是在嚮往變成藍天之上的流雲，抑或是共他悲悼那個在昨夜去向另一個世界的摯友元微之？

　　微之，他沉痛地唸著他的名字。他才五十三歲，怎麼卻走在了六十三歲的他之前？他深深地嘆，昨夜一枕幽夢，都和著他渾濁的淚水，在歲月的河床裡迷茫，再拾起，卻又刺痛了眼眸。

　　憶往昔，簾捲西風，燭淚點點似飛紅；離愁共觴，雲暮四垂夜偏長。一縷琴音在蒼煙裡裊裊升起，他卻看到當年那個面如冠玉、俊美如花的微之，在洛陽府邸談笑風生的一幕一幕。那時的微之初為韋府快婿，常攜嬌妻出沒於韋夏卿位於洛陽履信坊的豪華大宅內，正是春風得意之際；那時的他，因為兄長竇群被韋夏卿賞識，也得以時常出入於韋府大院，二人氣味相投，一見如故，從此結下一段長達三十年的深厚友誼。可如今，尊前別淚憶前歡，當年那個意氣風發、才情縱橫的元微之，卻再也不能共他月下把盞盡歡、花下吟詩作對，再回首，只是徒然添了離恨悠悠。

尾聲

　　遠處的琴聲在荷塘邊緩緩流過，如水般輕輕柔柔地漫過他的心田，而他的清夢，亦在幽幽的淺愁裡緩緩甦醒。以後的以後，沒了微之的留連駐足，他只能孤孤單單地靜守在自己的清湖裡細數花期，無語淚潸然。他蹲下日漸佝僂的身軀，摘下一朵行將枯萎的荷花，一瓣一瓣地撕扯著，任內心滿積的傷痛在每一片凋零的花上盡情宣洩。一瓣，兩瓣，三瓣，四瓣……每一朵花瓣都是一個故事，一朵花便是一生，究竟，他指間的哪一瓣花上會有微之的故事，哪一瓣花上才會寫盡微之和他共同的記憶？

　　他不知道。在這悲痛欲絕的日子裡，他甚至忘記了自己是誰，卻想起了元和六年初春時節，微之在漢江之畔送他西行之際，為他寫下的三首充斥著離情別緒的詩歌：

輕風略略柳欣欣，晴色空濛遠似塵。
斗柄未回猶帶閏，江痕潛上已生春。
蘭成宅裡尋枯樹，宋玉亭前別故人。
心斷洛陽三兩處，窈娘堤抱古天津。

　　　　　　　　　　　　　　　——〈送友封〉

桃葉成陰燕引雛，南風吹浪颭檣烏。
瘴雲拂地黃梅雨，明月滿帆青草湖。
迢遞旅魂歸去遠，顛狂酒興病來孤。
知君兄弟憐詩句，遍為姑將惱大巫。
惠和坊裡當時別，豈料江陵送上船？
鵬翼張風期萬里，馬頭無角已三年。
甘將泥尾隨龜後，尚有雲心在鶴前。
若見中丞忽相問，為言腰折氣沖天。

　　　　　　　　　　　　　　——〈送友封二首〉

第一折　寶鞏

友封？他想起來了。那是他的字，微之和白居易、劉禹錫他們，都是這麼親切地稱呼自己的。他低低地抽泣著，微之這樣叫他，一叫便是三十個年頭，可自此後，他卻再也聽不到微之的聲音，看不到微之的容貌，要讓他到哪裡，才能將微之的音容笑貌輕輕拾起？

太多太多的往事，他不願想起。可他還是想起了自己是誰。他是寶鞏，是元稹和白居易生平最要好的朋友，也是中唐時期最為出色的詩人之一。他少時博覽古今，無所不通；性宏放雅裕，好談古今，名重一時。於元和二年登進士科，多次被出鎮的朝廷大員徵召為幕府從事，後又入朝官拜侍御史，歷司勳員外、刑部郎中等職。元稹出鎮浙東之際，特地奏其為副使，檢校祕書少監，兼御史中丞，後又隨元稹移鎮武昌，辟為副使。平時與人交談，口訥不善言，白居易等友人都戲稱其為「囁嚅翁」。

「惠和坊裡當時別，豈料江陵送上船？」悵望一塘秋水，他輕輕念起元稹當年，在江陵送他西行投奔在黔州任黔中觀察使的兄長寶群時，寫下的送別詩句，不禁淚眼朦朧，心痛莫名。為什麼死的會是微之，而不是他這個行將朽木的糟老頭子？他還年輕，正是大展宏圖的好年華，為什麼就偏偏死在了武昌軍節度使任上？夢得和樂天他們還盼著他重返朝廷，再登相位，實現他們年少時的政治理想，可他卻死在了巡視水災的途中，為國捐軀，這無情的事實又怎能不讓人扼腕嘆息，不讓人悲慟欲絕？

「心斷洛陽三兩處，窈娘堤抱古天津。」或許微之的心早就死了，死在了韋叢去世那年的洛陽，可這二十年來，他又是怎麼熬過來的？冉冉飄來的荷香直撲口鼻，此時，微之的心事他卻了然。宣紙上塗鴉的是他那會心的一笑，如含苞待放，照著如他初見的菱花，走筆至此，卻已擱淺了一半的春光。

花謝花開，流連著隔絕的世界，搖曳起深深淺淺的迷幻往事，風與風更起伏渲染著殘斷的告白，似夢中囈語，卻伴著轟轟烈烈的追憶。小橋

尾聲

邊,流水畔,隔江千萬里的炊煙,裊裊升起,微之便隨著落紅去到他去不了的地方。人群紛亂,劃破時空的大門,過往煙雲,瞬間潑墨了記憶的牆角,讓殘缺染出一個無言的領域,偌大的世界,現如今,只留下寂寞與孤獨的他。

曾幾何時,他曾共他走在洛陽惠和坊旁、窈娘堤畔,看天青色的夜幕等待著煙雨一簾,如一瀉千里的追隨,行雲流水般的風弛電掣;曾幾何時,他曾共他走在江陵城外漢江之畔,挽袖打撈起一輪淺淡的月色,在花箋上輕輕書寫漢隸仿下前朝的飄逸;曾幾何時,他曾共他醉臥越州城外蘭亭畔,筆下唱合的文字之美猶如一縷飄散的氤氳,只為等待荷下錦鯉躍然於水上的歡娛⋯⋯

而今,一朝一夕的溫柔,早已氾濫了老去的記憶,幾縷思緒的飛流,卻激起流年裡隱藏的斷章碎片,邀來明月惹心痛。煙雨中夢鎖重樓,枉自寫黑了宣紙,深巷裡,屋簷底,卻再也等不到當年風華正茂的他,所以,只能用釉色,渲染筆下的殘荷落日圖,私藏起他那份熟知的韻味,默默咀嚼。

想當初,在越州,他們唱合的詩篇冠絕一時、名動朝野,時人號為「蘭亭絕唱」,如傳世的青花瓷自顧自美麗。而今,孤寂的世界,卻只剩他一人,孤守在寂寂的荷塘畔,將悲傷在沉默中緩緩釋放,卻等不到草書落款臨摹時常常惦記著的他。潑墨的山水畫裡,芭蕉在簾外惹怒驟雨,灑於門環之上,空惹下一世的銅綠,月色化了三分,一分暈了結局,二分為他的來生伏筆,到底,要怎樣,他的心才能修成一朵盛開的白蓮,再與來世的微之謀上一面之緣?

他深深淺淺地嘆,耳畔忽地傳來一陣哀婉沉痛的歌聲。那是他初鎮武昌之際,和微之、樂天相互唱合的詩句,字字句句,都糾結著他們鬱鬱不得志的心聲,隱藏著他們深深的痛苦,卻又細膩如繡花針落地般,於瞬間刺痛了他的心扉:

第一折 竇鞏

白髮放櫜鞬，梁王愛舊全。

竹籬江畔宅，梅雨病中天。

時奉登樓宴，閒修上水船。

邑人興謗易，莫遣鶴支錢。

——竇鞏〈悉職武昌初至夏口書事獻府主相公〉

莫恨暫櫜鞬，交遊幾個全。

眼明相見日，肺病欲秋天。

五馬虛盈櫪，雙蛾浪滿船。

可憐俱老大，無處用閒錢。

——元稹〈戲酬副使中丞見示四韻〉

旌鉞從櫜鞬，賓僚情禮全。

夔龍來要地，鴛鷺下寥天。

楮汗騎驕馬，青蛾舞醉仙。

合成江上作，散到洛中傳。

窮巷能無酒，貧池亦有船。

春裝秋未寄，漫道足閒錢。

——白居易〈微之見寄與竇七酬唱之什本韻外勇加二韻〉

詩依舊，歌依舊；風依舊，江依舊；花依舊，香依舊。而遠去了微之的世界，在他心裡，卻不再依舊。它抽空了陽光的熱度，顛倒黑白，任所有依戀，都在他眼底成了一個模糊的倒影，縱是心事如蓮，繁華萬千，也圓不了往日夢中光亮的幸福。或許，唯有埋了黃昏，葬了絢麗，才能在相思的時光裡，剪裁下一輪明月，醉舞紅塵，望他在秋水裡搖曳生姿，共他細數起一段段前塵後事裡的滄桑，然，此後的月夜下，風荷吹晚，恐怕只

尾聲

留得長醉的他無語話淒涼，一次又一次，溼了眼眸。

微之本可以再次回到朝廷，完成恩相裴洎和摯友柳宗元、李景儉他們未竭的事業的，因為高居朝堂之上的裴度和令狐楚，在收到他寄往長安的詩賦後，紛紛唱合，字裡行間，句句都顯現了他們對微之態度的變化。裴度甚至在酬唱的詩中表示希望他與微之都能很快重回京城任職。李逢吉這些年的所作所為，已讓裴度清楚地意識到，自己真正的政敵不是元稹，而是李逢吉、李宗閔、牛僧孺等人，因而才能在酬唱的詩中寫下「元侯看再入」的期盼話語：

出佐青油幕，來吟白雪篇。

須為九皋鶴，莫上五湖船。

故態君應在，新聲我亦便。

元侯看再入，好被暫留連。

—— 裴度〈竇七中丞見示初至夏口獻元戎詩輒戲和之〉

而令狐楚的酬詩，則特地回顧了自己與竇鞏過去的一段友情，讚許他「才高八斗」，同時對他回京任職寄予了殷切期待：「何年相贈答，卻得在中臺？」由於早年間元稹所撰〈貶令狐楚衡州制〉的風波，曾經深羨其才的令狐楚與元稹交惡，但事過多年，令狐楚也逐漸明白了元稹當初的無奈，雖然沒有直接回酬他的詩篇，但卻在給竇鞏的酬和篇詩序中稱其為「元相公」，詩中也稱其為「舊三臺」，對元稹的態度已有了一定的轉變：

仙吏秦城別，新詩鄂渚來。

才推今八斗，職副舊三臺。

雕鏤心偏許，緘封手自開。

何年相贈答，卻得在中臺？

—— 令狐楚〈和寄竇七中丞〉

第一折　竇鞏

微之啊微之，你就這樣走了嗎？你可知道，裴相公和令狐相公對你的態度早就有了改觀？他們都在長安翹首以待，就盼著你早日重回京師，可你怎麼能就這樣，連一句話都沒有留下便走了？老淚縱橫的他悵望一池秋荷，任流逝的歲月在眼前緩緩流過，只是盈盈一水間，他與他，早已隔了天涯，隔了海角，脈脈不得語。

七月心事，被花開點過浮雲的清風輕輕摺疊，憑塘望殘荷，一身閒愁無託處，回首間，飄飛的衣袂，在曾經相遇的美麗裡，盪開一縷未央的思緒，於寂寞中剪下一縷清輝，卻是惆悵拂霜絲，灑落一地憂傷，無法入筆，只能由著滿腹殘句凌亂飛舞。

你走了，我又何能獨存於世？曾經的蘭亭絕唱，便這樣休矣？他不甘心。是的，他不甘心。他新寫的〈老將行〉和〈放魚〉詩，微之都沒來得及看上一眼，便撒手人寰，這大千世界還讓他去哪裡尋得微之那樣的酬詩高手？

烽煙猶未盡，年鬢暗相催。
輕敵心空在，彎弓手不開。
馬依秋草病，柳傍故營摧。
唯有酬恩客，時聽說劍來。

　　　　　　　　　　　　—— 竇鞏〈老將行〉

金錢贖得免刀痕，
聞道禽魚亦感恩。
好去長江千萬里，
不須辛苦上龍門。

　　　　　　　　　　　　—— 竇鞏〈放魚〉

微之。他拾起寂寞，輕輕念著微之尚未酬和的新詩，騎著高頭大馬，一路追隨著他的靈柩趕赴長安，卻踩痛了腳下揚塵的時光，凝結了一生的

尾聲

哀愁。亂草叢生的古道邊，孤單寂寞的驛站裡，花飛煙冷處，他目光迷離，孱弱的身影從墨色深處被緩緩隱去，忘了這世上所有的承諾，卻還記得要與他再於花下吟風悲月，共數風流。

等等我，微之。長安的風，擷起一縷九月的暗香，輕輕吹拂起他心間幽夢一簾，卻未曾封存他潸然的記憶。月光盈盈，菊香縷縷，有酒盈樽，落寞滿懷，願只願，剪一段彩虹作他絢麗的舞臺，裁一片雲朵作他潔白的衣裳，拾一朵花瓣作他憂傷的詩箋，邀一抹月光作他溫柔的剪影，與他一夢千年，天涯相望，縱是點點清愁，眉間心上，一曲醉了琵琶，也能與他在文字裡相依，溫暖起那顆支離破碎的心。

他病了，卻仍不遺餘力地，回憶著和微之共同擁有的喜怒哀樂，默默思念，如煙如夢，如泣如訴，一襲青衫盈滿淚痕。今生緣分，前世注定；沒有永遠，只有真心。是的，他對微之這份深摯的友情是真而又真，所以在這日暮途窮的季節裡，他心甘情願地丟棄了世間所有的榮華與富貴，只任那一縷飄緲英魂，和著指間的翰墨清風，朝著站在雲端的微之冉冉飛去……

微之，我來了。他輕輕地念，雙目微閉，靜聽一曲來自天堂的音籟。

是的，他走了，他飄向另一個世界，任憔悴凋落在孤寂浮華的世界裡，又共微之在夢若清風裡，吟唱起那首首口舌生香的「蘭亭絕唱」。歌聲絕倫，詩意纏綿，飄過天際，掠過曲江，吹向遠方的遠方，一直滑向千里之外的成都城內，溫馨起潤雨藏雲後的片片清涼……

第二折　李德裕

西元 831 年秋。成都西川節度使府衙內，一個氣宇軒昂、體態風流的中年男子，站在一泓秋水之畔，呆呆地望向滿塘枯荷，任一腔愁緒撒滿紅

塵，心，莫名地疼了起來。

青春如夢，易逝。不知不覺，已在歲月中慢慢老去。昔日的歡歌笑語、鳥語花香，早已隨著微之的離去，輾轉成一場場沒了顏色的回憶，而今，他只能依然如約，在煙雨朦朧之際，撐起一柄油紙傘，坐候小橋畔，空守故人的歸來，再與他把盞吟歡，將那動情的詩韻，在修竹畔、疏簾裡，高高低低地唱起。

滿裹著一身惆悵，他深深淺淺地嘆。夢得兄剛剛寄來的悲悼詩猶在耳畔響徹，字字句句，都撕扯撞擊著他血跡斑斑的心，痛不可擋。八月，未央，依依情愫無語化淚湧，所有的想念，都在月光之南，被披掛在夜開的桂樹上，然而，寂寞中盛開的芬芳，卻在他悲痛欲絕的心底默默綻放起一組沿途無從問津的遙望：

如何贈琴日，已是絕弦時！
無復雙金報，空餘掛劍悲。
寶匣從此閒，朱弦誰復調？
只應隨玉樹，同向土中銷。

——劉禹錫
〈西州李尚書知愚與元武昌有舊遠示二篇吟之泫然因以繼和二首〉

相別遠恨幾時窮，滿袂離愁醉眼中。去路雲霄見無從，情託雙雁作信鴻。念著夢得兄對微之深重的思念，他只能舉起一個「情」字，在徬徨無奈中，追逐，遙望，再把他深深淺淺地想起。微之毫無徵兆地走了，從此與他天人永隔，甚至都沒來得及親手撫一把，他託陳從事捎回鄂州相贈的蜀琴，徒留終身遺憾。微之雖比自己痴長八歲，但心智卻還是小孩子一樣，喜歡風花雪月，所以特地派來蜀公幹的陳從事向其索求蜀琴，沒想到贈琴之日，求琴之人卻已逝去，他又怎能不心痛欲裂？

尾聲

憶往昔，在長安翰林學士任上，他和微之、公垂並稱「三俊」，情同手足，時人多欽羨。也正緣於此，他們很快便遭到李逢吉及其黨徒的竭力排斥，三人先後被貶出朝堂，流落江湖之間，而第一個遭貶的便是他李德裕，前朝宰相李吉甫之子。他被貶到了潤州，任潤州刺史兼浙西觀察使，沒想到一年之後，微之也被遠貶浙東，和他同為浙江道觀察使，雖然不能長相依伴，但畢竟是比鄰而郡，愉悅的心情自然非比一般。在浙江道任職期間，微之與他多有詩歌酬合，其〈酬李浙西先因從事見寄之作〉、〈寄浙西李大夫四首〉，均用深情的筆調，回憶了他們往日共同供職朝廷、身在皇宮的無限歡暢，但也抒發了遭奸相李逢吉排擠，一起出貶外郡，久久不得回京復職的不平感受，以及盼望歸闕的心情：

近日金鑾直，親於漢珥貂。

內人傳帝命，丞相讓吾僚。

浙郡懸旌遠，長安諭日遙。

因君蕊珠贈，還一夢煙霄。

——〈酬李浙西先因從事見寄之作〉

柳眼梅心漸欲春，白頭西望憶何人。

金陵太守曾相伴，共蹋銀臺一路塵。

蕊珠深處少人知，網索西臨太液池。

浴殿曉聞天語後，步廊騎馬笑相隨。

禁林同直話交情，無夜無曾不到明。

最憶西樓人靜夜，玉晨鐘磬兩三聲。

由來鵬化便圖南，浙右雖雄我未甘。

早渡西江好歸去，莫拋舟楫滯春潭。

——〈寄浙西李大夫四首〉

第二折　李德裕

　　閒望池前亂紅飛過，孤獨的身影，不經意間踩痛了破碎的心事。那年，他們一個獨步金山，一個醉臥蘭亭，惆悵在心間斷斷續續，前路茫茫，終是看不到任何方向。直到大和三年，勵精圖治的唐文宗著力改革父兄兩朝留下的弊政，相繼貶斥李逢吉及其黨徒李續、張又新後，才分別於當年七月、九月，將他和微之重新召回朝廷任職，但令他們沒想到的是，不逾月，他和微之又因為黨派之爭先後被貶出朝，一個出鎮滑州，一個出鎮武昌。一年後，他又由滑州轉任劍南西川節度使，出鎮成都，原以為有生之年終有與微之在長安重新聚首的希望，沒想到那年微之由長安遠赴越州途經潤州之際的相逢，竟成他們最後的訣別！

　　他從懷中掏出一張泛黃的詩箋，那是薛濤託人轉交給他的，更是微之留在人間最後的墨跡。「鳳有高梧鶴有松，偶來江外寄行蹤。花枝滿院空啼鳥，塵榻無人憶臥龍。心想夜閒唯足夢，眼看春盡不相逢。何時最是思君處？月入斜窗曉寺鐘。」他輕輕地唸，詩題雖是寫給嚴潤，但他明白，微之心中繫繫念念，永遠無法忘懷的，卻是那個因《鶯鶯傳》而名聞天下的奇女子鶯鶯。微之在最後的日子裡，還在懷想三十年前的那段豔遇，深深思念著那個共他於普救寺花前月下纏綿嬉戲的女子，這和他對侍妾謝秋娘長長久久的懷念又有什麼分別？

　　是的，他也曾像微之一樣深深愛過一個女子。那是他生平最寵愛的女人，她的名字叫謝秋娘，可惜她青春早逝，死在了他浙西觀察使任上，為此，他還特地為她創制了詞牌〈謝秋娘〉，譜出新聲，讓樂伎們沒日沒夜地歌唱，以寄對她的不盡思念。後來白居易有感他對謝秋娘的情深意重，據此調將詞牌更名為〈憶江南〉，寫下了三首千古傳誦的絕妙好詞：

江南好，

風景舊曾諳。

日出江花紅勝火，

尾聲

春來江水綠如藍。

能不憶江南?

江南憶,

最憶是杭州。

山寺月中尋桂子,

郡亭枕上看潮頭。

何日更重遊?

江南憶,

其次憶吳宮。

吳酒一杯春竹葉,

吳娃雙舞醉芙蓉。

早晚復相逢。

——白居易〈憶江南〉

是啊,人生還是江南好!儘管身居謫地,但有佳人相伴的日子對他來說,還是快活似神仙的。他輕輕地嘆,謝秋娘溫婉的面容,又在他眼前悄然浮起。微之與他都是性情中人,可惜他們一生深深眷戀的女子,卻都無法與之共白頭,這難道不是人生中最大的遺憾?不過他們都不曾因為這段不能永年的感情而後悔過,如果此生不曾相遇過,人生又何來美麗?如果相遇只是一種錯誤,那麼短暫的溫馨也已令他心滿意足,只是秋娘已逝,鶯鶯不在,終是流水落花春去也,凝眸處,從此又添一段新愁。是啊,春去也!如果要用一首詩詞來表達他現在的心境,那麼最好不過的便是劉禹錫寫給樂天兄的〈憶江南〉酬合詩了:

春去也,

多謝洛城人。

弱柳從風凝舉袂，

叢蘭裛露似沾巾。

獨坐亦含嚬。

——劉禹錫〈憶江南〉

春光已逝，人遺恨。煙鎖重樓，唯有樓前流水念起他終日凝眸，卻又將微之和鶯鶯的故事鎖入他的心扉。微之和鶯鶯，終是一個人的月亮，一個人的舞蹈，空餘幾千年的遺恨，幾千年的等待。微之為了愛而糾結，鶯鶯為了愛而悲慟，當那一次毅然的訣別，蹙了鶯鶯凌亂的眉頭之際，所有的情和愛，便都在微之的心間化作了刻骨銘心的傷痛。只是，在這一池秋水之畔，他卻看到從浣花溪口漂來的紅色詩箋和塗抹著秋霜的楓葉，水色清澈，映著天空，浮著雲彩，漫過枯草，一切都像是洗盡了凡塵。他終於按捺不住地揀起了那片片紅色詩箋，看到了那個叫做薛濤的女人為微之寫下的無限相思之句：

詩篇調態人皆有，細膩風光我自知。

月夜詠花憐黯淡，雨期題柳為歌欹。

長教碧玉藏深處，總向紅箋寫自隨。

老大不能收拾得，與君開似好男兒。

——薛濤〈寄舊詩與元微之〉

他繼續打撈著那寄託著薛濤無限哀傷的字句，悲痛之下，卻分不清水中的那抹紅色，究竟哪一張是楓葉，哪一張是薛濤箋，只聽到她纏綿的哀怨，在風中一再響起，令人心驚：

二月楊花輕復微，

春風搖盪惹人衣。

尾聲

他家本是無情物,
一任南飛又北飛。

——薛濤〈柳絮〉

南天春雨時,那堪霜雪枝。
眾類亦雲茂,虛心能自持。
夕留晉賢醉,早伴舜妃悲。
晚歲君能賞,蒼蒼勁節奇。

——薛濤〈雨後玩竹〉

　　他順著紅箋漂來的方嚮往去,荷塘兩岸的樹木落葉紛紛,才明白,那個一直在浣花溪畔固守心中一片痴情的女子,在那叫做「薛濤箋」的花箋裡,凝結了多少痴情的淚水。每當春天來臨,浣花溪兩旁綠樹蔽日、群芳竟豔,她便會氣定神閒地行走在胭脂木下,臨風倚欄,明豔照人的風采,彷彿是落入凡間的仙子。可微之的心終歸不在她這裡,她也唯有在清風明月之際,於花下吟詩詠懷,將他深深淺淺地想起。而今,秋風乍起,她卻又掬水葬花,任心中執迷不悔的痴情繼續凝結,終是無怨無悔、無欲無求。

　　「何時最是思君處?月入斜窗曉寺鐘。」放下薛濤箋,他又念起微之思念鶯鶯的詩句,任痛與惆悵在心裡泛起陣陣漣漪。人生無奈,終是她愛你,你卻愛著另一個她,青石城外,一次次留白的離別,一筆筆凌空揮毫的淚,終不知哪一個才是卷軸上始終畫不出的那個誰。只是,這世間,還有他李文饒知道他那份痛,明白他那份傷,縱使與鶯鶯天人永隔,倘若心相近,千里咫尺,倘若愛意濃,千年又何妨?

第三折　楊巨源

　　微之沒有出現在他夢裡之前，他一直守在這裡，在河中府，在蒲州，在微之和鶯鶯相愛的地方，安靜地棲身於荒野，穿著少尹的外衣，以一份纖細的心境，細數著普救寺外的光陰流年。周遭是蒼涼的風聲，呼嘯著掠過，原野披一身塵埃，滄桑著容顏，溫柔地容納著那些散碎的零落。歲月的光影在晦暗的樹叢裡，穿梭、交疊，一些樹的影子顫慄著，在荒原的風中靜靜遺落，於枝葉婆娑間，灑下一地的繽紛落寞。

　　遙遠處，山峰偉岸，雲水婀娜，歲月依舊靜好，世界，依舊是一片清明澄澈。經年的沉寂，容顏被風霜一點點侵蝕，思索；青蔥的風貌，隨風逝去，柔軟的心事遂變得沉默、冷硬，堅如石刻。數晨曦，復日落，光陰蹉跎，記憶中所有的影子，都在黑暗中盡皆埋沒。靜靜地藏起歲月曾經細緻的紋理，再把它們一一地鑲嵌進厚重的泥石，他微笑著墜落，墜落於那些理也理不清晰的阡陌縱橫，無語，潸然。淪陷，淹沒，糾結，契合，數十年的時光，就這樣，一蹴而過，卻是無怨也無悔。

　　微之來了，他的等待便不會寂寞。他想，在這世上，至少可以有一個安靜的角落，那便是微之和鶯鶯曾經花前月下的西廂。那裡，可以有薰香的風和彩色的雲朵，山巒蔥蘢，水聲吟哦。而他，來這裡，只為了續那一份前世的約。若奈何橋頭的孟婆湯都不能抹去彼此記憶的深刻，那麼，縱使等待漫長得沒有盡頭，縱使經年的風霜將他的顏色濯洗得潔白勝雪，他依然可以佇立著，以最初的姿勢，延續，直到天長地久，滄海漸變成無邊的荒漠。

　　一年又一年，一季又一季。輪迴復輪迴，錯過再錯過。他自心如止水，笑顏淺綻，靜默於千萬人之中，無語等待。他知道，微之必定會來。或許微之來的時候，他已化成一朵懸崖絕壁之上的花，盛開著，開成淡極的絕

尾聲

色，就像是天際的那抹煙雨，必定會降落，在瞬間便成就了青花瓷夢幻般的天青色。於是，他從容地等待。時間老去，了無痕跡，悄然中紅了櫻桃，綠了芭蕉，滿園的風光，蝶舞鶯啼，盛開著千百種顏色，而他，獨獨願意占據著西廂那一方寂靜的角落，在惆悵中暗自徬徨。

可是，微之從遙遠的越州去向遙遠的長安，又從遙遠的長安去向遙遠的鄂州，卻始終沒有回到蒲州，回到令他魂牽夢繞的普救寺。還沒有遇見微之，他又怎麼捨得不繼續留在河中府，堅守著那一份堅韌和執著？憶往昔，初識的年歲，微之剛剛十六七歲，而他已是四十有餘的壯年之人，按年紀算，微之都可以做他的兒子，可微之打見他的第一天起就親暱地喊他景山兄，這一喊便是三十六七個年頭。他認識微之都有這麼久這麼長了嗎？三十七年了，他望著西廂外老去的梨花深院，卻想像不起那年青春正好的鶯鶯現在又會變成何種模樣，淺淺淡淡處，只是憶起了當年自己有感於微之與鶯鶯的真摯感情，而作的那首膾炙人口的〈崔娘詩〉：

清潤潘郎玉不如，

中庭蕙草雪消初。

風流才子多春思，

腸斷蕭娘一紙書。

──楊巨源〈崔娘詩〉

微之終是拋棄了鶯鶯，並把他寫下的〈崔娘詩〉收入《鶯鶯傳》中，成為千古名篇。他明白微之離絕鶯鶯的不得已，更明白微之糾結於五臟六腑的深痛。微之只是不願意把那份深愛說出來，卻又於字裡行間，明白無誤地表述了他痴愛不能的悲愴。時間的腳步匆匆而過，不曾停歇，許多個面孔，來來去去，在歲月的流轉裡，精心演繹著各自的傳說，飄緲如鏡花水月，唯有遠方的微之在他眼前才是一個真實的存在，儘管隔著天涯，阻著

海角，他也能在高山流水之外，共他譜起一闋繁華過後的安然淡泊。

　　是的，雖然年紀懸殊，但他們卻是不折不扣的忘年之交。他的心，微之懂得；微之的心，他也懂得，這在他們相互酬唱的詩作中便可一窺端倪。貞元十二年，他們一起在長安遊山玩水、吟詩作賦，少年微之曾寫有多首詩作相贈，表述了他們在一起玩樂時的愉悅心情：

濛濛竹樹深，簾牖多清陰。
避日坐林影，餘花委芳襟。
傾尊就殘酌，舒捲續微吟。
空際颺高蝶，風中聆素琴。
廣庭備幽趣，復對商山岑。
獨此愛時景，曠懷雲外心。
遷鶯戀嘉木，求友多好音。
自無琅玕實，安得蓮花簪。
寄之二君子，希見雙南金。

　　　　　　　　　　——〈春晚寄楊十二兼呈趙八〉

片石與孤松，曾經物外逢。
月臨棲鶴影，雲抱老人峰。
蜀客君當問，秦官我舊封。
積膏當琥珀，新劫長芙蓉。
待補蒼蒼去，樛柯早變龍。

　　　　　　——〈與楊十二巨源盧十九經濟同遊大安亭各賦〉

　　貞元十八年春天，他再一次來到長安與微之歡聚。離開長安之後，微之還寫有〈憶楊十二巨源〉詩千里相贈：

尾聲

去時芍藥才堪贈,

看卻殘花已度春。

只為情深偏愴別,

等閒相見莫相親。

——〈憶楊十二巨源〉

元和五年春,身為監察御史分司東臺的微之,又有詩作〈憶楊十二〉寄到他的寓所:

楊子愛言詩,春天好詠時。

戀花從馬滯,聯句放杯遲。

日映含煙竹,風牽臥柳絲。

南山更多興,須作白雲期。

——〈憶楊十二〉

長慶三年春,他去同州看望被貶為同州刺史的微之,微之又有詩作見贈,憶起他們當年在西河縣和長安城的許多浮華往事:

三日春風已有情,

拂人頭面稍憐輕。

殷勤為報長安柳,

莫惜枝條動軟聲。

——〈第三歲日詠春風憑楊員外寄長安柳〉

但與老朋友相見的歡恰,畢竟只是短暫的。想起自己當時的處境,微之便無法排遣心中糾結的傷感,在送他離去之際,不僅回憶了當年「揄揚陶令緣求酒,結託蕭娘只在詩」的歡快,同時抒發了眼前的落寞:

憶昔西河縣下時，青山憔悴宦名卑。

揄揚陶令緣求酒，結托蕭娘只在詩。

朱紫衣裳浮世重，蒼黃歲序長年悲。

白頭後會知何日，一盞煩君不用辭。

——〈贈別楊員外巨源〉

同年秋天，他回到長安後，又給遠方的微之寄去了自己的詩篇，微之也有詩作酬唱回贈，字字句句，都流露了其不能回京復職的哀愁，和無法與政敵競爭的無奈惆悵：

白髮故人少，相逢意彌遠。

往事共銷沉，前期各衰晚。

昨來遇彌苦，已復雲離巘。

秋草古膠庠，寒沙廢宮苑。

知心豈忘鮑，詠懷難和阮。

壯志日蕭條，那能競朝懾。

——〈酬楊司業十二兄早秋述情見寄〉

而他自己也於元和十二年左右賦詩〈奉寄通州元九侍御〉贈於遠謫通州的微之：

大明宮殿鬱蒼蒼，紫禁龍樓直署香。

九陌華軒爭道路，一枝寒玉任煙霜。

須聽瑞雪傳心語，莫被啼猿續淚行。

共說聖朝容直氣，期君新歲奉恩光。

—— 楊巨源〈奉寄通州元九侍御〉

尾聲

　　每一首如流水般飛逝的舊詩，每一篇深情的酬合，都在他眼底連綿成了永久的絕唱，那些曾經的渴望，都在晨曦初起時，被輕輕淺淺地捎向了遙遠的遙遠。微之不在了，以後的以後，他只能在夜空下守望，於文字裡依戀，讓所有的過往，都在心尖上珍藏，而那份刻骨的不捨，卻在瞬間疼痛了心扉。

　　微之。他輕輕地嘆，搖首無語。微之正當盛年，而他已是七十七歲的耄耋之年，為什麼老天爺帶走的人偏偏是風流倜儻、文采卓然的微之？紫色的霞光在雲海中昭然噴薄，他掏出李德裕從成都寄來的那張泛黃的詩箋，凝眸深望，低低地泣，低低地唸：「心想夜閒唯足夢，眼看春盡不相逢。何時最是思君處？月落斜窗曉寺鐘。」唸著唸著，微之的身影便自遙遠處，悄然掠過他蹙起的眉頭，隔了千山萬水，落進他躑躅的夢裡，瞬間便絢爛了蒲州城雪季裡蒼白的顏色。

　　天青色等煙雨，而他卻在普救寺內，固執地等著微之的歸來，替那個斷腸蕭娘默默地等，痴痴地等。等待是寂寞的花期，漫長而又短促，一絲絲，一縷縷，在他心間溫柔地延續著一個久遠的故事。他把疼痛和喜悅都埋藏在心底，那一個綿延不絕的雪季，就那樣在他眼底，安靜地濡溼了所有關於微之和鶯鶯的記憶。梅花嬌嫩地開，桐葉依舊循序地墜落，久違的陽光終在微之憂傷的眉際璀璨地盛開，天地萬物迅即退卻在冰天雪地裡，而他，也終於真實地握住了那些遙遠遙遠的承諾。那是微之給鶯鶯的承諾，有點浪漫，有點感傷，但也總好過沒有。

　　近了，近了。微之模糊的輪廓，終於在他屏息的靜待中，一點點清晰起來，於雲水間閃爍，深深鐫刻進他滄桑的心裡。微之環繞在十七歲的鶯鶯身邊，用那支舊了的羊毫，一筆一筆，在她光潔剔透的梳妝檯上，細細描畫起數不盡愛的痕跡，溫柔的觸碰，頓時驅走她心底千年的寂寞；而她的青澀卻蟄伏於微之的掌心，旋轉，旋轉，任粗糲的枯萎都漸變成柔軟、溫順。

風拂過，淚紛飛，錯過的風景背影，亂成不可畫的詩情，冰雪中嫣然開出了繁花朵朵，溫婉，聖潔。她就那樣心甘情願地陷入微之溫柔的掌握，而他卻在微之淺淺淡淡的微笑中，為他們綻放出最後一刻的盛極。再回首，泛黃的詩箋被風捲入無邊的蒼穹，恍惚中，從遙遠的遙遠處傳來陣陣沁人心脾的歌聲：「何時最是思君處？月入斜窗曉寺鐘。」他輕輕地笑，天青色靜靜等待煙雨天，而她——鶯鶯，卻在長安城的春季裡等著歸鄉的微之，一如天青色等煙雨，玉臂生寒，霓裳縈露，珠淚成霜。

第四折　崔鶯鶯

　　西元 832 年春。長安。

　　春意漸濃，草長鶯飛；陌上花開，暗香浮動。每年的這個時候，她都喜歡一個人流連在陌上，看成千上萬的蝶兒張開薄薄的羽翼，在奼紫嫣紅的花叢中翩躚起舞。一簾花事，一場蝶戀，人間自有情痴者，然，這深深淺淺的芳菲裡，誰又會陪著她，牽著她的手，一起看花飛蝶舞、繁華似錦，一生一世，生生世世？

　　春日的風景總是熠熠生輝，遠處，煙波浩渺，薄霧裊裊，道不盡風情款款，卻是無人相伴同行。閒庭漫步，映入眼簾的，是那一樹樹，將天地氤氳成活色生香的旖旎桃紅，卻不知，這滿園關不住的春色，可是在為她，歡喜著敲開一場唯美的夢裡花開？若是，那個在夢中陪她賞遍春光的男子，會不會騎著駿馬，不期然地，闖入她目光所及的芳菲深處？

　　掬一縷清風，把對季節的痴迷，在面頰上凝成一朵淺淺的笑靨，她悠然走在芳草萋萋的陌上，然後，靜靜立在嫣然的桃花叢中，伸手拈一朵小花，輕輕簪在依然油光可鑑的髮梢上，滿心愉悅地，吟詠著那些流芳千古

尾聲

的詩句,只等待著他來,與她盈盈的眉目相對,陪她一起守候陌上花開,沉醉不知歸路。

晴空麗日下,她擷取一懷帶露春色,在陌上淺歌,用一支瘦筆,輕輕一撩,便把芳菲的時光烙進生命裡,為之舞字成行。特別喜歡走在春日的灞橋上,目之所及,滿眼的桃紅,一朵一朵地綻放,而她,儼然年華正好的伊人,正倚在青春的門楣,翹首等待著一場花開的幸福。於是,心中總是縈繞著這樣一幅淡彩水墨畫:河畔草青青,繁花盛開似錦,走在水湄的幽婉女子,悄然佇立在芳菲雅致的春光裡,迎面守候相約的男子從陌上歸來,只一個微笑,眼波流轉間,便任其輕攜了纖纖玉手,踩著夕陽的影子,一起走向梨花掩映的茅廬。

陌上花開,可緩緩歸矣。如果眼前這片開得如火如荼的花兒,能在山野間奏響世間最唯美動人的絃樂,任懷春的心思、癡情的篇章,在轉身的瞬間得到應和,那麼,這一懷婉約期待的心思,又會是怎樣的一種暗香盈動?

思緒不停飛揚,而此時的她,置身於風輕雲淡的春日,在嫣紅帶露的桃花叢中,宛若走進了一個煙霧繚繞、芳香盈然的仙境。那一片片如柳絮般漫舞的花瓣,引來無數的彩蝶翩飛,自是美不勝收,若此時有他結伴同行,又會是一份怎樣的驚喜?漫天飛舞的彩蝶,恰似花開時節,那位等待在水湄的女子的盈盈淺笑,淡淡一個回眸,便瞥見那個在夢裡千迴百轉的男子,正踏著微醺的春風,滿眼含情地朝她走來。如是,又該是怎樣的一份滿足?

陌上花開,牽引著她的遐想無限延伸,心底亦是充滿了溫婉纏綿的韻味。這一刻,她更願自己便是那位素雅恬淡的女子,從青青的陌上走來,於燈火闌珊中,拈一曲婉轉清幽的琴音,為夢中依依期待的男子翹首守候,輕歌一曲,相思萬里。她淺淺地笑,悠悠地嘆,若是轉身回眸的一瞬,看見心心繫念的一襲青衫佇立在她的身後,她必用一生的柔情,把他永恆地鐫刻在生命裡,再也不放他離去。

是啊，如果他回來，她說什麼也要把他留住。當這一抹春日幽思，從心底悠悠盪開之際，她便不可抑制地想起，那段別離後，只能與花低語、與月同眠的日子。那年，在普救寺裡，他不經意的出現，卻成全了她今生最詩意的邂逅，那些個相依相伴的日子裡，她和他，人在紅塵花在枝頭，與三月的春風同聲同調，琴瑟相諧也曾頌讚這一場盛大的遇見。叵耐世事無常，好夢不常在，當她滿心歡喜地，想要與他共守一生之際，未曾想，芳菲滿徑的桃花渡口，那一份深情，來不及停泊，便已遺漏成一則高樓望斷明月的舊事。如今，人走，茶亦涼，有明月，照見他的背影涉水而過，十丈紅塵飾他以錦繡，千朵芙蓉衣他以華裳，而他竟無半點回顧，就這樣，輕易便穿越了她一生的滄桑。

悠遠而綿長的往事，漲開一段刻骨銘心、遙遠而又悽婉的記憶。曾幾何時，他攜著春天的暖風，含笑而來，在西廂的窗下，望著她在梨花深院描眉梳妝，只是一場錦繡花事，便醉卻了她一生的想念；如今，隱在茂密的花叢中，望向風中滾落的片片落紅，竟分不清究竟哪是現實哪是夢裡，怎不惹人嗟嘆傷懷？還曾記得，他說陌上花開，她是最美的那一朵，奈何春紅總是匆匆，桃花早已謝幕在轉身後，現如今，分道揚鑣的他們早已成為最熟悉的陌路人，而她，即便望穿春山、望斷秋水，也無法在千山萬水間，再尋見他當年玉樹臨風的身影，於是，只能默默守在經年的孤寂和失落裡，無語叩問：某一年某一天，再與他相遇之際，驀然回首間，又會是誰溫美如花的笑靨會開在他依舊風雅的肩頭？

曾幾何時，他說執子之手、與子偕老，卻奈何，那一場卿卿我我、兩情依依，終成陳年舊悰；如今，所有的深愛都遺失在轉身之後的窺探外，所有的哀傷，也都被散落成一夜夜寂寞的詩情，驀然回首，終不知又瘦了誰的衣帶。還曾記得，他說今生只為她一人畫眉，怕只怕經不起春盡便倦怠了玉顏，現如今，人去樓空，古道西風和著一曲蒼弦，幽幽揚揚，依舊

尾聲

在來時去時的路上追溯花期，歌兮歌兮，卻未曾等來兩個人約定的歡喜。還曾記得，他說共她醉笑三千場不訴離殤，她擬將身嫁與一生休，縱被無情棄不能羞，而今，他人在幽途，杳如黃鶴，恰是一枕黃粱，勞燕分飛，她卻只能在最初相遇的眼神裡，將碎字離愁織成詩文彩箋，悲兮悲兮，再也無人聆聽她一曲相思幽遠。

此時此刻，一樣的花開枝頭，一樣的月上西樓，那麼，這樣疑幻似真的境界，是否只為了敲開她那一場夢裡花開的記憶？憶往昔，他和她，在最深的紅塵裡相遇，也曾一見如故、痴心暗許；也曾帶著甜蜜的笑靨，用一個懂得的眸光，在月下兩情相依；也曾數著月圓月缺，任相思成災，在一紙素箋上，寫下一往情深深幾許；也曾朝夕相處、柔情繾綣，只期待一個多情而清香的季節，一起牽手，陌上歡歌，唱一闋春日花開，地久天長。

俱往矣。她深深淺淺地嘆。眼前花開錦繡、蝶兒翩躚，而她卻在疑惑，是不是每一場華麗的相聚，總是預示了最後離別的結局？正如花無百日紅，眼前的絢麗斑斕，滿眼的嬌豔錦繡，亦終會面對凋零的結局。念至此，轉身回眸的瞬間，她彷彿看見他的身影再度踏夢而來，依舊是昔年的深情款款，依舊是滿面春風，依舊是溫柔的凝眸，在她額間印下深情的吻痕。然而，紅塵滾滾，花開花落，春天的路口，冥途的他是否還曾記得，有一場從沒說出口的陌上花開？

「心想夜閒唯足夢，眼看春盡不相逢。何時最是思君處？月入斜窗曉寺鐘。」捧著楊巨源從蒲州寄來的詩箋，念著微之在最後的日子裡為她寫下的傷情之句，已過不惑之年的她緊蹙起眉頭，順著盈盈春風，循著若有若無的暗香尋去，想要尋回他們曾經的纏綿繾綣，心底陡地湧起一股莫名的傷感。當時，一闋深情、唯美而又浪漫的「長相思」琴音，在普救寺的月下縈迴不絕，他們愛得刻骨銘心，執手芳華，聆聽花開，難捨難分。

然，不過數十載的光陰，終是渡不過山長水闊，心，亦是隔了遠山重洋。漸行漸遠漸無書，縱是春暖花開，月滿西樓，誰還會再將那份懵懂情事悄然憶起，誰還會自雲中寄了魚中素書來？

只記得，當年他從蒲州回長安參加吏部科試落第後，未能如約返回普救寺看她，便寫了一封長信給她。當時她也曾回信給他，字字句句，悲喜交集，寫滿了對他悠長的思念，卻不意，終究還是難逃被他拋棄的命運。

捧覽來問，撫愛過深，兒女之情，悲喜交集。兼惠花勝一合，口脂五寸，致耀首膏唇之飾。雖荷殊恩，誰復為容？睹物增懷，但積悲嘆耳。伏承使於京中就業，進修之道，固在便安。但恨僻陋之人，永以遐棄，命也如此，知復何言？自去秋已來，常忽忽如有所失，於喧譁之下，或勉為語笑，閒宵自處，無不淚零。乃至夢寐之間，亦多感咽。離憂之思，綢繆繾綣，暫若尋常；幽會未終，驚魂已斷。雖半衾如暖，而思之甚遙。一昨拜辭，倏逾舊歲。長安行樂之地，觸緒牽情，何幸不忘幽微，眷念無斁。鄙薄之志，無以奉酬。至於終始之盟，則固不忒。鄙昔中表相因，或同宴處，婢僕見誘，遂致私誠。兒女之心，不能自固。君子有援琴之挑，鄙人無投梭之拒。及薦寢席，義盛意深，愚陋之情，永謂終託。豈期既見君子，而不能定情，致有自獻之羞，不復明侍巾幘。沒身永恨，含嘆何言？倘仁人用心，俯遂幽眇；雖死之日，猶生之年。如或達士略情，舍小從大，以先配為醜行，以要盟為可欺。則當骨化形銷，丹誠不泯；因風委露，猶託清塵。存沒之誠，言盡於此；臨紙嗚咽，情不能申。千萬珍重！珍重千萬！玉環一枚，是兒嬰年所弄，寄充君子下體所佩。玉取其堅潤不渝，環取其終始不絕。兼亂絲一縷，文竹茶碾子一枚。此數物不足見珍，意者欲君子如玉之真，弊志如環不解，淚痕在竹，愁緒縈絲，因物達情，永以為好耳。心邇身遐，拜會無期，幽憤所鍾，千里神合。千萬珍重！春風多屬，強飯為嘉。慎言自保，無以鄙為深念。

—— 崔鶯鶯

尾聲

　　那些患得患失的愛情，都在他離去後碧落滄海，在紫陌黃泉裡被無邊的黑暗吞噬，只任她哀傷地沉浸在一片愛的迷夜裡。從此，對白餘澀，曲韻未諧，只要伸手拂拭紅塵，夜一下子便會變成手裡的濃墨，愛情也深陷在紅塵萬丈之處無人問津。

　　總以為點一盞燈籠，她就可以看見他佇立的地方，卻終是飛花似夢，水雲影空留。一徑心事，一簾幽夢，一蕞落寞，究竟是為了誰，才在心底留下這難以磨滅的痕跡？

　　曾經畫過一幅日暮斜陽的寂寞庭院，那一扇深掩的重門，恰似她今世塵封的門扉，不知他何時會來叩敲，也不知他會不會，滿含深情地探尋，院落深處究竟鎖住了多少關於她舊日的傷心，又塵封了多少關於她曾於月下痴等他的故事。今夕君何在？遙想昔日，她和他，攜手夕陽下，相依古寺旁，嬉戲水榭涼亭，流連青石小徑，那份自得與歡喜，到如今，均都已然醉倒在一壺櫛風沐雨的夢境中，既如此，又何必強求再相遇？看春花幾度，終不知，紛飛的桃紅，究竟嫣然了誰的容顏，又明媚了誰的心思！

曾經滄海難為水，
除卻巫山不是雲。
取次花叢懶回顧，
半緣修道半緣君。

──〈離思〉

　　遠處歌聲裊裊，長安月下，有伶女唱起他貶謫江陵時，為她寫下的千古絕唱〈離思〉詩。「曾經滄海難為水，除卻巫山不是雲。取次花叢懶回顧，半緣修道半緣君。」她輕輕附和著他深痛的相思，恍惚之間，一樹桃紅落滿了一身，回首間，便又看到他翩翩的身影，穿過層層花香，宛若聽見昔年的絮語呢喃，正和著深情的笙歌淺淺而落。

第四折　崔鶯鶯

　　微之，你怎忍心把我永遠丟在這裡？她滿含深情的淚水，望向那一樹春花，那曲清雅動情的〈長相思〉，便又在她心底徐徐響起，悄悄蔓延。緣起緣聚，滿園春色終是暈染了一個詩意的春天，亦為紅塵裡的思念繪成一幅悠遠的畫卷，可是微之走後，從此後，會有誰路過她的窗口，會有誰在燈火闌珊處為她驀然回首，又會有誰隔著紗窗與她凝眸，恰好在互相探視的目光中注入彼此的身影，雙雙偎著柔情無語歡笑？風吹落花輕，當記憶在輪迴的塵煙中飛散，似煙似霧，又會有誰在陌上青青處將誰憶起？

　　夜未央，暖花開，她衣袂飄飄，依然佇立在陌上，聆聽花開花落，看落紅斜斜飛過眉眼，落滿芳菲四月的阡陌，然後，微笑著，把脈脈心痕都擱淺在春天的記憶裡。一切的一切，只不過是流沙輕淺，淺淺的回眸裡，她終於明白，原來揮手別過，一切無可奈何的藉口，到最後相對無言的寂寞詩句，都終將輪迴在故事的尾部。儘管他已離去，但紅塵深處，她還願意，願意握緊曾經綻放得最美的芳華，枕著素雅的心願，借千片落紅一葉舟，載滿相思到他身旁，從此，不再言想念，不再訴感傷，只與他淺笑一生。

完

春盡不逢，元稹的唐風舊夢
心想夜閒唯足夢，眼看春盡不相逢

作　　　者：	吳俁陽
發 行 人：	黃振庭
出 版 者：	複刻文化事業有限公司
發 行 者：	崧燁文化事業有限公司
E - m a i l：	sonbookservice@gmail.com
粉 絲 頁：	https://www.facebook.com/sonbookss/
網　　　址：	https://sonbook.net/
地　　　址：	台北市中正區重慶南路一段 61 號 8 樓

8F., No.61, Sec. 1, Chongqing S. Rd., Zhongzheng Dist., Taipei City 100, Taiwan

電　　　話：	(02)2370-3310
傳　　　真：	(02)2388-1990
印　　　刷：	京峯數位服務有限公司
律師顧問：	廣華律師事務所 張珮琦律師

-版權聲明-

本書版權為淞博數字科技所有授權複刻文化事業有限公司獨家發行電子書及紙本書。若有其他相關權利及授權需求請與本公司聯繫。

未經書面許可，不得複製、發行。

定　　價：580 元
發行日期：2025 年 07 月第一版
◎本書以 POD 印製

國家圖書館出版品預行編目資料

春盡不逢, 元稹的唐風舊夢：心想夜閒唯足夢，眼看春盡不相逢 / 吳俁陽 著. -- 第一版. -- 臺北市：複刻文化事業有限公司, 2025.07
面；　公分
POD 版
ISBN 978-626-428-166-9(平裝)
1.CST: (唐) 元稹 2.CST: 傳記
782.8417　　　114008386

電子書購買

爽讀 APP　　臉書